Umberto Pajarola

Bekämpfung von Terrorismus
und Organisierter Kriminalität

Dr. iur. Umberto Pajarola

Bekämpfung von Terrorismus und Organisierter Kriminalität

Kommentierung der neuen Bestimmungen des Schweizer Rechts infolge Übernahme des Übereinkommens des Europarats zur Verhütung des Terrorismus mit dem dazugehörigen Zusatzprotokoll sowie zur Verstärkung des strafrechtlichen Instrumentariums gegen Terrorismus und Organisierte Kriminalität

Schulthess § 2022

Bibliografische Information der Deutschen Nationalbibliothek
Die Deutsche Nationalbibliothek verzeichnet diese Publikation in der Deutschen Nationalbibliografie; detaillierte bibliografische Daten sind im Internet über http://dnb.d-nb.de abrufbar.

Alle Rechte, auch die des Nachdrucks von Auszügen, vorbehalten. Jede Verwertung ist ohne Zustimmung des Verlages unzulässig. Dies gilt insbesondere für Vervielfältigungen, Übersetzungen, Mikroverfilmungen und die Einspeicherung und Verarbeitung in elektronische Systeme.

© Schulthess Juristische Medien AG, Zürich · Genf 2022
 ISBN 978-3-7255-8422-2

www.schulthess.com

Vorwort

Die strafrechtliche Bekämpfung von Terrorismus und Organisierter Kriminalität stellt schon seit jeher eine besondere Herausforderung für den Rechtsstaat dar. Die Bekämpfung drängt, sind doch vitale Interessen der Gesellschaft durch diese Kriminalitätsformen bedroht. Die zur Bekämpfung erforderlichen gesetzlichen Massnahmen stossen in einer freiheitsliebenden Gesellschaft andererseits auf wenig Begeisterung, weil damit starke Eingriffe in die Freiheitsrechte der Betroffenen verbunden sind.

Die Schweiz hat sich im gesetzgeberischen Prozess zur Übernahme des Europaratsübereinkommens und des dazugehörigen Zusatzprotokolls zur Bekämpfung von Terrorismus und Organisierter Kriminalität mit diesem Dilemma befasst und sich für entsprechende Gesetzesänderungen im nationalen Recht entschlossen.

Nachfolgend werden diese neuen Gesetzesbestimmungen einzeln kommentiert, in den bestehenden Rechtsrahmen eingeordnet und aus praktischer Sicht gewürdigt.

Zürich, 31. Januar 2022   Umberto Pajarola

Inhaltsübersicht

Vorwort	V
Inhaltsverzeichnis	IX
Literatur	XV
Materialien	XXXIX
Abkürzungsverzeichnis	LIII
I. Europaratsübereinkommen und Zusatzprotokoll	1
II. Kriminelle und terroristische Organisationen (Art. 260ter StGB)	43
III. Anwerbung, Ausbildung und Reisen im Hinblick auf eine terroristische Straftat (Art. 260^{sexies} StGB)	178
IV. Weitere Gesetzesänderungen	199
V. Geldströme	203
VI. Strafprozessuale Aspekte	231
VII. Rechtshilfe	257
VIII. Strafverfolgung, Polizeiermittlung, Nachrichtendienst	280
IX. Organisationsverbot (Art. 74 NDG)	293
Sachregister	303

Inhaltsverzeichnis

Vorwort	V
Inhaltsübersicht	VII
Literatur	XV
Materialien	XXXIX
Abkürzungsverzeichnis	LIII

I.	**Europaratsübereinkommen und Zusatzprotokoll**	1
A.	Rezeption von EÜT und ZP EÜT sowie weitere Gesetzesänderungen	1
B.	Inhalt von EÜT und ZP EÜT	2
	1. Überblick	2
	2. Terroristische Straftaten	3
	3. Unabhängigkeit von der Begehung eines Terrorakts	18
	4. Vorverlagerung und Ausweitung der Strafbarkeit	18
	5. Massgebende Strafbestimmungen des EÜT	20
	a) Öffentliche Aufforderung zur Begehung einer terroristischen Straftat	20
	b) Anwerbung für terroristische Zwecke	22
	c) Ausbildung für terroristische Zwecke	26
	d) Ergänzende Straftatbestände	31
	6. Massgebende Strafbestimmungen des ZP EÜT	33
	a) Beteiligung an einer Vereinigung oder einer Gruppe für terroristische Zwecke	33
	b) Erhalt einer Ausbildung für terroristische Zwecke	35
	c) Auslandsreisen für terroristische Zwecke	37
	d) Finanzierung von Auslandsreisen für terroristische Zwecke	39

		e) Organisation oder sonstige Erleichterung von Auslandsreisen für terroristische Zwecke	41
	7.	Weitere Bestimmungen des EÜT und ZP EÜT	42

II. Kriminelle und terroristische Organisationen (Art. 260ter StGB) ... 43

A. Grundtatbestand (Art. 260ter Abs. 1 StGB) ... 45

    1. Neuerungen im Überblick ... 45

    2. Geschützte Rechtsgüter und Zweck der Bestimmung ... 46

    3. Täter ... 47

    4. Organisation (Art. 260ter Abs. 1 StGB) ... 48

        a) Organisationsgrad, Aufbau, Struktur ... 52

        b) Professionalität und Effizienz ... 54

        c) Dauerhaftigkeit ... 55

        d) Flexibilität und Wandelbarkeit ... 56

        e) Geheimhaltung und Intransparenz ... 57

        f) Befehlskultur und Durchsetzungsmechanismen ... 58

        g) Einflussnahme (auf Wirtschaft, Politik, Gesellschaft, Staat etc.) ... 59

        h) Regelmässige Begehung von Delikten ... 60

        i) Ausländische Urteile ... 61

        j) Sanktions- und Terrorlisten ... 61

        k) Weitere Indikatoren ... 65

            aa) Finanzielle Mittel, Wirtschaftsmacht ... 65

            bb) Unerklärlicher Reichtum ... 66

        l) Unzureichende Kriterien ... 67

    5. Geheimhaltung ... 67

    6. Zweck der Organisation (Art. 260ter Abs. 1 lit. a Ziff. 1 und 2 StGB) ... 68

		a) Bereicherungsverbrechen (Art. 260ter Abs. 1 lit. a Ziff. 1 StGB)	71
		b) Gewaltverbrechen (Art. 260ter Abs. 1 lit. a Ziff. 1 StGB)	72
		c) Gewaltverbrechen mit Einschüchterungs- oder Nötigungsabsicht (Terrorakte) (Art. 260ter Abs. 1 lit. a Ziff. 2 StGB)	74
		aa) Einschüchterungsabsicht	76
		bb) Nötigungsabsicht	80
		d) Abgrenzung und Verhältnis der Zwecke untereinander	84
		e) Kriminelle vs. terroristische Organisation	86
		f) Legale und verbotene Organisationen	88
	7.	Beteiligung (Art. 260ter Abs. 1 lit. a StGB)	91
		a) Mitgliedschaft, funktionelle Eingliederung	91
		b) Aktivität	93
		c) Abgrenzung zur blossen Zugehörigkeit	96
	8.	Unterstützung (Art. 260ter Abs. 1 lit. b StGB)	97
	9.	Subjektiver Tatbestand	108
	10.	Rechtfertigungs- und Schuldausschlussgründe	110
	11.	Versuch und Teilnahme	110
B.	Ausnahme für humanitäre Dienste (Art. 260ter Abs. 2 StGB)	111
C.	Bestimmender Einfluss in der Organisation (Art. 260ter Abs. 3 StGB)	118
D.	Strafmilderung (Art. 260ter Abs. 4 StGB)	123
E.	Auslandsbezug (Art. 260ter Abs. 5 StGB)	135
F.	Strafe	149
G.	Konkurrenzen	152
	1.	Subsidiarität	152

		2. Mehrfache Begehung	155
		3. Verhältnis zu anderen Straftaten	157
		4. Folgen unechter Konkurrenz	164
H.	Verjährung		168
I.	Versuch und Teilnahme		170
J.	Art. 260ter StGB als Vortat für Geldwäscherei		172
K.	Kriminelle Organisation / Organisierte Kriminalität		173

III. Anwerbung, Ausbildung und Reisen im Hinblick auf eine terroristische Straftat (Art. 260^{sexies} StGB) — 178

A.	Neue Strafbestimmung	179
B.	Geschützte Rechtsgüter und Zweck der Bestimmung	180
C.	Terroristische Straftat (Art. 260^{sexies} Abs. 1 StGB)	180
D.	Konnex der Tathandlung zum Terrorakt («im Hinblick») (Art. 260^{sexies} Abs. 1 StGB)	181
E.	Anwerben für eine terroristische Straftat (Art. 260^{sexies} Abs. 1 lit. a StGB)	182
F.	Anleiten und Sich-anleiten-Lassen für eine terroristische Straftat (Art. 260^{sexies} Abs. 1 lit. b StGB)	185
G.	Reisen für eine terroristische Straftat (Art. 260^{sexies} Abs. 1 lit. c StGB)	188
H.	Organisation und Finanzierung von Reisen für eine terroristische Straftat (Art. 260^{sexies} Abs. 2 StGB)	191
I.	Auslandsbezug (Art. 260^{sexies} Abs. 3 StGB)	193
J.	Weitere Fragen	196

IV. Weitere Gesetzesänderungen — 199

A.	Quellenschutz (Art. 28a Abs. 2 lit. b StGB, Art. 172 Abs. 1 StPO)	199
B.	Landesverweisung (Art. 66a Abs. 1 lit. l und p StGB)	201

C.	Einziehung von Vermögenswerten (Art. 72 StGB)	201
D.	Urkundenfälschung für Tarnidentität (Art. 317bis Abs. 1 StGB)	202
V.	**Geldströme**	**203**
A.	Professionelle Geldwäscherei	205
	1. Grundlegendes	205
	2. Bargeld	210
	3. Underground Banking	213
	4. Neue Technologien	218
	5. Bekämpfung	227
B.	Terrorfinanzierung	228
C.	Änderungen des Geldwäschereigesetzes (GwG)	229
VI.	**Strafprozessuale Aspekte**	**231**
A.	Zuständigkeiten	231
	1. Schweizer Gerichtsbarkeit	231
	2. Sachliche Zuständigkeit	231
	a) Bundesgerichtsbarkeit: Mögliche Straftaten	231
	b) Begehung der Straftat mit Schwerpunkt im Ausland (Art. 24 Abs. 1 lit. a StPO)	234
	c) Straftaten in mehreren Kantonen ohne eindeutigen Schwerpunkt in einem Kanton (Art. 24 Abs. 1 lit. b StPO)	241
	d) Kooperation	243
	3. Örtliche Zuständigkeit	245
B.	Grossverfahren	246
	1. Teilnahme- und Konfrontationsrecht	246
	2. Konfliktverteidigung	248
C.	Geheime Überwachungsmassnahmen	250

VII.	**Rechtshilfe**	257
A.	Dynamische Rechtshilfe (Art. 80d^{bis} IRSG)	259
B.	Gemeinsame Ermittlungsgruppen (Art. 80d$^{ter-duodecies}$ IRSG)	269
VIII.	**Strafverfolgung, Polizeiermittlung, Nachrichtendienst**	280
A.	OK- und Terror-Ermittlungen	280
B.	Polizeiliche und nachrichtendienstliche Informationsbeschaffung	281
C.	Verwendung polizeilicher Erkenntnisse im Strafverfahren	283
D.	Verwendung nachrichtendienstlicher Erkenntnisse im Strafverfahren	285
IX.	**Organisationsverbot (Art. 74 NDG)**	293
Sachregister		303

Literatur

Allgemeine Literatur

Ackermann Jürg-Beat / D'Addario di Paolo Gabriella, Kriminelle Organisation als Geldwäschereivortat?, forumpoenale 2010, 177 ff.

Albrecht Peter, Die Strafbestimmungen des Betäubungsmittelgesetzes (Art. 19–28l BetmG), 3. Aufl., Zürich 2016 (zit. SHK BetmG³-Albrecht, Art. … N …)

Ammann Beat, Seltene Stunde des Triumphs für Amerika, NZZ vom 3. Mai 2011, 1

Arnold Patricia, Wo der Abfall tötet, NZZ vom 13. Januar 2016, 22

Arzt Gunther,

- Vorverlagerung des Schutzes gegen kriminelle Organisationen und Gewalt – alte Dogmen in einer neuen Welt, ZStrR 2006, 350 ff.
- Organisierte Kriminalität – Bemerkungen zum Massnahmenpaket des Bundesrates vom 30. Juni 1993, AJP 1993, 1187 ff.
- Das schweizerische Geldwäschereiverbot im Lichte amerikanischer Erfahrungen, ZStrR 1989, 160 ff.; ders., Zur Revision des Strafgesetzbuches vom 9. Oktober 1981 im Bereich der Gewaltverbrechen, ZStrR 1983, 257 ff.

Arsovska Jana, Decoding Albanian Organized Crime, Oakland 2015

Arsovska Jana / Craig Mark, «Honourable» Behaviour and the Conceptualisation of Violence in Ethnic-Based Organised Crime Groups: An Examination of the Albanian Kanun and the Code of the Chinese Triads, Global Crime 2006, 214 ff.

Atuesta Laura H., Narcomessages as a way to analyse the evolution of organised crime in Mexico, Global Crime (Online-Publikation) 2016, 1 ff.

Balmer Rudolf,
- Dutzende Tote bei Attentaten in Paris, NZZ vom 14./15. November 2015, 1
- Frankreich als Zielscheibe, NZZ vom 9. Januar 2015, 3

Balsamo Antonio, The delocalisation of mafia organisations and the construction of a European law against organised crime, Global Crime 2016, 99 ff.

Baumgartner Fabian/Weisflog Christian/Zander Corsin, Winterthurer Jihad-Biografien, NZZ vom 28. März 2015, 17

Bernasconi Paolo,
- Finanzunterwelt, Gegen Wirtschaftskriminalität und organisiertes Verbrechen, Zürich/Wiesbaden 1988
- Die Geldwäscherei im Schweizerischen Strafrecht, Bericht mit Vorschlägen zu einer Gesetzesrevision (neuer Artikel 305bis StGB), Lugano 1986
- Liberale Rechtsgrundsätze gegen Opportunitätskompromisse, NZZ vom 28. Mai 1982, 37 f.

Besozzi Claudio, Organisierte Kriminalität, Synthese der Forschungsprojekte, in: Pieth Mark/von Cranach Marioa/Besozzi Claudio/Hanetseder Christa/Kunz Karl-Ludwig, Gewalt im Alltag und organisierte Kriminalität, Die Ergebnisse eines Nationalen Forschungsprogramms, Bern/Stuttgart/Wien 2002, 71 ff.

Bezlov Tihomir/Gounev Philip, Organised crime, corruption and public bodies, in: Gounev Philip/Ruggiero Vincenzo (Hrsg.), Corruption and Organized Crime in Europe, Oxon 2012, 32 ff.

Bischoff Jürg, Der Isis stellt für alle eine Bedrohung dar, NZZ vom 12. Juni 2014, 6

Böckli Peter, Leitgrundsätze für eine Best Practice des KMU-Verwaltungsrates, SZW 2014, 522 ff.

Bolle Henri-Pierre, Premier bilan de la réforme du Code pénal suisse, relative aux actes de violence criminels (1982–1988), ZStrR 1990, 381 ff.

Bolzoni Attilio, Totò u curtu und der Fall der Ehrenwerten, NZZ-Folio 9/1991 (Die Mafia), 10 ff.

Bommer Felix, Die strafrechtliche Rechtsprechung des Bundesgerichts im Jahr 2012 (ohne Entscheide betreffend die internationale Zusammenarbeit in Strafsachen), ZBJV 2016, 261 ff.

Botti Dominique / Zihlmann Oliver, Zahlungen an die Schlepper sind in der Schweiz legal, SonntagsZeitung vom 18. September 2016, 6

Bürgisser Martin, Erste Erfahrungen mit dem abgekürzten Verfahren (Art. 358–362 StPO) in der Praxis, Richterzeitung 3/2012

Capus Nadja, Country Report: Combating money laundering in Switzerland, in: Pieth Marc / Aiolfi Gemma (Hrsg.), A Comparative Guide to Anti-Money Laundering, A Critical Analysis of Systems in Singapore, Switzerland, the UK and the USA, Cheltenham 2004, 114 ff.

Cassani Ursula,
- Le train de mesures contre le financement du terrorisme: une loi nécessaire?, SZW 2003, 293 ff.
- L'argent des organisations criminelles: à propos du deuxième train de mesures contre le crime organisé, in: Thévenoz L. (Hrsg.), Journée 1994 de droit bancaire et financier, Bern 1994, 55 ff.

Choo Kim-Kwang R., Organised crime groups in cyberspace: a typology, Trends in organized crime 2008, 270 ff.

Contat Laurent / Müller Jérémie, Investigation secrète: de la LFIS au Code de procédure pénale suisse; bref état des lieux, ZStrR 2012, 311 ff.

Conzo Giovanni / Crimaldi Giuseppe, Mafie – La criminalità straniera alla conquista dell'Italia, Villaricca 2013

Corboz Bernard, Les infractions en droit suisse, Volume II, Bern 2010

De Saussure Sophie, Le IMSI-Catcher: fonctions, applications pratiques et légalité, Jusletter vom 30. November 2009

De Vries Reilingh Jeanine, La répression des infractions collectives et les problèmes liés à l'application de l'article 260ter CP relatif à l'organisation criminelle, notamment du point de vue de la présomption d'innocence, ZBJV 2002, 285 ff.

Del Ponte Carla, L'organisation criminelle, ZStrR 1995, 240 ff.

Diehl Jörg / Heise Thomas / Meyer-Heuer Claas, Rockerkrieg – Warum Hells Angels und Bandidos immer gefährlicher werden, Hamburg 2013

Dietz Gudrun, Die 'Ndrangheta – Der geheime Aufstieg der kalabrischen Mafia, Weinheim 2011

Dörmann Uwe / Koch Karl-Friedrich / Risch Hedwig / Vahlenkamp Werner, Organisierte Kriminalität – wie gross ist die Gefahr?, Sonderband BKA, Wiesbaden 1990

Donatsch Andreas (Hrsg.), StGB Kommentar, Schweizerisches Strafgesetzbuch und weitere einschlägige Erlasse mit Kommentar zu StGB, JStG, den Strafbestimmungen des SVG, BetmG und AuG, 19. Aufl., Zürich 2013 (zit. StGB Kommentar^{19}-Bearbeiter, Art. ... N ...)

Donatsch Andreas / Tag Brigitte, Strafrecht I, Verbrechenslehre, 9. Aufl., Zürich 2013

Donatsch Andreas / Wohlers Wolfgang, Strafrecht IV, Delikte gegen die Allgemeinheit, 4. Aufl., Zürich 2011

Dulin Adam L. / Patiño Jairo, The logic of cartel car bombings in México, Trends in Organized Crime 2014, 271 ff.

EICKER ANDREAS, Zur Interpretation des Al-Qaïda- und IS-Gesetzes durch das Bundesstrafgericht im Fall eines zum Islamischen Staat Reisenden, Jusletter vom 21. November 2016

EL DIFRAOUI ASIEM / STEINBERG GUIDO, Der Feind in unserem Netz, IP vom Januar/Februar 2011, 20 ff.

ENDRES ALEXANDRA, Die netten Mörder von Michoacán, Die Zeit vom 27. März 2014, 32

ENSTE DOMINIK H. / EYERUND THERESA / KNELSEN INNA, Führung im Wandel – Führungsstile und gesellschaftliche Megatrends im 21. Jahrhundert, München 2013

ESTERMANN JOSEF, Nutzlose Strafnormen, verfehlte Anwendung, NZZ vom 30. August 2002, 15

FAHMY MONICA, Der Tod, das Verbrechen und der Staat, Zürich 2015

FALCONE GIOVANNI, «Organisierte Kriminalität» – ein Weltproblem, Die italienische Mafia als «Vorbild» für das international organisierte Verbrechen, in: BKA Wiesbaden (Hrsg.), Organisierte Kriminalität in einem Europa durchlässiger Grenzen, Wiesbaden 1991, 25 ff.

FALCONE GIOVANNI / PADOVANI MARCELLE, Inside Mafia, 3. Aufl., München 1992

FINCKENAUER JAMES O., Problems of Definition: What Is Organized Crime?, Trends in organized crime 2005, 63 ff.

FORGIONE FRANCESCO, Mafia Export – Wie 'Ndrangheta, Cosa Nostra und Camorra die Welt erobern, München 2010

FORSTER MARC,
- Terroristischer Massenmord an Zivilisten als «legitimer Freiheitskampf» (im Sinne von Art. 260^{quinquies} Abs. 3 StGB) kraft «Analogieverbot»? Ein Diskussionsbeitrag zu ZStrR *123* (2005) 458-470, ZStrR 2006, 331 ff.

- Zur Abgrenzung zwischen Terroristen und militanten «politischen» Widerstandskämpfern im internationalen Strafrecht, Am Beispiel des serbisch-kosovo-albanischen Bürgerkrieges, ZBJV 2005, 213 ff.
- Die Strafbarkeit der Unterstützung (insbesondere Finanzierung) des Terrorismus, Al-Qaïda, ETA, Brigate Rosse – das schweizerische Antiterrorismus-Strafrecht auf dem Prüfstand, ZStrR 2003, 423 ff.
- Kollektive Kriminalität, Das Strafrecht vor der Herausforderung durch das organisierte Verbrechen, ZSR 1998, Beiheft 27

FORSTER MATTHIAS, Die strafrechtliche Verantwortlichkeit des Unternehmens nach Art. 102 StGB, Diss. St. Gallen, Bern 2006

FRANK FRIEDRICH,
- Art. 260ter StGB als verbrecherische Vortat des Art. 305bis StGB?, Jusletter vom 15. März 2010
- Organisationsverbrechen zum Zwecke der Bereicherung bei Art. 260ter StGB, Jusletter vom 6. Juli 2009

FREFEL ASTRID, Gefängnis für NGO-Mitarbeiter, NZZ vom 5. Juni 2013, 3

GASSER FABIEN, La participation à une organisation criminelle active dans le trafic de stupéfiants, FZR 2006, 115 ff.

GEIGER ROMAN, Organisationsmängel als Anknüpfungspunkt im Unternehmensstrafrecht, Diss., Zürich 2006

GERNY DANIEL,
- Terrorstrafnorm soll verschärft werden, NZZ vom 23. März 2017, 16
- Aufbauarbeit für den Nachrichtendienst, NZZ vom 26. September 2016, 12

GLESS SABINE, Strafverfolgung im Internet, ZStrR 2012, 3 ff.

GODENZI GUNHILD, Strafbare Beteiligung am kriminellen Kollektiv, Habil. Zürich, Bern 2015

GRABER CHRISTOPH K., Geldwäscherei, Diss. Zürich, Bern 1990

GRASSO PIETRO / BELLAVIA ENRICO, Soldi sporchi Come le mafie riciclano miliardi e inquinano l'economica mondiale, Milano 2011

GRATTERI NICOLA / NICASO ANTONIO,
- Oro bianco, Storie di uomini, traffici e denaro dall'impero della cocaina, Milano 2015
- Dire e non dire, I dieci comandamenti della 'ndrangheta nelle parole degli affiliati, Milano 2013
- La malapianta, Milano 2010
- Fratelli di sanguem, La 'ndrangheta tra arretratezza e modernità: da mafia agro-pastorale a holding del crimine: la storia, la struttura, i codici, le ramificazioni, Cosenza 2006

GYR MARCEL,
- Mehr Härte gegen Jihadisten, NZZ vom 19. September 2016, 9
- Als die Welt den Atem anhielt, NZZ vom 31. Dezember 2014, 11

HÄFLIGER MARKUS, Die Eidgenossenschaft im Visier von Terroristen, NZZ vom 19. Januar 2015, 10

HAGAN FRANK E., «Organized crime» and «organized crime»: Indeterminate problems of definition, Trends Organ Crime 2006, 127 ff.

HAFTER ERNST, Lehrbuch des schweizerischen Strafrechts, Allgemeiner Teil, 2. Aufl., Bern 1946

HANSJAKOB THOMAS,
- Das neue BÜPF, ZStrR 2016, 429 ff.
- Die neuen Bestimmungen zu verdeckter Fahndung und Ermittlung, forumpoenale 2013, 214 ff.
- Das neue Bundesgesetz über die verdeckte Ermittlung, ZStrR 2004, 97 ff.

Heine Günter, Organisierte Kriminalität und Kriminelle Organisationen, Landesbericht Schweiz, in: Gropp Walter/Sinn Arndt (Hrsg.), Organisierte Kriminalität und kriminelle Organisationen, Präventive und repressive Massnahmen vor dem Hintergrund des 11. September 2001, Baden-Baden 2007, 353 ff.

Hill Peter, The Changing Face of the Yakuza, Global Crime 2014, 97 ff.

Honsell Heinrich / Vogt Nedim Peter / Geiser Thomas (Hrsg.), Basler Kommentar, Zivilgesetzbuch I, Art. 1–456 ZGB, 5. Aufl., Basel 2014 (zit. BSK ZGB I^5-Bearbeiter, Art. ... N ...)

Honsell Heinricht / Vogt Nedim P. / Watter Rolf (Hrsg.), Basler Kommentar, Obligationenrecht II, Art. 530–964 OR, 5. Aufl., Basel 2016 (zit. BSK OR II5-Bearbeiter, Art. ... N ...)

Hürlimann Brigitte,
- Opfer und Täterin zugleich, NZZ vom 30. Juli 2016, 21
- Immer häufiger kurze Prozesse, NZZ vom 26. November 2013, 15

Hug Thomas, Zeugenschutz im Spannungsfeld unterschiedlicher Interessen der Verfahrensbeteiligten, ZStrR 1998, 404 ff.

Iwanowitsch Gurow Alexandr, Organisierte Kriminalität in der UdSSR. Erscheinungsformen und Bekämpfungskonzepte, in: BKA Wiesbaden (Hrsg.), Organisierte Kriminalität in einem Europa durchlässiger Grenzen, Wiesbaden 1991, 131 ff.

Jaggi Emanuel, Die Revision des BÜPF, ZStrR 2015, 276 ff.

Jean-Richard-dit-Bressel Marc, Das Desorganisationsdelikt, Art. 102 Abs. 2 StGB im internationalen Kontext, Habil. Zürich 2012, Zürich/St. Gallen 2013

Jeker Konrad, 4. Teil Strafrecht, in: Furrer Andreas (Hrsg.), Aktuelle Anwaltspraxis/La pratique de l'avocat 2013, Bern 2013, 1309 ff.

JOSITSCH DANIEL,
- Zwischen Skylle und Charybdis, Jusletter vom 13. Februar 2017
- Terrorismus als Freiheitskampf? – Heikle Abgrenzungsfragen bei der Anwendung von Art. 260^{quinquies} StGB, ZStrR 2005, 458 ff.
- Das Schweizerische Korruptionsstrafrecht, Art. 322ter bis Art. 322^{octies} StGB, Habil. 2003, Zürich 2004

JOSITSCH DANIEL/MULLE FRANZISKA, Die StPO-Revision in Bezug auf die Bestimmungen über die verdeckte Ermittlung, AJP 2014, 491 ff.

JOSITSCH DANIEL/MURER MIKOLÁSEK ANGELIKA, Wenn polizeiliche Ermittler im Chatroom in Teufels Küche kommen – oder wie das Bundesgericht neue Probleme geschaffen hat, AJP 2011, 181 ff.

KESSLER MARTIN A./ISENRING BERNHARD, Die geplante Total-Revision des BÜPF im Überblick, Sicherheit & Recht 2011, 24 ff.

KILLIAS MARTIN, Von «White-Collar Crime» zur organisierten Kriminalität: Zeitgenössische Inkarnationen des Bösen, in: Ackermann Jürg-Beat/Rehberg Jörg/Donatsch Andreas (Hrsg.), Wirtschaft und Strafrecht: Festschrift für Niklaus Schmid zum 65. Geburtstag, Zürich 2001, 71 ff.

KOCHER VICTOR, Blutiger Überfall auf Touristen in Luxor, NZZ vom 18. November 1997, 1

KRAUSKOPF LUTZ, Geldwäscherei und organisiertes Verbrechen als europäische Herausforderung, ZStrR 1991, 385 ff.

KÜHNE HANS-HEINER,
- Der prozessual unbedenkliche Kronzeuge, in: Donatsch Andreas/Forster Marc/Schwarzenegger Christian (Hrsg.), Strafrecht, Strafprozessrecht und Menschenrechte, Festschrift für Stefan Trechsel zum 65. Geburtstag, Zürich 2002, 719 ff.

- Sonderheiten japanischer organisierter Kriminalität: Möglichkeiten der Entwicklung auch in Europa?, in: BKA Wiesbaden (Hrsg.), Organisierte Kriminalität in einem Europa durchlässiger Grenzen, Wiesbaden 1991, 111 ff.

Kunz Karl-Ludwig, Massnahmen gegen die organisierte Kriminalität, plädoyer 1/1996, 32 ff.

Kwok Sharon I./T. Wing Lo, Anti-triad legislations in Hong Kong: issues, problems and development, Trends in organized crime 2013, 74 ff.

Lagler Marion, Besondere Verfahrensarten: Überlastung der Strafjustiz oder Ausdruck erhöhter Punitivität?, Diss. Zürich, Zürich/Basel/Genf 2016

Langer Marie-Astrid, Enthauptung vor einem Millionenpublikum, NZZ vom 21. August 2014, 5

Leu Nicolas/Parvex Denis, Das Verbot der «Al-Qaïda» und des «Islamischen Staats», Eine kritische Würdigung unter besonderer Berücksichtigung der Strafbarkeit djihadistischer Propaganda und der vereitelten Ausreise in ein Konfliktgebiet, AJP 2016, 756 ff.

Liddick Don, The traffic in garbage and hazardous wastes: an overview, Trends in Organizes Crime 2010, 134 ff.

Lobsiger Adrian, Unternehmensstrafrecht und Wirtschaftskriminalität, ZStrR 2005, 187 ff.

Martin C. Augustus, Terrorism and Transnational Organized Crime, in: Reichel Philip/Albanese Jay (Hrsg.), Handbook of Transnational Crime and Justice, 2. Aufl., Thousand Oaks 2014, 243 ff.

Mausbach Julian, Provokation im Strafrecht, Jusletter vom 11. Juli 2016

McClean David, Transnational Organized Crime, A Commentary on the UN Convention and its Protocols, Oxford 2007

MEIER ERICH, Entführung eines Swissair-Kursflugzeugs, NZZ vom 7. September 1970, 1

MESSERSMITH ERIC T., Political Corruption in Japan: A study of the theory, causes and effects with particular reference to the Yakuza factor in banking scandals and prolonged recession, Diss., Miami 2003

MEYLAN JEAN-FRANÇOIS, Les actes préparatoires délictueux en droit pénal suisse (art. 260bis CP), Diss., Lausanne 1990

MUGGLI SANDRA, Im Netz ins Netz – Pädokriminalität im Internet und der Einsatz von verdeckten Ermittlern und verdeckten Fahndern zu deren Bekämpfung, Diss. Zürich, Zürich/Basel/Genf 2014

MÜLLER MATTHIAS, Ein Korsett für ungebetene Gäste, NZZ vom 29. April 2016, 3

MÜNCH GREGOR / DE WECK FANNY, Die neue Landesverweisung in Art. 66a ff. StGB, Anwaltsrevue 2016, 163 ff.

NIGGLI MARCEL A. / HEER MARIANNE / WIPRÄCHTIGER HANS, Basler Kommentar, Schweizerische Strafprozessordnung, Jugendstrafprozessordnung, 2. Aufl., Basel 2014 (zit. BSK StPO^2-BEARBEITER, Art. ... N ...)

OBERHOLZER NIKLAUS,
- Grundzüge des Strafprozessrechts, 3. Aufl., Bern 2012
- Die Rolle des modernen Strafrechts: Kriminalisierung als Mittel für jeden Zweck?, recht 2002, 221 ff.
- Neue gesellschaftliche Herausforderungen und neue Strafbestimmungen, eine kritische Bestandesaufnahme der jüngsten Massnahmen zur Bekämpfung des «Organisierten Verbrechens», AJP 2000, 651 ff.
- Absprachen im Strafverfahren – pragmatische Entlastungsstrategie oder Abkehr vom strafprozessualen Modell?, ZStrR 1993, 157 ff.

OESCH STEPHANIE, Die organisierte Kriminalität – eine Bedrohung für den Finanzplatz Schweiz?, Diss. 2009, Zürich 2010

PETERKE SVEN, Die Strafbarkeit der Bildung krimineller Vereinigungen nach brasilianischem Recht, Anmerkungen im Lichte der Palermo-Konvention, ZIS 2008, 256 ff.

PIETH MARK,
- Strafrecht, Besonderer Teil, Basel 2014
- International standards against money laundering, in: Pieth Marc/Aiolfi Gemma (Hrsg.), A Comparative Guide to Anti-Money Laundering, A Critical Analysis of Systems in Singapore, Switzerland, the UK and the USA, Cheltenham 2004, 3 ff.; DERS., «Das zweite Paket gegen das Organisierte Verbrechen», die Überlegungen des Gesetzgebers, ZStrR 1995, 225 ff.
- Die Bedeutung des organisierten Verbrechens in der Schweiz, Bericht im Auftrag des Bundesamtes für Justiz, Bern 1993
- Die Bekämpfung des organisierten Verbrechens in der Schweiz, ZStrR 1992, 257 ff.

PIPYROU STAVROULA, Altruism and Sacrifice: Mafia Free Gift Giving in South Italy, Anthropological Forum 2014, 412 ff.

PUNTAS BERNET DANIEL, Skandale, Krisen Spekulanten, NZZ vom 6. April 2008, 34

REAL WALTER, Staatsschutzrevision, ZStrR 1950, 61 ff.

ROXIN CLAUS, Strafrecht Allgemeiner Teil, Band II, Besondere Erscheinungsformen der Straftat, München 2003 (zit. ROXIN, AT II, § ... N ...)

RUCKSTUHL NIKLAUS, Die revidierte Strafprozessordnung des Kantons Basel-Landschaft vom 3. Juni 1999, ZStrR 2000, 414 ff.

RUGGIERO VINCENZO, Introduction, The organisation of crime, in: Gounev Philip/Ruggiero Vincenzo (Hrsg.), Corruption and Organized Crime in Europe, Illegal partnerships, Abingdon 2012, 1 ff.

Roulet Nicolas, Das kriminalpolitische Gesamtkonzept im Kampf gegen das organisierte Verbrechen, Diss. Basel, Bern 1997

Rutz Magdalena, Notwendigkeit und Grenzen des strafrechtlichen Schutzes der verfassungsmässigen Ordnung, ZStrR 1970, 347 ff.

Sauter Karin, Kronzeugen im schweizerischen Strafverfahrensrecht, ZStrR 2001, 282 ff.

Saviano Roberto, Gomorrha, Reise in das Reich der Camorra, 4. Aufl., München 2009

Scaglione Attilio, Cosa Nostra and Camorra: illegal activities and organisational structures, Global Crime 2016, 60 ff.

Schild Trappe Grace, Die Evolution der Geldwäschereinormen in der Schweiz – im Rückblick eine Kulturrevolution?, recht 1999, 211 ff.

Schloenhardt Andreas,
- Palermo in the Pacific, Organised Crime Offences in the Asia Pacific Region, Leiden/Boston 2010
- Organized crime and the business of migrant trafficking, Crime, Law & Social Change 1999, 203 ff.

Schlumpf Roland, Der Fall Chiasso vor dem Tessiner Strafgericht, NZZ vom 23. Mai 1979, 15 f.

Schmid Niklaus,
- Handbuch des schweizerischen Strafprozessrechts, 2. Aufl., Zürich/St. Gallen 2013
- (Hrsg.) Kommentar Einziehung, Organisiertes Verbrechen, Geldwäscherei, Zürich 1998 (zit. EVOG[1]-Bearbeiter, Art. ... N ...)

Schubarth Martin (Hrsg.), Stämpflis Handkommentar, Delikte gegen den öffentlichen Frieden (Art. 258–263 StGB), Bern 2007 (zit. SHK StGB-Bearbeiter, Art. ... N ...)

Schubert Stefan, Gangland Deutschland – Wie kriminelle Banden unser Land bedrohen, München 2014

Schultz Hans,
- Zur Revision des Strafgesetzbuches vom 9. Oktober 1981: Gewaltverbrechen, ZStrR 1984, 113 ff.
- Die kriminelle Vereinigung, ZStrR 1989, 15 ff.

Schürmann Frank, Der Begriff der Gewalt im schweizerischen Strafgesetzbuch, Diss. 1985, Basel 1986

Schweizer Rainer J.,
- Ein neues Staatsschutzgesetz?, Sicherheit & Recht 2013, 123 ff.
- Notwendigkeit und Grenzen einer gesetzlichen Regelung des Staatsschutzes, Überlegungen vor der Neuordnung, ZBl 1991, 285 ff.

Seelmann Kurt / Geth Christopher, Strafrecht Allgemeiner Teil, 6. Aufl., Basel 2016

Siegel Dina, Women in transnational organized crime, Trends in Organized Crime 2014, 52 ff.

Signer Daniel, Heilsversprechen und Unheil, NZZ vom 17. November 2015, 13

Signorell Gian / Meier Peter J., Die Paten unter uns, Beobachter 11/2016, 16 ff.

Sorg Eugen, Handbuch zum Weltuntergang, FAZ vom 19. April 2015, 8

Spalinger Andrea,
- Italiens ewige Baustelle, NZZ vom 19. Februar 2016, 7
- Frauenfelder Mafiosi verurteilt, NZZ vom 24. Oktober 2015, 32
- Mächtige Mafiosi und resignierte Bürger, NZZ vom 12. September 2015, 8
- Die Kaida hat einen neuen Chef, NZZ vom 17. Juni 2011, 3

STÄMPFLI FRANZ,
- Ausserordentlicher Staatsschutz, ZStrR 1946, 145 ff.
- Fragen des strafrechtlichen Staatsschutzes, ZStrR 1944, 417 ff.

STAMM RUDOLF,
- Die Autobomben in Italien das Werk der Mafia, NZZ vom 16./17. Juli 1994, 9
- Weiteres prominentes Mafia-Opfer, NZZ vom 20. Juli 1992, 1
- Der Mafia-Jäger Falcone von der Mafia ermordet, NZZ vom 25. Mai 1992, 1

STEGMANN ANDREA, Organisierte Kriminalität, Feindstrafrechtliche Tendenzen in der Rechtsetzung zur Bekämpfung organisierter Kriminalität, Diss. 2003, Bern 2004

STRATENWERTH GÜNTER,
- Schweizerisches Strafrecht, Allgemeiner Teil I: Die Straftat, 4. Aufl., Bern 2011 (zit. STRATENWERTH, AT I[4])
- Geldwäscherei – ein Lehrstück der Gesetzgebung, in: Pieth Mark/Gasser Peter/Stratenwerth Günter/Dietzi Hanspeter/Friedli Georg/Zuberbühler Daniel (Hrsg.), Bekämpfung der Geldwäscherei, Modellfall Schweiz?, Basel/Frankfurt am Main 1992, 97 ff.
- Geldwäscherei als Rechtspflegedelikt? Rechtsdogmatische Einwände gegen die geplante Strafbestimmung, NZZ vom 22. November 1989, 23

STRATENWERTH GÜNTER / BOMMER FELIX, Schweizerisches Strafgesetzbuch, Besonderer Teil II: Straftaten gegen Gemeininteressen, 7. Aufl., Bern 2013 (zit. STRATENWERTH / BOMMER, BT II[7])

STRATENWERTH GÜNTER / JENNY GUIDO / BOMMER FELIX, Strafgesetzbuch, Besonderer Teil I: Straftaten gegen Individualinteressen, 7. Aufl., Bern 2010 (zit. STRATENWERTH / JENNY / BOMMER, BT I[7])

THOMMEN MARC, Kurzer Prozess – fairer Prozess? Strafbefehls- und abgekürzte Verfahren zwischen Effizienz und Gerechtigkeit, Habil. Luzern, Bern 2013

THORMANN PHILIPP/VON OVERBECK ALFRED, Das Schweizerische Strafgesetzbuch, II. Besonderer Teil, Einführung und Anwendung, Zürich 1941

TRECHSEL STEFAN/NOLL PETER, Schweizerisches Strafrecht, Allgemeiner Teil I, Allgemeine Voraussetzungen der Strafbarkeit, 5. Aufl., Zürich 1998

TRECHSEL STEFAN/PIETH MARK (Hrsg.), Schweizerisches Strafgesetzbuch, Praxiskommentar, 2. Aufl., Zürich/St. Gallen 2013 (zit. StGB PK^2-BEARBEITER, Art. ... N ...)

TRIBELHORN MARC, Der gefrässige Staat, NZZ vom 22./23. November 2014, 15

TRIPMAKER MARCO, «Crime as a service» – Die modernen Mafia-Methoden, Die Welt vom 8. November 2015, <www.welt.de/regionales/hamburg/article148587018/Crime-as-a-service-Die-modernen-Mafia-Methoden.html> (besucht am 1. Mai 2017)

TRÜMPLER RALPH, Das Bundesgesetz über die Wahrung von Demokratie, Rechtsstaat und Handlungsfähigkeit in ausserordentlichen Lagen – Palliation mit klingendem Namen, SJZ 2012, 309 ff.

TRUSCHEIT KARIN, Keine Angst, sich unbeliebt zu machen, FAZ vom 6. Mai 2013, 5

TSCHIGG ROBERTA, Die Einziehung von Vermögenswerten krimineller Organisationen, Diss. Bern 2002, Bern/Stuttgart/Wien 2003

TZERMIAS NIKOS,
- IS-Cyberattacke gegen Frankofonie-Sender, NZZ vom 10. April 2015, 1
- 'Ndrangheta infiltriert Politik, NZZ vom 11. Oktober 2012, 6

VAN DIJK JAN /SPAPENS TOINE, Transnational Organized Crime Networks Across the World, in: Reichel Philip/Albanese Jay (Hrsg.), Handbook of Transnational Crime and Justice, 2. Aufl., Thousand Oaks 2014, 213 ff.

VARESE FEDERICO, Mafias on the move – How organized crime conquers new territories, Princeton 2011

VEST HANS, «Organisierte Kriminalität» – Überlegungen zur kriminalpolitischen Instrumentalisierung eines Begriffs, ZStrR 1994, 121 ff.

WARD RICHARD H./MABREY DANIEL J., Transnational Organized Crime in Asia and the Middle East, in: Reichel Philip/Albanese Jay (Hrsg.), Handbook of Transnational Crime and Justice, 2. Aufl., Thousand Oaks 2014, 443 ff.

WASER GEORGES, Wenn mit Kulturerbe für Waffen bezahlt wird, NZZ vom 15. Februar 2015, 45

WECHLIN DANIEL, Russische NGO unter Druck, NZZ vom 24. November 2012, 11

WEISS IRMA, Die Einziehung in der Schweiz liegender Vermögen aus ausländischem Drogenhandel, ZStrR 1985, 192 ff.

WIDMER THOMAS, Der Jihad 3G und sein Vater, Tages-Anzeiger vom 8. Mai 2013, 10

WIESER THEODOR, Einblick in die Struktur der Mafia, NZZ vom 11. Februar 1986, 3

WINKLER PETER, Tod des Kaida-Predigers Awlaki in Jemen, NZZ vom 1. Oktober 2011, 5

WINTER STEVEN, If it ain't broke, don't fix it – Kritische Gedanken zur «Lex Fifa», sui-generis 2016, 55 ff.

WIPRÄCHTIGER HANS, Die «kriminelle Organisation» in der Gerichtspraxis, NZZ vom 13. März 2002, 16.

Spezielle Literatur

Ackermann Jürg-Beat/Baumann Laura, Art. 260^{quinquies} StGB, in: Ackermann Jürg-Beat (Hrsg.), Kommentar Kriminelles Vermögen – Kriminelle Organisationen: Einziehung, Kriminelle Organisation, Finanzierung des Terrorismus, Geldwäscherei, Bd. II, Zürich/Basel/Genf 2018 (zit. Ackermann/Baumann)

Ackermann Jürg-Beat/Zehnder Stephanie, Art. 305bis StGB, in: Ackermann Jürg-Beat (Hrsg.), Kommentar Kriminelles Vermögen – Kriminelle Organisationen: Einziehung, Kriminelle Organisation, Finanzierung des Terrorismus, Geldwäscherei, Bd. II, Zürich/Basel/Genf 2018 (zit. Ackermann/Zehnder)

Ackermann Jürg-Beat, Art. 49 StGB, in: Niggli Marcel A./Wiprächtiger Hans (Hrsg.), Basler Kommentar, Strafrecht I, Art. 1–110 StGB, 4. Aufl., Basel 2019 (zit. BSK StGB I^4-Ackermann)

Arnold Roberta, Proscioglimento delle LTTE dal reato di organizzazione terroristica in DTF 145 IV 470: Art. 260ter CP quo vadis?, in: forumpoenale 1/2021, S. 50 ff.

Barker Thomas, Biker Gangs and Transnational Organized Crime, 2. Aufl., Waltham 2015

Delnon Vera/Rüdy Bernhard, Art. 182 StGB, in: Niggli Marcel A./Wiprächtiger Hans (Hrsg.), Basler Kommentar, Strafrecht II, Art. 111–392 StGB, 4. Aufl., Basel 2019 (zit. BSK StGB II^4-Delnon/Rüdy)

Donatsch Andreas/Thommen Marc/Wohlers Wolfgang, Strafrecht IV, 5. Aufl., Zürich 2017 (zit. Donatsch/Thommen/Wohlers)

Donatsch Andreas/Lieber Viktor/Summers Sarah/Wohlers Wolfgang (Hrsg.), Kommentar zur Schweizerischen Strafprozessordnung, 3. Aufl., Zürich 2020 (zit. ZH-StPO^3-Bearbeiter)

ENGLER MARC, Art. 260ter StGB, in: NIGGLI MARCEL A./WIPRÄCHTIGER HANS (Hrsg.), Basler Kommentar, Strafrecht II, Art. 111–392 StGB, 4. Aufl., Basel 2019 (zit. BSK StGB II⁴-ENGLER)

FINGERHUTH THOMAS, Art. 410 StPO, in: DONATSCH et al. (Hrsg.), Kommentar zur Schweizerischen Strafprozessordnung, 3. Aufl., Zürich 2020 (zit. ZH-StPO³-FINGERHUTH)

FIOLKA GERHARD, Art. 260^quinquies StGB, in: NIGGLI MARCEL A./WIPRÄCHTIGER HANS (Hrsg.), Basler Kommentar, Strafrecht II, Art. 111–392 StGB, 4. Aufl., Basel 2019 (zit. BSK StGB II⁴-FIOLKA)

FORSTER MARC, Art. 24–25 StGB, in: NIGGLI MARCEL A./WIPRÄCHTIGER HANS (Hrsg.), Basler Kommentar, Strafrecht I, Art. 1–110 StGB, 4. Aufl., Basel 2019 (zit. BSK StGB I⁴-FORSTER)

FREI MIRJAM/ZUBERBÜHLER-ELSÄSSER SIMONE, Art. 220–240 StPO, in DONATSCH et al. (Hrsg.), Kommentar zur Schweizerischen Strafprozessordnung, 3. Aufl., Zürich 2020 (zit. ZH-StPO³-FREI/ZUBERBÜHLER-ELSÄSSER)

GLENNY MISHA, McMafia – A journey through the global criminal underworld, New York 2009

GLUTZ ALEXANDER M., Art. 67a IRSG, in: NIGGLI/HEIMGARTNER (Hrsg.), Basler Kommentar Internationales Strafrecht, Basel 2015 (zit. BK-IRSG-GLUTZ)

GRASSO PIETRO, Lezioni di Mafia, La storia, i crimini e i misteri di Cosa nostra, le indagini dell'antimafia, Milano 2014

GRATTERI NICOLA/NICASO ANTONIO, Fiumi d'Oro, Come la 'ndrangheta investe i soldi della cocaine nell'economia legale, Milano 2017 (zit. GRATTERI/NICASO (2017))

GYR ELEONOR, Dezentrale Autonome Organisation DAO, in: Jusletter 4.12.2017

HÄFELIN ULRICH/HALLER WALTER/KELLER HELEN/THURNHERR DANIELA, Schweizerisches Bundesstaatsrecht, 10. Aufl., Zürich 2020 (zit. HÄFELIN/HALLER/KELLER/THURNHERR)

Hansjakob Thomas, Überwachungsrecht der Schweiz, Kommentar zu Art. 269 ff. StPO und zum BÜPF, Zürich/Basel/Genf 2018 (zit. Hansjakob 2018)

Hansjakob Thomas/Pajarola Umberto, Art. 269bis – 298d StPO, in: Donatsch et al. (Hrsg.), Kommentar zur Schweizerischen Strafprozessordnung, 3. Aufl., Zürich 2020 (zit. ZH-StPO³-Hansjakob/Pajarola)

Hestermann Jennifer L., The Terrorist-Criminal Nexus – An Alliance of International Drug Cartels, Organized Crime, and Terror Groups, Boca Raton 2013

Husmann Markus, Art. 272 StGB, in: Niggli Marcel A./Wiprächtiger Hans (Hrsg.), Basler Kommentar, Strafrecht II, Art. 111–392 StGB, 4. Aufl., Basel 2019 (zit. BSK StGB II⁴-Husmann)

Isenring Bernhard/Flachsmann Stefan, Art. 265–267 StGB, in: Niggli Marcel A./Wiprächtiger Hans (Hrsg.), Basler Kommentar, Strafrecht II, Art. 111–392 StGB, 4. Aufl., Basel 2019 (zit. BSK StGB II⁴-Isenring/Flachsmann)

Isenring Bernhard/Kessler Martin, Art. 197 StGB, in: Niggli Marcel A./Wiprächtiger Hans (Hrsg.), Basler Kommentar, Strafrecht II, Art. 111–392 StGB, 4. Aufl., Basel 2019 (zit. BSK StGB II⁴-Isenring/Kessler)

Kaplan David E./Dubro Alec, Yakuza – Japan's Criminal Underworld, 2. Aufl., Berkeley et al. 2012

Landshut Nathan/Bosshard Thomas, Art. 299–327 StPO, in: Donatsch et al. (Hrsg.), Kommentar zur Schweizerischen Strafprozessordnung, 3. Aufl., Zürich 2020 (zit. ZH-StPO³-Landshut/Bosshard)

Lentjes Meili Christiane/Rhyner Beat, §§ 4, 32–32g PolG ZH, in Donatsch et al. (Hrsg.), Kommentar zum Polizeigesetz des Kantons Zürich, Zürich/Basel/Genf 2018 (zit. Lentjes Meili/Rhyner)

Levante Patrizia, Art. 5 StGB, in: Niggli Marcel A. / Wiprächtiger Hans (Hrsg.), Basler Kommentar, Strafrecht I, Art. 1–110 StGB, 4. Aufl., Basel 2019 (zit. BSK StGB I⁴-Levante)

Mallory Stephen L., Understanding Organized Crime, 2. Aufl., Sudbury 2012

Musci Aldo, Tutte le Mafie del mondo – Una mappa della criminalità organizzata nell'epoca della globalizzazione,

Niggli Marcel A. / Wiprächtiger Hans,
- Basler Kommentar, Strafrecht I, Art. 1–110 StGB, 4. Aufl., Basel 2019 (zit. BSK StGB I⁴-Bearbeiter)
- Basler Kommentar, Strafrecht II, Art. 111–392 StGB, 4. Aufl., Basel 2019 (zit. BSK StGB II⁴-Bearbeiter)

Omlin Esther, Art. 301 StGB, in: Niggli Marcel A. / Wiprächtiger Hans (Hrsg.), Basler Kommentar, Strafrecht II, Art. 111–392 StGB, 4. Aufl., Basel 2019 (zit. BSK StGB II⁴-Omlin)

Pajarola Umberto / Oehen Moritz / Thommen Marc, Art. 260ter StGB, in: Ackermann Jürg-Beat (Hrsg.), Kommentar Kriminelles Vermögen – Kriminelle Organisationen: Einziehung, Kriminelle Organisation, Finanzierung des Terrorismus, Geldwäscherei, Bd. II, Zürich/Basel/Genf 2018 (zit. Pajarola / Oehen / Thommen)

Pieth Mark, Art. 305bis StGB, in: Niggli Marcel A. / Wiprächtiger Hans (Hrsg.), Basler Kommentar, Strafrecht II, Art. 111–392 StGB, 4. Aufl., Basel 2019 (zit. BSK StGB II⁴-Pieth)

Popp Peter / Keshelava Tornike, Art. 3–7 StGB, in: Niggli Marcel A. / Wiprächtiger Hans (Hrsg.), Basler Kommentar, Strafrecht I, Art. 1–110 StGB, 4. Aufl., Basel 2019 (zit. BSK StGB I⁴-Popp / Keshelava)

Ramel Raffael / Vogelsang André, Art. 179sexies StGB, in: Niggli Marcel A. / Wiprächtiger Hans (Hrsg.), Basler Kommentar, Strafrecht II, Art. 111–392 StGB, 4. Aufl., Basel 2019 (zit. BSK StGB II⁴-Ramel / Vogelsang)

Spezielle Literatur

ROELLI BRUNO, Art. 226 StGB, in: NIGGLI MARCEL A./WIPRÄCHTIGER HANS (Hrsg.), Basler Kommentar, Strafrecht II, Art. 111–392 StGB, 4. Aufl., Basel 2019 (zit. BSK StGB II[4]-ROELLI)

SCHLEGEL STEPHAN, Art. 22–42 StPO, in: DONATSCH et al. (Hrsg.), Kommentar zur Schweizerischen Strafprozessordnung, 3. Aufl., Zürich 2020 (zit. ZH-StPO[3]-SCHLEGEL)

SCHLEIMINGER METTLER DORRIT, Art. 261bis StGB, in: NIGGLI MARCEL A./WIPRÄCHTIGER HANS (Hrsg.), Basler Kommentar, Strafrecht II, Art. 111–392 StGB, 4. Aufl., Basel 2019 (zit. BSK StGB II[4]-SCHLEIMINGER METTLER)

SCHMID NIKLAUS, (Hrsg.) Kommentar Einziehung, Organisiertes Verbrechen, Geldwäscherei, 2. Aufl., Zürich 2007 (zit. EOVG[2]-BEARBEITER)

THOMMEN MARC, Kurzer Prozess – fairer Prozess? – Strafbefehls- und abgekürzte Verfahren zwischen Effizienz und Gerechtigkeit, Bern 2013 (zit. THOMMEN)

THOMMEN MARC/SEELMANN MARTIN, Art. 260ter StGB, in: ACKERMANN JÜRG-BEAT (Hrsg.), Kommentar Kriminelles Vermögen – Kriminelle Organisationen: Einziehung, Kriminelle Organisation, Finanzierung des Terrorismus, Geldwäscherei, Bd. I, Zürich/Basel/Genf 2018 (zit. THOMMEN/SEELMANN)

WEISSENBERGER PHILIPPE, Art. 144bis StGB, in: NIGGLI MARCEL A./WIPRÄCHTIGER HANS (Hrsg.), Basler Kommentar, Strafrecht II, Art. 111–392 StGB, 4. Aufl., Basel 2019 (zit. BSK StGB II[4]-WEISSENBERGER)

WEISSENBERGER PHILIPPE, Art. 226ter StGB, in: NIGGLI MARCEL A./WIPRÄCHTIGER HANS (Hrsg.), Basler Kommentar, Strafrecht II, Art. 111–392 StGB, 4. Aufl., Basel 2019 (zit. BSK StGB II[4]-WEISSENBERGER)

WOHLERS WOLFGANG, Art. 3, 7, 147, 149 StPO, in: DONATSCH et al. (Hrsg.), Kommentar zur Schweizerischen Strafprozessordnung, 3. Aufl., Zürich 2020 (zit. ZH-StPO[3]-WOHLERS)

ZELLER FRANZ, Art. 28a StGB, in: NIGGLI MARCEL A./WIPRÄCHTIGER HANS (Hrsg.), Basler Kommentar, Strafrecht I, Art. 1–110 StGB, 4. Aufl., Basel 2019 (zit. BSK StGB I[4]-ZELLER)

ZURBRÜGG MATTHIAS, Art. 97–98 StGB, in: NIGGLI MARCEL A./WIPRÄCHTIGER HANS (Hrsg.), Basler Kommentar, Strafrecht I, Art. 1–110 StGB, 4. Aufl., Basel 2019 (zit. BSK StGB I[4]-ZURBRÜGG)

ZURBRÜGG MATTHIAS/HRUSCHKA CONSTANTIN, Art. 66a–66d StGB, in: NIGGLI MARCEL A./WIPRÄCHTIGER HANS (Hrsg.), Basler Kommentar, Strafrecht I, Art. 1–110 StGB, 4. Aufl., Basel 2019 (zit. BSK StGB I[4]-ZURBRÜGG/HRUSCHKA)

Materialien

Allgemeine Materialien

Dschihadistisch motivierte Reisebewegungen – Zahlen April 2017, Pressemitteilung vom 20. April 2017, Nachrichtendienst des Bundes NDB (zit. Mitteilung NDB 2017)

Jahresbericht fedpol 2016, Bundesamt für Polizei fedpol, 4. April 2017 (zit. Bericht fedpol 2016)

Massnahmen der Schweiz zur Bekämpfung des dschihadistisch motivierten Terrorismus, Dritter TETRA-Bericht, April 2017 (zit. Bericht TETRA 2017)

Tätigkeitsbericht 2016, Bericht der Bundesanwaltschaft über ihre Tätigkeit im Jahr 2015 an die Aufsichtsbehörde (zit. Bericht BA 2016)

SOCTA 2017, European Union Serious and Organised Crime Threat Assessment, Crime in the age of technology European Police Office, Den Haag 2017 (zit. SOCTA 2017)

Bundesratsbeschluss vom 12. Januar 2017 über das Ergebnis der Volksabstimmung vom 25. September 2016, BBl 2017, 371 ff. (zit. Beschluss 2017, BBl 2017)

Anti-money laundering and counter-terrorist financing measures, Switzerland, Mutual Evaluation Report, FATF, Dezember 2016 (zit. Bericht FATF 2016)

Vorschläge der Arbeitsgruppe Art. 260ter StGB zuhanden der Strafrechtskommission der Konferenz der Kantonalen Justiz- und Polizeidirektorinnen und -direktoren (KKJPD) für eine Anpassung der Strafnorm betreffend kriminelle Organisationen (Art. 260ter StGB) und eine neue Terrorismusstrafnorm (Art. 260^{quinquies} StGB), 2016 (zit. Entwurf KKJPD)

Volksabstimmung vom 25. September 2016, Erläuterungen des Bundesrates (zit. Erläuterungen 2016)

Die Sicherheitspolitik der Schweiz, Bericht des Bundesrates vom 24. August 2016, BBl 2016, 7763 ff. (zit. Bericht, BBl 2016)

Erwachsene: Verurteilungen für ein Vergehen oder Verbrechen nach Artikeln des Strafgesetzbuches (StGB), 1984–2015, Bundesamt für Statistik, 6. Juni 2016, <www.bfs.admin.ch/bfs/de/home/statistiken/kriminalitaet-strafrecht/strafjustiz/jugend-erwachsenenurteile.assetdetail.333911.html> (besucht am 1. Mai 2017) (zit. Strafurteilsstatistik BFS)

The White Paper on Police 2015, Special Feature: Progress and Future Prospects Regarding Measures against Organized Crime, National Police Agency, Tokio 2. Juni 2016 (zit. NPA Boryokudan)

Sicherheit Schweiz, Lagebericht 2016 des Nachrichtendienstes des Bundes (zit. Bericht NDB 2016)

Referendumsvorlage vom 18. März 2016, Bundesgesetz betreffend die Überwachung des Post- und Fernmeldeverkehrs (BÜPF), BBl 2016, 1991 ff. (zit. Referendumsvorlage, BBl 2016)

Direzione Nazionale Antimafia e Antiterrorismo, Relazione annuale sulle attività svolte dal Procuratore nazionale e dalla Direzione nazionale antimafia e antiterrorismo nonché sulle dinamiche e strategie della criminalità organizzata di tipo mafioso nel periodo 1° luglio 2014–30 giugno 2015, Februar 2016 (zit. DNA 2016)

Tätigkeitsbericht 2015, Bericht der Bundesanwaltschaft über ihre Tätigkeit im Jahr 2015 an die Aufsichtsbehörde (zit. Bericht BA 2015)

Jahresbericht fedpol 2015, Bundesamt für Polizei fedpol (zit. Bericht fedpol 2015); TE-SAT 2016, European Union Terrorism Situation and Trend Report 2016, Europol 2016 (zit. TE-SAT 2016)

Referendumsvorlage vom 25. September 2015, Bundesgesetz über den Nachrichtendienst (Nachrichtendienstgesetz, NDG), BBl 2015, 7211 ff. (zit. Referendumsvorlage, BBl 2015)

KOFF Newsletter Nr. 140, September 2015, Die Schweizer Akteure im Nahostkonflikt, swisspeace, Schweizerische Friedensstiftung (zit. KOFF Newsletter 2015)

Tätigkeitsbericht 2014, Bericht der Bundesanwaltschaft über ihre Tätigkeit im Jahr 2014 an die Aufsichtsbehörde (zit. Bericht BA 2014)

Kriminalitätsbekämpfung Bund, Lage, Massnahmen und Mittel, Jahresbericht 2014, Bundesamt für Polizei fedpol (zit. Bericht fedpol 2014)

Federal Research Division, Library of Congress, The Nexus among Terrorists, Narcotics Traffickers, Weapons Proliferators, and Organized Crime Networks in Western Europe, Middletown 2014 (zit. Congress, Nexus)

United Nations Office on Drugs and Crime, Drug Money – The illicit proceeds of opiates trafficked on the Balkan route, Executive Summary, 2015 (zit. UNODC, Money)

Entwurf vom 12. November 2014 zum Bundesgesetz über das Verbot der Gruppierungen «Al-Qaïda» und «Islamischer Staat» sowie verwandter Organisationen, BBl 2014, 8939 f. (zit. Entwurf, BBl 2014b)

Botschaft vom 12. November 2014 zum Bundesgesetz über das Verbot der Gruppierungen «Al-Qaïda» und «Islamischer Staat» sowie verwandter Organisationen, BBl 2014, 8925 ff. (zit. Botschaft, BBl 2014c)

Federal Research Division, Library of Congress, Transnational Activities of Chinese Crime Organizations, Middletown 2014 (zit. Congress, China)

Sicherheit Schweiz, Lagebericht 2014 des Nachrichtendienstes des Bundes (zit. Bericht NDB 2014)

Entwurf vom 19. Februar 2014 zum Nachrichtendienstgesetz (NDG), BBl 2014, 2237 ff. (zit. Entwurf, BBl 2014)

Botschaft vom 19. Februar 2014 zum Nachrichtendienstgesetz, BBl 2014, 2105 ff. (zit. Botschaft, BBl 2014b)

U.S. Army Command and General Staff College, The Diversification of Mexican Transnational Criminal Organizations and its Effects on Spillover Violence in the United States, Middletown 2014 (zit. U.S. Army 2014)

Botschaft vom 13. Dezember 2013 zur Umsetzung der 2012 revidierten Empfehlungen der Groupe d'action financière (GAFI), BBl 2014, 605 ff. (zit. Botschaft 2014a)

Serious and Organised Crime Strategy, Presented to the Parliament by the Secretary of State for the Home Department by Command of Her Majesty, London, Oktober 2013 (zit. UK Strategy 2013)

Understanding organised crime: estimating the scale and the social and economic costs, UK Home Office, London 2013 (zit. UK Costs)

Tätigkeitsbericht 2013, Bericht der Bundesanwaltschaft über ihre Tätigkeit im Jahr 2013 an die Aufsichtsbehörde (zit. Bericht BA 2013)

Kriminalitätsbekämpfung Bund, Lage, Massnahmen und Mittel, Jahresbericht 2013, Bundesamt für Polizei fedpol (zit. Bericht fedpol 2013)

Europol, Threat Assessment – Italian Organised Crime, Den Haag, Juni 2013 (zit. Europol, IOC)

Sicherheit Schweiz, Lagebericht 2013 des Nachrichtendienstes des Bundes (zit. Bericht NDB 2013)

Entwurf vom 27. Februar 2013 zum Bundesgesetz betreffend die Überwachung des Post- und Fernmeldeverkehrs (BÜPF), BBl 2013, 2789 ff. (zit. Entwurf, BBl 2013)

Botschaft vom 27. Februar 2013 zum Bundesgesetz betreffend die Überwachung des Post- und Fernmeldeverkehrs (BÜPF), BBl 2013, 2683 ff. (zit. Botschaft, BBl 2013)

Tätigkeitsbericht 2012, Bericht der Bundesanwaltschaft über ihre Tätigkeit im Jahr 2012 an die Aufsichtsbehörde (zit. Bericht BA 2012)

Europol SOCTA 2013, EU Serious and Organised Crime Threat Assessment, European Police Office, Den Haag 2013 (zit. SOCTA 2013)

McAfee White Paper, Cybercrime exposed – Cybercrime as a service, 2013 <www.mcafee.com/uk/resources/white-papers/wp-cyber crime-exposed.pdf>; besucht am 1. Mai 2017 (zit. McAfee White Paper)

Parlamentarische Initiative, Präzisierung des Anwendungsbereichs der Bestimmungen über die verdeckte Ermittlung, Bericht der Kommission für Rechtsfragen des Nationalrates vom 3. Februar 2012, BBl 2012, 5591 ff. (zit. Kommissionsbericht, BBl 2012)

Tätigkeitsbericht 2011, Bericht der Bundesanwaltschaft über ihre Tätigkeit im Jahr 2011 an die Aufsichtsbehörde (zit. Bericht BA 2011)

National Gang Threat Assessment 2011, Emerging Trends, National Gang Intelligence Center, Washington D.C. 2012 (zit. NGIC Assessment 2011)

Zusammenfassung der Ergebnisse des Vernehmlassungsverfahrens über den Bericht und den Vorentwurf zur Änderung des Bundesgesetzes vom 6. Oktober 2000 betreffend die Überwachung des Post- und Fernmeldeverkehrs (BÜPF), Bern, Mai 2011 (zit. Vernehmlassung BÜPF 2011)

Auszug aus dem Bericht der Bundesanwaltschaft über ihre Tätigkeit im Jahr 2010 an die I. Beschwerdekammer des Bundesstrafgerichts (zit. Bericht BA 2010)

Selected Speeches of President George W. Bush, 2001–2008, Weisses Haus, Washington D.C. 2011 (zit. Speeches 2001–2008)

Bericht des Bundesrates vom 10. Dezember 2010 über allfällige Änderungen oder Ausweitungen der Strafnormen gegen das organisierte Verbrechen (zit. Bericht 2010)

Botschaft vom 17. November 2010 zur Genehmigung und Umsetzung des Übereinkommens des Europarates über die Bekämpfung des Menschenhandels und zum Bundesgesetz über den ausserprozessualen Zeugenschutz, BBl 2011, 1 ff. (zit. Botschaft, BBl 2011)

Zusatzbotschaft vom 27. Oktober 2010 zur Änderung des Bundesgesetzes über Massnahmen zur Wahrung der inneren Sicherheit («BWIS II reduziert»), BBl 2010, 7841 ff. (zit. Botschaft, BBl 2010)

Auszug aus dem Bericht der Bundesanwaltschaft über ihre Tätigkeit im Jahr 2009 an die I. Beschwerdekammer des Bundesstrafgerichts (zit. Bericht BA 2009)

Kriminalitätsbekämpfung Bund, Lage, Massnahmen und Mittel, Jahresbericht 2009, Bundesamt für Polizei fedpol (zit. Bericht fedpol 2009)

Auszug aus dem Bericht der Bundesanwaltschaft über ihre Tätigkeit im Jahr 2008 an die I. Beschwerdekammer des Bundesstrafgerichts (zit. Bericht BA 2008)

Entwurf vom 15. Juni 2007 zum Bundesgesetz zur Umsetzung der revidierten Empfehlungen der Groupe d'action financière (GAFI), BBl 2007, 6311 ff. (zit. Entwurf, BBl 2007b)

Botschaft vom 15. Juni 2007 zur Umsetzung der revidierten Empfehlungen der Groupe d'action financière (GAFI), BBl 2007, 6269 ff. (zit. Botschaft, BBl 2007b)

Entwurf vom 15. Juni 2007 zum Bundesgesetz über Massnahmen zur Wahrung der inneren Sicherheit (Besondere Mittel der Informationsbeschaffung), BBl 2007, 5139 ff. (zit. Entwurf, BBl 2007a)

Botschaft vom 15. Juni 2007 zur Änderung des Bundesgesetzes über Massnahmen zur Wahrung der inneren Sicherheit (BWIS), (Besondere Mittel der Informationsbeschaffung), BBl 2007, 5037 ff. (zit. Botschaft, BBl 2007a)

Effizientere Bekämpfung von Terrorismus und organisiertem Verbrechen, Bericht des Bundesrates vom 9. Juni 2006 in Erfüllung des Postulates der Sicherheitspolitischen Kommission SR (05.3006) vom 21. Februar 2005, BBl 2006, 5693 ff. (zit. Bericht, BBl 2006)

Travaux préparatoires of the negotiation for the elaboration of the United Nations Convention against Transnational Organized Crime and the Protocols thereto, United Nations Office on Drugs and Crime, New York 2006 (zit. Travaux préparatoires 2006)

Botschaft vom 21. Dezember 2005 zur Vereinheitlichung des Strafprozessrechts, BBl 2006, 1085 ff. (zit. Botschaft, BBl 2006)

Botschaft vom 26. Oktober 2005 über die Genehmigung des UNO-Übereinkommens gegen die grenzüberschreitende organisierte Kriminalität, des Zusatzprotokolls zur Verhinderung und Bestrafung des Menschenhandels, insbesondere des Frauen- und Kinderhandels, und des Zusatzprotokolls gegen die Schlepperei auf dem Land-, See- und Luftweg, BBl 2005, 6693 ff. (zit. Botschaft, BBl 2005)

Geschäftsbericht 2004 vom 1. März 2005, Amtstätigkeit des Bundesstrafgerichts (zit. Bericht BStGer 2004)

The 9/11 Commission Report, National Commission on Terrorist Attacks, 22. Juli 2004 (zit. 9/11 Report 2004)

United Nations Convention against Transnational Organized Crime and the Protocols thereto, United Nations Office on Drugs and Crime, New York 2004 (zit. Travaux préparatoires 2004)

Council of Europe, Organised crime situation report 2002, Strassburg, Dezember 2003 (zit. Situation report 2002)

Bericht des Bundesrates an das Parlament vom 26. Juni 2002, Lage- und Gefährdungsanalyse Schweiz nach den Terroranschlägen vom 11. September 2001, BBl 2003, 1832 ff. (zit. Bericht, BBl 2003)

Entwurf vom 26. Juni 2002 zum Bundesgesetz über die Änderung des Strafgesetzbuches sowie die Anpassung weiterer Bundesgesetze betreffend Terrorismus und Finanzierung des Terrorismus, BBl 2002, 5455 ff. (zit. Entwurf, BBl 2002)

Botschaft vom 26. Juni 2002 betreffend die Internationalen Übereinkommen zur Bekämpfung der Finanzierung des Terrorismus und zur Bekämpfung terroristischer Bombenanschläge sowie die Änderung des Strafgesetzbuches und die Anpassung weiterer Bundesgesetze, BBl 2002, 5390 ff. (zit. Botschaft, BBl 2002)

Effizienz-Vorlage: Erfolgreiche erste Stellenrunde bei Bundesanwaltschaft und Bundesamt für Polizei, Pressemitteilung vom 9. Juli 2001, EJPD (zit. Mitteilung EJPD 2001)

Terrorism and human rights, Progress report by Ms. Kalliopi K. Koufa, Special Rapporteur, United Nations Organisation, New York, 27. Juni 2001

Staatsschutzbericht 2000, Eidgenössisches Justiz- und Polizeidepartement, Juni 2001 (zit. Staatsschutz 2000)

Botschaft vom 28. Februar 2001 zur Totalrevision der Bundesrechtspflege, BBl 2001, 4202 ff. (zit. Botschaft, BBl 2001)

Begleitbericht zum Vorentwurf für eine Schweizerische Strafprozessordnung, Bundesamt für Justiz, Bern 2001 (zit. Bericht VE-StPO/2001)

Staatsschutzbericht 1999, Eidgenössisches Justiz- und Polizeidepartement, Mai 2000 (zit. Staatsschutz 1999)

Botschaft vom 19. April 1999 über die Änderung des Schweizerischen Strafgesetzbuches und des Militärstrafgesetzes betreffend die Revision des Korruptionsstrafrechts sowie über den Beitritt der Schweiz zum Übereinkommen über die Bekämpfung der Bestechung ausländischer Amtsträger im internationalen Geschäftsverkehr, BBl 1999, 5497 ff. (zit. Botschaft, BBl 1999b)

Botschaft vom 21. September 1998 zur Änderung des Schweizerischen Strafgesetzbuches betreffend Allgemeine Bestimmungen, Einführung und Anwendung des Gesetzes und des Militärstrafgesetzes sowie zu einem Bundesgesetz über das Jugendstrafrecht, BBl 1999 II, 1979 ff. (zit. Botschaft, BBl 1999a II)

Botschaft vom 1. Juli 1998 zu den Bundesgesetzen betreffend die Überwachung des Post- und Fernmeldeverkehrs und über die verdeckte Ermittlung, BBl 1998 IV, 4241 ff. (zit. Botschaft, BBl 1998b IV)

Botschaft vom 28. Januar 1998 über die Änderung des Strafgesetzbuches, der Bundesstrafrechtspflege und des Verwaltungsstrafrechtsgesetzes betreffend die Massnahmen zur Verbesserung der Effizienz und der Rechtsstaatlichkeit in der Strafverfolgung, BBl 1998 II, 1529 ff. (zit. Botschaft, BBl 1998a II)

Verfügung der Bundeskanzlei vom 29. Dezember 1997 betreffend das Nicht-Zustandekommen, Referendum gegen das Bundesgesetz vom 21. März 1997 über Massnahmen zur Wahrung der inneren Sicherheit (BWIS), BBl 1997 IV, 1627 ff. (zit. Verfügung, BBl 1997 IV)

Botschaft vom 26. Februar 1997 zum Bundesgesetz über das Glücksspiel und über die Spielbanken (Spielbankengesetz, SBG), BBl 1997 III, 145 ff. (zit. Botschaft, BBl 1997 III)

Aus 29 mach 1, Konzept einer eidgenössischen Strafprozessordnung, Bericht der Expertenkommission «Vereinheitlichung des Strafprozessrechts», Eidgenössisches Justiz- und Polizeidepartement, Bern 1997 (zit. Aus 29 mach 1)

Botschaft vom 17. Juni 1996 zum Bundesgesetz zur Bekämpfung der Geldwäscherei im Finanzsektor (Geldwäschereigesetz, GwG), BBl 1996 III, 1101 ff. (zit. Botschaft, BBl 1996b III)

Botschaft vom 29. November 1995 betreffend das Übereinkommen von 1988 gegen den unerlaubten Verkehr mit Betäubungsmitteln und psychotropen Stoffen, BBl 1996 I, 609 ff. (zit. Botschaft 1996a I)

Botschaft vom 19. Juni 1995 zu den Volksinitiativen «Jugend ohne Drogen» und «für eine vernünftige Drogenpolitik» (Droleg-Initiative), BBl 1995 III, 1245 ff. (zit. Botschaft, BBl 1995 III)

Entwurf vom 7. März 1994 zum Bundesgesetz über Massnahmen zur Wahrung der inneren Sicherheit, BBl 1994 II, 1203 ff. (zit. Entwurf, BBl 1994 II)

Botschaft vom 7. März 1994 zum Bundesgesetz über Massnahmen zur Wahrung der inneren Sicherheit und zur Volksinitiative «S.o.S. Schweiz ohne Schnüffelpolizei», BBl 1994 II, 1127 ff. (zit. Botschaft, BBl 1994b II)

Botschaft vom 12. Januar 1994 über die Änderung des Schweizerischen Strafgesetzbuches betreffend die Schaffung einer Zentralstelle zur Bekämpfung des Organisierten Verbrechens (Zusatzbotschaft zur Botschaft über die Revision des Schweizerischen Strafgesetzbuches und des Militärstrafgesetzes betreffend die Revision des Einziehungsrechts, die Strafbarkeit der kriminellen Organisation sowie das Melderecht des Financiers), BBl 1994 I, 1145 ff. (zit. Botschaft, BBl 1994a I)

Botschaft vom 30. Juni 1993 über die Änderung des Schweizerischen Strafgesetzbuches und des Militärstrafgesetzes betreffend die Revision des Einziehungsrechts, Strafbarkeit der kriminellen Organisation, Melderecht des Financiers, BBl 1993 III, 277 ff. (zit. Botschaft, BBl 1993 III)

Botschaft vom 19. August 1992 über die Ratifikation des Übereinkommens Nr. 141 des Europarates über Geldwäscherei sowie Ermittlung, Beschlagnahme und Einziehung von Erträgen aus Straftaten, BBl 1992 VI, 9 ff. (zit. Botschaft, BBl 1992 VI)

Gemeinsame Richtlinien der Justizminister/-senatoren und der Innenminister/-senatoren der Länder vom 8. Juli 1992 über die Zusammenarbeit bei der Verfolgung der Organisierten Kriminalität, JMBl/92, 139 (zit. Richtlinien Minister 1992)

Vorkommnisse im EJPD, Ergänzungsbericht der Parlamentarischen Untersuchungskommission (PUK) vom 29. Mai 1990, BBl 1990 II, 1565 ff. (zit. PUK-Ergänzungsbericht, BBl 1990 II)

Eidgenössische Bankenkommission, Bulletin EBK, Heft 20, 1990 (zit. Bulletin EBK 1990)

Eidgenössische Bankenkommission, Jahresbericht EBK 1989 (zit. Bericht EBK 1989)

Vorkommnisse im EJPD, Stellungnahme des Bundesrates vom 4. Dezember 1989 zum Bericht der Parlamentarischen Untersuchungskommission, BBl 1990 I, 879 ff. (zit. Stellungnahme, BBl 1990 I)

Vorkommnisse im EJPD, Bericht der Parlamentarischen Untersuchungskommission (PUK) vom 22. November 1989, BBl 1990 I, 637 ff. (zit. PUK-Bericht, BBl 1990 I)

Botschaft vom 12. Juni 1989 über die Änderung des Schweizerischen Gesetzbuches betreffend die Gesetzgebung über Geldwäscherei und mangelnde Sorgfalt bei Geldgeschäften, BBl 1989 II, 1061 ff. (zit. Botschaft, BBl 1989 II)

The Impact: Organized Crime Today, Report to the President and the Attorney General, President's Commission on Organized Crime, Washington D.C. 1986 (zit. President's Commission 1986)

Bundesratsbeschluss vom 3. Juli 1984 über das Ergebnis der Volksabstimmung vom 20. Mai 1984, BBl 1984 II, 989 ff. (zit. Beschluss, BBl 1984 II)

Bundesratsbeschluss vom 18. August 1982 über das Ergebnis der Volksabstimmung vom 6. Juni 1982, BBl 1982 II, 961 ff. (zit. Beschluss, BBl 1982 II)

Botschaft vom 10. Dezember 1979 über die Änderung des Schweizerischen Strafgesetzbuches und des Militärstrafgesetzes betreffend Gewaltverbrechen, BBl 1980 I, 1241 ff. (zit. Botschaft, BBl 1980 I)

Volksinitiative «gegen den Missbrauch des Bankgeheimnisses und der Bankenmacht», Vorprüfung vom 10. Oktober 1978, BBl 1978 II, 909 ff. (zit. Vorprüfung, BBl 1978 II)

Botschaft vom 24. November 1976 über das Übereinkommen zur Bekämpfung von widerrechtlichen Handlungen gegen die Sicherheit der Zivilluftfahrt, BBl 1976 III, 1259 ff. (zit. Botschaft, BBl 1976 III)

Botschaft des Bundesrates vom 28. August 1974 an die Bundesversammlung betreffend den Staatsvertrag mit den Vereinigten Staaten von Amerika über gegenseitige Rechtshilfe in Strafsachen, BBl 1974 II, 580 ff. (zit. Botschaft, BBl 1974 II)

Botschaft des Bundesrates vom 20. Juni 1949 an die Bundesversammlung über eine Teilrevision des Schweizerischen Strafgesetzbuches, BBl 1949 I, 1249 ff. (zit. Botschaft, BBl 1949 I)

Motive zu dem Vorentwurf eines Schweizerischen Strafgesetzbuches, Allgemeiner Teil, Im Auftrage des Bundesrates von Carl Stooss, Basel/Genf 1893 (zit. Motive VE-StGB/1893)

Die Grundzüge des Schweizerischen Strafrechts im Auftrage des Bundesrathes vergleichend dargestellt von Carl Stooss, Bd. 1, Basel/Genf 1892 (zit. Grundzüge-I/1892)

Die Schweizerischen Strafgesetzbücher zur Vergleichung zusammengestellt und im Auftrage des Bundesrathes herausgegeben von Carl Stooss, Basel/Genf 1890 (zit. Zusammenstellung/1890)

Botschaft des Bundesrates vom 9. Oktober 1868 an die h. Bundesversammlung, betreffend die zwischen der Schweizerischen Eidgenossenschaft und dem Königreich Italien am 22. Juli laufenden Jahres abgeschlossenen Verträge, BBl 1868 III, 416 ff. (zit. Botschaft, BBl 1868 III)

Vertrag vom 22. Juli 1868 zwischen der Schweiz und Italien über Auslieferung von Verbrechern und Angeschuldigten, abgeschlossen in Rom, BBl 1868 III, 488 ff. (zit. Vertrag, BBl 1868 III)

Spezifisch verwendete Materialien

Botschaft vom 14. September 2018 zur Genehmigung und zur Umsetzung des Übereinkommens des Europarats zur Verhütung von Terrorismus mit dem dazugehörigen Zusatzprotokoll sowie zur Verstärkung des strafrechtlichen Instrumentariums gegen Terrorismus und organisierte Kriminalität, BBl 2018, 6427 (zit. Botschaft 2018)

Botschaft vom 26. Juni 2002 betreffend die Internationalen Übereinkommen zur Bekämpfung der Finanzierung des Terrorismus und zur Bekämpfung terroristischer Bombenanschläge sowie die Änderung des Strafgesetzbuches und die Anpassung weiterer Bundesgesetze, BBl 2002, 5390 (zit. Botschaft 2002)

Erläuterungen zur Verordnung des Bundesrates zur Anpassung des Bundesrechts an Entwicklungen der Technik verteilter elektronischer Register vom 18.6.2021, <https://www.newsd.admin.ch/newsd/message/attachments/67150.pdf> (besucht am 3.1.2022) (zit. Erläuterungen DLT VO)

Explanatory Report to the Council of Europe Convention on the Prevention of Terrorism, 16.5.2005 (zit. ER 2005)

Explanatory Report to the Additional Protocol to the Council of Europe Convention on the Prevention of Terrorism, 22.10.2015 (zit. ER 2015)

FATF Updated Guidance for a risk-based Approach – Virtual Assets and Virtual Asset Service Providers, Oktober 2021, <http://www.fatf-gafi.org/media/fatf/documents/recommendations/Updated-Guidance-VA-VASP.pdf> (besucht am 2.1.2022) (zit. FATF Leitfaden 2021)

FBI Internet Crime Report 2020, <https://www.ic3.gov/Media/PDF/AnnualReport/2020_IC3Report.pdf> (besucht am 30.12.2021) (zit. FBI 2020)

SOCTA 2021, European Union Serious and Organised Crime Threat Assessment, European Police Office, Den Haag 2021 (zit. SOCTA 2021)

Abkürzungsverzeichnis

a.a.O.	am angeführten Ort
Abs.	Absatz/Absätze
a.E.	am Ende/in fine
AG	Aktiengesellschaft
AJP	Aktuelle Juristische Praxis, St. Gallen
a.M.	anderer Meinung
Amtl. Bull. NR/SR	Amtliches Bulletin der Bundesversammlung, Nationalrat/Ständerat
Anm.	Anmerkung(en)
Art.	Artikel
AS	Amtliche Sammlung der Bundesgesetze und Verordnungen (Eidgenössische Gesetzessammlung)
ATF	Arrêts du Tribunal fédéral suisse, Recueil officiel (= BGE)
Aufl.	Auflage
BAKOM	Bundesamt für Kommunikation
BBl	Bundesblatt der Schweizerischen Eidgenossenschaft
Bd.	Band
BG AQ/IS	Bundesgesetz über das Verbot der Gruppierungen «Al-Qaïda» und «Islamischer Staat» sowie verwandter Organisationen vom 12.12.2014, SR 122
BGE	Bundesgerichtsentscheid/Entscheidungen des Schweizerischen Bundesgerichts, Amtliche Sammlung; nur über das Internet (<www.bger.ch>) greifbare Entscheide des Bundesgerichts sind mit der Prozessnummer angegeben

Abkürzungsverzeichnis

BGer	Schweizerisches Bundesgericht
BGG	Bundesgesetz über das Bundesgericht vom 17.6.2005, SR 173.110
bspw.	beispielsweise
Bst.	Buchstabe(n), littera(e)
BStGer	Bundesstrafgericht
BV	Bundesverfassung der Schweizerischen Eidgenossenschaft vom 18.4.1999, SR 101
BWIS	Bundesgesetz über Massnahmen zur Wahrung der inneren Sicherheit vom 21.3.1997, SR 120
bzw.	beziehungsweise
CHF	Schweizer Franken
DeFi	Decentralized Finance
ders.	derselbe
d.h.	das heisst
Diss.	Dissertation
E.	Erwägung
EGMR	Europäischer Gerichtshof für Menschenrechte
Eidg.	Eidgenössisch(e)
EMRK	Konvention zum Schutz der Menschenrechte und Grundfreiheiten (Europäische Menschenrechtskonvention) vom 4.11.1950, SR 0.101
Erw.	Erwägung
etc.	et cetera
EU	Europäische Union

EuGH	Gerichtshof der Europäischen Gemeinschaften bzw. der Europäischen Union
EÜT	Übereinkommen des Europarats zur Verhütung des Terrorismus vom 16.5.2005
f.	folgende
FATF	Financial Action Task Force
ff.	fortfolgende
FIDLEG	Bundesgesetz über die Finanzdienstleistungen vom 15.6.2018, SR 950.1
FINMA	Eidgenössische Finanzmarktaufsicht
Fn	Fussnote(n)
Habil.	Habilitation
HRegV	Handelsregisterverordnung des Bundesrates vom 17.10.2007, SR 221.411
Hrsg.	Herausgeber
i.c.	in casu
i.d.R.	in der Regel
i.e.S.	im engeren Sinne
i.f.	in fine / am Ende
inkl.	inklusive
insb.	insbesondere
i.S.	in Sachen
i.S. v.	im Sinne von
i.V.m.	in Verbindung mit
i.w.S.	im weiteren Sinne

KMU	kleine und mittlere Unternehmen
LFG	Bundesgesetz über die Luftfahrt vom 21.12.1948, SR 748.0
LS	Gesetzessammlung des Kantons Zürich
m.a.W.	mit anderen Worten
max.	maximal
m.H.	mit Hinweisen
Mio.	Millionen
m.w.H.	mit weiteren Hinweisen
MWST	Mehrwertsteuer
N	Note(n)
NDG	Bundesgesetz über den Nachrichtendienst vom 25.9.2015, SR 121
Nr.	Nummer(n)
NZZ	Neue Zürcher Zeitung (Zürich)
o.ä.	oder ähnlich
OECD	Organisation for Economic Cooperation and Development
OR	Bundesgesetz betreffend die Ergänzung des Schweizerischen Zivilgesetzbuches (Fünfter Teil: Obligationenrecht) vom 30.3.1911, SR 220
P2P	peer to peer
plädoyer	Plädoyer, Magazin für Recht und Politik, Zürich/Genève
PPP	Public Private Partnership, Partenariat public-privé
Pra	Die Praxis des Schweizerischen Bundesgerichts

RB	Verwaltungsgericht des Kantons Zürich, Rechenschaftsbericht
recht	Recht, Zeitschrift für Juristische Ausbildung und Praxis, Bern
resp.	respektive
rev.	revidiert
Rz.	Randziffer(n)
S.	Seite(n)
SBB	Schweizerische Bundesbahnen
SchKG	Bundesgesetz über Schuldbetreibung und Konkurs vom 11.4.1889, SR 281.1
SEM	Staatssekretariat für Migration
SHAB	Schweizerisches Handelsamtsblatt, Bern
SJ	La semaine judiciaire
SJZ	Schweizerische Juristen Zeitung, Zürich
sog.	sogenannt
SR	Systematische Sammlung des Bundesrechts (seit Mitte März 1998 ist die gesamte Rechtssammlung zugänglich im Internet über die Adresse <http://www.admin.ch/ch/d/sr/sr.html>)
StGB	Schweizerisches Strafgesetzbuch vom 21.12.1937, SR 311.0
StPO	Schweizerische Strafprozessordnung vom 5.10.2007, SR 312.0
u.a.	unter anderem
u.a.m.	und andere mehr
USG	Bundesgesetz über den Umweltschutz vom 7.10.1983, SR 814.01

usw.	und so weiter
u.U.	unter Umständen
VASP	Virtual Asset Service Provider
VBS	Eidgenössisches Departement für Verteidigung, Bevölkerungsschutz und Sport
vgl.	vergleiche
VwVG	Bundesgesetz über das Verwaltungsverfahren vom 20.12.1968, SR 172.021
z.B.	zum Beispiel
ZBJV	Zeitschrift des bernischen Juristenvereins, Bern
ZGB	Schweizerisches Zivilgesetzbuch vom 10.12.1907, SR 210
Ziff.	Ziffer(n)
zit.	zitiert
ZP EÜT	Zusatzprotokoll zum Übereinkommen des Europarats zur Verhütung des Terrorismus vom 16.5.2005, vom 22.10.2015

I. Europaratsübereinkommen und Zusatzprotokoll

A. Rezeption von EÜT und ZP EÜT sowie weitere Gesetzesänderungen

Die Schweiz hat das Übereinkommen des Europarats zur Verhütung des Terrorismus vom 16. Mai 2005 (EÜT)[1] am 11. September 2012 und das dazugehörige Zusatzprotokoll vom 22. Oktober 2015 (ZP EÜT)[2] am 22. Oktober 2015 unterzeichnet.[3]

Am 21. Juni 2017 schickte der Bundesrat die Gesetzesvorlage (Vorentwurf) zur Umsetzung von EÜT und ZP EÜT sowie zur Stärkung des strafrechtlichen Instrumentariums gegen Terrorismus und Organisierte Kriminalität in die Vernehmlassung. Am 14. September 2018 verabschiedete der Bundesrat die entsprechende Botschaft (Botschaft 2018)[4] zum Gesetzesentwurf[5]. In den darauffolgenden parlamentarischen Beratungen wurden die vorgeschlagenen Gesetzesbestimmungen angepasst.[6]

Mit dem «Bundesbeschluss über die Genehmigung und die Umsetzung des Übereinkommens des Europarats zur Verhütung des Terrorismus mit dem dazugehörigen Zusatzprotokoll sowie über die Verstärkung des strafrechtlichen Instrumentariums gegen Terrorismus und organisierte Kriminalität»[7] vom 25. September 2020 hat die Bundesversammlung das EÜT sowie das ZP EÜT genehmigt

---

1 Vertragstext vgl. BBl 2018, 6541.
2 Vertragstext vgl. BBl 2018, 6559.
3 Botschaft 2018, 6434 f.
4 BBl 2018, 6427.
5 BBl 2018, 6525.
6 Vgl. <https://www.parlament.ch/de/ratsbetrieb/suche-curia-vista/geschaeft?AffairId=20180071>; Bericht über das Ergebnis des Vernehmlassungsverfahrens vom April 2018 (<file:///C:/Users/B114PUP/AppData/Local/Temp/veber-d.pdf>) (beides besucht am 3.1.2021).
7 BBl 2020, 7891.

(Art. 1) und die auf dem Vorentwurf basierenden und in der Folge weiterentwickelten Gesetzesänderungen[8] angenommen (Art. 2). Die Referendumsfrist lief am 14. Januar 2021 ungenutzt ab. Gemäss Bundesratsbeschluss vom 31. März 2021 traten die neuen Bestimmungen am 1. Juli 2021 in Kraft.[9]

B. Inhalt von EÜT und ZP EÜT

1. Überblick

4 EÜT und ZP EÜT verpflichten die Vertragsstaaten, bestimmte Verhaltensweisen im Vorfeld von Terrorakten innerstaatlich zu *kriminalisieren*. Diese Verhaltensweisen stellen an sich keine Terrorakte dar, verfügen aber über das *Potenzial*, «terroristische Haupttaten herbeizuführen oder zu erleichtern»[10]. Im EÜT sind dies namentlich das öffentliche Auffordern zu Terrorakten sowie das Anwerben und die Ausbildung für Terrorakte. Durch das ZP EÜT sind verschiedene Verhaltensweisen im Zusammenhang mit Reisetätigkeiten sowie das Sich-Ausbildenlassen im Hinblick auf Terrorakte erfasst.

5 Neben der Kriminalisierung dieser Verhaltensweisen verpflichtet das EÜT zu *weiteren Massnahmen,* welche die Verhütung bzw. Bekämpfung von Terrorismus fördern sollen, namentlich im Zusammenhang mit internationaler Rechtshilfe.

6 Der Vollständigkeit halber sei erwähnt, dass weder das EÜT noch das ZP EÜT Bestimmungen betr. kriminelle Organisationen i.e.S. oder Organisierte Kriminalität enthalten.

7 Die auf das EÜT sowie das ZP EÜT gestützten neuen Straftatbestände bewirken eine «breit gefächerte *Vorverlagerung*»[11] von Strafbarkeiten. Um keine ausufernde Kriminalisierung von an

---

8 BBl 2020, 7893.
9 AS 2021, 360.
10 Botschaft 2018, 6434 f.
11 Botschaft 2018, 6437. Vgl. weiterführend dazu hinten N 14 ff.

sich harmlosen Verhaltensweisen zuzulassen, wurde dem Prinzip der Verhältnismässigkeit (zur Disposition stehen insbesondere die Grundrechte der Meinungsäusserungsfreiheit, Vereinigungsfreiheit, Religionsfreiheit und die persönliche Freiheit) sowie dem Bestimmtheitsgebot besondere Beachtung geschenkt, sodass letztlich nur diejenigen Verhaltensweisen pönalisiert wurden, «für welche die internationale Staatengemeinschaft die Notwendigkeit einer verhältnismässigen Bestrafung festgestellt hat»[12].

2. Terroristische Straftaten

Die im Folgenden synonym verwendeten Begriffe «*Terrorismus*», «*Terrorakt*», «*terroristische Handlung*» bzw. «*terroristische Straftat*» sind weder im EÜT noch im ZP EÜT definiert, obschon sie für die Gesetzesänderungen von zentraler Bedeutung sind. Stattdessen verweist Art. 1 Abs. 1 EÜT für den Begriff «terroristische Straftat» auf die Straftaten, die aus den elf im Anhang des EÜT aufgeführten Staatsverträgen hervorgehen («eine Straftat im Geltungsbereich und nach der Begriffsbestimmung einer der im Anhang aufgeführten Verträge»). Die Schweiz hat diese elf Staatsverträge bereits ratifiziert und ins nationale Recht umgesetzt.

Dabei handelt es sich um die nachfolgend aufgeführten elf Staatsverträge mit folgenden Definitionen von Verhaltensweisen, die durch die Vertragsstaaten unter Strafe gestellt werden müssen:

1. Übereinkommen zur Bekämpfung der widerrechtlichen Inbesitznahme von *Luftfahrzeugen*, unterzeichnet am 16. Dezember 1970 in Den Haag (SR 0.748.710.2):
   - Art. 1: Wer widerrechtlich und vorsätzlich durch Gewalt oder Drohung mit Gewalt, durch Nötigung oder durch eine andere Form der Einschüchterung oder durch technische Mittel ein im Einsatz befindliches Luftfahrzeug in Besitz nimmt oder die Herrschaft darüber ausübt

---

12 Botschaft 2018, 6437.

- Art. 2: Wer damit droht, die in Artikel 1 genannte Handlung zu begehen oder widerrechtlich und vorsätzlich bewirkt, dass eine Person eine solche Drohung erhält
- Art. 3: Versuch, Teilnahme etc.

2. Übereinkommen zur Bekämpfung widerrechtlicher Handlungen gegen die Sicherheit der *Zivilluftfahrt*, geschlossen am 23. September 1971 in Montreal (SR 0.748.710.3):
   - Art. 1 Ziff. 1: Eine strafbare Handlung begeht jede Person, die widerrechtlich und vorsätzlich

     a. eine gewalttätige Handlung gegen eine Person an Bord eines im Flug befindlichen Luftfahrzeugs verübt, wenn diese Handlung geeignet ist, die Sicherheit dieses Luftfahrzeugs zu gefährden; oder

     b. ein im Einsatz befindliches Luftfahrzeug zerstört oder ein solches Luftfahrzeug derart beschädigt, dass es flugunfähig wird oder dass die Beschädigung geeignet ist, seine Flugsicherheit zu gefährden; oder

     c. in ein im Einsatz befindliches Luftfahrzeug auf welche Art auch immer eine Vorrichtung oder eine andere Sache bringt oder bringen lässt, die geeignet ist, dieses Luftfahrzeug zu zerstören oder derart zu beschädigen, dass es flugunfähig wird oder dass die Beschädigung geeignet ist, seine Flugsicherheit zu gefährden; oder

     d. Flugnavigationseinrichtungen zerstört oder beschädigt oder ihren Betrieb beeinträchtigt, wenn eine solche Handlung geeignet ist, die Sicherheit eines im Flug befindlichen Luftfahrzeugs zu gefährden; oder

     e. wissentlich unrichtige Angaben macht und dadurch die Sicherheit eines im Flug befindlichen Luftfahrzeugs gefährdet.

- Art. 1 Ziff. 1bis: Wer widerrechtlich und vorsätzlich unter Verwendung einer Vorrichtung, einer anderen Sache oder einer Waffe

    a. auf einem Flughafen, welcher der internationalen Zivilluftfahrt dient, gegen eine Person eine gewalttätige Handlung verübt, die eine schwere Verletzung oder den Tod verursacht oder zu verursachen geeignet ist, oder

    b. die Einrichtung eines Flughafens, welcher der internationalen Zivilluftfahrt dient, oder ein nicht im Einsatz befindliches Luftfahrzeug, das sich auf diesem Flughafen befindet, zerstört oder schwer beschädigt oder die Dienste des Flughafens unterbricht, wenn diese Handlung die Sicherheit auf diesem Flughafen gefährdet oder zu gefährden geeignet ist.

- Art. 1 Ziff. 2: Versuch und Teilnahme

3. Übereinkommen über die Verhütung, Verfolgung und Bestrafung von Straftaten *gegen völkerrechtlich geschützte Personen* einschliesslich Diplomaten, angenommen am 14. Dezember 1973 in New York (SR 0.351.5):

    - Art. 2 Ziff. 1: Die vorsätzliche Begehung

        a. einer Tötung, einer Entführung oder eines sonstigen Angriffs auf die Person oder Freiheit einer völkerrechtlich geschützten Person;

        b. eines gewaltsamen Angriffs auf die Diensträume, die Privatwohnung oder die Beförderungsmittel einer völkerrechtlich geschützten Person, der geeignet ist, deren Person oder Freiheit zu gefährden;

        c. einer Bedrohung mit einem solchen Angriff;

        d. eines Versuches eines solchen Angriffs und

        e. einer Teilnahmehandlung

4. Internationales Übereinkommen gegen *Geiselnahme,* angenommen am 17. Dezember 1979 in New York (SR 0.351.4):
   - Art. 1 Ziff. 1: Wer eine andere Person (im Folgenden als «Geisel» bezeichnet) in seine Gewalt bringt oder in seiner Gewalt hält und mit dem Tod, mit Körperverletzung oder mit der Fortdauer der Freiheitsentziehung für diese Person droht, um einen Dritten, nämlich einen Staat, eine internationale zwischenstaatliche Organisation, eine natürliche oder juristische Person oder eine Gruppe von Personen zu einem Tun oder Unterlassen als ausdrückliche oder stillschweigende Voraussetzung für die Freigabe der Geisel zu nötigen
   - Art. 1 Ziff. 2:
     a. Versuch
     b. Mittäterschaft, Gehilfenschaft

5. Übereinkommen über den physischen Schutz von Kernmaterial, angenommen am 3. März 1980 in Wien (SR 0.732.031):
   - Art. 7 Ziff. 1:
     a. vorsätzliche Handlung ohne rechtmässige Befugnis, die in dem Empfang, dem Besitz, der Verwendung, der Weitergabe, der Veränderung, der Beseitigung oder der Verbreitung von Kernmaterial besteht und die den Tod oder eine schwere Körperverletzung eines anderen oder bedeutende Sach- oder Umweltschäden verursacht oder geeignet ist, diese Folgen zu verursachen
     b. Diebstahl, Raub von Kernmaterial
     c. Unterschlagung, Veruntreuung oder betrügerisches Erlangen von Kernmaterial
     d. Befördern, Versenden oder Verbringen von Kernmaterial in einen Staat beziehungsweise aus einem Staat ohne rechtmässige Befugnis

- **e.** eine gegen eine Kernanlage gerichtete oder auf den Betrieb einer Kernanlage einwirkende Handlung, bei welcher der Täter vorsätzlich den Tod oder eine schwere Körperverletzung eines anderen oder bedeutende Sach- oder Umweltschäden durch Strahlenbelastung oder Freisetzung radioaktiver Stoffe verursacht oder bei der er Kenntnis davon hat, dass sie geeignet ist, diese Folgen zu verursachen

- **f.** Fordern von Kernmaterial durch Androhung oder Anwendung von Gewalt oder durch eine andere Form der Einschüchterung

- **g.** i) Drohung, Kernmaterial dazu zu verwenden, den Tod oder eine schwere Körperverletzung eines anderen oder bedeutende Sach- oder Umweltschäden zu verursachen oder die unter Buchstabe e beschriebene Straftat zu begehen

  oder

  ii) Drohung, eine unter den Buchstaben b und e beschriebene Straftat zu begehen, um eine natürliche oder juristische Person, eine internationale Organisation oder einen Staat zu einer Handlung oder Unterlassung zu zwingen

- **h.** Versuch betr. lit. a–e

- **i.** Teilnahme betr. lit. a–h

- **j.** eine unter lit. a–h beschriebene Straftat organisieren oder andere Personen anweisen, eine solche Straftat zu begehen

- **k.** eine Handlung, die zur Begehung einer unter lit. a–h beschriebenen Straftat durch eine Gruppe von mit einem gemeinsamen Ziel handelnden Personen beiträgt (sofern weitere Voraussetzungen erfüllt sind)

I. Europaratsübereinkommen und Zusatzprotokoll

6. Protokoll zur Bekämpfung widerrechtlicher gewalttätiger Handlungen auf Flughäfen, die der internationalen Zivilluftfahrt dienen, beschlossen am 24. Februar 1988 in Montreal (SR 0.748.710.31):

   – keine zusätzlichen Strafbestimmungen

7. Übereinkommen zur Bekämpfung widerrechtlicher Handlungen gegen die Sicherheit der *Seeschifffahrt*, beschlossen am 10. März 1988 in Rom (SR 0.747.71):

   – Art. 3 Ziff. 1:

     a. durch Gewalt oder Drohung mit Gewalt oder durch eine andere Form der Einschüchterung ein Schiff in Besitz nimmt oder die Herrschaft darüber ausübt oder

     b. eine gewalttätige Handlung gegen eine Person an Bord eines Schiffes verübt, wenn diese Handlung geeignet ist, die sichere Führung des Schiffes zu gefährden, oder

     c. ein Schiff zerstört oder einem Schiff oder seiner Ladung eine Beschädigung zufügt, die geeignet ist, die sichere Führung des Schiffes zu gefährden, oder

     d. in ein Schiff auf welche Art auch immer eine Vorrichtung oder eine andere Sache bringt oder bringen lässt, die geeignet ist, dieses Schiff zu zerstören oder dem Schiff oder seiner Ladung eine Beschädigung zuzufügen, welche die sichere Führung des Schiffes gefährdet oder zu gefährden geeignet ist, oder

     e. Seenavigationseinrichtungen zerstört oder ernstlich beschädigt oder ihren Betrieb ernstlich beeinträchtigt, wenn eine solche Handlung geeignet ist, die sichere Führung eines Schiffes zu gefährden, oder

     f. wissentlich unrichtige Angaben macht und dadurch die sichere Führung eines Schiffes gefährdet

- Art. 3 Ziff. 2: Drohung, eine Straftat gem. lit. b, c oder e zu verüben
- Art. 3bis Ziff. 1:

  a. zum Zweck einer Handlung, die aufgrund ihres Wesens oder der Umstände darauf abzielt, die Bevölkerung einzuschüchtern oder eine Regierung oder eine internationale Organisation zu einem Tun oder Unterlassen zu nötigen:

  i) Sprengsätze, radioaktives Material oder biologische, chemische oder Kernwaffen in einer Weise gegen ein Schiff oder auf einem Schiff einsetzt oder von einem Schiff aus auslöst, die den Tod, schwere Verletzungen oder Schäden verursacht oder zu verursachen geeignet ist, oder

  ii) Öl, verflüssigtes Erdgas oder einen anderen gefährlichen oder schädlichen Stoff, der von Ziffer i nicht erfasst ist, in einer Menge oder Konzentration von einem Schiff aus einleitet, die den Tod oder schwere Verletzungen oder Schäden verursacht oder zu verursachen geeignet ist, oder

  iii) ein Schiff in einer Weise verwendet, die den Tod, schwere Verletzungen oder Schäden verursacht, oder

  iv) droht, eine unter Ziffer i, ii oder iii genannte Straftat zu begehen, gleichviel ob die Drohung nach innerstaatlichem Recht mit einer Bedingung verknüpft ist; oder

  b. Folgendes an Bord eines Schiffes befördert:

  i) Sprengsätze oder radioaktives Material in der Kenntnis, dass diese verwendet werden sollen, um den Tod oder schwere Verletzungen oder Schäden zu verursachen oder um zu drohen, dies zu verursachen, mit dem Ziel, die Bevölkerung einzuschüchtern oder eine Regierung oder internationale Organisation zu einem Tun oder Unterlassen zu nötigen, gleichviel ob die Drohung nach innerstaatlichem Recht mit einer Bedingung verknüpft ist, oder

ii) biologische, chemische oder Kernwaffen, in der Kenntnis, dass es sich um eine biologische, chemische oder Kernwaffe im Sinne des Artikels 1 handelt, oder

iii) Ausgangs- und besonderes spaltbares Material oder Ausrüstungen oder Materialien, die eigens für die Verarbeitung, Verwendung oder Herstellung von besonderem spaltbarem Material vorgesehen oder hergerichtet sind, in der Kenntnis, dass sie bei einer Kernexplosion oder einer anderen nuklearen Tätigkeit verwendet werden sollen, die nicht Sicherungsmassnahmen aufgrund einer umfassenden IAEO-Übereinkunft über Sicherungsmassnahmen unterliegt, oder

iv) Ausrüstungen, Materialien und Software oder damit zusammenhängende Technologien, die wesentlich zur Entwicklung, Herstellung oder Lieferung einer biologischen, chemischen oder Kernwaffe beitragen, und beabsichtigt, sie für einen solchen Zweck zu verwenden.

- Art. 3ter: wer widerrechtlich und vorsätzlich eine andere Person an Bord eines Schiffes befördert in der Kenntnis, dass diese Person eine Handlung begangen hat, die eine in Artikel 3, 3bis oder 3^{quater} genannte Straftat oder eine in einem der in der Anlage aufgeführten Verträge genannte Straftat darstellt, und beabsichtigt, dieser Person zu helfen, sich der Strafverfolgung zu entziehen.

- Art. 3^{quater}:

    a. Wer widerrechtlich und vorsätzlich im Zusammenhang mit der Begehung einer der in Artikel 3 Absatz 1, Artikel 3bis oder Artikel 3ter genannten Straftaten eine Person verletzt oder tötet

b. Versuch betr. Art. 3 Ziff. 1, Art. 3bis Ziff. 1 lit. a i, ii oder iii oder Art. 3^{quater} lit. a

c. Mittäterschaft und Gehilfenschaft betr. Art. 3, 3bis, 3ter oder Art. 3^{quater} lit. a oder b

d. Organisation oder Anweisen zu Straftaten gem. Art. 3, 3bis, 3ter oder Art. 3^{quater} lit. a oder b

e. Wer zur Begehung einer Straftat gem. Art. 3, 3bis, 3ter oder Art. 3^{quater} lit. a oder b durch eine Gruppe von mit einem gemeinsamen Ziel handelnden Personen beiträgt (sofern weitere Voraussetzungen erfüllt sind)

8. Protokoll zur Bekämpfung widerrechtlicher Handlungen gegen die Sicherheit *fester Plattformen,* die sich auf dem Festlandsockel befinden, beschlossen am 10. März 1988 in Rom (SR 0.747.711):

   – Art. 2 Ziff. 1:

      a. durch Gewalt oder Drohung mit Gewalt oder durch eine andere Form der Einschüchterung eine feste Plattform in Besitz nimmt oder die Herrschaft darüber ausübt oder

      b. eine gewalttätige Handlung gegen eine Person auf einer festen Plattform verübt, wenn diese Handlung geeignet ist, die Sicherheit dieser Plattform zu gefährden, oder

      c. eine feste Plattform zerstört oder ihr eine Beschädigung zufügt, die geeignet ist, ihre Sicherheit zu gefährden, oder

      d. auf eine feste Plattform auf welche Art auch immer eine Vorrichtung oder eine andere Sache bringt oder bringen lässt, die geeignet ist, die feste Plattform zu zerstören oder ihre Sicherheit zu gefährden.

   – Art. 2 Ziff. 2: Drohung, eine Straftat gem. Ziff. 1 lit. b oder c zu verüben

- Art. 2bis: wer widerrechtlich und vorsätzlich zum Zweck einer Handlung, die aufgrund ihres Wesens oder der Umstände darauf abzielt, eine Bevölkerung einzuschüchtern oder eine Regierung oder eine internationale Organisation zu einem Tun oder Unterlassen zu nötigen:

  a. Sprengsätze, radioaktives Material oder biologische, chemische oder Kernwaffen in einer Weise gegen eine feste Plattform oder auf einer festen Plattform einsetzt oder von einer festen Plattform aus auslöst, die den Tod, schwere Verletzungen oder Schäden verursacht oder zu verursachen geeignet ist; oder

  b. Öl, verflüssigtes Erdgas oder einen anderen gefährlichen oder schädlichen Stoff, der von Buchstabe a nicht erfasst ist, in einer Menge oder Konzentration von einer festen Plattform aus einleitet, die den Tod oder schwere Verletzungen oder Schäden verursacht oder zu verursachen geeignet ist; oder

  c. droht, eine unter Buchstabe a oder b genannte Straftat zu begehen, gleichviel ob die Drohung nach innerstaatlichem Recht mit einer Bedingung verknüpft ist.

- Art. 2ter:

  a. Wer widerrechtlich oder vorsätzlich im Zusammenhang mit der Begehung einer der in Art. 2 Ziff. 1 oder Art. 2bis genannten Straftaten eine Person verletzt oder tötet; oder

  b. eine in Art. 2 Ziff. 1, Art. 2bis Ziff. 1 oder 2 oder Art. 2ter lit. a genannte Straftat zu begehen versucht; oder

  c. als Mittäter oder Gehilfe an einer in Art. 2 oder 2bis oder Art. 2ter lit. a oder b genannten Straftat teilnimmt; oder

  d. eine in Art. 2 oder 2bis oder Art. 2ter lit. a oder b genannte Straftat organisiert oder andere Personen anweist, eine solche Straftat zu begehen; oder

e. zur Begehung einer oder mehrerer der in Art. 2 oder 2bis oder Art. 2ter lit. a oder b genannten Straftaten durch eine Gruppe von mit einem gemeinsamen Ziel handelnden Personen beiträgt (sofern weitere Voraussetzungen erfüllt sind)

9. Internationales Übereinkommen zur Bekämpfung *terroristischer Bombenanschläge,* angenommen am 15. Dezember 1997 in New York (SR 0.353.21):

- Art. 2 Ziff. 1: Wer widerrechtlich und vorsätzlich einen Sprengsatz oder eine andere tödliche Vorrichtung zu einem öffentlichen Ort, einer staatlichen oder öffentlichen Einrichtung, einem öffentlichen Verkehrssystem oder einer Versorgungseinrichtung befördert oder dort beziehungsweise gegen einen solchen Ort, eine solche Einrichtung oder ein solches System in Anschlag bringt, auslöst oder zur Explosion bringt in der Absicht,

    a. den Tod oder schwere Körperverletzungen zu verursachen, oder

    b. eine weitgehende Zerstörung des Ortes, der Einrichtung oder des Systems zu verursachen, sofern diese Zerstörung zu erheblichem wirtschaftlichem Schaden führt oder führen kann.

- Art. 2 Ziff. 2: Versuch

- Art. 2 Ziff. 3:

    a. Mittäterschaft, Gehilfenschaft zu einer Straftat gem. Ziff. 1 oder Ziff. 2

    b. Organisieren oder Anweisen anderer Personen, eine Straftat gem. Ziff. 1 oder Ziff. 2 zu begehen

    c. auf andere Weise zur Begehung einer oder mehrerer der in Ziff. 1 oder 2 genannten Straftaten durch eine mit einem gemeinsamen Ziel handelnde Gruppe von Personen beiträgt; dieser Beitrag muss vorsätzlich sein und entweder mit dem Ziel, die allgemeine kriminelle Tätigkeit oder Absicht der Gruppe zu fördern, oder im Wissen um die Absicht der Gruppe, die betreffende Straftat oder die betreffenden Straftaten zu begehen, geleistet werden.

10. Internationales Übereinkommen zur Bekämpfung der *Finanzierung des Terrorismus*, angenommen am 9. Dezember 1999 in New York (SR 0.353.22):

– Art. 2 Ziff. 1: Wer, mit welchen Mitteln auch immer, unmittelbar oder mittelbar, widerrechtlich und vorsätzlich finanzielle Mittel zur Verfügung stellt oder sammelt in der Absicht oder im Wissen, dass sie ganz oder teilweise verwendet werden sollen, um

  a. eine Handlung zu begehen, die eine Straftat innerhalb des Anwendungsbereichs und nach der Begriffsbestimmung eines der in der Anlage aufgeführten Verträge (die oben unter Ziffern 1–9 aufgeführten Staatsverträge) darstellt, oder

  b. eine andere Handlung zu begehen, die den Tod oder eine schwere Körperverletzung einer Zivilperson oder einer anderen Person, die in einem bewaffneten Konflikt nicht aktiv an den Feindseligkeiten teilnimmt, herbeiführen soll, wenn diese Handlung aufgrund ihres Wesens oder der Umstände darauf abzielt, eine Bevölkerungsgruppe einzuschüchtern oder eine Regierung oder eine internationale Organisation zu einem Tun oder Unterlassen zu nötigen.

– Art. 2 Ziff. 4: Versuch

– Art. 2 Ziff. 5:

  a. Mittäterschaft, Gehilfenschaft betr. Straftaten gem. Ziff. 1 und 4

b. Organisieren oder Anweisen anderer Personen betr. Straftaten gem. Ziff. 1 oder 4

c. zur Begehung einer oder mehrerer der in Ziff. 1 oder 4 genannten Straftaten durch eine mit einem gemeinsamen Ziel handelnde Gruppe von Personen beiträgt (sofern weitere Voraussetzungen erfüllt sind).

11. Internationales Übereinkommen zur Bekämpfung *nuklearterroristischer Handlungen,* angenommen am 13. April 2005 in New York (SR 0.353.23):

   – Art. 2 Ziff. 1:

   a. Wer radioaktives Material besitzt oder eine Vorrichtung anfertigt oder besitzt und:

   i) beabsichtigt, den Tod oder eine schwere Körperverletzung zu verursachen, oder

   ii) beabsichtigt, bedeutende Sach- oder Umweltschäden zu verursachen;

   b. radioaktives Material oder eine Vorrichtung auf irgendeine Weise verwendet oder eine Kernanlage auf eine solche Weise verwendet oder beschädigt, dass radioaktives Material freigesetzt wird oder möglicherweise freigesetzt wird, und

   i) beabsichtigt, den Tod oder eine schwere Körperverletzung zu verursachen, oder

   ii) beabsichtigt, bedeutende Sach- oder Umweltschäden zu verursachen, oder

   iii) beabsichtigt, eine natürliche oder juristische Person, eine internationale Organisation oder einen Staat zu einem Tun oder Unterlassen zu nötigen.

- Art. 2 Ziff. 2:

    a. unter Umständen, welche die Drohung glaubwürdig machen, droht, eine in Absatz 1 Buchstabe[1] b genannte Straftat zu begehen; oder

    b. unter Umständen, welche die Drohung glaubwürdig machen, mit Drohungen oder unter Anwendung von Gewalt widerrechtlich und vorsätzlich die Übergabe von radioaktivem Material, einer Vorrichtung oder einer Kernanlage verlangt.

- Art. 2 Ziff. 3: Versuch betr. Straftaten gem. Ziff. 1
- Art. 2 Ziff. 4:

    a. als Mittäter oder Gehilfe an einer in Ziff. 1, 2 oder 3 genannten Straftat teilnimmt;

    b. eine in Ziff. 1, 2 oder 3 genannte Straftat organisiert oder andere Personen anweist, eine solche Straftat zu begehen; oder

    c. auf andere Weise zur Begehung einer oder mehrerer der in Ziff. 1, 2 oder 3 genannten Straftaten durch eine Gruppe von mit einem gemeinsamen Ziel handelnden Personen beiträgt; ein derartiger Beitrag muss vorsätzlich sein und entweder zu dem Zweck, die allgemeine kriminelle Tätigkeit oder das Ziel der Gruppe zu fördern, oder in Kenntnis des Vorsatzes der Gruppe, die betreffende Straftat oder die betreffenden Straftaten zu begehen, geleistet werden.

10 Die *Bandbreite terroristischer Straftaten* ist damit sehr weit. Darunter fallen – um nur einige wenige herauszugreifen – etwa folgende Verhaltensweisen:

- Gewaltsame Inbesitznahme von Flugzeugen

- Verbringen eines Gegenstands in ein Flugzeug, welcher geeignet ist, dieses flugunfähig zu machen

- Unterbrechung der Dienste eines Zivilflughafens
- Gewaltsamer Angriff auf die Privatwohnung einer völkerrechtlich geschützten Person, der geeignet ist, deren Freiheit zu gefährden
- Geiselnahme
- Verbringen von Kernmaterial aus einem Staat
- Beförderung von Software, die wesentlich zur Entwicklung einer biologischen Waffe beiträgt, an Bord eines Schiffes
- Inbesitznahme einer festen Plattform durch eine andere Form (als durch Gewalt oder Androhung derselben) der Einschüchterung
- Befördern einer tödlichen Vorrichtung zu einem öffentlichen Verkehrssystem oder einer Versorgungseinrichtung
- Besitz von radioaktivem Material, in der Absicht, bedeutende Sach- oder Umweltschäden zu verursachen
- Finanzierung (Sammlung und Zurverfügungstellung von Vermögenswerten) in Bezug auf die Straftaten gemäss den oben aufgeführten Staatsverträgen Ziffern 1–9
- Bei einigen der genannten Straftaten ist bereits die (glaubhafte) Drohung, eine solche Straftat zu begehen, strafbar (so etwa bei den oben aufgeführten Straftaten gemäss Staatsverträgen Ziffern 1, 3, 5, 7, 8, 11)
- In Bezug auf die meisten dieser Delikte sind auch Versuch und Teilnahme strafbar; teilweise sogar Teilnahme am Versuch (so etwa bei den aufgeführten Staatsverträgen Ziffern 5, 7, 8, 9, 10, 11).

Diese Vielfalt an möglichen terroristischen Straftaten ist zu beachten, wenn es um die Interpretation des Begriffs «Gewaltverbrechen» in Art. 260ter Abs. 1 lit. b StGB und Art. 260^{sexies} Abs. 1 StGB geht.[13]

---

13 Vgl. dazu hinten N 155 ff.

12 In der *Botschaft* werden die terroristischen Handlungen gemäss EÜT folgendermassen zusammengefasst: «verschiedene Delikte gegen Leib und Leben, gegen die Freiheit oder gegen fremdes Eigentum, zum Beispiel im Zusammenhang mit Geiselnahmen, der Entführung von Flugzeugen, der Entwendung und des Einsatzes von Nuklearmaterial oder von Sprengstoffen. Ebenso als Terrorakte gelten [...] die Zurverfügungstellung und das Sammeln von Finanzmitteln im Hinblick auf die Begehung eines terroristischen Aktes».[14]

3. Unabhängigkeit von der Begehung eines Terrorakts

13 Art. 8 EÜT stellt klar, dass die Strafbarkeit davon unabhängig ist, ob auch tatsächlich ein Terrorakt verübt wurde: «Für die Umschreibung einer Handlung als Straftat im Sinne der Artikel 5–7 ist es nicht erforderlich, dass eine terroristische Handlung tatsächlich begangen wird.» Konsequenterweise wird von einer Vorverlagerung der Strafbarkeit gesprochen.

4. Vorverlagerung und Ausweitung der Strafbarkeit

14 In der Botschaft wird darauf hingewiesen, dass das EÜT zu einer «ausgeprägten Vorverlagerung und Ausweitung der Strafbarkeit» führe.[15] Der Grund dafür seien die «Strafbarkeitsketten», die sich aus den Verweisen auf andere Staatsverträge und dem Charakter der einzelnen Strafbestimmungen ergeben.

15 Tatsächlich verweist das EÜT in Art. 1 Abs. 1 auf die oben aufgeführten elf Staatsverträge, aus denen sich ein weites Feld an strafbarem Verhalten ergibt. Besonders hervorzuheben – und dies ist wohl

---

14 Botschaft 2018, 6439.
15 Botschaft 2018, 6439.

mit den Strafbarkeitsketten gemeint – ist die Kriminalisierung der Teilnahme an Versuchshandlungen von teilweise bereits weit gefassten Tathandlungen. Die Botschaft führt als eindrückliches Beispiel auf, dass gemäss EÜT «der Versuch der Anstiftung zur Rekrutierung einer Person zum Zweck der Gehilfenschaft zum Sammeln von Geld im Hinblick auf die Begehung einer terroristischen Handlung» unter Strafe gestellt werden müsste.[16]

Um dies zu verhindern, halte das EÜT im Sinne des Verhältnismässigkeitsprinzips fest, dass «nur Verhaltensweisen zu bestrafen seien, die über das Potenzial verfügen, terroristische Handlungen herbeizuführen»; demgegenüber seien keine Verhaltensweisen inkriminiert, die «aufgrund einer denkbaren Abfolge von Ereignissen einen bloss hypothetischen Bezug zu Terrorakten haben können, denen es aber am praktisch vorliegenden Konnex zu solchen Straftaten mangelt».[17]

Es ist fraglich, ob mit dieser Abgrenzung strafbares von nicht strafbarem Verhalten klar unterschieden werden kann. Die Grenze zwischen hypothetischem und praktisch vorliegendem Konnex ist diffus. Klar ist, dass eine bloss natürliche Kausalkette für eine Kriminalisierung nicht genügen kann. Zur natürlichen Kausalität muss eine nach der allgemeinen Lebenserfahrung zu erwartende Eignung des Verhaltens, einen Terrorakt zu fördern, vorliegen.

Weiter soll das strafrechtliche Legalitätsprinzip (Art. 1 StGB) die Strafbarkeit insofern einschränken, als nur genügend bestimmte Straftatbestände zu einer solchen führen können. Grundrechte (etwa die Meinungsäusserungs- und Versammlungsfreiheit) seien zu wahren und entsprechende Einschränkungen sorgfältig zu prüfen.[18] Art. 12 Abs. 1 EÜT verpflichtet explizit zur Achtung der völkerrechtlich geschützten Menschenrechte, insbesondere der Meinungs-, Vereinigungs- und Religionsfreiheit.

---

16 Botschaft 2018, 6439, Fn 14.
17 Botschaft 2018, 6439.
18 Botschaft 2018, 6440.

5. Massgebende Strafbestimmungen des EÜT

a) Öffentliche Aufforderung zur Begehung einer terroristischen Straftat

Art. 5 Öffentliche Aufforderung zur Begehung einer terroristischen Straftat

¹ Im Sinne dieses Übereinkommens bedeutet «öffentliche Aufforderung zur Begehung einer terroristischen Straftat» das öffentliche Verbreiten oder sonstige öffentliche Zugänglichmachen einer Botschaft mit dem Vorsatz, zur Begehung einer terroristischen Straftat anzustiften, wenn dieses Verhalten, unabhängig davon, ob dabei terroristische Straftaten unmittelbar befürwortet werden, die Gefahr begründet, dass eine oder mehrere solcher Straftaten begangen werden könnten.

² Jede Vertragspartei trifft die erforderlichen Massnahmen, um die öffentliche Aufforderung zur Begehung einer terroristischen Straftat im Sinne des Absatzes 1, wenn sie rechtswidrig und vorsätzlich begangen wird, nach ihrem innerstaatlichen Recht als Straftat zu umschreiben.

19 Diese Bestimmung verpflichtet die Vertragsstaaten zur Bestrafung von Personen, die öffentlich Botschaften zugänglich machen oder verbreiten, mit denen zu einem Terrorakt angestiftet werden soll. Dieses Verhalten muss die Gefahr bergen, dass Terrorakte begangen werden, ohne dass deren tatsächliche Verübung vorausgesetzt wäre.

20 Die Aufforderung kann *direkt* (explizite Nennung des Terrorakts oder der Ziele desselben)[19] oder *indirekt* sein.[20] Eine indirekte Aufforderung liegt etwa vor, wenn ein Attentäter für seinen Anschlag gelobt wird, wenn die Opfer eines Anschlags verunglimpft werden

---

19 Botschaft 2018, 6442.
20 ER 2005, Ziff. 96.

oder wenn zu finanzieller Unterstützung von Terrororganisationen aufgerufen wird.[21] Die Adressaten werden dadurch nicht explizit aufgefordert, Handlungen vorzunehmen, die Terrorakte fördern, indirekt wird ihnen aber mitgeteilt, dass solche Handlungen willkommen und erstrebenswert seien, was entsprechendes Verhalten fördern dürfte.

In welchen Fällen diese *Gefahr der Verwirklichung eines Terrorakts* besteht, dürfte allerdings nicht leicht zu bestimmen sein, zumal dies von zahlreichen Faktoren abhängt.[22] Erstens dürfte die Person des Verfassers der Botschaft entscheidend sein, namentlich dessen Autorität und Glaubwürdigkeit im jeweiligen Milieu – die Aufforderung eines bekannten Führers einer Terrorgruppierung dürfte weit gefährlicher sein als dieselbe Aufforderung eines Unbekannten. Zweitens hängt die Gefährlichkeit vom Inhalt der Botschaft ab, namentlich von ihrem Gewaltpotenzial (bspw. Aufruf zu Bombenanschlägen), ihrem Konkretisierungsgrad (bspw. Nennung konkreter Ziele und Methoden) sowie ihrer Überzeugungskraft (welche u.a. ideologisch oder finanziell begründet sein kann). Drittens ist eine solche Aufforderung umso gefährlicher, je grösser der Kreis der potenziellen Terroristen ist, welche die Aufforderung empfangen. Viertens ist entscheidend, wer die Empfänger der Aufforderung sind: Handelt es sich dabei um gewalterprobte Terroristinnen oder lediglich um ideologische Sympathisanten? Fünftens können auch äussere Umstände (geopolitische Lage, aktuelle Ereignisse, Verfügbarkeit von Waffen, Verletzlichkeit der anvisierten Ziele etc.) die Gefährlichkeit massgeblich beeinflussen.

Bemerkenswert ist, dass nicht bloss die eigentliche *Aufforderung* zur Begehung von Terrorakten pönalisiert ist, welche auf beliebigem Weg erfolgen kann (etwa anlässlich eines Vortrags, per E-Mail, in Blogs, Foren oder Social Media), sondern auch das blosse (öf-

---

21 ER 2005, Ziff. 95; gemäss Botschaft 2018, 6442, fallen darunter auch Botschaften, welche Terrorstraftaten als notwendig und gerechtfertigt erscheinen lassen.
22 Vgl. ER 2005, Ziff. 100.

fentliche) *Verbreiten* entsprechender Aufforderungen, was neben Personen, die entsprechende Nachrichten vervielfältigen, weiterleiten oder teilen, u.U. auch elektronische sowie Print-Medien und andere Content-Provider betreffen dürfte, die entsprechende Nachrichten einem Publikum zugänglich machen, indem sie diese bspw. auf Social Media verbreiten.[23]

23 Die Aufforderung muss *öffentlich* sein, was Mitteilungen, die im privaten Rahmen gemacht werden, von der Strafbarkeit ausnimmt. Der Begriff der Öffentlichkeit richtet sich nach demjenigen gemäss Art. 261bis Abs. 1 StGB, wobei als öffentlich gilt, was an einen grösseren Personenkreis gerichtet ist, der nicht durch persönliche Beziehungen zusammenhängt.[24]

24 Die Botschaft stellt fest, dass das durch Art. 5 EÜT zu kriminalisierende Verhalten im Schweizer Recht bereits mit Strafe bedroht ist.[25] Dies dürfte zumindest grundsätzlich zutreffen, namentlich durch die Tatbestände der Öffentlichen Aufforderung zu Verbrechen oder zur Gewalttätigkeit (Art. 259 StGB), Diskriminierung und Aufruf zu Hass (Art. 261bis StGB) sowie die Anstiftung zu entsprechenden Gewalt-Straftaten (Art. 24 StGB). Diesbezüglich bewirkt die Annahme des EÜT also keine Änderungen des schweizerischen Rechts.

b) *Anwerbung für terroristische Zwecke*

Art. 6 Anwerbung für terroristische Zwecke

[1] Im Sinne dieses Übereinkommens bedeutet «Anwerbung für terroristische Zwecke», eine andere Person dazu zu bestimmen, eine terroristische Straftat zu begehen, sich an deren Begehung zu beteiligen oder sich einer Vereinigung oder einer Gruppe zu dem Zweck anzuschliessen, zur Begehung einer oder mehrerer terro-

---

23 Vgl. ER 2005, Ziff. 102 und 104.
24 Vgl. dazu BSK StGB II⁴-SCHLEIMINGER METTLER, Art. 261bis N 22 ff.
25 Botschaft 2018, 6442.

> ristischer Straftaten durch die Vereinigung oder Gruppe beizutragen.
>
> ² Jede Vertragspartei trifft die erforderlichen Massnahmen, um die Anwerbung für terroristische Zwecke im Sinne des Absatzes 1, wenn sie rechtswidrig und vorsätzlich begangen wird, nach ihrem innerstaatlichen Recht als Straftat zu umschreiben.

Diese Bestimmung verpflichtet die Vertragsstaaten zur Bestrafung von Personen, die andere Personen anwerben bzw. dazu bestimmen (oder rekrutieren), einen Terrorakt zu verüben, sich daran zu beteiligen oder sich einer Gruppierung anzuschliessen, um zu Terrorakten beizutragen.

Gemäss Botschaft ist die Straftat *vollendet,* wenn die Anwerberin das nach ihrer Vorstellung Notwendige vorgekehrt hat, um die Rekrutierung abzuschliessen, und die angeworbene Person die Anwerbung zur Kenntnis genommen hat.[26] Der erläuternde Bericht des Europarats zum EÜT hält fest, dass die Vollendung voraussetze, dass der Rekrutierer den Adressaten erfolgreich kontaktiert habe.[27] Zugleich – und dies ist widersprüchlich – wird darin festgestellt, dass es auch strafbar sei (als Versuch), wenn die Straftat nur begonnen, aber nicht vollendet sei, namentlich, wenn der Adressat sich nicht anwerben lasse.[28] Dieser letzte Teilsatz impliziert, dass die Vollendung der Straftat doch voraussetzt, dass der Adressat vom Täter überzeugt wird (auch wenn der Adressat dann nicht so weit zu gehen braucht, das an ihn herangetragene Ansinnen umzusetzen).

In Übereinstimmung mit der Botschaft ist die Anwerbung als vollendet zu betrachten, sobald die Täterin alles getan hat, was nach ih-

---

[26] Botschaft 2018, 6443.
[27] ER 2005, Ziff. 109: «for the crime to be completed, it is necessary that the recruiter successfully approach the addressee».
[28] ER 2005, Ziff. 110: «the person is not persuaded to be recruited, or the recruiter is apprehended by law enforcement authorities before successfully recruiting the person».

rem Tatplan zur Anwerbung nötig war. Dazu gehört im Wesentlichen, dass sie den Anzuwerbenden in irgendeiner Form kontaktiert und ihm ihre Botschaft zukommen lässt. Darin ist auch der Erfolg des Kontaktierens (successful approach) gemäss erläuterndem Bericht des Europarats zu erblicken. Nicht vorausgesetzt ist ein persönlicher Kontakt oder ein wiederholtes Ansprechen (welches zur Überzeugung des Angeworbenen vielleicht nötig wäre). Die Anwerbung kann in beliebiger Weise erfolgen, etwa im persönlichen Gespräch, fernmündlich oder via Internet-Foren und kann sich an eine oder an eine (unbestimmte) Mehrzahl von Personen richten.

28 Sicher ist, dass es für die Strafbarkeit der Anwerberin nicht erforderlich ist, dass der Angeworbene dem Ansinnen der Anwerberin auch tatsächlich Folge leistet, d.h. einen Terrorakt verübt, sich daran beteiligt oder sich einer entsprechenden Gruppierung anschliesst.[29]

29 Bemerkenswert ist, dass das *Sich-Anwerbenlassen* nicht unter Strafe gestellt ist. Gemäss Botschaft ginge dies mit einer «ausgesprochen weitgehenden Vorverlagerung der Strafbarkeit einher, verbunden mit hohen Anforderungen an die Beweislage»; zudem stelle sich auch die Frage der Strafwürdigkeit eines solchen Verhaltens, zumal das Gefährdungspotenzial für die öffentliche Sicherheit und die Bevölkerung schwach sei.[30]

30 Das Argument der weitgehenden Vorverlagerung ist zwar nicht falsch, es trifft auf die übrigen Tathandlungen aber ebenso zu (namentlich auf das Anwerben, das noch einen logischen Schritt vor dem Sich-Anwerbenlassen stattfinden muss). Die hohe Beweisschwelle sollte grundsätzlich kein (entscheidendes) Argument in der Gesetzgebung sein. Zudem ist nicht recht einzusehen, inwiefern es schwieriger sein soll zu beweisen, dass sich jemand anwerben liess (dies würde – analog zum Anwerben – nicht voraussetzen, dass der Täter dann tatsächlich einen Terrorakt verübt, sich daran beteiligt oder sich einer entsprechenden Gruppierung anschliesst),

---

29 ER 2005, Ziff. 109.
30 Botschaft 2018, 6445.

als zu beweisen, dass jemand eine Person anwarb. Beides kann bspw. mit Zeugenaussagen oder geheimen Überwachungsmassnahmen bewiesen werden. Die Frage der Strafwürdigkeit eines solchen Verhaltens muss gestellt werden und ihre Beantwortung kann mit guten Gründen in beide Richtungen gehen. Es erscheint allerdings etwas vereinfacht, pauschal davon auszugehen, dass das Gefährdungspotenzial «zu jenem Zeitpunkt» zu schwach sei. Es sind andere Verhaltensweisen unter Strafe gestellt, die zeitlich vor dem Sich-Anwerbenlassen stattfinden (etwa das Anwerben oder die Finanzierung von Reisen zum Zwecke der Ausbildung). Ebenfalls für eine Kriminalisierung spricht die Parallele zum Sich-Anleitenlassen (Art. 3 ZP EÜT sowie Art. 260^{sexies} Abs. 1 lit. b StGB), welches unter Strafe gestellt ist.

Das schweizerische Strafrecht deckte bereits vor diesen Gesetzesänderungen folgende Aspekte der hier zu pönalisierenden Verhaltensweisen ab: Anstiftung zu (terroristischen) Straftaten (Art. 24 StGB), sofern die entsprechende Verhaltensweise ein Verbrechen oder Vergehen darstellt; Anwerben von Mitgliedern für eine kriminelle Organisation durch Mitglieder oder Unterstützer derselben (altArt. 260ter Ziff. 1 StGB), sofern die Gruppierung die Voraussetzungen[31] einer kriminellen Organisation erfüllt; sofern es sich dabei um Al-Qaida oder den sog. Islamischen Staat (IS) handelt, ist zudem Art. 2 des BG AQ/IS[32] anwendbar. 31

Gemäss Art. 9 Abs. 1 lit. a EÜT soll auch *Gehilfenschaft* an Straftaten gemäss Art. 5, 6 und 7 EÜT strafbar sein und gemäss Art. 9 Abs. 2 EÜT ebenso der *Versuch*, Straftaten gemäss Art. 6 und 7 EÜT zu begehen. Gemäss h.L. und Rechtsprechung war aber weder Gehilfenschaft noch Versuch der Beteiligung an bzw. Unterstützung einer kriminellen Organisation gem. altArt. 260ter Ziff. 1 StGB strafbar.[33] 32

---

31 Vgl. dazu PAJAROLA/OEHEN/THOMMEN, N 160 ff.
32 Dieses Bundesgesetz wurde mit Bundesbeschluss vom 25.9.2020, Art. 2, zwar aufgehoben; diese Aufhebung tritt gemäss Beschluss des Bundesrats vom 31.3.2021 allerdings erst Ende 2022 in Kraft.
33 Vgl. dazu PAJAROLA/OEHEN/THOMMEN, N 498 ff. (Versuch) sowie N 505 ff. (Gehilfenschaft).

In Bezug auf diese Tatformen bestand also eine Lücke im Schweizer Recht. Versuch und Gehilfenschaft in Bezug auf eine Rekrutierung für Al-Qaida oder den IS ist hingegen bereits unter dem BG AQ/IS strafbar.[34] Diese Lücke wurde nun mit dem neuen Tatbestand von Art. 260^{sexies} Abs. 1 lit. a StGB, auf den die Bestimmungen über Versuch und Teilnahme vorbehaltlos anwendbar sind,[35] geschlossen.

c) Ausbildung für terroristische Zwecke

Art. 7 Ausbildung für terroristische Zwecke

¹ Im Sinne dieses Übereinkommens bedeutet «Ausbildung für terroristische Zwecke» die Unterweisung in der Herstellung oder im Gebrauch von Sprengstoffen, Feuer- oder sonstigen Waffen oder schädlichen oder gefährlichen Stoffen oder die Unterweisung in anderen spezifischen Methoden oder Verfahren mit dem Ziel, eine terroristische Straftat zu begehen oder zu deren Begehung beizutragen, in Kenntnis der Tatsache, dass die vermittelten Fähigkeiten für diesen Zweck eingesetzt werden sollen.

² Jede Vertragspartei trifft die erforderlichen Massnahmen, um die Ausbildung für terroristische Zwecke im Sinne des Absatzes 1, wenn sie rechtswidrig und vorsätzlich begangen wird, nach ihrem innerstaatlichen Recht als Straftat zu umschreiben.

33 Diese Bestimmung verpflichtet die Vertragsstaaten dazu, ein Verhalten unter Strafe zu stellen, das darin besteht, andere Personen für terroristische Zwecke auszubilden. Dies gilt nicht allgemein, sondern nur, wenn die Ausbildung die Herstellung oder den Gebrauch von Sprengstoffen, Feuerwaffen, anderen Waffen, schädlichen oder gefährlichen Stoffen oder andere spezifische Methoden oder Ver-

---

34 Vgl. Botschaft 2018, 6444.
35 So Botschaft 2018, 6444 sowie 6449. Es bleibt allerdings schleierhaft, weshalb Versuch und Gehilfenschaft bei Art. 260ter StGB straflos sein sollen, bei Art. 260^{sexies} StGB hingegen nicht (vgl. dazu hinten N 409 ff.).

fahren betrifft, mit dem Ziel, einen Terrorakt zu begehen oder zu diesem beizutragen.

Bestraft werden soll also das Zurverfügungstellen von Wissen und Erfahrung, mit dem Ziel, Terrorakte zu fördern.[36] Die Themen, die Gegenstand der pönalisierten Ausbildung sind, werden im EÜT nicht weiter definiert. Der erläuternde Bericht des Europarats verweist für die Begriffsbestimmung auf die einschlägigen Staatsverträge:[37] In Bezug auf «*Sprengstoffe*» wird auf Art. 1 Abs. 3 lit. a des Internationalen Übereinkommens zur Bekämpfung terroristischer Bombenanschläge (SR 0.353.21) verwiesen; in Bezug auf «*Feuerwaffen*» auf Anhang I der Europäischen Konvention über die Kontrolle des Erwerbs und des Besitzes von Schusswaffen durch Einzelpersonen (ETS 101); in Bezug auf «*sonstige Waffen*» auf den Begriff «tödliche Waffen» gemäss Art. 1 Abs. 3 lit. b des Internationalen Übereinkommens zur Bekämpfung terroristischer Bombenanschläge, welcher folgendermassen definiert ist: «eine Waffe oder Vorrichtung, die dazu bestimmt oder in der Lage ist, durch Freisetzung, Verbreitung oder Einwirkung von toxischen Chemikalien, biologischen Agenzien oder Toxinen oder ähnlichen Stoffen oder durch Strahlung oder radioaktives Material den Tod, schwere Körperverletzungen oder erhebliche Sachschäden zu verursachen»; in Bezug auf «*schädliche oder gefährliche Stoffe*» auf Art. 1 Abs. 5 des «Protocol on Preparedness, Response and Co-operation to Pollution Incidents by Hazardous and Noxious Substances, 2000 (HNS Protocol, International Maritime Organisation), worunter u.a. Öle, flüssige Gase sowie Flüssigkeiten mit einem Flammpunkt von höchstens 60 °C fallen.

34

Was «*andere spezifische Methoden oder Verfahren*» betrifft, enthält der erläuternde Bericht keine Angaben. Die Botschaft weist darauf hin, dass mit diesem Ausdruck «kein tatbestandsmässiger Be-

35

---

36 ER 2005, Ziff. 115: «This is defined as providing instruction in methods or techniques that are suitable for use for terrorist purposes, including in the making or use of explosives, firearms and noxious or hazardous substances».
37 ER 2005, Ziff. 117 ff.

zug zu einem konkreten Tatmittel oder zu einer konkreten Vorgehensweise» geschaffen werde, was mit Blick auf das strafrechtliche Bestimmtheitsgebot heikel sei, weshalb dem Verhältnismässigkeitsprinzip besondere Beachtung zu schenken sei.[38]

36 Klar ist, dass eine Ausbildung in diesen anderen spezifischen Methoden und Verfahren – gleich wie es bei den übrigen Unterweisungsthemen der Fall ist – dazu geeignet sein muss, einen Terrorakt zu fördern. Darunter könnten etwa Kampftaktiken (bspw. Häuserkampf, Guerillamethoden oder Nahkampf mit dem Ziel der effizienten Tötung der Gegner) oder Cyberangriffe (bspw. auf Wasser-, Energieversorgung oder Spitäler) fallen. Das Begriffspaar «Methoden und Verfahren» erscheint synonym. Der englische Text spricht von «other specific methods or techniques» und der französische von «méthodes et techniques spécifiques». Daraus kann abgeleitet werden, dass damit einerseits technische Angaben (welche Geräte, Software etc. zu verwenden sind) und andererseits Prozesse, Vorgehensweisen und Organisatorisches (wie, wann, wo, von wem die Techniken einzusetzen sind) gemeint sind.

37 Ebenfalls klar ist, dass eine solche Ausbildung nur unter diesen Straftatbestand fällt, wenn der Ausbildner weiss oder billigt, dass die Auszubildenden die gelernten Fähigkeiten für terroristische Zwecke einsetzen wollen und das Ziel der Ausbildung darin besteht, Terrorakte zu begehen oder zu fördern. Nicht nach dieser Bestimmung strafbar ist, wer solches Wissen bspw. im allgemein zugänglichen Internet zur Verfügung stellt, ohne zu wissen oder zu billigen, ob die Empfänger dieses Know-how zu Terrorzwecken nutzen wollen.[39] Dies ist wiederum anders zu beurteilen, wenn solche Instruktionen in spezifischen Blogs, Foren etc. zur Verfügung gestellt werden, an denen typischerweise Personen teilnehmen, die terroristische Absichten hegen.

38 Das Schweizer Recht stellte bereits vor diesen Gesetzesänderungen mehrere Aspekte dieses Verhaltens unter Strafe: altArt. 260ter Ziff. 1

---

38 Botschaft 2018, 6446.
39 So auch Botschaft 2018, 6446.

StGB erfasste solches Verhalten, wenn es die verbrecherische Tätigkeit einer Terrororganisation unterstützte (durch Mitglieder als Beteiligung, durch Nichtmitglieder als Unterstützung). Wenn es sich bei der unterstützten Gruppierung um Al-Qaida oder den IS handelte, ist zudem das BG AQ/IS einschlägig. Wurde für eine spezifische Straftat aus dem Katalog von Art. 260bis Abs. 1 StGB ausgebildet, war dieser Straftatbestand anwendbar und/oder gegebenenfalls Gehilfenschaft (Art. 25 StGB) oder Anstiftung (Art. 24 StGB) zur geplanten Tat. Art. 226 Abs. 3 StGB bestraft zudem, wer andere zur Herstellung von Sprengstoffen oder giftigen Gasen anleitet, wenn diese einen verbrecherischen Gebrauch derselben planen.

Soweit die Ausbildung aber nicht durch oder für eine Terrororganisation stattfand, es nicht um die Anleitung zur Herstellung von Sprengstoff oder giftigen Gasen ging und auch nicht bereits eine konkrete Straftat geplant war, sondern quasi «auf Vorrat» ausgebildet wurde, bestand eine Strafbarkeitslücke.[40] Diese wurde nun mit Art. 260^{sexies} Abs. 1 lit. b StGB geschlossen. 39

Art. 7 EÜT verpflichtet nur zur Pönalisierung des aktiven Ausbildens, nicht aber zum passiven *Sich-Ausbildenlassen*. Diese Pflicht wird allerdings durch Art. 3 ZP EÜT eingeführt, weshalb auch diese Tathandlung ins Strafgesetzbuch (Art. 260^{sexies} Abs. 1 lit. b StGB) übernommen wurde. 40

Auf die Ungleichbehandlung mit dem (straflosen) Sich-Anwerbenlassen wurde bereits eingegangen.[41] Die Botschaft argumentiert, dass sich das Sich-Ausbildenlassen dadurch unterscheide, dass es von aussen erkennbar und nicht auf einen inneren Entschluss des Täters beschränkt sei. Dieses äusserlich erkennbare Verhalten wird mit dem «Gebrauch von gefährlichen Substanzen oder Waffen oder im Einsatz von anderen gefährlichen Techniken»[42] exemplifiziert. Dies mag zutreffen, wenn sich die auszubildende Terroristin in ein Trainingslager begibt, wo sie Schiessübungen absolviert und 41

---

40 Botschaft 2018, 6447.
41 Vgl. vorne N 29 f.
42 Botschaft 2018, 6448.

Sprengstoffe mischt. Die Ausbildung kann aber auch ganz andere Formen annehmen, die von aussen weniger oder gar nicht erkennbar sind, etwa, wenn sie sich via Internet im «Hacking» weiterbildet. Umgekehrt kann das Sich-Anwerbenlassen im Einzelfall sehr wohl von aussen erkennbar sein, etwa durch entsprechende Rituale (Feuertaufe etc.), Veränderungen des Äusseren (Tätowierungen, Bartwuchs etc.), Veränderungen des Verhaltens (bspw. Kritisieren des dekadenten westlichen Lebensstils) oder das Tragen entsprechender Symbole oder typischer Kleidungsstücke einer Terrororganisation (vgl. etwa die typische Flagge des IS). Das Unterscheidungskriterium der äusserlichen Erkennbarkeit ist also weder tauglich noch sinnvoll.

42 Eher spekulativ erscheint die weitere Erwägung in der Botschaft, dass «die betreffende Person [gemeint ist die Auszubildende] sukzessive Hinweise auf die Art und den Inhalt sowie die Ausrichtung und den Zweck der Ausbildung erhält und sich so ein Bild über die Folgen seines [sic!] Handelns machen kann»[43]. Auch dies ist bloss eine mögliche Variante, nämlich in der Konstellation, in der der Ausbildner zugleich Art und Ziel des Terrorakts vorgibt. Dies ist allerdings keineswegs zwingend. Vielmehr kann sich eine Person auch ohne äusseren Einfluss dazu entschliessen, einen Terrorakt zu verüben, Art und Ziel des Anschlags selbständig bestimmen und sich dann gezielt das Wissen aneignen, um die nötigen Tatmittel (bspw. eine Bombe) herzustellen und einzusetzen.

43 Grundsätzlich richtig erscheint der dritte Punkt, den die Botschaft erwähnt: Eine zu Terrorakten ausgebildete Person hat ein erhöhtes Gefährdungspotenzial. [44] Eine Person ist dann besonders gefährlich, wenn sie sich dazu entschlossen hat, einen Terrorakt zu verüben, und auch über das dafür erforderliche Wissen verfügt.

---

43 Botschaft 2018, 6448.
44 Botschaft 2018, 6448.

d) Ergänzende Straftatbestände

Art. 9 Ergänzende Straftatbestände

¹ Jede Vertragspartei trifft die erforderlichen Massnahmen, um folgende Handlungen nach ihrem innerstaatlichen Recht als Straftaten zu umschreiben:
  a. die Beteiligung als Mittäter oder Gehilfe an einer Straftat im Sinne der Artikel 5–7;
  b. das Organisieren einer Straftat im Sinne der Artikel 5–7 oder das Anweisen anderer, eine solche Straftat zu begehen;
  c. der Beitrag zur Begehung einer oder mehrerer Straftaten im Sinne der Artikel 5–7 durch eine Gruppe von zu einem gemeinsamen Zweck handelnden Personen. Dieser Beitrag muss vorsätzlich sein und entweder:
     i. mit dem Ziel geleistet werden, die kriminelle Tätigkeit oder den kriminellen Zweck der Gruppe zu fördern, wenn die Tätigkeit oder der Zweck die Begehung einer Straftat im Sinne der Artikel 5–7 einschliesst, oder
     ii. in Kenntnis des Vorsatzes der Gruppe geleistet werden, eine Straftat im Sinne der Artikel 5–7 zu begehen.

² Jede Vertragspartei trifft ferner die erforderlichen Massnahmen, um den Versuch der Begehung einer Straftat im Sinne der Artikel 6 und 7 nach ihrem innerstaatlichen Recht und in Übereinstimmung mit diesem als Straftat zu umschreiben.

Abs. 1 dieser Bestimmung verpflichtet die Vertragsstaaten dazu, Mittäterschaft und Gehilfenschaft zu einer Straftat nach Art. 5–7 EÜT, das Organisieren einer solchen Straftat, das Anweisen anderer, eine solche Straftat zu begehen sowie den Beitrag zur Begehung einer solchen Straftat durch eine Gruppe zu kriminalisieren. Abs. 2 fordert die Strafbarkeit für die versuchte Begehung einer Straftat nach Art. 6 und 7 EÜT. 44

45 Gemäss Art. 22 Abs. 1 StGB ist die *versuchte* Begehung von Vergehen und Verbrechen grundsätzlich strafbar. Das Gleiche gilt für *Anstiftung* und *Gehilfenschaft* zu Vergehen und Verbrechen (Art. 24 und 25 StGB). Im vorliegenden Zusammenhang galt bisher nur eine Ausnahme mit Bezug auf altArt. 260ter StGB, auf welche Bestimmung weder Art. 22 StGB noch Art. 24 und 25 StGB anwendbar gewesen sein sollen.[45]

46 Bezüglich der öffentlichen Aufforderung zur Begehung einer terroristischen Straftat (Art. 5 EÜT) war kein neuer Straftatbestand erforderlich, zumal die gemäss EÜT zu pönalisierenden Verhaltensweisen bereits durch Art. 259 StGB, Art. 261bis StGB sowie durch die Strafbarkeit der Anstiftung (Art. 24 StGB) erfasst sind. In Bezug auf die Straftaten des Anwerbens (Art. 6 EÜT) und der Ausbildung (Art. 7 EÜT) für terroristische Zwecke wurden neue Straftatbestände geschaffen (Art. 260^{sexies} Abs. 1 lit. a und b StGB), auf welche die Allgemeinen Bestimmungen, namentlich diejenigen zu Teilnahme und Versuch, uneingeschränkt anwendbar sind.[46]

47 Das *Anweisen* anderer, eine Straftat gemäss Art. 5–7 EÜT zu begehen (Art. 9 Abs. 1 lit. b EÜT), kommt einer Anstiftung im Sinne von Art. 24 StGB gleich, welche ebenfalls bereits durch das bestehende Recht abgedeckt war (wieder mit Ausnahme von altArt. 260ter StGB).

48 Hingegen ist nicht ganz klar, wie das *Organisieren* einer Straftat gemäss Art. 9 Abs. 1 lit. b EÜT zu qualifizieren ist. Der Botschaft ist dazu nichts zu entnehmen, ebenso wenig dem erläuternden Bericht des Europarats. Die Originaltexte der Bestimmung (englisch: «Organising», französisch «l'organisation») geben nicht mehr her als die deutsche Übersetzung. Gemäss Wortlaut dürften darunter die Verhaltensweisen von Personen fallen, die nicht selbst öffentlich zu Terrorakten auffordern oder diese Botschaften verbreiten, die nicht selbst für Terrorzwecke anwerben oder ausbilden, sondern

---

[45] Vgl. vorne N 32.
[46] Vgl. Botschaft 2018, 6449. Zur Kritik an dieser Ungleichbehandlung zwischen Art. 260ter StGB und Art. 260^{sexies} StGB vgl. hinten N 409 ff.

die solche Straftaten planen, vorbereiten, befehlen und kontrollieren. Strukturell dürfte es sich dabei um Mittäter, mittelbare Täter und Anstifter handeln. Die Strafbarkeit derselben war bereits vor den Gesetzesänderungen gewährleistet.

Der Beitrag zur Begehung einer Straftat gemäss Art. 5–7 EÜT durch eine *Gruppe* (Art. 9 Abs. 1 lit. c EÜT) dürfte der bandenmässigen Begehung entsprechen. Eine Bestimmung, die bandenmässige Begehung von Straftaten allgemein erfasst, existiert im schweizerischen Recht nicht. Vielmehr stellt die Bandenmässigkeit ein Qualifikationsmerkmal für einzelne Straftaten (bspw. Diebstahl, Raub, Betäubungsmittelhandel, Geldwäscherei) dar. Vorliegend geht es aber nicht um eine Qualifikation der Grundtat, sondern vielmehr darum sicherzustellen, dass auch Gruppenmitglieder bestraft werden können, wenn sie nur einen Beitrag leisten und die Straftat nicht alleine eigenhändig begehen. Auch dies ist durch die Tatformen (Mittäterschaft, mittelbare Täterschaft, Gehilfenschaft) gewährleistet. Ist die Gruppe gar als kriminelle Organisation im Sinne von Art. 260ter StGB zu qualifizieren, war bereits vor der Revision jede Aktivität, welche die verbrecherische Tätigkeit der Organisation förderte, strafbar (als Beteiligung oder Unterstützung). Wenn es sich bei der Gruppe um Al-Qaida oder den IS handelte, ist zudem das BG AQ/IS anwendbar. 49

6. Massgebende Strafbestimmungen des ZP EÜT

a) *Beteiligung an einer Vereinigung oder einer Gruppe für terroristische Zwecke*

Art. 2 Beteiligung an einer Vereinigung oder einer Gruppe für terroristische Zwecke

[1] Im Sinne dieses Protokolls bedeutet «Beteiligung an einer Vereinigung oder einer Gruppe für terroristische Zwecke» die Beteiligung an den Tätigkeiten einer Vereinigung oder Gruppe mit dem Ziel, eine oder mehrere terroristische Straftaten zu begehen

oder zur Begehung einer oder mehrerer terroristischer Straftaten durch die Vereinigung oder Gruppe beizutragen.

² Jede Vertragspartei trifft die erforderlichen Massnahmen, um die «Beteiligung an einer Vereinigung oder einer Gruppe für terroristische Zwecke» im Sinne des Absatzes 1, wenn sie rechtswidrig und vorsätzlich begangen wird, nach ihrem innerstaatlichen Recht als Straftat zu umschreiben.

50 Diese Bestimmung verpflichtet die Vertragsstaaten, Personen zu bestrafen, die sich an den Tätigkeiten einer Vereinigung oder Gruppe beteiligen, mit dem Ziel, Terrorakte zu begehen oder dazu beizutragen.

51 Was die Definitionsmerkmale von «*Gruppe*» und «*Vereinigung*» sind, wird weder im ZP EÜT noch im erläuternden Bericht des Europarats zum ZP EÜT ausgeführt. Immerhin stellt der erläuternde Bericht fest, dass die offizielle Tätigkeit keine Rolle spiele, vielmehr liege der Grund für die Strafbarkeit darin, dass die Gruppe oder Vereinigung Terrorakte verübe.[47] Als Gruppe dürften eher lose Personenverbindungen bezeichnet werden, vergleichbar mit einer Bande, während eine Vereinigung einen höheren Organisationsgrad voraussetzt. Der Begriff der Vereinigung umfasst zwar auch Terrororganisationen im Sinne von Art. 260ter Abs. 1 lit. a Ziff. 2 StGB, dürfte aber auch weniger organisierte Personenverbindungen erfassen. Wie diese Begriffe ausgelegt werden, überlässt der Europarat den einzelnen Vertragsstaaten.[48] Die Botschaft scheint diese Begriffe mit der Organisation gemäss Art. 260ter StGB gleichzusetzen, wenn sie davon ausgeht, dass kein Anpassungsbedarf des schweizerischen Rechts bestehe.[49]

52 Die Strafbarkeit setzt – anders als es der Titel der Bestimmung vermuten liesse – nicht voraus, dass die Täterin sich an der Gruppe oder der Vereinigung selbst beteiligt, sondern es genügt, aber setzt

---

47 ER 2015, Ziff. 37.
48 ER 2015, Ziff. 37.
49 Botschaft 2018, 6461.

auch voraus, dass sie sich an ihren *Tätigkeiten* beteiligt. Eine rein passive Mitgliedschaft soll mit dieser Bestimmung nicht pönalisiert werden.[50]

Diese Tätigkeiten müssen bezwecken, Terrorakte durch die Gruppe 53 oder Vereinigung zu begehen oder zu solchen beizutragen, oder aber Terrorakte im Namen der Gruppe oder Vereinigung zu verüben.[51] Weitere Voraussetzungen an diese Tätigkeiten bestehen nicht. Sie umfassen daher nicht nur die Verübung von Terrorakten, sondern auch andere Aktivitäten, welche solche Straftaten fördern, wie etwa auch die Finanzierung, Rekrutierung, Beschaffung von Materialien, Auskundschaften von Örtlichkeiten etc.

Teilnahme und *Versuch* zu diesen Tathandlungen müssen nicht 54 zwingend kriminalisiert werden, dies steht den einzelnen Vertragsstaaten aber frei.[52]

Das Schweizerische Strafrecht stellte bereits vor den Gesetzesänderungen die Beteiligung an und die Unterstützung einer kriminellen Organisation gem. altArt. 260ter StGB unter Strafe. Handelt es sich dabei um Al-Qaida oder den IS, ist zudem das BG AQ/IS anwendbar. Das Tatverhalten gemäss Art. 2 ZP EÜT kann aber je nach den konkreten Gegebenheiten auch unter die Strafbarkeit von Gewaltdelikten (z.B. Art. 112 StGB, Art. 221 StGB), Gehilfenschaft dazu oder unter deren Vorbereitungshandlungen (Art. 260bis StGB) fallen. 55

b) *Erhalt einer Ausbildung für terroristische Zwecke*

Art. 3 Erhalt einer Ausbildung für terroristische Zwecke

¹ Im Sinne dieses Protokolls bedeutet «Erhalt einer Ausbildung für terroristische Zwecke», durch eine andere Person eine Unterweisung – einschliesslich des Erwerbs von Kenntnissen oder

---

50 ER 2015, Ziff. 33.
51 ER 2015, Ziff. 33.
52 ER 2015, Ziff. 36.

> praktischen Fähigkeiten – zu erhalten in der Herstellung oder im Gebrauch von Sprengstoffen, Feuer- oder sonstigen Waffen oder schädlichen oder gefährlichen Stoffen oder in anderen spezifischen Methoden oder Verfahren mit dem Ziel, eine terroristische Straftat zu begehen oder zu deren Begehung beizutragen.
>
> ² Jede Vertragspartei trifft die erforderlichen Massnahmen, um den «Erhalt einer Ausbildung für terroristische Zwecke» im Sinne des Absatzes 1, wenn er rechtswidrig und vorsätzlich begangen wird, nach ihrem innerstaatlichen Recht als Straftat zu umschreiben.

56 Diese Bestimmung verpflichtet die Vertragsstaaten, Personen zu bestrafen, die sich mit dem Ziel, Terrorakte zu begehen, in bestimmten Themenbereichen ausbilden lassen.

57 Diese Norm bildet das *passive Gegenstück* zu Art. 7 EÜT (Ausbildung für terroristische Zwecke) und ist im Übrigen gleich aufgebaut und enthält die gleichen Tatbestandsmerkmale.[53]

58 Die Ausbildung kann in beliebiger Weise, namentlich durch persönlichen Kontakt (bspw. in einem Trainingscamp), aber auch durch elektronische Medien (Internetforen, Blogs, Websites etc.) erfolgen.

59 Nicht strafbar ist das passive Konsumieren von entsprechenden Informationen, bspw. im Internet. Vorausgesetzt ist vielmehr eine *aktive Teilnahme* des Täters (z.B. in einer interaktiven Trainingssession via Internet).[54]

60 Auf eine Kriminalisierung von Teilnahmehandlungen hat der Europarat verzichtet. Die Botschaft geht – analog zur Annahme in Bezug auf Art. 7 EÜT – davon aus, dass dieses Verhalten teilweise schon durch das schweizerische Recht abgedeckt ist (namentlich durch Art. 260ter StGB, das BG AQ/IS, strafbare Vorbereitungs-

---

53 Vgl. dazu vorne N 33 ff.
54 ER 2015, Ziff. 40.

handlungen gemäss Art. 260bis StGB sowie Teilnahme an den jeweiligen Gewaltdelikten); Anpassungsbedarf bestehe lediglich in Bezug auf ein Sich-Ausbildenlassen, wenn kein Bezug zu einer Organisation im Sinne von Art. 260ter StGB und kein Bezug zu einem konkreten Terrorakt bestünde.[55] Dafür wurde der neue Tatbestand von Art. 260^{sexies} Abs. 1 lit. b StGB geschaffen.

c) *Auslandsreisen für terroristische Zwecke*

Art. 4 Auslandsreisen für terroristische Zwecke

¹ Im Sinne dieses Protokolls bedeutet «Auslandsreisen für terroristische Zwecke» das Reisen in einen Staat, der nicht derjenige der Staatsangehörigkeit oder des Wohnsitzes des Reisenden ist, mit dem Ziel, eine terroristische Straftat zu begehen, zu einer solchen beizutragen oder sich an einer solchen zu beteiligen, andere Personen für terroristische Zwecke auszubilden oder eine Ausbildung für terroristische Zwecke zu erhalten.

² Jede Vertragspartei trifft die erforderlichen Massnahmen, um «Auslandsreisen für terroristische Zwecke» im Sinne des Absatzes 1, die von ihrem Hoheitsgebiet ausgehen oder von ihren Staatsangehörigen unternommen werden, nach ihrem innerstaatlichen Recht als Straftaten zu umschreiben, wenn sie rechtswidrig und vorsätzlich begangen werden. Dabei kann jede Vertragspartei Bedingungen festlegen, die nach ihren verfassungsrechtlichen Grundsätzen erforderlich sind und mit diesen im Einklang stehen.

³ Jede Vertragspartei trifft ferner die erforderlichen Massnahmen, um den Versuch der Begehung einer Straftat im Sinne dieses Artikels nach ihrem innerstaatlichen Recht und in Übereinstimmung mit diesem als Straftat zu umschreiben.

---

55 Botschaft 2018, 6462.

I. Europaratsübereinkommen und Zusatzprotokoll

61 Diese Bestimmung verpflichtet die Vertragsstaaten, terroristisch motivierte Reisen ins Ausland zu kriminalisieren. Erfasst sind Reisen, um einen Terrorakt zu begehen, dazu beizutragen oder sich an der Begehung zu beteiligen, sowie Reisen, um andere terroristisch auszubilden oder sich ausbilden zu lassen.

62 Interessanterweise sollen nur *Auslandsreisen* strafbar sein, also solche, die in einen Staat erfolgen, dessen Staatsangehörigkeit die Reisende nicht besitzt und wo sie auch nicht ihren Wohnsitz hat. Das umfasst auch Reisen von einem solchen in einen weiteren solchen Staat.[56] Reine Inlandsreisen oder Reisen vom Ausland in den Heimat- bzw. Wohnsitzstaat sind nicht der Strafbarkeitspflicht unterworfen.

63 Der *Versuch* zu diesen Tathandlungen ist unter Strafe zu stellen, nicht aber die *Teilnahme* an solchen Handlungen.[57]

64 Gemäss Botschaft bringt dieser Straftatbestand eine «erhebliche Vorverlagerung der Strafbarkeit» mit sich und kollidiere mit den Grundsätzen der persönlichen Freiheit sowie der Bewegungs- und Reisefreiheit; bei der Umsetzung dieser Norm müsse daher dem Verhältnismässigkeitsprinzip eine grosse Bedeutung eingeräumt werden.[58]

65 Das schweizerische Recht erfasste bereits vor der Gesetzesänderung Aktivitäten, die einer Terrororganisation im Sinne von Art. 260ter StGB förderlich waren; handelt es sich dabei um Al-Qaida oder den IS, ist zudem das BG AQ/IS einschlägig. Reisen als Teil der Vorbereitung zu einem konkreten Terrorakt konnten unter altArt. 260bis StGB subsumiert bzw. als Gehilfenschaft zu den entsprechenden Gewaltdelikten qualifiziert werden. Um auch Reisetätigkeiten zu erfassen, wenn kein Bezug zu einer Organisation im Sinne von Art. 260ter StGB besteht bzw. wenn es weder um Al-Qaida noch den IS geht und auch kein konkreter Terrorakt geplant ist und nicht

---

56 ER 2015, Ziff. 49.
57 ER 2015, Ziff. 53.
58 Botschaft 2018, 6463.

zuletzt angesichts der hohen Anzahl[59] solcher Fälle in der Schweiz, wurde Art. 260^sexies Abs. 1 lit. c StGB eingeführt.

d) *Finanzierung von Auslandsreisen für terroristische Zwecke*

Art. 5 Finanzierung von Auslandsreisen für terroristische Zwecke

¹ Im Sinne dieses Protokolls bedeutet «Finanzierung von Auslandsreisen für terroristische Zwecke» die auf irgendeinem Wege erfolgende unmittelbare oder mittelbare Bereitstellung oder Sammlung von Geldern, die es einer Person ganz oder teilweise ermöglichen, im Sinne des Artikels 4 Absatz 1 für terroristische Zwecke ins Ausland zu reisen, wobei die Bereitstellung oder Sammlung in Kenntnis dessen erfolgt, dass die Gelder ganz oder teilweise für diese Zwecke bestimmt sind.

² Jede Vertragspartei trifft die erforderlichen Massnahmen, um die «Finanzierung von Auslandsreisen für terroristische Zwecke» im Sinne des Absatzes 1, wenn sie rechtswidrig und vorsätzlich begangen wird, nach ihrem innerstaatlichen Recht als Straftat zu umschreiben.

Diese Bestimmung verpflichtet die Vertragsstaaten, das Sammeln und Bereitstellen von Geld zur Finanzierung terroristisch motivierter Reisen (gemäss Art. 4 Abs. 1 ZP EÜT) zu pönalisieren. 66

Finanzierung umfasst das Sammeln und Bereitstellen von finanziellen Mitteln. Der erläuternde Bericht des Europarats zum ZP EÜT verweist für die Auslegung des Begriffs *«Geld»* (englisch «funds») auf das Internationale Übereinkommen zur Bekämpfung der Finanzierung des Terrorismus (SR 0.353.22), welches diese in Art. 1 Ziff. 1 wie folgt definiert: «Vermögenswerte jeder Art, materielle oder immaterielle, bewegliche oder unbewegliche, wie auch immer 67

---

59 Vgl. Botschaft 2018, 6463 f.

diese erworben wurden, sowie rechtserhebliche Schriftstücke oder Urkunden jedweder, einschliesslich elektronischer oder digitaler, Form, die das Recht auf solche Vermögenswerte oder Rechte daran belegen, darunter, ohne darauf beschränkt zu sein, Bankkredite, Reiseschecks, Bankschecks, Zahlungsanweisungen, Aktien, Wertpapiere, Schuldverschreibungen, Wechsel und Akkreditive».[60] Der im deutschen Text verwendete Begriff «Geld» ist daher zu eng; treffender wäre «Vermögenswerte».

68 Die finanziellen Mittel können aus einer Quelle oder von verschiedenen natürlichen oder juristischen Personen stammen und gesammelt werden. Wie sie gesammelt und zur Verfügung gestellt werden, ist unerheblich. Im Wesentlichen wird es sich um das Sammeln und Verschieben von Bargeld, um Banküberweisungen, Transaktionen von Kryptowährungen sowie um Hawala-Transaktionen handeln.[61] Die Formulierung, wonach nicht nur das unmittelbare Sammeln und Bereitstellen von Geld, sondern auch die *mittelbare* Tatbegehung erfasst sein soll, ist ein Hinweis darauf, dass die Tathandlungen weit zu interpretieren sind.

69 *Versuch* und *Teilnahme* müssen nicht pönalisiert werden, es steht den Vertragsstaaten aber frei, dies zu tun.

70 Das schweizerische Recht erfasste solche Finanzierungshandlungen schon vor der Gesetzesrevision, sofern sie die Voraussetzungen von Art. 260bis StGB (Vorbereitung eines konkreten Terrorakts), altArt. 260ter StGB (Beteiligung an oder Unterstützung einer Terrororganisation), Art. 2 BG AQ/IS (sofern es um Al-Qaida oder den IS geht) oder Art. 260^{quinquies} StGB (Finanzierung von Terrorismus) erfüllten, was namentlich nicht der Fall war, wenn kein Bezug zu einer Organisation oder zu einem konkreten Terrorakt bestand. Aus

---

60 ER 2015, Ziff. 56.
61 Zu den Methoden der Verschiebung von Vermögenswerten vgl. hinten N 498 ff.

diesen Gründen wurde Art. 260^{sexies} Abs. 2 StGB geschaffen, der diese Lücke schloss.[62]

e) *Organisation oder sonstige Erleichterung von Auslandsreisen für terroristische Zwecke*

Art. 6 Organisation oder sonstige Erleichterung von Auslandsreisen für terroristische Zwecke

¹ Im Sinne dieses Protokolls bedeutet «Organisation oder sonstige Erleichterung von Auslandsreisen für terroristische Zwecke» jede organisatorische oder erleichternde Handlung, die eine Person bei Auslandsreisen für terroristische Zwecke im Sinne des Artikels 4 Absatz 1 unterstützt, wobei die auf diese Weise erbrachte Unterstützung in Kenntnis dessen erfolgt, dass sie terroristischen Zwecken dient.

² Jede Vertragspartei trifft die erforderlichen Massnahmen, um die «Organisation oder sonstige Erleichterung von Auslandsreisen für terroristische Zwecke» im Sinne des Absatzes 1, wenn sie rechtswidrig und vorsätzlich begangen wird, nach ihrem innerstaatlichen Recht als Straftat zu umschreiben.

Diese Bestimmung verpflichtet die Vertragsstaaten, jede organisatorische oder erleichternde Handlung, welche Personen bei ihren Auslandsreisen für terroristische Zwecke unterstützt, zu kriminalisieren. 71

In Bezug auf die *Reisetätigkeit* kann auf die Ausführungen zu Art. 4 ZP EÜT verwiesen werden.[63] 72

«*Organisieren*» umfasst alle Vorkehrungen rund um die Reisen, wie etwa den Kauf von Flugtickets, Hotelbuchungen oder das Erstellen 73

---

62 Botschaft 2018, 6465, wo auch darauf hingewiesen wird, dass mit der Schaffung eines neuen Tatbestandes auch die Lücke geschlossen werden konnte, auf welche die FATF in ihrem Bericht vom 7.12.2016 hinwies.
63 Vgl. dazu vorne N 61 ff.

von Reiseplänen. «*Erleichtern*» umfasst alle weiteren Vorkehrungen, die nicht bereits als «Organisieren» qualifiziert werden, welche das Erreichen des Ziels der Reisenden fördert (etwa Ermöglichen des illegalen Grenzübertritts, Bezahlen von Bestechungsgeldern).[64]

74 Auch diese Verhaltensweisen wurden teilweise bereits durch das bestehende Recht unter Strafe gestellt, es bestanden aber die gleichen Lücken wie bei Art. 4 und 5 ZP EÜT, weshalb auch diesbezüglich ein neuer Straftatbestand geschaffen wurde (Art. 260^{sexies} Abs. 2 StGB).

7. Weitere Bestimmungen des EÜT und ZP EÜT

75 EÜT und ZP EÜT enthalten weitere für die Strafverfolgung relevante Bestimmungen, etwa bezüglich internationaler Rechtshilfe (Art. 17–22 EÜT). Auf diese wird ggf. hinten, bei der Besprechung des jeweiligen Themengebiets eingegangen.

---

64 Vgl. ER 2015, Ziff. 60.

II. Kriminelle und terroristische Organisationen (Art. 260ter StGB)

Art. 260ter Kriminelle und terroristische Organisationen

¹ Mit Freiheitsstrafe bis zu zehn Jahren oder Geldstrafe wird bestraft, wer:
   a. sich an einer Organisation beteiligt, die den Zweck verfolgt:
      1. Gewaltverbrechen zu begehen oder sich mit verbrecherischen Mitteln zu bereichern, oder
      2. Gewaltverbrechen zu begehen, mit denen die Bevölkerung eingeschüchtert oder ein Staat oder eine internationale Organisation zu einem Tun oder Unterlassen genötigt werden soll; oder
   b. eine solche Organisation in ihrer Tätigkeit unterstützt.

² Absatz 1 Buchstabe b findet keine Anwendung auf humanitäre Dienste, die von einer unparteiischen humanitären Organisation, wie dem Internationalen Komitee vom Roten Kreuz, in Übereinstimmung mit dem gemeinsamen Artikel 3 der Genfer Abkommen vom 12. August 1949 erbracht werden.

³ Übt der Täter einen bestimmenden Einfluss in der Organisation aus, so wird er mit Freiheitsstrafe nicht unter drei Jahren bestraft.

⁴ Das Gericht kann die Strafe mildern (Art. 48a), wenn der Täter sich bemüht, die weitere Tätigkeit der Organisation zu verhindern.

⁵ Strafbar ist auch, wer die Tat im Ausland begeht, wenn die Organisation ihre verbrecherische Tätigkeit ganz oder teilweise in der Schweiz ausübt oder auszuüben beabsichtigt. Artikel 7 Absätze 4 und 5 sind anwendbar.

Inhaltsverzeichnis

A. Grundtatbestand (Art. 260ter Abs. 1 StGB) 45
   1. Neuerungen im Überblick 45
   2. Geschützte Rechtsgüter und Zweck der Bestimmung 46
   3. Täter 47
   4. Organisation (Art. 260ter Abs. 1 StGB) 48
      a) Organisationsgrad, Aufbau, Struktur 52
      b) Professionalität und Effizienz 54
      c) Dauerhaftigkeit 55
      d) Flexibilität und Wandelbarkeit 56
      e) Geheimhaltung und Intransparenz 57
      f) Befehlskultur und Durchsetzungsmechanismen 58
      g) Einflussnahme (auf Wirtschaft, Politik, Gesellschaft, Staat etc.) 59
      h) Regelmässige Begehung von Delikten 60
      i) Ausländische Urteile 61
      j) Sanktions- und Terrorlisten 61
      k) Weitere Indikatoren 65
         aa) Finanzielle Mittel, Wirtschaftsmacht 65
         bb) Unerklärlicher Reichtum 66
      l) Unzureichende Kriterien 67
   5. Geheimhaltung 67
   6. Zweck der Organisation (Art. 260ter Abs. 1 lit. a Ziff. 1 und 2 StGB) 68
      a) Bereicherungsverbrechen (Art. 260ter Abs. 1 lit. a Ziff. 1 StGB) 71
      b) Gewaltverbrechen (Art. 260ter Abs. 1 lit. a Ziff. 1 StGB) 72
      c) Gewaltverbrechen mit Einschüchterungs- oder Nötigungsabsicht (Terrorakte) (Art. 260ter Abs. 1 lit. a Ziff. 2 StGB) 74
         aa) Einschüchterungsabsicht 76
         bb) Nötigungsabsicht 80
      d) Abgrenzung und Verhältnis der Zwecke untereinander 84
      e) Kriminelle vs. terroristische Organisation 86
      f) Legale und verbotene Organisationen 88
   7. Beteiligung (Art. 260ter Abs. 1 lit. a StGB) 91
      a) Mitgliedschaft, funktionelle Eingliederung 91
      b) Aktivität 93
      c) Abgrenzung zur blossen Zugehörigkeit 96
   8. Unterstützung (Art. 260ter Abs. 1 lit. b StGB) 97

9. Subjektiver Tatbestand	108
10. Rechtfertigungs- und Schuldausschlussgründe	110
11. Versuch und Teilnahme	110

A. Grundtatbestand (Art. 260ter Abs. 1 StGB)

1. Neuerungen im Überblick[65]

Mit der vorliegenden Revision wurde zunächst der Titel von «Kriminelle Organisation» zu «Kriminelle und Terroristische Organisationen» geändert. Da nun beide Formen von Organisationen explizit geregelt sind, wurden konsequenterweise auch die entsprechenden Organisationszwecke angepasst: Die kriminelle Organisation bezweckt (wie bisher) die Begehung von Gewaltverbrechen oder die verbrecherische Bereicherung (Abs. 1 lit. a Ziff. 1); die terroristische Organisation hingegen die Begehung von Gewaltverbrechen, mit denen die Bevölkerung eingeschüchtert oder ein Staat oder eine internationale Organisation genötigt werden soll (Abs. 1 lit. a Ziff. 2). Ganz weggefallen ist das Erfordernis, dass die Organisation ihren Aufbau oder die personelle Zusammensetzung geheim hält. Die Tathandlungen Beteiligung und Unterstützung wurden beibehalten. In der Unterstützungsvariante wird neu aber nicht mehr vorausgesetzt, dass die Organisation in ihrer verbrecherischen Tätigkeit unterstützt wird, sondern es genügt die Unterstützung irgendeiner Tätigkeit der Organisation. Explizit ausgenommen von der Strafbarkeit sind Unterstützungshandlungen humanitärer Dienste gemäss Abs. 2. Das Strafmass beträgt in der Grundvariante (Abs. 1) Geldstrafe oder Freiheitsstrafe bis zu 10 Jahren, während die quali-

76

---

[65] Die Kommentierung dieses Artikels beruht auf derjenigen von PAJAROLA/OEHEN/THOMMEN, welche den bis am 30. Juni 2021 gültigen altArt. 260ter StGB (im Folgenden: «altArt. 260ter StGB») detailliert bearbeitet haben. Im Folgenden werden diejenigen Elemente, welche seither gleich geblieben sind, nur kurz angesprochen; für weiter gehende Ausführungen wird auf jenen Kommentar verwiesen. Stattdessen werden hier diejenigen Aspekte hervorgehoben, die durch die Gesetzesrevision neu eingeführt wurden oder die aufgrund anderer Entwicklungen neu betrachtet werden müssen.

fizierte Variante (Abs. 3), wenn der Täter also einen bestimmenden Einfluss in der Organisation ausübt, eine Mindeststrafe von 3 Jahren und eine Höchststrafe von 20 Jahren Freiheitsstrafe vorsieht. In Abs. 5 wurde der Verweis auf Art. 3 Abs. 2 StGB (Anrechnung einer im Ausland vollzogenen Strafe) durch einen solchen auf Art. 7 Abs. 4 und 5 StGB ersetzt.

77 Zwei wesentliche Änderungen oder zumindest Klarstellungen ergeben sich nicht aus dem Gesetzestext, sondern aus der Botschaft: Erstens stellt diese klar, dass die zahlreichen Elemente (bspw. Mindestzahl, Struktur, Arbeitsteilung, Professionalität), die von Rechtsprechung und Lehre dem gesetzlichen Tatbestandsmerkmal «Organisation» aufgebürdet wurden, nicht kumulativ erfüllt sein müssen. Vielmehr sei eine Gesamtbetrachtung anzustellen, die das Gefährdungspotenzial der Organisation bestimmen soll, wobei es ausreichen könne, wenn bereits einzelne der genannten Elemente vorlägen. Zweitens wurde zwar auf eine explizite Regelung der Konkurrenzen verzichtet, aber aus der Botschaft geht klar hervor, dass die Bestimmung nicht (mehr) zwingend subsidiär anwendbar sein soll.

2. Geschützte Rechtsgüter und Zweck der Bestimmung

78 Die systematische Einordnung des Tatbestands im Zwölften Titel des StGB (Verbrechen und Vergehen gegen den öffentlichen Frieden) blieb bestehen. Daher liegt es nahe, den öffentlichen Frieden als geschütztes Rechtsgut zu betrachten. Mittelbar schützt der Tatbestand auch vor den Rechtsgutsbeeinträchtigungen, die durch Gewalt- und Bereicherungsverbrechen – in deren Begehung der Zweck der kriminellen und terroristischen Organisationen liegt – bewirkt werden.[66]

---

66 Vgl. dazu PAJAROLA/OEHEN/THOMMEN, N 148; GODENZI (2015), 239 ff.; BSK StGB II[4]-ENGLER, Art. 260ter N 3 f.

Mit der expliziten Aufnahme der Terrororganisationen in den Tatbestand hat sich dies nicht geändert. Terrorakte sind gerade als Gewaltverbrechen definiert, die bestimmten Zwecken (Einschüchterung der Bevölkerung; Nötigung eines Staats oder einer internationalen Organisation) dienen. Da die Begehung von Gewaltverbrechen aber bereits einer der möglichen Zwecke von kriminellen Organisationen war und ist, werden durch diese Tatbestandserweiterung keine neuen Rechtsgüter geschützt.[67]

79

Auch die mit dieser neuen Norm angestrebten Funktionen dürften sich nicht geändert haben.[68] Nach wie vor geht es in erster Linie um die *Bestrafung* von Personen, die sich an gefährlichen Organisationen – kriminellen oder terroristischen – beteiligen oder solche unterstützen, ohne dass ihnen die Begehung der zugrunde liegenden Delikte (Bereicherungsverbrechen, Gewaltverbrechen) nachgewiesen werden könnte.[69] Zweitens dient der Tatbestand als Ausgangslage für Ermittlungen und für die Anordnung von *Zwangsmassnahmen,* namentlich geheimer Überwachungsmassnahmen, welche zum Teil nur bei (dringendem) Verdacht auf bestimmte Katalogdelikte zulässig sind (vgl. etwa Art. 269 Abs. 2 StPO; Art. 286 Abs. 2 StPO).[70] Drittens ist mit diesem Straftatbestand sichergestellt, dass (aktive und passive) *internationale Rechtshilfe* nicht an der beidseitigen Strafbarkeit scheitert.[71]

80

3. Täter

Art. 260ter StGB ist als gemeines Delikt ausgestaltet, es kann demnach von *jedem Menschen* begangen werden. Eine Einschränkung

81

---

67 Zur faktischen Kongruenz von öffentlichem Frieden und öffentlicher Sicherheit: PAJAROLA/OEHEN/THOMMEN, N 147.
68 Vgl. PAJAROLA/OEHEN/THOMMEN, N 152 ff.
69 Insofern bewirkt die Vorverlagerung der Strafbarkeit auch eine gewisse Beweiserleichterung (vgl. PAJAROLA/OEHEN/THOMMEN, N 155).
70 Zu diesen Überwachungsmassnahmen vgl. hinten N 609 ff.
71 So auch BSK StGB II[4]-ENGLER, Art. 260ter N 2. Zur internationalen Rechtshilfe vgl. hinten N 621 ff.

ergibt sich insofern, als die Tatvariante der Beteiligung (Abs. 1 lit. a) nur von einem *Mitglied* der Organisation, hingegen diejenige der Unterstützung (Abs. 1 lit. b) nur von einem *Nichtmitglied* verübt werden kann.

82 *Juristische Personen* können nicht Mitglied einer Organisation im Sinne von Art. 260ter StGB sein, weshalb sie sich lediglich der Unterstützungsvariante strafbar machen können.[72]

4. Organisation (Art. 260ter Abs. 1 StGB)

83 Der *Gesetzeswortlaut* enthält keine Merkmale oder gar eine vollständige Definition der Organisation. Sie ist nur so weit spezifiziert, als sie einen bestimmten Zweck verfolgen muss. Der Begriff «Organisation» erscheint in jedem der fünf Absätze des Artikels, hat aber im Ingress von Abs. 1 lit. a und in den Absätzen 3, 4 und 5 eine andere Bedeutung als in Abs. 1 lit. a Ziff. 2 («internationale Organisation») sowie in Abs. 2 («humanitäre Organisation»). Im Folgenden geht es nur um die kriminelle oder terroristische Organisation gemäss den zuerst genannten Absätzen.

84 Gemäss der *Botschaft* zur alten Bestimmung musste die Organisation folgende Merkmale aufweisen: «etablierte, längerfristig angelegte Gruppenstruktur, hochgradige Arbeitsteilung, Gewinnstreben, stark hierarchischer Aufbau, Abschottung nach innen und nach aussen, das Vorhandensein wirksamer Durchsetzungsmechanismen für interne Gruppennormen sowie die Bereitschaft der Organisation, zur Verteidigung und zum Ausbau ihrer Stellung Gewaltakte zu begehen und Einfluss auf Politik und Wirtschaft zu gewinnen. Kennzeichnend ist sodann Professionalität von der Planung und Logistik über die Tatausführung bis hin zur Beuteverwertung und Legalisierung der Erträge».[73]

---

72 Weiter zur Strafbarkeit juristischer Personen in Bezug auf Art. 260ter StGB: Pajarola/Oehen/Thommen, N 157 ff.
73 Botschaft, BBl 1993 III, 297.

A. Grundtatbestand

Gemäss jener Botschaft war aber bereits damals klar, dass diese Merkmale nicht im Sinne von Tatbestandselementen zu verstehen waren, welche kumulativ hätten vorliegen müssen. Sie wies darauf hin, dass jede Organisation individuell sei und möglicherweise nur einen Teil dieser Kriterien erfülle; das Gesetz könne daher keine abschliessende Definition der Organisation enthalten.[74]

85

Die *bundesgerichtliche Rechtsprechung* zementierte diese – in der Botschaft noch als flexibel bezeichneten – Elemente und verlangte für die Erfüllung des Tatbestandsmerkmals der kriminellen Organisation bis zu 13 Merkmale: Mindestzahl von drei Personen; strukturierte Gruppe; hierarchischer Aufbau; systematische/hochgradige Arbeitsteilung; Professionalität; flexible Strukturen; dauerhafter Bestand; Austauschbarkeit der Mitglieder; Abschottung; Unterwerfung der Mitglieder unter Anweisungen; Durchsetzungsmechanismen für Gruppennormen; Bereitschaft, zur Verteidigung und zum Ausbau ihrer Stellung Gewaltakte zu begehen und Einfluss auf Politik und Wirtschaft zu gewinnen; spezielle Bedrohung.[75]

86

In der neuen Botschaft wird klargestellt, dass die genannten Kriterien *nicht kumulativ* erfüllt sein müssen.[76] Massgebend sei vielmehr das Gefährdungspotenzial der Organisation. Die genannten Kriterien (namentlich Hierarchie, Arbeitsteilung, Dauer, Professionalität, interne Durchsetzungsmacht und Geheimhaltung) stellen lediglich *Indikatoren für die Gefährlichkeit* der Organisation dar und müssen daher auch nicht kumulativ erfüllt sein. Es kann bereits genügen, dass nur wenige dieser Kriterien erfüllt sind, dies aber in einem Ausmass, welches die Organisation gesamthaft als ausserordentlich gefährlich erscheinen lässt, womit das Tatbestandsmerkmal der Organisation erfüllt ist.[77] Umgekehrt können im Einzel-

87

---

[74] Botschaft, BBl 1993 III, 297.
[75] Vgl. etwa folgende Urteile: BGE 129 IV 271, E. 2.3.1; BGE 132 IV 132; E. 4.1.1 ff.; BGE 133 IV 235, E. 4.2; BGer 6B_238/2013, v. 22.11.2013, E. 9.1.1; BGer 6B_108/2010, v. 22.2.2011, E. 3.3.3. Zu den einzelnen Merkmalen vgl. PAJAROLA/OEHEN/THOMMEN, N 170 ff.
[76] Botschaft 2018, 6471.
[77] Botschaft 2018, 6471. So bereits PAJAROLA/OEHEN/THOMMEN, N 285 ff.

fall mehrere dieser Indikatoren vorliegen, ohne dass eine besondere Gefährlichkeit festgestellt werden kann.

88 Die *besondere Gefährlichkeit einer Organisation* ist der Grund, weshalb eine Beteiligung an ihr oder ihre Unterstützung mit Strafe bedroht ist. Gefährlichkeit bedeutet, dass ein erhöhtes Risiko für geschützte Rechtsgüter[78] besteht. Eine besondere Gefährlichkeit ist gegeben, wenn dieses Risiko ausgeprägt ist, wenn also eine hohe Wahrscheinlichkeit besteht, dass die Organisation solche Rechtsgüter verletzt oder gefährdet.

89 Die Gefährlichkeit an sich bzw. die Höhe des Risikos kann nicht abstrakt gemessen werden. Vielmehr ist die *Organisation als Ganzes* zu betrachten, also v.a. ihre Mitglieder, ihre Infrastruktur, auch ihre legalen Strukturen (bspw. juristische Personen), ihr Umfeld (Unterstützer, Opfer) etc., wobei u.a. folgende *Aspekte* zu beachten sind: ihr eigentlicher Zweck (bspw. Bereicherung; Übernahme staatlicher Macht); ihr Alter; ihre Grösse; ihre wirtschaftliche Macht; ihre Gewalttätigkeit bzw. -bereitschaft; ihre korruptive Kraft (in Wirtschaft, Justiz, Politik etc.); ihre Zugriffsmöglichkeit auf gefährliche Stoffe und Waffen; ihr Anspruch auf Exklusivität gegenüber ähnlichen Gruppierungen; ihre Ideologie; ihre Effizienz usw. Diese Aufzählung ist nicht abschliessend.[79]

90 Um einschätzen zu können, wie es bei einer konkreten Organisation um diese Aspekte bestellt ist, muss auf *Indikatoren* zurückgegriffen werden, da die eigentlichen Grössen von aussen kaum erkennbar und messbar sein dürften. Sollte es ausnahmsweise gelingen (bspw. durch geheime Überwachungsmassnahmen oder Aussagen reuiger Mitglieder), die genannten Informationen direkt zu erlangen, ist der Umweg über die Indikatoren natürlich obsolet.

91 Die Indikatoren können sich gegenseitig kompensieren oder verstärken, weshalb es nicht sinnvoll wäre, eine bestimmte Mindestzahl von Indikatoren vorzuschreiben, die erfüllt sein müssen. Es

---

78 Zu den durch Art. 260ter StGB geschützten Rechtsgütern: vorne N 78 f.
79 Botschaft, BBl 1993 III, 297 f.

A. Grundtatbestand

kann im Einzelfall genügen, dass ein oder zwei Indikatoren besonders ausgeprägt vorhanden sind, sodass die Gefährlichkeit der Organisation ausreichend bewiesen ist.[80] Ist bspw. über eine Terror-Gruppierung bekannt, dass sie über ca. 50 Mitglieder verfügt, die mit Schusswaffen und Sprengstoff ausgerüstet sind, ist die Gefährlichkeit evident. Ebenso, wenn eine Gruppierung von Kokainhändlern umfangreiche Korruptionszahlungen an Justizbeamte und Politikerinnen leistet.

Es muss im Übrigen davon ausgegangen werden, dass in einer Strafuntersuchung niemals sämtliche relevanten Aspekte bzw. Indikatoren der untersuchten Organisation *ermittelt* werden können. Dies wäre schon bei einer legalen Organisation mit enormen Schwierigkeiten verbunden und zudem sehr zeitaufwendig und ressourcenintensiv. Bei kriminellen oder terroristischen Organisationen kommt hinzu, dass weniger oder gar keine offiziellen Sitzungsprotokolle, Organigramme, Buchhaltungen, Strategiepapiere, Personaldossiers etc. vorhanden sein dürften, und falls doch, dürften diese besonders geheim gehalten werden. Es wäre daher illusorisch anzunehmen, dass eine solche Organisation vollständig durchleuchtet werden kann. Vielmehr muss es genügen, wenn entscheidende Indikatoren ermittelt werden können, welche die besondere Gefährlichkeit genügend klar belegen. 92

Schliesslich ist zu berücksichtigen, dass zahlreiche Indikatoren, die für die Gefährlichkeit einer Organisation sprechen, auch bei *legalen Organisationen,* namentlich Wirtschaftsunternehmen, vorliegen (etwa Professionalität, Arbeitsteilung, Dauerhaftigkeit, Flexibilität). Das wesentliche Unterscheidungsmerkmal zwischen legalen und kriminellen bzw. terroristischen Organisationen ist ihr *Zweck*[81]. Nur wenn dieser darin besteht, Bereicherungs- oder Gewaltverbrechen zu begehen, sind die Indikatoren ein Hinweis auf die Gefährlichkeit der Organisation. Im gegenteiligen Fall sind sie 93

---

80 Botschaft 2018, 6471.
81 Vgl. dazu hinten N 140 ff.

Hinweise auf die gute Qualität, Funktionalität, Stabilität und Rentabilität der Organisation.

94 Die genannten Indikatoren wurden ursprünglich für die kriminelle Organisation gemäss altArt. 260ter StGB entwickelt. Es fragt sich daher, ob und ggf. wie weit sie auch die Gefährlichkeit von *terroristischen Organisationen* indizieren. Zunächst ist zu beachten, dass auch die kriminelle Organisation alter Prägung zwei mögliche Zwecke verfolgen konnte: die Begehung von Bereicherungsverbrechen oder die Begehung von Gewaltverbrechen. Der erste Zweck ist für mafiaähnliche Organisationen typisch, der zweite für terroristische, die – wenn auch nicht explizit genannt – ebenfalls unter die alte Bestimmung subsumiert wurden.[82] Ausserdem ist anzumerken, dass eine Organisation, auf die die genannten Indikatoren in hohem Mass zutreffen, wertneutral als schlagkräftiger, effizienter und beständiger bezeichnet werden kann als eine, bei der diese Indikatoren nicht oder nur schwächer vorliegen. Diese Merkmale sind sowohl bei kriminellen wie auch bei terroristischen Organisationen Hinweise auf ihre Gefährlichkeit. Insofern gelten die im Folgenden aufgeführten Indikatoren für beide Arten von Organisationen.

95 *Indikatoren* für die besondere Gefährlichkeit einer kriminellen oder terroristischen Organisation sind namentlich die folgenden:

a) *Organisationsgrad, Aufbau, Struktur*

96 Eine Organisation ist eine geordnete Verbindung von mehreren Personen. Personenverbindungen können unterschiedlich stark geordnet sein, von losen Zusammenschlüssen bis hin zu hochgradig strukturierten Organisationen.

---

82 Vgl. etwa BGE 145 IV 470, E. 4.7.2; BGE 131 II 235, E. 2.12; Brigate Rosse (BGE 128 II 355, E. 2.2; BGE 125 II 569, E. 5.c); ETA (BGer 1A.174/2002, v. 21.10.2002, E. 3.2); IS (BGer 6B_1132/2016, v. 7.3.2017, E. 6.1); Al-Qaida (BGer 1A.194/2002, v. 15.11.2002, E. 3.7); Albanian National Army (BGE 131 II 235, E. 2.13); Märtyrer von Marokko (BGer 1A.50/2005, v. 5.4.2005, E. 2.8); TKP/ML: (BGE 142 IV 175, E. 5.10).

A. Grundtatbestand

Ein *gewisser Organisationsgrad* ist also für die Organisation begriffsnotwendig. Ein nur vorübergehender oder gar zufälliger Zusammenschluss von Personen ist keine Organisation. Umgekehrt ist nicht vorausgesetzt, dass die Organisation genauso dicht organisiert ist, wie ein international agierendes Wirtschaftsunternehmen.[83] Obschon es kriminelle und terroristische Organisationen geben dürfte, die einem legalen Wirtschaftsunternehmen diesbezüglich in nichts nachstehen,[84] ist dies keine zwingende Voraussetzung. Insofern ist die bundesgerichtliche Definition einer *strukturierten Gruppe*[85] zutreffend.

97

Hingegen ist es für die Gefährlichkeit der Organisation unerheblich, *wie* die Gruppe strukturiert ist. Es ist – bildlich gesprochen – egal, wie das Organigramm aussieht, pyramidenförmig, hierarchisch, flach etc.;[86] massgebend ist nur, dass es eine Struktur gibt, die in einem Organigramm dargestellt werden könnte. Eine solche Struktur kann auch netzwerkförmig oder matrixartig sein und bspw. dadurch gekennzeichnet, dass sich verschiedene Einheiten flexibel und zeitlich begrenzt miteinander verbinden, um sich dann wieder abzulösen und neu zu verbinden (dynamische Struktur).[87] Dies ist insbesondere im Hinblick auf «*crime as a service*»[88] bzw. die Auslagerung krimineller Dienstleistungen nicht nur im Cyberbereich, sondern auch in anderen Deliktsbereichen aktuell und keineswegs ein Zeichen mangelnder Gefährlichkeit.[89] Im SOCTA 2021 wird

98

---

83 Insofern richtig in Bezug auf organisiertes Verbrechen, Botschaft, BBl 1993 III, 281: «Organisiertes Verbrechen liegt dort vor, wo Organisationen *in Annäherung* an die Funktionsweise internationaler Unternehmen hochgradig arbeitsteilig, stark abgeschottet, planmässig und auf Dauer angelegt sind und durch Begehung von Delikten sowie durch Teilnahme an der legalen Wirtschaft möglichst hohe Gewinne anstreben» (Hervorhebung durch Verfasser).
84 Vgl. etwa mit Bezug auf Yakuza-Gesellschaften: MALLORY (2012), 146 ff.; KAPLAN/DUBRO (2012), 123 ff.; MUSCI (2011), 20 ff.
85 BGE 132 IV 132, E. 4.1.1; BGE 129 IV 271, E. 2.3.1.
86 Zu den verschiedenen Aufbauarten: PAJAROLA/OEHEN/THOMMEN, N 182 ff.
87 Vgl. zu solchen netzwerkartig und eher losen Kollektiven: SOCTA 2021, 20; PAJAROLA/OEHEN/THOMMEN, N 188.
88 Dazu SOCTA 2021, 20; PAJAROLA/OEHEN/THOMMEN, N 181.
89 Vgl. dazu PAJAROLA/OEHEN/THOMMEN, N 212.

diese moderne Erscheinungsform Organisierter Kriminalität folgendermassen charakterisiert: «Serious and organised crime in the 21st century, in particular, is fluid and networked, connecting individual criminal entrepreneurs and smaller groups of criminals mediated by information and contract brokers and supported by criminal service providers lending advice and assistance with expertise in law, finance, logistics and many other specialist domains».[90]

b) Professionalität und Effizienz

99 Die negativen Auswirkungen einer Organisation mit widerrechtlichem Zweck sind umso grösser, je effizienter sie funktioniert. Eine höhere Professionalität führt zu mehr Effizienz und damit zu einer höheren Gefährlichkeit.

100 Die Professionalität einer Organisation kann etwa daran erkannt werden, dass ihre *Infrastruktur* (IT, Kommunikationsmittel, Alarmanlagen, Fahrzeuge, Waffen etc.) technologisch hochstehend ist und laufend erneuert wird. Dies setzt einen entsprechenden finanziellen Aufwand, Wissen und Disziplin voraus. Weiter kann eine *ausgeklügelte Vorgehensweise* bezüglich der eigentlichen Deliktsbegehung, aber auch in den internen Prozessen für Professionalität sprechen, bspw. in Bezug auf die Kommunikation innerhalb der Organisation (Verwenden von Decknamen, codierter Sprache, Verschlüsselungssoftware, Need-to-know-Prinzip etc.), auf die Infrastruktur und Logistik (Ersatzinfrastruktur, Nutzung legaler Infrastruktur, Einsatz von Strohleuten etc.), auf den Geldfluss (professionelle Geldwäschereistruktur, Absichern von Wechselkursrisiken, Abschluss von Terminkontrakten etc.), auf taktische Massnahmen zur Vermeidung von Überwachung bzw. Strafverfolgung (taktische Fahrmanöver, Einsatz von Störsendern, Einsatz von Überwachungsgeräten, Gegenobservation, Verwenden gefälschter Dokumente etc.). Ein *hochkarätiges Netzwerk* von Fachpersonen in legalen (etwa IT-Fachleute, Rechtsberater, Finanzfachleute) wie in illegalen Bereichen (Chemikerin für die Herstellung von Betäubungsmitteln,

---

90 SOCTA 2021, 14.

Finanzfachmann für die Geldwäscherei, Personen mit polizeilicher oder militärischer Ausbildung als Bodyguards oder Attentäter etc.), die entweder Teil der Organisation bilden können (insofern kann von Arbeitsteilung die Rede sein) oder als Externe (Unterstützer oder gutgläubige Dritte) beauftragt werden.

Die Organisation ist bereits gefährlicher, wenn sie auch nur einzelne der genannten Aspekte professionalisiert. Umgekehrt kann dieser Indikator aber auch als insgesamt erfüllt betrachtet werden, wenn einzelne Aspekte professionell und andere *unprofessionell* organisiert sind. 101

Gerade sehr mächtige Organisationen mit einer starken Einschüchterungsmacht (etwa Terrororganisationen, aber auch mexikanische Drogenkartelle oder japanische Yakuza-Gesellschaften)[91] haben es teilweise gar *nicht nötig,* (in allen Bereichen) besonders professionell vorzugehen. Sie können es sich auch leisten, plump und für alle erkennbar ihrer Tätigkeit nachzugehen, weil sie sich aufgrund ihrer schieren Macht (namentlich durch Einschüchterung und Korruption) in Sicherheit wiegen können. 102

c) *Dauerhaftigkeit*

Dauerhaftigkeit bezieht sich auf die Beständigkeit der Organisation. Je beständiger sie ist, umso häufiger und regelmässiger dürften die von ihr ausgehenden Rechtsgutsverletzungen sein, umso stärker und effizienter dürften ihre Infrastruktur und ihr Netzwerk sein und umso intensiver dürften sich ihre Mitglieder für sie einsetzen, womit ihre Gefährlichkeit steigt. 103

Dafür ist nicht entscheidend, wie lange die Organisation schon existiert (obschon dies auch ein Indiz für Dauerhaftigkeit ist), sondern ob sie *darauf angelegt ist, auf Dauer zu existieren*. Dafür ist zunächst der Wille der Mitglieder (zumindest derjenige der Gründer oder der Führungsriege) entscheidend, welcher sich in irgendeiner Weise manifestieren muss. Indizien dafür sind bspw. die Tatsache, 104

---

91 Vgl. zu den letzteren beiden: PAJAROLA/OEHEN/THOMMEN, N 304.

dass sich die Organisation einen Namen gibt oder Erkennungszeichen, Embleme oder Symbole verwendet; dass sie ein bestimmtes Territorium[92] (geografisch oder sachlich) für sich beansprucht; dass sie tatsächlich schon seit einiger Zeit in dieser Form existiert; oder dass sie über Strukturen, Funktionen oder Ämter verfügt, die von Einzelpersonen (weitgehend) unabhängig sind, vergleichbar mit denjenigen eines Unternehmens.

105 Eine Organisation, die zwar auf Dauer angelegt ist, aber tatsächlich nur für eine *kurze Zeit existiert,* erfüllt diesen Indikator trotzdem. Während der Dauer ihrer Existenz ist sie tendenziell gefährlicher als wenn sie von Anfang an nur als vorübergehender Zusammenschluss gedacht gewesen wäre.

d) Flexibilität und Wandelbarkeit

106 Dieser Indikator erscheint gegenüber demjenigen der Dauerhaftigkeit auf den ersten Blick widersprüchlich. Gemeint ist die *Fähigkeit* der Organisation, sich *verändernden Bedingungen anzupassen.* Die Organisation als solche soll dauerhaft sein, kann aber ihre Struktur, ihren Aufbau, ihre Form wandeln. Je wandelbarer sie ist, umso länger und besser dürfte sie sich behaupten, und umso schwieriger dürfte sie für die Strafverfolgung greifbar sein, was konsequenterweise ihre Gefährlichkeit erhöht.

107 Kriminelle und terroristische Organisationen agieren in einem *veränderlichen Umfeld:* Gesetze ändern sich, Strafverfolgungsbehörden passen ihre Ermittlungsmethoden an, geopolitische Kräfte verschieben sich, die wirtschaftliche Entwicklung ist dynamisch, die Konkurrenz verändert sich, der technologische Wandel birgt neue Chancen und Risiken etc. Eine Organisation, die diese Entwicklungen wahrnimmt und sich ihnen rasch anpasst, indem sie etwa ihre Struktur verändert, ihr Vorgehen anpasst oder sich geografisch verschiebt, kann ihren Bestand sichern, neue Märkte erschliessen, Pro-

---

92 Oder gar ein eigenes Staatsgebiet, so etwa der IS (vgl. etwa <https://www.faz.net/aktuell/feuilleton/islamischer-staat-rechtfertigung-der-terrorherrschaft-13285859.html>; besucht am 9.1.2021).

A. Grundtatbestand

zesse und Abläufe verbessern usw., ganz wie dies bei legalen Wirtschaftsunternehmen der Fall ist.[93]

e) Geheimhaltung und Intransparenz

In altArt. 260ter Ziff. 1 StGB war die Geheimhaltung (von Aufbau und personeller Zusammensetzung der Organisation) noch ein Tatbestandsmerkmal, welches nun mit der Revision weggefallen ist.[94] Geheimhaltung und Intransparenz nach innen und aussen sind aber immer noch gültige Indikatoren für die Gefährlichkeit einer Organisation. Je besser sie nach *innen* ihre Geheimnisse schützt, umso besser ist sie vor Verrat und Ausbeutung durch eigene Mitglieder geschützt. Je besser sie ihre Geheimnisse nach *aussen* wahrt, umso besser schützt sie sich vor Strafverfolgung und Konkurrenz. Geheimhaltung ist demnach ein weiterer Faktor, welcher die Gefährlichkeit einer Organisation erhöhen kann.

108

Dieser Indikator liegt nicht erst dann vor, wenn absolute Geheimhaltung erreicht ist (das liesse sich per definitionem niemals nachweisen), sondern wenn die Organisation entsprechende (ernstzunehmende) *Bemühungen* an den Tag legt. Solche können die *operative Tätigkeit* der Organisation betreffen, also namentlich das Verüben von Delikten, aber auch die eigentliche *Existenz* der Organisation, ihre innere *Struktur,* die personelle Zusammensetzung, ihre Logistik, Finanzen, Infrastruktur etc.

109

Geheimhaltung schliesst tendenziell deren *Beweisbarkeit* aus. Je besser die Geheimhaltungsbemühungen der Organisation sind, desto schlechter lassen sie sich ermitteln. Daher muss es genügen, wenn gewisse *Anzeichen* nachgewiesen werden, welche auf Geheimhaltungsbemühungen hinweisen. Solche Anzeichen[95] liegen etwa vor, wenn die «Geschäftsgeheimnisse» nur einem beschränkten Personenkreis innerhalb der Organisation bekannt sind; wenn

110

---

93 Vgl. hierzu PAJAROLA/OEHEN/THOMMEN, N 212 ff.
94 Vgl. dazu hinten N 137 ff.
95 Vgl. dazu Botschaft, BBl 1993 III, 298; PAJAROLA/OEHEN/THOMMEN, N 326 ff.

legale Strukturen und Strohleute eingesetzt werden (bspw. für die Registrierung von Mobiltelefonen, Bankkonten, Fahrzeugen, Waffen oder für die Gründung von juristischen Personen); wenn die Organisation interne Regeln und Sanktionssysteme kennt, welche Geheimnisverrat verbieten und bestrafen; wenn die Organisation Korruptionszahlungen an Mitwisser leistet, seien dies (ehemalige) Mitglieder, deren Angehörige oder Aussenstehende (z.B. Justizbeamtinnen, Rechtsvertreter, Banker); wenn innerhalb der Organisation bewusst Falschinformationen an (untergeordnete) Mitglieder gegeben werden; wenn codierte Sprache oder verschlüsselte Kommunikationsmittel verwendet werden; wenn Mitglieder oder Unterstützer, die von Strafverfolgungsbehörden befragt werden, bewusst Falschaussagen machen, insbesondere wenn es sich dabei um Personen handelt, die eine Wahrheitspflicht trifft (v.a. Zeugen), oder wenn sich die Person mit diesen Falschaussagen selbst belastet, eine allfällige Bestrafung aber zugunsten der Organisation in Kauf nimmt.

111 Nicht zu vergessen ist die Tatsache, dass es durchaus gefährliche Organisationen gibt, die sich *nicht* um Geheimhaltung bemühen oder dies zumindest nicht in allen Aspekten ihrer Existenz bzw. ihrer Tätigkeiten. Insbesondere Terrororganisationen sind stets auch um Öffentlichkeit – zumindest in Bezug auf ihre Anschläge, aber auch für Rekrutierung, Finanzierung etc. – bemüht. Auch gewisse kriminelle Organisationen sind bezüglich ihrer Existenz oder zumindest ihrer Aktivitäten erstaunlich transparent.[96]

f) *Befehlskultur und Durchsetzungsmechanismen*

112 Wenn Mitglieder einer Organisation die Befehle ihrer Führung bedingungslos umsetzen und dafür auch bereit sind, Straftaten zu begehen, ist sie tendenziell gefährlicher als eine Organisation, bei der dies nicht der Fall ist. Kennt eine Organisation zudem interne Durchsetzungsmechanismen, um sicherzustellen, dass die Befehle auch tatsächlich ausgeführt werden (also mittels Bestrafung für Be-

---

96 Vgl. dazu PAJAROLA/OEHEN/THOMMEN, N 242 und N 304.

fehlsverweigerung oder Schlechterfüllung), muss davon ausgegangen werden, dass die Mitglieder die Befehle sklavisch befolgen, was sie zu gefährlichen Werkzeugen in der Hand der Führungsleute macht, wodurch die Gefährlichkeit der Organisation steigt.[97]

g) *Einflussnahme (auf Wirtschaft, Politik, Gesellschaft, Staat etc.)*

Auch legale Organisationen nehmen zur Verfolgung ihrer Interessen gezielt Einfluss auf verschiedene Lebensbereiche (Wirtschaft, Politik, Behörden etc.), etwa durch Lobbying, Spenden, PR-Kampagnen oder Investitionen. Wenn kriminelle oder terroristische Organisationen dies tun, ist davon auszugehen, dass sie dies letztlich zur *Förderung ihres verbrecherischen Zweckes* tun, also um sich effektiver, sicherer oder in grösserem Umfang verbrecherisch zu bereichern oder um wirksamere Gewaltverbrechen zu begehen bzw. die Bevölkerung stärker einzuschüchtern oder den Staat oder internationale Organisationen wirksamer nötigen zu können. 113

Selbst wenn kriminelle oder terroristische Organisationen dieselben *Mittel* wie legale Organisationen einsetzen würden, um Einfluss zu nehmen, würde die Einflussnahme letztlich einem schädlichen und verbrecherischen Ziel dienen. In den meisten Fällen dürften die von kriminellen und terroristischen Organisationen eingesetzten Mittel aber schon an sich schädlich sein (Korruption, Einschüchterung, Nötigung etc.). Zudem betrifft ihre Einflussnahme auch weitere *Bereiche*, auf die legale Organisationen grundsätzlich keinen Einfluss ausüben, wie etwa die Strafverfolgung oder das Justizsystem.[98] 114

Eine *finanzielle* Einflussnahme (v.a. Korruption) auf die genannten Bereiche setzt voraus, dass ein entsprechendes Verständnis von den Mechanismen und Funktionsweisen der betroffenen Bereiche vorhanden ist, dass Kontakte zu den zuständigen Personen beste- 115

---

97 Vgl. PAJAROLA/OEHEN/THOMMEN, N 243 ff. und 252 ff.
98 Zu den einzelnen Bereichen vgl. PAJAROLA/OEHEN/THOMMEN, N 264 ff.

hen und dass ausreichend finanzielle Mittel vorhanden sind. Eine Einflussnahme mittels *Gewalt* setzt ebenfalls Know-how über die zu beeinflussenden Stellen und Personen voraus und zusätzlich die Bereitschaft und die Mittel, um Gewalttaten auszuführen bzw. anzudrohen.

116 Insgesamt kann die gezielte Einflussnahme auf die genannten Bereiche, mit dem Ziel, den verbrecherischen Zweck zu fördern, als Indiz für die Gefährlichkeit einer Organisation betrachtet werden.

h) *Regelmässige Begehung von Delikten*

117 Ein weiteres typisches Merkmal von kriminellen und terroristischen Organisationen besteht darin, dass ihre Mitglieder regelmässig Straftaten begehen. Je nachdem, wie schwerwiegend diese Straftaten sind und wie häufig solche begangen werden, kann dies ein zusätzliches Indiz für die Gefährlichkeit einer Organisation sein. Dies trifft umso mehr zu, je gefährlicher bzw. schwerwiegender diese Straftaten sind und je häufiger sie begangen werden.

118 In erster Linie ist an die Straftaten zu denken, welche die Mitglieder *für die Organisation* verüben (bspw. Erpressungen, Nötigungen, Drohungen, Betäubungsmittelhandel, Waffenhandel, Sprengstoffdelikte, Körperverletzungen, Tötungen). Diese sind ein direkter Hinweis auf die Gefährlichkeit der Organisation. Allerdings kann man durchaus argumentieren, dass eine besonders gefährliche Organisation dafür sorgt, dass diese Delinquenz nicht bekannt wird (durch professionelles Vorgehen bei der Tatbegehung, Verschleierungshandlungen etc.) bzw. für die Organisation keine nachteiligen Konsequenzen zeigt (durch Korruption von Polizei- oder Justizbeamten, Einschüchterung von Zeuginnen etc.).

119 Delikte, welche Mitglieder *ausserhalb* ihrer Tätigkeit für die Organisation – quasi in eigener Sache – begehen, lassen grundsätzlich keine Rückschlüsse auf die Gefährlichkeit der Organisation zu. Hingegen kann eine Organisation durchaus auch als gefährlicher betrachtet werden, wenn sie Mitglieder aufweist, die (schwere) Delikte – auch ausserhalb ihrer Aktivitäten für die Organisation –

begehen, weil dann erwartet werden kann, dass diese Mitglieder grundsätzlich fähig und bereit sind, Straftaten zu begehen und solche wohl auch im Dienst der Organisation begehen (würden).

i) Ausländische Urteile

Ausländische Gerichtsurteile,[99] die eine Gruppierung als kriminelle oder terroristische Organisation qualifizieren, ersetzen den Beweis der gemäss Art. 260ter StGB erforderlichen Tatbestandsmerkmale nicht. Sie können jedoch durchaus als Indiz für das Vorliegen dieser Merkmale betrachtet werden. Wie stark dieses Indiz im Einzelfall ist, hängt erstens damit zusammen, wie ähnlich die im jeweiligen Land geltenden Tatbestandsvoraussetzungen denjenigen von Art. 260ter StGB sind, und zweitens, wie überzeugend die im Ausland herangezogenen Beweise sind. Je ähnlicher die Voraussetzungen und je überzeugender die Beweise sind, desto gewichtiger ist das Indiz.

j) Sanktions- und Terrorlisten

Es gibt sowohl in der Schweiz als auch in anderen Ländern und supranationalen Organisationen verschiedene *Sanktionslisten,* die Organisationen und/oder Personen erfassen, weil sie gegen bestimmte Regeln verstossen, etwa mit verbotenen Gütern Handel treiben oder weil sie mit sanktionierten Personen oder Organisationen in Verbindung stehen. Weiter gibt es *Terrorlisten* oder solche, die *kriminelle Gruppierungen* aufführen. Befinden sich Mitglieder einer Organisation oder die Organisation selbst auf solchen Listen, kann dies ein Hinweis auf ihre Gefährlichkeit sein.

«Der Bund kann Zwangsmassnahmen erlassen, um Sanktionen durchzusetzen, die von der Organisation der Vereinten Nationen, der Organisation für Sicherheit und Zusammenarbeit in Europa oder von den wichtigsten Handelspartnern der Schweiz beschlossen worden sind und die der Einhaltung des Völkerrechts, na-

---

99 Vgl. dazu PAJAROLA/OEHEN/THOMMEN, N 292.

mentlich der Respektierung der Menschenrechte, dienen» (Art. 1 Abs. 1 Embargogesetz, EmbG). Gestützt auf Art. 1 Abs. 3 sowie Art. 2 Abs. 1 und 3 EmbG kann der Bundesrat in Form von Verordnungen entsprechende Zwangsmassnahmen (u.a. Verbote, Bewilligungspflichten sowie Einschränkungen des Waren-, Dienstleistungs-, Zahlungs-, Kapital- und Personenverkehrs) erlassen.

123 Der Bundesrat hat solche *Sanktionen* aktuell[100] gegen folgende Entitäten beschlossen:

- Personen und Organisationen mit Verbindungen zu Usama bin Laden, der Gruppierung «Al-Qaïda» oder den Taliban (SR 946.203)
- Republik Irak (SR 946.206)
- Myanmar (Burma) (SR 946.231.157.5)
- Simbabwe (SR 946.209.2)
- Sudan (SR 946.231.18)
- Demokratische Republik Kongo (SR 946.231.12)
- Bestimmte Personen im Zusammenhang mit dem Attentat auf Rafik Hariri (SR 946.231.10)
- Belarus (SR 946.231.116.9)
- Demokratische Volksrepublik Korea (Nordkorea) (SR 946.231.127.6)
- Libanon (SR 946.231.148.9)
- Islamische Republik Iran (SR 946.231.143.6)
- Somalia (SR 946.231.169.4)

---

100 Die aktuellen Sanktionen des SECO sind einsehbar unter «<https://www.seco.admin.ch/seco/de/home/Aussenwirtschaftspolitik_Wirtschaftliche_Zusammenarbeit/Wirtschaftsbeziehungen/exportkontrollen-und-sanktionen/sanktionen-embargos/sanktionsmassnahmen.html>» (besucht am 11.1.2021).

- Guinea (SR 946.231.138.1)
- Libyen (SR 946.231.149.82)
- Syrien (SR 946.231.172.7)
- Guinea-Bissau (SR 946.231.138.3)
- Zentralafrikanische Republik (SR 946.231.123.6)
- Massnahmen zur Vermeidung der Umgehung internationaler Sanktionen im Zusammenhang mit der Situation in der Ukraine (SR 946.231.176.72)
- Jemen (SR 946.231.179.8)
- Burundi (SR 946.231.121.8)
- Republik Südsudan (SR 946.231.169.9)
- Republik Mali (SR 946.231.154.1)
- Venezuela (SR 946.231.178.5)
- Nicaragua (SR 946.231.158.5)

Der Bundesrat kann gemäss *Art. 74 Abs. 1 NDG*[101] unter bestimmten Voraussetzungen Gruppierungen und Organisationen verbieten, wenn diese die innere oder äussere Sicherheit bedrohen. Davon hat der Bundesrat bisher nicht Gebrauch gemacht.

Weiter hat die Bundesversammlung am 12.12.2014 das *BG AQ/ IS* (Bundesgesetz über das Verbot der Gruppierungen «Al-Qaïda» und «Islamischer Staat» sowie verwandter Organisationen, SR 122) erlassen. Wer sich an einer dieser Organisationen beteiligt, sie personell oder materiell unterstützt, für sie oder ihre Ziele Propagandaaktionen organisiert, für sie anwirbt oder ihre Aktivitäten auf andere Weise fördert, wird mit Freiheitsstrafe von bis zu fünf Jahren bestraft. Dieses Bundesgesetz wurde mit Art. 2 des Bundesbeschlusses vom 25.9.2020 zwar aufgehoben; diese Aufhebung wird

124

125

---

101 Zu dieser Bestimmung vgl. hinten N 698 ff.

gemäss Beschluss des Bundesrats vom 31.3.2021 allerdings erst zu einem späteren Zeitpunkt in Kraft treten.[102]

126 Auch die *EU* führt verschiedene Sanktionslisten, u.a. in Bezug auf einzelne Länder (etwa Russland, die Ukraine oder Iran); zudem führt sie eine konsolidierte Sanktionsliste, auf welcher alle Entitäten zusammengefasst sind, gegen welche die EU finanzielle Sanktionen verhängt hat (die sog. «Consolidated list of persons, groups and entities subject to EU financial sanctions»).[103] Weitere Länder, wie namentlich die *USA*[104] und *Grossbritannien*[105], führen eigene Sanktionslisten. Der Sicherheitsrat der *UNO* publiziert eine konsolidierte Liste mit allen Entitäten, gegen welche er Massnahmen ergriffen hat.[106]

127 Wird eine Organisation auf einer dieser Listen geführt, ersetzt dies selbstverständlich nicht die Subsumtion unter die Tatbestandsmerkmale von Art. 260ter StGB. Eine Listung (namentlich auf einer Terrorliste) kann aber ein starkes Indiz dafür sein, dass es sich bei jener Organisation um eine solche im Sinne von Art. 260ter StGB handelt. Es darf dabei aber nicht ausser Acht gelassen werden, dass solche Listen auch durch politische Motive beeinflusst sein können, wobei daran zu erinnern ist, dass die Schweiz i.d.R. zurückhalten-

---

102 AS 2021, 360; womit es vorerst bei der Regelung von Art. 4 Abs. 3 BG AQ/IS bleibt, wonach die Geltungsdauer des Gesetzes bis 31.12.2022 verlängert ist.
103 Eine gute Übersicht bietet die «EU Sanctions Map» (<https://www.sanctionsmap.eu/#/main>).
104 Etwa die «Specially Designated Nationals List», die «Consolidated Sanctions List» (<https://sanctionssearch.ofac.treas.gov/>) oder die «Foreign Narcotics Kingpin List» des U.S. Department of the Treasury. Das U.S. Department of State führt eine Liste mit ausländischen Terrororganisationen, die «Foreign Terrorist Organizations List» (<https://www.state.gov/foreign-terrorist-organizations>).
105 Namentlich die «Consolidated List of Financial Sanctions Targets in the UK» des Office of Financial Sanctions Implementation HM Treasury (<https://ofsistorage.blob.core.windows.net/publishlive/ConList.html>).
106 «United Nations Security Council Consolidated List» (<https://www.un.org/securitycouncil/content/un-sc-consolidated-list>).

der ist als andere Länder und internationale Organisationen, wenn es darum geht, eine Organisation als terroristisch einzustufen.[107]

k) *Weitere Indikatoren*

aa) *Finanzielle Mittel, Wirtschaftsmacht*

Je mehr *finanzielle Mittel* einer Organisation zur Verfügung stehen, desto leichter dürfte es ihr u.a. fallen, sich professionell auszurüsten, Know-how zu erlangen, ihre Infrastruktur global anzulegen, legale Geschäftsbetriebe als Tarnung zu betreiben, Mitglieder zu rekrutieren, Unterstützer (bspw. Anwälte, Treuhänder, IT-Fachpersonen) zu beauftragen, Externe zu korrumpieren und im wirtschaftlichen Wettbewerb zu Dumpingbedingungen zu produzieren. Diese Faktoren tragen zu einer erhöhten Gefährlichkeit bei. 128

Gerade in Zeiten *wirtschaftlicher Krisen* – so wird berichtet – sollen sich kriminelle Organisationen mit ihren verbrecherisch erlangten Geldern gezielt Unternehmen kaufen, die in finanzielle Notlage geraten sind, Wucherkredite vergeben oder sich ganze Landstriche aneignen.[108] 129

Verfügen kriminelle Organisationen erst einmal über *wirtschaftliche Macht,* indem sie bspw. in einem bestimmten Wirtschaftssektor oder in einer geografischen Region Branchenleader sind oder gar ein (faktisches) Monopol haben, sind sie kaum mehr zu bremsen. Zum einen sind sie dann nicht mehr darauf angewiesen, die klassischen Mittel (Drohungen, Erpressungen, Gewaltanwendung etc.) einzusetzen, um ihre Interessen durchzusetzen, was bewirkt, dass ihre Aktivitäten unauffälliger und daher schwieriger zu ermitteln sind. Zum andern werden zahlreiche Aussenstehende faktisch gezwungen, mit ihnen zu kooperieren (bspw. als Arbeitskräfte, als Lieferanten oder Kunden). Es kann sogar so weit führen, dass legale Wirtschaftsteilnehmer sich intensiv darum bemühen, mit kri- 130

---

107 Vgl. etwa betr. PKK und Hamas: PAJAROLA/OEHEN/THOMMEN, N 292. Vgl. betr. LTTE: BGE 145 IV 470, E. 4.8.
108 Vgl. etwa GRATTERI/NICASO (2017), 94 f., 138 f., 148 f.

minellen Organisationen zusammenzuarbeiten, weil sie um deren Wirtschaftsmacht wissen und sich von einer solchen Kooperation höhere Gewinne erhoffen.[109]

bb) Unerklärlicher Reichtum

131 Kriminelle Organisationen, die Bereicherungsverbrechen begehen, bzw. ihre (führenden) Mitglieder verfügen typischerweise über finanzielle Mittel, die mit deren legaler Tätigkeit nicht zu erklären sind.[110] Auf kriminelle Organisationen, die Gewaltverbrechen bezwecken, sowie auf terroristische Organisationen trifft dies hingegen typischerweise nicht zu.

132 Wenn mehrere Mitglieder der Organisation oder die Organisation selbst über unerklärlichen Reichtum verfügt, ist dies ein Anzeichen, dass sie gewerbsmässig auf illegale Weise Vermögenswerte erlangen (etwa durch Betäubungsmittel- oder Menschenhandel). Hingegen kann dies kaum als Element bezeichnet werden, das eine Organisation gegenüber anderen Organisationen, die Bereicherungsverbrechen begehen, als gefährlicher erscheinen lässt. Im Gegenteil könnte sogar argumentiert werden, eine Organisation, die sich verbrecherisch bereichert, ist dann besonders gefährlich, wenn man ihr bzw. den Mitgliedern den Reichtum nicht anmerkt oder wenn dieser als legal erscheint (und dadurch nicht «unerklärlich» ist). Damit dürften Organisationen und Mitglieder tendenziell als weniger gefährlich erscheinen, wenn sie ihren Reichtum ostentativ zur Schau stellen, weil sie dadurch ihre verbrecherische Bereicherung entlarven. Andererseits kann dies wiederum ein Indiz für besondere Gefährlichkeit sein, wenn die Organisation bzw. die Mitglieder dies im Bewusstsein tun, dass die Strafbehörden ihnen trotz ihres offensichtlich verbrecherisch erlangten Reichtums nichts anhaben können (sei es, weil sie diese korrumpiert oder eingeschüchtert haben, sei es, weil sie sich sicher sind, dass ihre Verschleierungshandlungen jeder Überprüfung standhalten).

---

109 Vgl. dazu GRATTERI/NICASO (2017), 148 f.
110 Vgl. GLENNY (2009), 37 ff.

l) Unzureichende Kriterien

Es gibt Faktoren, die für sich alleine genommen noch keine Rückschlüsse auf die Gefährlichkeit der Organisation erlauben, wie etwa die Arbeitsteilung[111] innerhalb der Organisation oder die Austauschbarkeit[112] ihrer Mitglieder. Beide können aber Anzeichen für den Organisationsgrad und die Professionalität der Organisation sein, welche wiederum ihre Gefährlichkeit indizieren können. 133

Arbeitsteilung kann ein Hinweis darauf sein, dass die Organisation über verschiedene Spezialisten verfügt, die bestimmte Tätigkeiten ausschliesslich wahrnehmen (etwa Späher, IT-Spezialistinnen, Finanzfachleute), was zu einer höheren Effizienz und damit zu einer höheren Gefährlichkeit beitragen kann. 134

Austauschbarkeit der Mitglieder bedeutet hingegen, dass die Organisation nicht von einzelnen Personen abhängig ist, sondern dass diese ersetzt werden können. Das kann ein Anzeichen für die Robustheit und Dauerhaftigkeit der Organisation sein. Dies kann eine Organisation insofern gefährlicher machen, als eine solche Organisation nicht leicht zu zerschlagen ist, weil die Verhaftung einzelner Mitglieder ihren Bestand nicht gefährdet. 135

Zu beachten ist, dass sich diese beiden Kriterien gegenseitig tendenziell ausschliessen. Verfügt eine Organisation über ausgewiesene Spezialisten, sind diese nicht einfach austauschbar. Dies gilt insbesondere für zentrale Führungsfiguren, mit denen sich die Mitglieder stark identifizieren (v.a. bei Terrororganisationen[113]). 136

5. Geheimhaltung

In altArt. 260ter Ziff. 1 StGB war die Geheimhaltung von Aufbau und personeller Zusammensetzung noch ein Tatbestandsmerkmal 137

---

111 Vgl. dazu Pajarola/Oehen/Thommen, N 193 ff.
112 Vgl. dazu Pajarola/Oehen/Thommen, N 224 ff.
113 Zu Al-Qaida: vgl. Pajarola/Oehen/Thommen, N 236.

der kriminellen Organisation.[114] Mit der Revision wurde dieses Tatbestandsmerkmal richtigerweise[115] fallen gelassen.[116]

138 Diese Änderung soll gemäss Botschaft «die Arbeit der Strafverfolgungsbehörden in einem wesentlichen Punkt erleichtern und die Bedeutung der Strafbestimmung auch im Bereich der internationalen Strafrechtshilfe weiter ausbauen, ohne dass deshalb der Anwendungsbereich der Strafnorm unverhältnismässig ausgeweitet oder die Bestimmtheit der Norm eingeschränkt würde»[117].

139 Dies heisst allerdings nicht, dass die Geheimhaltung nun bedeutungslos geworden ist. Nach wie vor ist sie ein möglicher Indikator für die Gefährlichkeit der Organisation.[118]

6. Zweck der Organisation (Art. 260ter Abs. 1 lit. a Ziff. 1 und 2 StGB)

140 Der Zweck der Organisation ist das *entscheidende Unterscheidungsmerkmal,* einerseits gegenüber legalen Organisationen,[119] andererseits zwischen kriminellen und terroristischen Organisationen.

141 Die *kriminelle Organisation* kennt nach wie vor (wie schon in altArt. 260ter StGB) zwei mögliche Zwecke: Erstens kann dieser darin liegen, sich mit verbrecherischen Mitteln zu bereichern, oder zweitens darin, Gewaltverbrechen zu begehen (Art. 260ter Abs. 1 lit. a Ziff. 1 StGB). Demgegenüber muss eine *terroristische Organisation* den Zweck verfolgen, Gewaltverbrechen zu begehen, mit denen die Bevölkerung eingeschüchtert oder ein Staat oder eine internationale Organisation zu einem Tun oder Unterlassen genötigt werden soll (Art. 260ter Abs. 1 lit. a Ziff. 2 StGB).

---

114 Vgl. dazu PAJAROLA/OEHEN/THOMMEN, N 293 ff.
115 So bereits PAJAROLA/OEHEN/THOMMEN, N 344.
116 Botschaft 2018, 6471 f.
117 Botschaft 2018, 6471.
118 Vgl. dazu vorne N 88 ff.; Botschaft 2018, 6471.
119 Vgl. PAJAROLA/OEHEN/THOMMEN, N 345.

Nach dem Gesetzeswortlaut ist es die *Organisation,* die einen dieser Zwecke verfolgen muss, nicht etwa die einzelnen Mitglieder. Umgekehrt genügt es nicht, wenn bloss ein einzelnes Mitglied oder ein Bruchteil der Mitglieder einen solchen Zweck verfolgt, während die Organisation dies nicht tut. Hat sich die Organisation einem dieser drei Zwecke verschrieben, ist das Tatbestandsmerkmal erfüllt. Daran ändert nichts, wenn einzelne Mitglieder nicht diesen Zweck verfolgen oder wenn die Organisation daneben auch noch andere Zwecke verfolgt. 142

Der verbrecherische Zweck muss den *Hauptzweck* der Organisation darstellen. Daneben können weitere Zwecke (die nicht illegal oder gar verbrecherisch zu sein brauchen) bestehen. Ein solcher *Nebenzweck* kann bspw. der Betrieb eines legalen Wirtschaftsunternehmens sein.[120] Gerade bei Terrororganisationen dürfte es häufig der Fall sein, dass neben dem Zweck, Terrorakte zu verüben, der Nebenzweck darin besteht, Geld zu beschaffen, auf verbrecherische (bspw. Entführungen, Drogenhandel) oder aber auf an sich legale Weise (bspw. Spendensammlung). 143

Für die Qualifikation als Organisation im Sinne der Bestimmung ist nur der Zweck, nicht aber das *Fernziel* der Organisation massgebend. Zweck und Fernziel der Organisation müssen nicht übereinstimmen. Es kann bspw. gut sein, dass eine Organisation, die bezweckt, Terrorakte zu begehen, das Fernziel verfolgt, eine bestimmte Bevölkerungsgruppe zu «befreien», einen (möglicherweise despotischen) Herrscher zu stürzen oder einer bestimmten Ideologie zum Durchbruch zu verhelfen. Auch wenn das Fernziel legal oder zumindest legitim ist, bleibt der Zweck verbrecherisch und das Tatbestandsmerkmal erfüllt. Das Gleiche gilt für kriminelle Organisationen, die Bereicherungsverbrechen bezwecken und etwa das Fernziel verfolgen, einen bestimmten Wirtschaftssektor zu beherrschen, ihren Mitgliedern Wohlstand zu sichern oder 144

---

120 Zur Verknüpfung von legalen und illegalen Tätigkeiten vgl. PAJAROLA/OEHEN/THOMMEN, N 366.

einer bestimmten politischen Partei die Mehrheit im Parlament zu verschaffen.

145 Die drei verbrecherischen Zwecke sind *abstrakt* umschrieben (Bereicherungsverbrechen, Gewaltverbrechen, Terrorakte). Es genügt zur Erfüllung dieses Tatbestandsmerkmals, wenn das Handlungsziel der Organisation innerhalb dieser abstrakten Kategorien liegt. Eine genauere Festlegung auf bestimmte Unterkategorien, also bspw. auf Diebstähle innerhalb der Bereicherungsverbrechen oder auf Sprengstoffdelikte innerhalb der Gewaltverbrechen, ist nicht erforderlich, und ein Wechsel auf der Ebene der Unterkategorie (wenn eine Organisation zuerst bspw. Diebstähle begeht, sich dann aber dem Drogenhandel widmet) ändert nichts am Zweck (abstrakte Ebene).

146 Der Zweck einer Organisation kann von Anfang an (durch die Gründer) festgelegt werden oder im Laufe der Existenz der Organisation bestimmt werden. Es ist denkbar, dass eine Organisation zunächst sogar einen legalen Zweck hat und sich im Laufe der Zeit einem verbrecherischen Zweck verschreibt oder dass sie von einem der verbrecherischen Zwecke (z.B. Terrorakte zu begehen) zu einem anderen (z.B. Bereicherungsverbrechen zu begehen) wechselt.[121]

147 Klar ist, dass es nicht genügt, wenn eine Organisation bezweckt, ein einziges solches Verbrechen zu begehen. Dagegen spricht bereits der Wortlaut, der für die Zwecke jeweils den Plural (Gewaltverbrechen) verwendet. Vielmehr muss die Organisation darauf angelegt sein, eine *unbestimmte Vielzahl* solcher Verbrechen zu begehen. Wie viele dieser Verbrechen sie tatsächlich verübt, ist für die Erfül-

---

121 So wird etwa von der kolumbianischen FARC und der baskischen ETA gesagt, dass sie sich von Terror- in Bereicherungsorganisationen gewandelt hätten: (<https://2001-2009.state.gov/p/inl/rls/rm/8743.htm>; besucht am 18.1.2022). Zur Verbindung von Terrorismus und Drogenhandel: HESTERMANN, 165 ff.; in Europa in den Jahren 2012–2017 vgl. <https://icsr.info/wp-content/uploads/2019/11/ICSR-Report-Drugs-and-Terrorism-The-Overlaps-in-Europe.pdf> (besucht am 18.1.2022).

lung dieses Tatbestandsmerkmals hingegen belanglos, wird aber in die Strafzumessung (qua Gefährlichkeit) einfliessen.

a) Bereicherungsverbrechen (Art. 260ter Abs. 1 lit. a Ziff. 1 StGB)

Bereicherungsverbrechen sind dadurch gekennzeichnet, dass sie erstens *Verbrechen* i.S.v. Art. 10 Abs. 2 StGB darstellen, also Straftaten des StGB oder des Nebenstrafrechts, die mit einer Freiheitsstrafe von mehr als drei Jahren bestraft sind und zweitens Straftaten, durch welche *vermögenswerte Vorteile* erlangt werden können. 148

Darunter fallen nicht nur die typischen *Vermögensdelikte* (Art. 137–160 StGB), aus denen *direkt* Vermögenswerte erlangt werden, sondern auch solche, die *indirekt* Vermögenswerte generieren, etwa weil die Auftraggeber *Belohnungen* (bspw. Auftragsmord, Urkundenfälschung) oder die Opfer *Lösegeld* (Entführungen, Geiselnahmen, Verschwindenlassen) dafür bezahlen oder andere *unrechtmässige Gewinne* erzielt werden, etwa mit Drogenhandel (Art. 19 Abs. 2 BetmG), Geldwäscherei (Art. 305bis Ziff. 2 StGB), Geld- oder Warenfälschungen (Art. 240 ff. StGB), illegalem Geldspiel (Art. 130 Abs. 2 BGS), Verkauf verbotener Pornografie (Art. 197 Abs. 4 StGB), Menschenhandel (Art. 182 StGB), Waffenhandel (Art. 33 Abs. 3 WG bzw. Art. 33 ff. KMG), Dopinghandel (Art. 22 Abs. 2 SpoFöG) oder Menschenschmuggel (Art. 116 Abs. 3 AIG). 149

Die *Bestechungsstraftaten* sind zumindest teilweise als Verbrechen ausgestaltet (nämlich Art. 322ter, Art. 322^{quater} und Art. 322^{septies} StGB). Bezweckt eine Organisation die Bestechung schweizerischer oder ausländischer Amtsträger, um sich damit bspw. lukrative öffentliche Aufträge zu sichern, qualifiziert dies als Bereicherungsverbrechen. 150

Vermögensvorteile können auch durch das Ausnutzen von *Insiderinformationen* (Art. 154 FinfraG) oder *Kursmanipulation* (Art. 155 FinfraG) erlangt werden. Wird durch das Ausnützen von Insiderinformationen oder durch Kursmanipulation ein Vermögensvorteil von über CHF 1 Mio. erlangt, stellt dies ein Verbrechen dar 151

(Art. 154 Abs. 2 und Art. 155 Abs. 2 FinfraG), weshalb diese Straftaten ebenfalls als Bereicherungsverbrechen taugen.

152 Auch die meisten Delikte aus dem Bereich *Cybercrime* i.w.S. dürften das Erzielen von Bereicherung bezwecken, fallen aber i.d.R. bereits unter die oben aufgeführten klassischen Vermögensdelikte (v.a. Betrug, Erpressung, Handel mit Betäubungsmitteln, Waffen oder verbotener Pornografie).

153 Verbrecherische *Einsparungen* (Verminderung von Passiven) können ebenfalls durch die aufgeführten Bereicherungsverbrechen (etwa Betrug, Urkundenfälschung) erlangt werden und sind genauso tatbestandsmässig. Typischerweise werden solche Einsparungen aber auch durch Umweltstraftaten angestrebt (bspw. unsachgemässe Entsorgung von Sondermüll). *Umweltdelikte* (Art. 60 ff. USG) sind allerdings lediglich als Übertretungen oder Vergehen ausgestaltet und taugen daher nicht für einen verbrecherischen Zweck. Auch die *Steuerstraftaten* sind als Übertretungen (etwa Art. 174 ff. DBG; Art. 96 ff. MWStG) oder Vergehen (etwa Art. 186 ff. DBG; Art. 97 Abs. 2 MWStG) ausgestaltet, auch wenn sie in bestimmten qualifizierten Fällen als Vortat für Geldwäscherei taugen (Art. 305bis Ziff. 1bis StGB).

154 Wenn eine Organisation lediglich die Begehung von *Übertretungen oder Vergehen* bezweckt oder gar einen (vordergründig) legalen Zweck verfolgt, ist eine Qualifikation als kriminelle Organisation (i.S.v. Art. 260ter Abs. 1 lit. a Ziff. 1 StGB) nur möglich, wenn sie dabei *Gewaltverbrechen* einsetzt, also bspw. mittels Erpressung bewirkt, dass Sondermüll im Meer versenkt wird oder durch Bestechungszahlungen an Beamte erreicht, dass keine oder tiefere Steuern bezahlt werden müssen.

b) *Gewaltverbrechen (Art. 260ter Abs. 1 lit. a Ziff. 1 StGB)*

155 Straftaten, die als Gewaltverbrechen qualifizieren, müssen *Verbrechen* i.S.v. Art. 10 Abs. 2 StGB sein. Zudem müssen es Verbrechen sein, bei denen *Gewalt* eingesetzt oder angedroht wird. Der Begriff

A. Grundtatbestand

der Gewalt ist nicht genau umgrenzt und im Einzelnen umstritten.[122]

Klarerweise unter diese Kategorie fallen etwa die Straftaten gegen Leib und Leben, wie bspw. Art. 111, 112, 118, 122, 124 StGB, bei denen *Gewalt gegen Menschen eingesetzt* wird.   156

Gewisse Straftaten können entweder durch *Ausübung* von Gewalt *oder* durch blosse *Androhung* derselben begangen werden, bspw. Raub (Art. 140 Ziff. 1 StGB: «durch Gewalt oder unter Androhung gegenwärtiger Gefahr für Leib oder Leben»), Erpressung (Art. 156 Ziff. 1 StGB: «durch Gewalt oder Androhung ernstlicher Nachteile»), Zwangsheirat (Art. 181a Abs. 1 StGB: «durch Gewalt oder Androhung ernstlicher Nachteile»), Geiselnahme (Art. 185 Ziff. 2 StGB: «wenn der Täter droht, das Opfer zu töten, körperlich schwer zu verletzen oder grausam zu behandeln»), sexuelle Nötigung und Vergewaltigung (Art. 189 Abs. 1 und 190 Abs. 1 StGB: «indem er sie bedroht, Gewalt anwendet»). Jeweils beide Tatvarianten – die Ausübung und die Androhung von Gewalt – fallen unter die Kategorie der Gewaltverbrechen.   157

Straftaten, die Gewalt gegen Menschen zwar *implizieren*, aber tatbestandlich nicht voraussetzen, wie Menschenhandel (Art. 182 StGB), sexuelle Handlungen mit Kindern (Art. 187 StGB) oder Förderung der Prostitution (Art. 195 StGB), fallen begrifflich zwar nicht unter die Kategorie der Gewaltverbrechen.[123] Die *ratio legis*, Organisationen zu erfassen, die besonders grausame Verbrechen begehen, spricht aber klar dafür, auch solche Verbrechen gelten zu lassen.   158

Selbst Gewalt, die sich *ausschliesslich gegen Sachen* richtet, etwa bei schwerer Sachbeschädigung (Art. 144 Abs. 3 StGB) oder Verursachung einer Explosion (Art. 223 Ziff. 1 StGB), kann ebenfalls unter   159

---

122 Vgl. dazu PAJAROLA/OEHEN/THOMMEN, N 353 ff.; ACKERMANN/BAUMANN, N 50 ff.
123 Organisationen, die solche Verbrechen bezwecken, dürften dies i.d.R. aber aus Bereicherungsgründen tun, weshalb sie trotzdem als kriminelle Organisationen i.S.v. Art. 260ter Abs. 1 lit. a Ziff. 1 StGB gelten.

diese Kategorie fallen.[124] Es ist dabei zu bedenken, dass gross angelegte Gewalttaten gegen Sachen, v.a. durch Brandstiftung, Bombenanschläge oder Freisetzung giftiger Stoffe, in aller Regel auch Menschen in Mitleidenschaft ziehen dürften.[125]

160 Gewisse Straftaten lassen sich *sowohl den Bereicherungs- als auch den Gewaltverbrechen* zuordnen, namentlich Mord, Raub, Erpressung, Geiselnahme, Menschenhandel.

c) *Gewaltverbrechen mit Einschüchterungs- oder Nötigungsabsicht (Terrorakte) (Art. 260ter Abs. 1 lit. a Ziff. 2 StGB)*

161 Gewaltverbrechen mit Einschüchterungs- oder Nötigungsabsicht wurden durch die Gesetzesrevision neu als dritter möglicher Zweck eingeführt. Damit sollen *Terrororganisationen* erfasst werden.

162 Die Formulierung «Gewaltverbrechen, mit denen die Bevölkerung eingeschüchtert oder ein Staat oder eine internationale Organisation zu einem Tun oder Unterlassen genötigt werden soll», wurde aus der Strafbestimmung gegen Terrorismusfinanzierung (Art. 260^{quinquies} StGB) übernommen und beruht auf den Definitionen in den einschlägigen Staatsverträgen.[126] Art. 260^{quinquies} StGB wurde geschaffen, um das «Internationale Übereinkommen vom 9. Dezember 1999 zur Bekämpfung der Finanzierung des Terrorismus»[127] (SR 0.353.22) umzusetzen.[128]

---

124 Gleicher Meinung: ACKERMANN/BAUMANN, N 54 sowie BSK StGB II⁴-FIOLKA, Art. 260^{quinquies} N 28; differenzierend PAJAROLA/OEHEN/THOMMEN, N 358.
125 Vgl. zudem die Bemerkungen zur weiten Auslegung der Gewaltverbrechen im Sinne von Terrorakten hinten N 164 ff.
126 Botschaft 2018, 6477; Botschaft 2002, 5439 (zum damals noch vorgesehenen Art. 260^{quinquies} E-StGB, der «Terrorismus» unter Strafe stellte, welcher genau so definiert war, wie im tatsächlich in Kraft getretenen Art. 260^{quinquies} StGB).
127 Vgl. dazu vorne N 9.
128 Vgl. Botschaft 2002, 5432 f.

A. Grundtatbestand

Die Definition der *Gewaltverbrechen* entspricht grundsätzlich derjenigen von Art. 260ter Abs. 1 lit a Ziff. 1 StGB.[129]   163

In Erinnerung zu rufen ist an dieser Stelle jedoch die *sehr breite*   164
Definition von terroristischen Straftaten gemäss EÜT und den elf jenem Übereinkommen zugrunde liegenden *Staatsverträgen*.[130] Diese bezeichnen zahlreiche Verhaltensweisen als terroristische Straftaten (mithin als Gewaltverbrechen mit Einschüchterungs- oder Nötigungsabsicht), welche nach schweizerischem Verständnis keine Gewaltverbrechen darstellen (etwa die Beförderung von Software, die wesentlich zur Entwicklung einer biologischen Waffe beiträgt, an Bord eines Schiffes; der Besitz von radioaktivem Material; die Finanzierung von Terrorakten).[131] An den in diesen Staatsverträgen aufgeführten strafbaren Handlungen ist die Auslegung des Begriffs der «Gewaltverbrechen mit Einschüchterungs- oder Nötigungsabsicht» zu orientieren. Das Merkmal der (unmittelbaren) Gewalt spielt dabei eine untergeordnete Rolle. Entscheidend ist, dass die Verhaltensweise *geeignet* ist, die Begehung von Terrorakten (Gewaltverbrechen) zu *fördern,* auch wenn sie selbst gewaltlos ist.[132]

Zu den Gewaltverbrechen muss sich eine von zwei *alternativen* Absichten gesellen: Entweder die Absicht, mit diesen Gewaltverbrechen die Bevölkerung einzuschüchtern *(Einschüchterungsabsicht),* oder die Absicht, mit diesen Gewaltverbrechen einen Staat oder eine internationale Organisation zu einem Tun oder Unterlassen zu nötigen *(Nötigungsabsicht).*   165

---

129 Vgl. dazu vorne N 155 ff. Zu den Unterschieden aber sogleich.
130 Vgl. dazu vorne N 10 ff.
131 Vgl. weitere Beispiele vorne N 10. So auch BSK StGB II⁴-FIOLKA, Art. 260^quinquies N 25 ff., der im Ergebnis aber zum Schluss kommt, dass der Begriff «Gewaltverbrechen» alle Verbrechen umfasse, durch die direkt auf die physische oder psychische Integrität von Menschen eingewirkt werde sowie Verbrechen mit physischer Einwirkung auf Sachen (N 30).
132 Diese weite Auslegung gilt im Gegensatz zu den «gewöhnlichen» Gewaltverbrechen gemäss Art. 260ter Abs. 1 lit a Ziff. 1 StGB, die eine unmittelbare Gewalt voraussetzen (dazu vorne N 155 ff.).

II. Kriminelle und terroristische Organisationen

166 Mit Gewaltverbrechen können grundsätzlich verschiedene *Absichten* verfolgt werden, namentlich folgende: Erstens können sie der (mittelbaren oder unmittelbaren) *Bereicherung* dienen (etwa Raubdelikte, Entführungen). Zweitens können mit Gewaltverbrechen unliebsame Personen (etwa Richterinnen, Staatsanwältinnen, Informantinnen, Medienschaffende) oder Gruppen (v.a. rivalisierende Gruppierungen) gezielt *ausgeschaltet* oder geschwächt werden. Drittens können sie dazu dienen, bestimmte Einzelpersonen (bspw. die Wirtin, die sich weigert, Schutzgeld zu bezahlen) oder Personengruppen (etwa eine konkurrierende Gruppierung, die im gleichen Territorium tätig ist; die Justiz, die einen Kumpanen gefangen hält) zu einem gewünschten *Verhalten zu zwingen*. Viertens sind sie geeignet, Personen oder Gruppen *Angst einzuflössen* (ob dies als Selbstzweck gewünscht sein kann, ist allerdings fraglich). Fünftens können sie auch quasi als «innenpolitisches» Mittel (Demonstration der eigenen Entschlossenheit und Schlagkraft innerhalb der Organisation) bzw. nach aussen gerichtete *Marketingmassnahme* (bspw. zur Rekrutierung neuer Mitglieder oder zur Anbiederung durch einen Einzeltäter an eine bestehende Gruppierung) dienen. Sechstens können sie dazu dienen, einer als feindlich angesehenen Entität (etwa der Polizei, dem Staat, einer Gruppierung) *Schaden* zuzufügen.

167 *Tatbestandsmässig* (in Art. 260ter Abs. 1 lit a Ziff. 2 StGB) sind hingegen lediglich – und nur unter bestimmten weiteren Voraussetzungen – die Absicht der Einschüchterung sowie die Absicht der Nötigung zu einem Verhalten.

aa) *Einschüchterungsabsicht*

168 Die erste Variante sieht vor, dass die Organisation die Begehung von Gewaltverbrechen bezweckt, «mit denen die Bevölkerung eingeschüchtert» werden soll.

169 Zunächst ist unklar, was der Begriff *«Bevölkerung»* umfasst. Gemäss Botschaft ist darunter – in Anlehnung an die Auslegung von Art. 258 StGB – ein «grösserer Personenkreis zu verstehen, der nicht

die gesamte Bevölkerung umfassen muss».[133] Es muss auch nicht eine ganze Bevölkerungsgruppe eingeschüchtert werden, sondern es genügt, wenn sich die Absicht zur Einschüchterung nicht nur auf eine einzelne, sondern auf eine *unbestimmte Anzahl von Personen* bezieht.[134]

«*Einschüchterung*» bedeutet gemäss Botschaft die «Schaffung eines Angstklimas, im Sinne einer verbreiteten Befürchtung [...], potenziell selber Opfer eines Anschlags werden zu können»[135]. In welchem Masse Angst herrschen muss, ist nicht klar. Teilweise wird vertreten, dass es darauf ankomme, ob das Gewaltverbrechen geeignet sei, das «Sicherheitsgefühl der Bevölkerung ernstlich zu erschüttern»[136], zentral dabei sei das «Vertrauen in die eigene physische Unversehrtheit»[137]. Erforderlich ist, dass das Gewaltverbrechen (zusammen mit dem übrigen Verhalten der Organisation) *geeignet* ist, eine Durchschnittsbetrachterin einzuschüchtern. Dazu bedarf es einerseits einer erheblichen *Schwere* der (ausgeübten oder angedrohten) Gewalt, die bei neutraler Betrachtung befürchten lässt, dass zahlreiche *weitere bzw. beliebige* Personen solchen Gewalttaten zum Opfer fallen könnten. Dies impliziert, dass die Durchschnittsbetrachterin davon ausgehen muss, dass die Organisation *fähig und gewillt ist, weitere Gewaltverbrechen* von gleicher oder grösserer Tragweite zu verüben. 170

Gemeinhin wird angenommen, dass Terroristinnen es darauf anlegten, die Bevölkerung in Angst und Schrecken zu versetzen.[138] Gerade Politiker beteuern nach Terroranschlägen fast schon reflexartig, dass man sich nicht einschüchtern lasse, dass man die Ter- 171

---

133 Botschaft 2002, 5440.
134 So auch BSK StGB II⁴-FIOLKA, Art. 260^{quinquies} N 31.
135 Botschaft 2002, 5440.
136 So BSK StGB II⁴-FIOLKA, Art. 260^{quinquies} N 33.
137 BSK StGB II⁴-FIOLKA, Art. 260^{quinquies} N 32.
138 So etwa Botschaft 2002, 5440: «Terrorismus bezweckt den Verlust des Gefühls der Allgemeinheit an Sicherheit»; BSK StGB II⁴-FIOLKA, Art. 260^{quinquies} N 32.

roristen nicht gewinnen lassen dürfe etc.[139] Dies ist aber bereits eine Reaktion auf die erfolgte Einschüchterung und kann im Grunde nur bedeuten, dass man sich *trotz* der Einschüchterung nicht zu einem anderen *Verhalten* zwingen lassen will. Es ist nämlich fraglich, ob die blosse Einschüchterung tatsächlich ein Ziel von Terroristen ist. Viel eher darf angenommen werden, dass die Einschüchterung bloss Mittel zum Zweck ist, der etwa darin bestehen kann, ein bestimmtes Verhalten zu erzwingen (vgl. unten Nötigungsabsicht). Ebenfalls denkbar ist, dass die Gewalt eingesetzt wird, um «den Feind» (bspw. die westliche Gesellschaft) schlicht zu schädigen oder zu zerstören.

172 Wie dem auch sei, zur Erfüllung dieses Tatbestandselements ist jedenfalls nicht vorausgesetzt, dass die Einschüchterung das tatsächliche Ziel des Terrorakts war (also nicht zwingend Absicht i.S.v. dolus directus); vielmehr genügt es – im Sinne einer *Eventualabsicht* – dass die Terroristin mit der Möglichkeit rechnete, dass der Terrorakt eine unbestimmte Anzahl von Menschen einschüchtern würde, und sie dies auch billigend in Kauf nahm.[140] Insofern spielt es keine Rolle, ob es der Terrororganisation nur um die blosse Schädigung, um die Einschüchterung oder um das Erreichen weiterer Ziele ging – alle Varianten können tatbestandsmässig sein.

173 Wichtig ist, dass es nicht darauf ankommt, ob tatsächlich eine Einschüchterung stattfindet. Entscheidend ist die *Absicht,* eine unbestimmte Anzahl von Menschen einzuschüchtern («eingeschüchtert *werden soll*»). Ohnehin dürfte es nicht einfach sein, eine Einschüchterung zu beweisen: Genügen bereits Handlungen, die typischerweise einschüchternd wirken (etwa Bombenanschläge in

---

139 Vgl. etwa <https://www.hamburgische-buergerschaft.de/pressemitteilungen/4639436/pm-kundgebung-paris/>; <https://www.dw.com/de/nach-anschlag-in-izmir-wir-lassen-uns-nicht-einsch%C3%BCchtern/a-37036647-0> (beide besucht am 18.1.2022).
140 Botschaft 2002, 5440; so auch BSK StGB II⁴-Fiolka, Art. 260^{quinquies} N 34. Dies im Unterschied zur Regelung in Art. 260^{quinquies}, wo (gemäss Abs. 2) nur direkter Vorsatz genügt (dazu Ackermann/Baumann, Art. 260^{quinquies} N 55 ff.).

der Öffentlichkeit)? Braucht es Schlagzeilen in Massenmedien, die «Panik» und «Horror» diagnostizieren?[141] Oder genügen bereits ein paar Posts in Social Media, die davon zeugen, dass Personen in Angst und Schrecken versetzt wurden?

Bekundet die Terrororganisation ausdrücklich (bspw. in einem Aufruf zur Gewalt oder in einem Bekennerschreiben nach einem Anschlag), dass es ihr Ziel ist, die Bevölkerung einzuschüchtern, dürfte dies als Beweis für diese Absicht genügen. Erforderlich ist eine solche Äusserung allerdings nicht. In den meisten Fällen dürften die Taten für sich sprechen. 174

Fraglich ist, *wer* diese Absicht hegen muss: die einzelne Terroristin oder die Terrororganisation, die hinter dem Anschlag steckt? Der Wortlaut der Bestimmung beantwortet diese Frage nicht deutlich. Bestraft wird, wer sich an einer Organisation beteiligt oder eine Organisation unterstützt, die den Zweck verfolgt, Gewaltverbrechen zu begehen, mit denen die Bevölkerung eingeschüchtert werden soll. Klar ist, dass es die Organisation ist, die den genannten Zweck verfolgen muss. Klar ist weiter, dass die Täterin diesen Zweck kennen oder ihn zumindest für möglich halten und billigen muss. Gleich muss es sich mit der Einschüchterungsabsicht verhalten: Die *Organisation* muss diese Absicht hegen, und die Täterin muss dies subjektiv zumindest für möglich halten und billigend in Kauf nehmen. 175

Demnach würde es nicht genügen, wenn die Organisation zwar darauf angelegt ist, Gewaltverbrechen zu begehen, sie damit aber keine Einschüchterung in der Bevölkerung bewirken will (und dies auch nicht billigend in Kauf nimmt), sondern diese lediglich aus Bereicherungsabsicht begeht (zu denken ist etwa an eine Gruppierung, die mit Waffengewalt Geldtransporter ausraubt)[142]. Dies wäre 176

---

141 Vgl. etwa <https://www.tz.de/muenchen/muenchen-terror-stadt-panik-terrordrohung-theresienwiese-st-paul-kirche-messe-ostern-prozess-gerichturteil-zr-13337586.html> (besucht am 18.1.2022).

142 Vgl. <https://www.srf.ch/news/schweiz/geldraub-in-der-waadt-video-zeigt-diebe-bei-ueberfall-auf-geldtransporter> (besucht am 18.1.2022).

nota bene auch dann nicht ausreichend, wenn die einzelne Täterin, die als Mitglied dieser Organisation ein solches Gewaltverbrechen begeht, eine Einschüchterungsabsicht hegt. Umgekehrt bleibt die Terroristin, die als Mitglied einer Organisation, welche die Einschüchterung der Bevölkerung beabsichtigt, nicht straflos, wenn ihr selbst keine solche Absicht nachgewiesen wird. Sie macht sich – bei entsprechendem Verhalten – bereits strafbar, wenn sie die Absicht der Organisation zumindest für möglich hält und billigt.

bb) Nötigungsabsicht

177 Die zweite Tatbestandsvariante von Art. 260ter Abs. 1 lit. a Ziff. 2 StGB sieht vor, dass die Begehung von Gewaltverbrechen bezweckt wird, mit denen «ein Staat oder eine internationale Organisation zu einem Tun oder Unterlassen genötigt werden soll».

178 In Bezug auf die *Gewaltverbrechen* kann auf das bereits Gesagte verwiesen werden.[143]

179 *Adressat* der beabsichtigten Nötigung muss ein Staat oder eine internationale Organisation sein. Die Formulierung *«ein»* Staat lässt darauf schliessen, dass es sich dabei nicht um die Schweiz handeln muss, sondern dass auch ausländische Staaten erfasst sind. Zudem muss der *Staat als solcher* Adressat sein, nicht etwa ein Staatsbeamter oder ein dem Staat untergeordnetes Gemeinwesen (Kanton, Gemeinde etc.). Es ist aber ausreichend, wenn ein einzelner Staatsbeamter oder ein Gemeinwesen adressiert wird, mit dem Ziel, den Staat als solchen zu nötigen. Mit dem Staat selbst lässt sich ja nicht kommunizieren.[144] Selten dürfte sich die Nötigungsabsicht gegen den ganzen Staat richten (etwa wenn die Autonomie eines bestimmten Staatsgebietes gefordert wird). Häufiger dürften einzelne Ministerien oder Staatsorgane das Ziel sein, etwa wenn ver-

---

143 Vgl. vorne N 155 ff.
144 So auch BSK StGB II[4]-FIOLKA, Art. 260^{quinquies} N 39 f., der noch weiter geht: «Im Ergebnis muss also jede ‹Nötigung eines Staates› heruntergebrochen werden auf die Nötigung einzelner Amtsträger.» Vgl. auch ACKERMANN/BAUMANN, Art. 260^{quinquies} N 64.

langt wird, dass Gefangene freigelassen oder dass ein Flugzeug bzw. Vermögenswerte zur Verfügung gestellt werden. Dies ist ebenfalls tatbestandsmässig, weil die adressierten Organe in ihrem jeweiligen Tätigkeitsgebiet die Staatsgewalt ausüben, mithin «der Staat» sind.[145] Ausgeschlossen ist bloss die Nötigung einer Amtsträgerin als Privatperson.

Als *Staat* gilt ein souveränes Gemeinwesen, wenn es *Völkerrechtssubjekt* ist und sich durch Territorium und Bevölkerung auszeichnet.[146] Dies trifft bspw. nicht zu auf blosse De-facto-Regierungen, Aufständische oder abtrünnige Gebiete, die zwar staatliche Aufgaben wahrnehmen mögen, die aber nicht völkerrechtliche Subjekte darstellen. Umgekehrt ist es nicht zwingend erforderlich, dass ein Staat auch tatsächlich von allen anderen Staaten diplomatisch anerkannt ist.[147]

180

Der Begriff der *internationalen Organisation* deckt sich mit demjenigen gemäss Art. 322^{septies} StGB (Bestechung fremder Amtsträger).[148] Darunter werden intergouvernementale Organisationen verstanden und solche, die von anderen öffentlich-rechtlichen Körperschaften gebildet werden, also bspw. die Europäische Kommission, das EU-Parlament und der EU-Rat.[149] Nicht darunter fallen demnach etwa Nichtregierungsorganisationen (NGO), selbst wenn diese hoheitliche Aufgaben wahrnehmen oder staatliche Gelder erhalten (etwa das Rote Kreuz, Médecins Sans Frontières).[150]

181

---

145 Vgl. aber Botschaft 2002, 5440, wo es heisst: «Genötigt werden soll das Gemeinwesen (resp. die Organisation) oder eines seiner Organe als solches; die Nötigung eines einzelnen Amtsträgers reicht grundsätzlich nicht aus».

146 Gemäss HÄFELIN/HALLER/KELLER/THURNHERR N 930, ist ein Staat: «*der mit höchster Herrschaftsgewalt ausgestattete Verband eines Volkes auf einem bestimmten Gebiet.* Der Staatsbegriff setzt sich also aus den drei Elementen Staatsvolk, Staatsgebiet und Staatsgewalt zusammen».

147 Vgl. ausführlich, insbesondere auch zum Sonderfall der «Failed States» BSK StGB II[4]-FIOLKA, Art. 260^{quinquies} N 37.

148 Botschaft 2002, 5440.

149 BSK StGB II[4]-PIETH, Art. 322^{septies} N 15.

150 BSK StGB II[4]-FIOLKA, Art. 260^{quinquies} N 38; hingegen halt PIETH dafür, dass Vertreter von NGO, die vorübergehend als Berater für intergouvernementale

Hingegen sind auch bloss faktische Amtsträger von der Bestimmung erfasst.[151]

182 In Bezug auf die *Nötigung* selbst kann grundsätzlich auf den Begriff gemäss Art. 181 StGB verwiesen werden. Der Nötigung macht sich schuldig, wer jemanden durch Gewalt oder Androhung ernstlicher Nachteile oder durch andere Beschränkung seiner Handlungsfreiheit nötigt, etwas zu tun, zu unterlassen oder zu dulden.

183 Im Gegensatz zu jener Bestimmung umfasst Art. 260ter StGB aber ausdrücklich nur die Nötigung zu einem *Tun* oder *Unterlassen;* nicht vorgesehen ist die Nötigung, etwas zu dulden. Der Botschaft lässt sich nicht entnehmen, ob es sich hierbei um ein qualifiziertes Schweigen handelt. Die Nötigung zu einem *Dulden* könnte in Konstellationen relevant sein, in denen eine Terrororganisation lediglich grossen Schaden anrichten will, ohne damit eine Reaktion der Bevölkerung (Einschüchterung) oder ein bestimmtes Verhalten des Staates (Nötigung zu Tun oder Unterlassen) bewirken zu wollen. Dies könnte namentlich der Fall sein, wenn die Organisation eine Ideologie verfolgt, welche die Zerstörung eines Staates, einer Kultur, Religion oder Bevölkerung vorsieht. Da der Wortlaut von Art. 260ter Abs. 1 lit. a Ziff. 2 StGB von demjenigen von Art. 181 StGB abweicht, ist davon auszugehen, dass diese Konstellationen nicht durch die zuerst genannte Bestimmung erfasst sind (sie könnten hingegen unter Ziff. 1 dieser Bestimmung – die schlichten Gewaltverbrechen – subsumiert werden oder die Einschüchterung im Sinne einer Eventualabsicht umfassen).

184 Da Art. 260ter StGB eine Nötigung mittels *Gewaltverbrechen* vorsieht, fallen die übrigen *Nötigungsmittel* (Androhung ernstlicher Nachteile, andere Beschränkung der Handlungsfreiheit) weg. Es ist allerdings daran zu erinnern, dass der Begriff der terroristischen Gewaltverbrechen über die klassischen Gewaltverbrechen hinaus-

---

Organisationen tätig sind, durch die Bestimmung erfasst sein könnten (BSK StGB II⁴-Pieth, Art. 260^{quinquies} N 15).

151 Vgl. mit Bezugnahme auf BStGer, SK. 2014.24, vom 1.10.2014: BSK StGB II⁴-Pieth, Art. 260^{quinquies} N 16a.

geht und auch Verhaltensweisen umfasst, die eher unter den beiden wegfallenden Nötigungsmitteln subsumiert werden müssten.[152]

Die Tatsache, dass mit einem Gewaltverbrechen nicht bloss eine Person, sondern ein Staat oder eine internationale Organisation genötigt werden soll, impliziert bereits, dass die Nötigung eine gewisse *Schwere* aufweisen muss.

Bekanntlich muss bei der Nötigung die *Rechtswidrigkeit* positiv begründet werden. Dies ist vorliegend unproblematisch, da als Nötigungsmittel Gewaltverbrechen dienen, welche per se rechtswidrig sind. Daran ändert nichts, wenn damit an sich legale Ziele verfolgt würden (etwa die Anerkennung einer politischen Partei).[153] Dies gilt immer, wenn die Gewaltverbrechen tatsächlich das Nötigungsmittel darstellen; treten Gewaltverbrechen hingegen bloss anlässlich eines ansonsten legalen Verhaltens auf (werden bspw. bei einer politischen Demonstration durch einzelne gewalttätige Demonstranten Menschen verletzt), ist diese Voraussetzung nicht erfüllt.[154]

Das *Nötigungsziel* dürfte darin bestehen, den Staat oder die internationale Organisation zu einem konkreten Verhalten zu bewegen. Soweit dieses gewünschte Verhalten nicht bereits allgemein bekannt ist, was nur angenommen werden darf, wenn eine bestimmte *Forderung* von einer Terrororganisation über längere Zeit unverändert geäussert wird (etwa die Unabhängigkeit des Baskenlandes durch die ETA), muss vorausgesetzt werden, dass die Terrororganisation eine konkrete Forderung formuliert und dem Adressaten der Nötigung bekannt macht. Liegt keine solche Forderung vor, entfällt diese Tatbestandsvariante (es könnte dann aber immer noch eine Einschüchterungsabsicht vorliegen oder der Zweck, Gewaltverbrechen zu begehen).

---

152 Vgl. dazu vorne N 10 ff. und 164.
153 Botschaft 2002, 5440; BSK StGB II⁴-FIOLKA, Art. 260^{quinquies} N 36.
154 Die Botschaft 2002, 5440 formuliert etwas missverständlich wie folgt: «Überdies wird man voraussetzen, dass die Verbrechensbegehung das zentrale Mittel zur Erreichung des terroristischen Ziels darstellt; die untergeordnete Delinquenz im Kontext zur Erreichung politischer Zwecke reicht nicht aus»; dazu kritisch: BSK StGB II⁴-FIOLKA, Art. 260^{quinquies} N 36.

II. Kriminelle und terroristische Organisationen

188 Es ist die terroristische *Organisation,* welche die Nötigungsabsicht hegen muss, nicht zwingend das einzelne Mitglied bzw. die Unterstützerin. Letztere müssen jedoch *subjektiv* mindestens mit der Möglichkeit rechnen, dass die Organisation diese Absicht hegt, und sie müssen diese auch mindestens in Kauf nehmen.

d) Abgrenzung und Verhältnis der Zwecke untereinander

189 Die Beteiligung an einer Organisation oder die Unterstützung einer solchen ist nur strafbar, wenn diese einen der folgenden *vier Zwecke* verfolgt: Begehung von Bereicherungsverbrechen, Begehung von Gewaltverbrechen, Begehung von Gewaltverbrechen mit Einschüchterungsabsicht, Begehung von Gewaltverbrechen mit Nötigungsabsicht. Verfolgt die Organisation den ersten oder den zweiten Zweck, ist sie eine *kriminelle;* verfolgt sie den dritten oder vierten Zweck, ist sie eine *terroristische* Organisation.[155]

190 Eine Organisation kann *mehrere* der genannten Zwecke verfolgen (bspw. sich verbrecherisch zu bereichern und den Staat zur Freilassung von Gefangenen zu nötigen). Eine Organisation kann sich im Laufe ihrer Existenz auch neu ausrichten und ihren Zweck *ändern,* bspw. von einer Terrororganisation zu einer kriminellen Organisation.[156] Die Verfolgung mehrerer Zwecke gleichzeitig sowie die Änderung des Zwecks haben grundsätzlich keine Auswirkungen auf die damit verbundenen Rechtsfolgen.[157]

191 Die vier der Strafbarkeit zugrunde liegenden Zwecke sind untereinander nicht scharf abgegrenzt. *Bereicherungs- und Gewaltverbrechen* können sich überlagern, da gewisse Gewaltverbrechen auch der (direkten oder indirekten) Bereicherung dienen können.[158] Weiter erfasst der Tatbestand von Art. 260ter StGB *drei verschie-*

---

155 Zu dieser Unterscheidung hinten N 194 ff.
156 Vgl. dazu vorne N 146 Fn 121.
157 Vgl. dazu hinten N 194 ff.
158 Etwa Raubüberfälle, welche einerseits Gewaltverbrechen darstellen, andererseits aber der Bereicherung dienen.

dene Gruppen von Gewaltverbrechen: Erstens «schlichte» Gewaltverbrechen (Abs. 1 lit. a Ziff. 1), zweitens Gewaltverbrechen mit Einschüchterungsabsicht und drittens Gewaltverbrechen mit Nötigungsabsicht (Abs. 1 lit. a Ziff. 2). Hier sind die Überschneidungen bereits begriffsnotwendig. Insofern ist jede Terrororganisation (die einen Zwecks gem. Abs. 1 lit. a Ziff. 2 verfolgt) immer auch eine kriminelle Organisation (welche bereits die schlichten Gewaltverbrechen erfasst, Abs. 1 lit. a Ziff. 1). Mit anderen Worten fragt sich, weshalb sich die Strafverfolgungsbehörden die Mühe machen sollten, einer Organisation eine Einschüchterungs- oder Nötigungsabsicht nachzuweisen, wenn sie die gleichen Rechtsfolgen auch ohne diese – nur mit dem Nachweis der bezweckten Gewaltverbrechen – erreichen. Ein ähnliches Verhältnis besteht zwischen den beiden Zwecken, welche eine Terrororganisation verfolgen kann: Wenn die Organisation beabsichtigt, mit Gewaltverbrechen die Bevölkerung einzuschüchtern, um dadurch den Staat zu einem bestimmten Verhalten zu nötigen, erfüllt sie beide Varianten von Abs. 1 lit. a Ziff. 2 gleichzeitig.

Demgegenüber werden Organisationen, die weder eine Einschüchterung noch eine Nötigung beabsichtigen, nicht von Abs. 1 lit. a Ziff. 2 erfasst, wenn sie bspw. nur darauf abzielen, mit Gewaltverbrechen einen *möglichst grossen Schaden* anzurichten (etwa mit dem Fernziel, die westliche Gesellschaft zu zerstören). Eine solche Organisation würde in erster Linie durch Abs. 1 lit. a Ziff. 1 erfasst werden (Gewaltverbrechen) und wäre demnach als kriminelle, nicht als terroristische Organisation zu behandeln, was nicht sachgerecht erscheint. Immerhin erlaubt der Weg über die Eventualabsicht doch noch eine strafrechtliche Erfassung als Terrororganisation, wenn nämlich unterstellt wird, dass die Organisation eine Einschüchterung der Bevölkerung zwar nicht direkt beabsichtigt, aber eine solche zumindest für möglich hält und in Kauf nimmt. 192

Organisationen, die weder die Begehung von Bereicherungs- noch Gewaltverbrechen bezwecken, sind nicht durch Art. 260ter StGB erfasst. Dies gilt insbesondere auch für solche, die zwar die Begehung von Delikten bezwecken, diese Delikte aber keiner der beiden ge- 193 nannten Kategorien von Verbrechen zugeordnet werden können. Eine Organisation, die bspw. bezweckt, Diskriminierung und Aufruf zu Hass zu verüben, fällt nicht darunter (Art. 261bis StGB stellt bloss ein Vergehen dar); ebenso wenig eine, die bezweckt, Straftaten gemäss Art. 260^{sexies} StGB (diese Straftaten stellen keine Gewaltverbrechen dar) zu begehen, es sei denn, sie wolle sich dadurch bereichern. Anders ist dies hingegen bei einer Organisation, die bezweckt, verbrecherische Gelder für Dritte zu waschen (Art. 305bis Ziff. 2 StGB); wenn sie dafür bezahlt wird, stellt die gewerbsmässige Geldwäscherei nämlich ein Bereicherungsverbrechen dar. Gleiches gilt etwa für eine Organisation, die gewerbsmässigen Waffenhandel betreibt (Art. 33 Abs. 3 lit. a WG).

e) *Kriminelle vs. terroristische Organisation*

194 Ob eine Organisation als kriminell oder terroristisch bezeichnet wird, hängt einzig am *Zweck,* den sie verfolgt. Besteht dieser darin, Bereicherungsverbrechen oder (schlichte) Gewaltverbrechen zu begehen, handelt es sich um eine *kriminelle* Organisation. Bezweckt sie hingegen die Begehung von Gewaltverbrechen mit Einschüchterungs- oder Nötigungsabsicht, ist sie eine *terroristische* Organisation.

195 Diese Unterscheidung ist allerdings eher von akademischem Interesse, zumal an beide Formen der Organisation die *gleichen Rechtsfolgen* anknüpfen: Die *Straffolgen* sind identisch (Art. 260ter Abs. 1 und 3 StGB; dies im Unterschied zum Vorentwurf der Bestimmung, auf welchem auch die Botschaft beruht); beide unterstehen grundsätzlich der *Bundesgerichtsbarkeit* (Art. 24 Abs. 1 StPO); beide führen zu einer *Aufhebung des Zeugnisverweigerungsrechts von Medienschaffenden* (Art. 172 Abs. 2 lit. b Ziff. 3 StPO); beide erlauben den Einsatz aller *geheimer Überwachungsmassnahmen* (vgl. Art. 269 Abs. 2 lit. a StPO, Art. 286 Abs. 2 lit. a StPO); beide sind (theoretisch) mögliche *Geldwäschereivortaten*[159]; in beiden Fällen ist der *Quellenschutz ausgehebelt* (Art. 28a Abs. 2 lit. b StGB); beide füh-

---

159 Vgl. dazu aber hinten N 414 ff.

ren zu einer *obligatorischen Landesverweisung* (Art. 66a Abs. 1 lit. l StGB); beide erlauben die Anwendung der *speziellen Einziehungsnorm* von Art. 72 StGB.

In altArt. 260^(ter) StGB war nur die kriminelle Organisation ausdrücklich aufgeführt. Die terroristische Organisation war aber stets mitgemeint, was durch Lehre und Rechtsprechung einhellig anerkannt war.[160] Typischerweise wurden die kriminellen Organisationen dadurch gekennzeichnet, dass sie die Begehung von Bereicherungsverbrechen bezweckten, während Terrororganisationen die Begehung von Gewaltverbrechen bezweckten.[161] Beide Formen der Organisation hatten schon unter altem Recht die identischen Rechtsfolgen. 196

Wozu also überhaupt die Unterscheidung in kriminelle und terroristische Organisationen? Der Grund liegt wohl darin, dass im *Vorentwurf*[162] noch unterschiedliche Rechtsfolgen, namentlich unterschiedliche Straffolgen an die beiden Organisationsformen geknüpft waren: In Art. 260^(ter) Abs. 1 VE-StGB waren die kriminellen Organisationen geregelt, mit einer Höchststrafe von fünf Jahren Freiheitsstrafe und in Abs. 2 der Bestimmung die terroristischen Organisationen mit einer solchen von zehn Jahren Freiheitsstrafe. Diese Unterscheidung ist mit dem neuen Art. 260^(ter) StGB weggefallen und hat keine Bedeutung mehr. 197

In Bezug auf die *Begrifflichkeit* mag die Schaffung einer gesonderten Norm für Terrororganisationen die internationale Zusammenarbeit erleichtern, indem nun auch für ausländische Strafverfolgungsbehörden einfach ersichtlich ist, dass die Beteiligung an bzw. die Unterstützung von solchen Organisationen hierzulande unter Strafe gestellt ist. Zudem dürfte die explizite Pönalisierung von Terrororganisationen im Strafgesetzbuch (innen- und aussen-)politische Signalwirkung entfalten. 198

---

160 Botschaft 2002, 5438; Botschaft 2018, 6477; BGE 142 IV 175, E. 5.4.
161 PAJAROLA/OEHEN/THOMMEN, N 360.
162 BBl 2018, 6525 ff.

II. Kriminelle und terroristische Organisationen

199 Selbstverständlich kann die Tatsache, dass eine Organisation nicht bloss die Begehung von Bereicherungsverbrechen bezweckt, sondern vielmehr die Verübung von Terrorakten für das *taktische Vorgehen* bei der Überwachung und Verhaftung ihrer Mitglieder bedeutsam sein und zusätzliche *Sicherheitsmassnahmen* in der Untersuchungshaft ihrer Mitglieder erfordern. Wenn es um die Bekämpfung einer Terrororganisation geht, dürften innerhalb der Polizei und der Staatsanwaltschaft zudem *spezialisierte Abteilungen* zuständig und möglicherweise auch andere *Budgets* vorhanden sein. Nicht zuletzt muss die Natur der Organisation qua Gefährlichkeit auch in die *Strafzumessung* einfliessen. Auf internationaler Ebene sind für die Bekämpfung von Terrorismus zudem eigene *Staatsverträge* anwendbar.[163] Sofern von der Organisation eine Gefahr für wichtige Landesinteressen (gem. Art. 2 und 3 NDG) der Schweiz ausgeht, ist zudem der *Nachrichtendienst* des Bundes aktiv (Art. 6 Abs. 1 lit. a Ziff. 1 NDG) und das NDG einschlägig.

f) *Legale und verbotene Organisationen*

200 Art. 260ter StGB verbietet kriminelle und terroristische Organisationen nicht, sondern stellt bloss deren Unterstützung sowie die Beteiligung an ihnen unter Strafe. Es mag befremdlich wirken, dass bspw. die 'Ndrangheta an sich nicht verboten ist, während sich jemand strafbar macht, der sich an ihr beteiligt oder sie unterstützt.

201 Ein Verbot einer Gruppierung oder Organisation ist – abgesehen von spezialgesetzlichen Regelungen[164] – im Schweizer Recht nur im Rahmen von *Art. 74 NDG* möglich.[165] Vorausgesetzt ist, dass sie terroristische oder gewalttätig-extremistische Aktivitäten propagiert, unterstützt oder in anderer Weise fördert und damit die innere oder äussere Sicherheit konkret bedroht (Art. 74 Abs. 1 NDG). Für (klassische) kriminelle Organisationen (i.S.v. Art. 260ter Abs. 1

---

163 Vgl. dazu vorne N 8 ff.
164 Gemäss Art. 1 BG AQ/IS sind die Organisationen Al-Qaida und der IS verboten; dazu hinten N 387 ff.
165 Zu dieser Bestimmung vgl. hinten N 698 ff.

lit. a Ziff. 1 StGB) kommt dieses Verbot also nicht infrage, für terroristische (gem. Abs. 1 lit. a Ziff. 2 der Bestimmung) hingegen durchaus.

Die *Wirkung* des Organisationsverbots gem. Art. 74 NDG besteht darin, dass sich strafbar macht, wer sich an der verbotenen Organisation beteiligt, sie personell oder materiell unterstützt, für sie oder ihre Ziele Propagandaaktionen organisiert, für sie anwirbt oder ihre Aktivitäten auf andere Weise fördert (Art. 74 Abs. 4 NDG). Dieses Organisationsverbot wirkt also seiner Natur nach gleich wie Art. 260ter StGB. 202

Ein *echtes Verbot* einer Organisation müsste zur Folge haben, dass jegliche Aktivität der Organisation verboten ist und unterbunden werden muss, dass keine Kennzeichen der Organisation getragen oder publiziert werden dürfen, dass keine Versammlungen der Organisation stattfinden dürfen, dass die Organisation nicht Rechtssubjekt sein kann und ihr ganzes Vermögen eingezogen und schliesslich, dass die Organisation aufgelöst werden muss.[166] 203

Für *juristische Personen* gilt bereits zivilrechtlich Folgendes: Gemäss Art. 52 Abs. 3 ZGB können Personenverbindungen mit unsittlichen oder widerrechtlichen Zwecken das Recht der Persönlichkeit nicht erlangen. Für Aktiengesellschaften sieht Art. 643 Abs. 2 OR jedoch vor, dass der Eintrag ins Handelsregister diesen Mangel zu heilen vermag. Die Gesellschaft müsste dann durch Gerichtsurteil ex nunc aufgelöst werden.[167] 204

Die nationalen und internationalen *Sanktionslisten* bewirken ebenfalls kein echtes Organisationsverbot, sondern verbieten und sank- 205

---

166 In diesem Sinne etwa § 3 des deutschen Vereinsgesetzes vom 5.8.1964 (BGBl. I S. 593); gestützt auf diese Bestimmung wurde in Deutschland am 30.4.2020 ein Betätigungsverbot gegen die Hisbollah verfügt (<https://www.bmi.bund.de/SharedDocs/pressemitteilungen/DE/2020/04/betaetigungsverbot-hizballah.html>; besucht am 31.1.2021).
167 Vgl. dazu PAJAROLA/OEHEN/THOMMEN, N 575.

tionieren lediglich gewisse Aktivitäten (i.d.R. Handelsaktivitäten und Finanzgeschäfte) mit den gelisteten Entitäten.[168]

206 Es ist üblich, dass kriminelle und evtl. auch terroristische Organisationen sich für ihre Zwecke juristische Personen (bspw. Vereine, Aktiengesellschaften, Stiftungen) zunutze machen.[169] Diese dienen oft als Vehikel für die «*legale Fassade*» einer kriminellen Organisation.[170]

207 Betreibt eine Organisation von Kokainhändlerinnen also bspw. – an sich ganz legal – Nagelstudios, Beautysalons oder Solarien in Form von GmbH oder AG, können diese verschiedene Aufgaben erfüllen: Auf die Gesellschaften können Fahrzeuge und Mobiltelefone bzw. SIM-Karten oder Postfächer registriert werden, die Gesellschaften können Bankkonten eröffnen, Kredite aufnehmen oder vergeben, Schliessfächer mieten oder Räumlichkeiten kaufen sowie als Arbeitgeber fungieren. Die Infrastruktur dieser Gesellschaften wiederum kann für die verbrecherischen Zwecke in verschiedener Hinsicht förderlich sein: In den Räumlichkeiten können konspirative Treffen stattfinden, verbotene Waren gelagert oder umgeschlagen werden. Die Bareinnahmen aus dem Kokainverkauf können mit den Bareinnahmen aus dem legalen Geschäft vermischt, auf Bankkonten einbezahlt und so gewaschen werden. Die Gesellschaften können (fiktive) Arbeitsverträge abschliessen, womit bspw. Visa oder Aufenthaltstitel erschlichen und Arbeitslosen-, Sozialhilfe- oder Sozialversicherungsbeiträge ertrogen werden können. Umgekehrt können die verbrecherisch erzielten Einnahmen dazu verwendet werden, das legale Geschäft querzufinanzieren, womit Dumpingpreise angeboten werden können, was den legalen Wettbewerb verzerrt.

208 Diese an sich *legalen Strukturen* gehören ebenso zur kriminellen bzw. terroristischen Organisation wie die offensichtlich *illegalen* und sind daher auch *gleich zu behandeln*. Auch wer sich nur an die-

---

168 Vgl. dazu vorne N 121 ff.
169 So bereits Botschaft 1993, 299 in Bezug auf die Mafia. Vgl. hinten N 240.
170 Vgl. dazu SOCTA 2021, 24; PAJAROLA/OEHEN/THOMMEN, N 366, 418, 464.

sen an sich legalen Strukturen beteiligt oder sie unterstützt, kann sich nach Art. 260ter StGB strafbar machen.

7. Beteiligung (Art. 260ter Abs. 1 lit. a StGB)

Das durch Art. 260ter StGB unter Strafe gestellte Verhalten besteht entweder in der Beteiligung an einer kriminellen oder terroristischen Organisation oder in der Unterstützung einer solchen. 209

Der Begriff «beteiligen» bzw. «Beteiligung» bedeutet zunächst, dass die Täterin Teil der Organisation sein, mithin in diese eingegliedert oder kurz gesagt Mitglied sein muss. Ob der Begriff darüber hinaus auch noch ein aktives Handlungselement impliziert, ist zunächst unklar. 210

Gemäss Botschaft bedeutet Beteiligung die *Eingliederung* in die Organisation, verbunden mit einem *Tätigwerden,* das allerdings nicht in einer illegalen Aktivität bestehen muss, sondern auch legale Handlungen umfassen kann.[171] Dies entspricht der bisherigen Konzeption dieser Tathandlung, welche in Rechtsprechung[172] und Lehre[173] unbestritten ist. 211

a) *Mitgliedschaft, funktionelle Eingliederung*

Mitglied einer Organisation ist, wer *funktionell* in diese eingegliedert ist.[174] Eine bloss familiäre oder verwandtschaftliche Eingliederung genügt nicht. Das Mitglied muss also innerhalb der Organisation eine Funktion (oder mehrere Funktionen) haben, welche sich im Laufe der Zeit auch verändern kann. Dabei spielt es keine Rolle, 212

---

171 Botschaft 2018, 6475; im gleichen Sinne bereits Botschaft 1993, 301.
172 BGE 142 IV 175, E. 5.4.1; BGE 133 IV 58, E. 5.3.1; BGE 132 IV 132, E. 4.1.3; BGE 129 IV 271, E. 2.4; BGE 128 II 355, E. 2.4.
173 Dazu PAJAROLA/OEHEN/THOMMEN, N 379.
174 Dazu PAJAROLA/OEHEN/THOMMEN, N 382 ff.

um welche Funktion es sich handelt und ebenso wenig[175], auf welcher hierarchischen Stufe sich das Mitglied befindet.

213 Die einzelnen *Funktionen* innerhalb einer Organisation können vielfältig und je nach Art der Organisation sehr unterschiedlich sein, wie dies etwa auch bei Wirtschaftsunternehmen der Fall ist. Massgebend ist, dass die Funktion im Interesse der Organisation liegt. In einer Terrororganisation können etwa Rekrutierer (Anwerben neuer Mitglieder), Ausbildner (für Bombenbau, Nahkampf etc.), Selbstmordattentäter, Geldsammler, Späher (die vulnerable Ziele auskundschaften), Schläfer (die sich unauffällig in ein bestimmtes Umfeld eingliedern und auf ihren Einsatzbefehl warten), Logistiker (etwa für die Beschaffung von Ausweisen, Fahrzeugen, Unterkünften, Kommunikationsmitteln) oder Propagandaspezialisten Funktionen bekleiden, die im Interesse der Organisation liegen. In einer kriminellen Organisation, die sich auf den Kokainhandel spezialisiert, können bspw. folgende wichtige Funktionen vorhanden sein: Einkauf grosser Mengen von Kokain (etwa durch Broker in Südamerika); Durchführen spezialisierter Transporte (in Kleinflugzeugen, Schnellbooten oder Lastwagen); Ein- und Ausfuhr via Flughäfen oder Schiffshäfen; Lagerung des Kokains; Vermischen des Kokains mit Streckmitteln; Portionierung und Verkauf von Kleinmengen auf der Strasse; Eintreiben ausstehender Zahlungen für Kokainlieferungen; Waschen der Drogenerlöse; Erbringen von Sicherheitsdiensten (Schutz des Kokain-Bunkers oder des Bargeldes); Gewährleisten einer abhörsicheren Kommunikation bzw. Schutz vor staatlicher Überwachung.

214 Die Eingliederung setzt eine gewisse *Beständigkeit* voraus. Wer nur einmalig oder gelegentlich solche Funktionen wahrnimmt, ist tendenziell nicht in die Organisation eingegliedert (sondern eher deren Unterstützer). Davon kann es aber Ausnahmen geben, etwa wenn die Art der Funktion eine Einmaligkeit vorgibt (Selbstmord-

---

175 Die hierarchische Stufe kann hingegen ein Indiz für einen bestimmenden Einfluss gemäss Art. 260ter Abs. 3 StGB und insofern für die Bestimmung der Strafhöhe durchaus relevant sein.

attentäter) oder wenn die Funktion gerade darin besteht, dass sich ein Täter jahrelang unauffällig und passiv verhält (Schläfer)[176]. Insofern ist weniger die Anzahl oder Häufigkeit der Handlungen massgebend als vielmehr die *dauernde Bereitschaft,* für die Organisation zu handeln.[177]

Das Mitglied ist zu unterscheiden von *Nichtmitgliedern,* welche nicht in die Organisation eingegliedert sind, aber ebenfalls in deren Interesse tätig sein können. Darunter fallen etwa Unterstützer (die sich gemäss Art. 260ter Ziff. 1 lit. b StGB strafbar machen), Geschäftspartner (die ihrerseits an einer anderen Organisation beteiligt sein können) sowie blosse Sympathisanten und Bewunderer (die sich grundsätzlich nicht strafbar machen). 215

Die Beteiligung stellt ein *Dauerdelikt* dar. Das Mitglied macht sich so lange strafbar, als es in die Organisation eingegliedert und für diese tätig ist.[178] 216

b) Aktivität

Nur wenn ein Mitglied auch im Interesse der Organisation *aktiv* ist, macht es sich der Beteiligung strafbar.[179] Das bedeutet m.a.W., dass die blosse Mitgliedschaft straflos ist.[180] 217

Diese Aktivität kann in legalem Verhalten sowie in rechtswidrigem bzw. strafbarem Verhalten bestehen. Massgebend ist, dass die Aktivität im Interesse der Organisation liegt. Dies ist dann der Fall, wenn das Verhalten den *Zweck* der Organisation *mittelbar oder unmittelbar fördert.*[181] 218

---

176 Vgl. dazu PAJAROLA/OEHEN/THOMMEN, N 402.
177 In diesem Sinne auch Botschaft 2018, 6475.
178 BGer 6B_238/2013, v. 22.11.2013, E. 2.5.
179 Vgl. bereits Botschaft 1993, 301; BGE 142 IV 175, E. 5.4.1; BSK-StGB II^4-ENGLER, Art. 260ter N 12.
180 Vgl. dazu auch die im Zusammenhang mit der vorliegenden Gesetzesänderung geführte Diskussion: Botschaft 2018, 6475.
181 Zum Konnex zwischen Aktivität und verbrecherischer Zweckverfolgung: Botschaft 1993, 301; BGE 142 IV 175, E. 5.4.1; PAJAROLA/OEHEN/THOMMEN, N 408 ff.

II. Kriminelle und terroristische Organisationen

219 Eine mittelbare Förderung des Organisationszwecks liegt vor, wenn ihr *Potenzial*[182] *gestärkt* wird, was etwa dadurch bewirkt werden kann, dass ihre finanziellen Ressourcen geschont, ihre personelle Basis ausgedehnt, ihre Vermögenswerte vermehrt, ihr Schutz vor Strafverfolgung gestärkt oder ihre Effizienz und Professionalität erhöht wird.

220 Dabei ist zu bedenken, dass die meisten Verhaltensweisen zur Stärkung des Potenzials einer Organisation *an sich legaler* Art sind. Da diese Aktivitäten aber letztlich der Förderung des verbrecherischen Zwecks dienen, sind sie im Rahmen der Beteiligung strafbar.

221 Darunter fällt auch *Propaganda*[183] für die Organisation bzw. für deren Tätigkeit und Ziele. Dazu zählen bspw. Äusserungen, welche die Organisation selbst oder führende Mitglieder in einem guten Licht erscheinen lassen oder welche die Aktivitäten der Organisation (bspw. Anschläge) rechtfertigen oder glorifizieren oder mit welchen um neue Mitglieder und Unterstützer geworben wird. Das Verbreiten solcher Äusserungen kann auf beliebige Weise geschehen, etwa durch Publikation auf Social Media, in Blogs, durch Beiträge (Berichte, Interviews[184] etc.) in Massenmedien, in Büchern und Filmen oder direkt gegenüber einem physisch anwesenden Publikum. Ein und dieselbe Äusserung kann mehrmals durch die gleiche Person sowie durch mehrere Personen gleichzeitig oder zeitlich versetzt verbreitet werden, etwa wenn die Äusserung einer Person durch eine weitere Person bspw. mittels Weiterleitung, «posts», «retweets» etc. in Social Media oder Übersetzung in andere Sprachen einem weiteren Personenkreis zugänglich gemacht wird. Trotz Verbreitung solcher Äusserungen gilt hingegen nicht als Pro-

---

182 Vgl. dazu hinten N 234 f.
183 Zum Begriff vgl. PAJAROLA/OEHEN/THOMMEN, N 466 sowie (mit Bezug auf Art. 2 BG AQ/IS) BGer 6B_169/2019, v. 26.2.2020, E. 2.3. Vgl. auch hinten N 241 f.
184 BGer 6B_169/2019, v. 26.2.2020, lag der Sachverhalt zugrunde, dass u.a. ein Interview mit einem Anführer der damaligen Jabhat Al-Nusra (dem syrischen Ableger der Al-Qaida) auf Youtube veröffentlicht wurde.

paganda, wenn zwar eine Äusserung wiedergegeben wird, ihr aber fundiert und klar widersprochen wird, oder wenn sie bspw. anlässlich einer Dokumentation mit Hintergrundinformationen in einen Kontext gesetzt und kritisiert wird.[185]

Besonders zu betrachten sind *harmlose Alltagshandlungen,* die zwar ebenfalls der Stärkung der Organisation dienen, aber für sich alleine grundsätzlich nicht strafwürdig erscheinen.[186] Darunter fallen etwa folgende Verhaltensweisen: Das Erbringen alltäglicher Dienstleistungen durch Mitglieder einer kriminellen oder terroristischen Organisation für andere Mitglieder (bspw. Verköstigung und Beherbergung, Betanken oder Reinigung von Fahrzeugen, Beförderung in Verkehrsmitteln) oder der Einkauf von Waren des täglichen Bedarfs für solche. 222

Gemäss Botschaft sind jedoch an die «Wesentlichkeit der Handlungen für die Organisation [...] angesichts der Absicht des Gesetzgebers und des ausserordentlichen Gefährdungspotenzials der Organisation keine hohen Anforderungen zu stellen. [...] Konkret kann eine Beteiligung an einer kriminellen Organisation [...] beispielsweise durch eine konstante aktive Mitwirkung an Treffen, durch die Akzeptanz von bestehenden Riten, Strukturen und Hierarchien oder dem wiederholt geäusserten und an den Tag gelegten Gehorsam gegenüber der Organisation und deren Vertretern»[187] hergeleitet werden. 223

Dies spricht dafür, auch solche banalen, alltäglichen Handlungen im Interesse der Organisation für die Beteiligungsaktivität genügen zu lassen. Richtigerweise hält die Botschaft fest, dass bereits ein manifestierter und dauernder Gehorsam gegenüber der Organisation dafür ausreicht.[188] Die Tatsache, dass ein Mitglied jederzeit be- 224

---

185 Vgl. BGer 6B_169/2019, v. 26.2.2019, E. 2.3.
186 Vgl. dazu hinten N 239.
187 Botschaft 2018, 6475.
188 Das Bundesgericht erwägt, dass auch beteiligt sei, wer längerfristig bereit sei, die ihm erteilten Befehle zu befolgen: BGer 6B_1132/2016, v. 7.3.2017, E. 6.2.3.

reit ist, für die Organisation zu handeln, ist nämlich das Element, welches die Organisation gefährlich und die Beteiligung strafwürdig macht. Da es sich bei den Täterinnen immer um Mitglieder[189] der Organisation handelt, kann auch ihr Wissen und Wollen in Bezug auf die Förderung der Organisation bzw. ihres Zwecks angenommen werden.[190]

c) Abgrenzung zur blossen Zugehörigkeit

225 Nach dem Gesagten sind an die Beteiligungsaktivität keine hohen Anforderungen zu stellen.[191] Fehlt eine solche aber gänzlich, liegt mithin nur eine Mitgliedschaft vor, fällt das Verhalten nicht unter Art. 260ter StGB. Die *reine Zugehörigkeit* zu einer kriminellen oder terroristischen Organisation ist *straflos*.[192]

226 Es fragt sich allerdings, ob es diese Konstellation überhaupt gibt, dass ein Mitglied keinerlei Aktivität im oben genannten Sinne ausübt. Es darf davon ausgegangen werden, dass die Organisation ein Mitglied nur aufnimmt, wenn dieses ihr im Hinblick auf ihre Zweckerreichung einen Vorteil (im Sinne der Stärkung ihres Potenzials)[193] bringt. Dies impliziert auch der Begriff der «funktionellen Eingliederung», welche die Mitgliedschaft ausmacht. Ein «Mitglied», das keine Funktion hat, ist kein Mitglied.

227 Es kann aber natürlich sein, dass einer Person zwar die Mitgliedschaft, nicht aber eine darüber hinausgehende Aktivität *bewiesen* werden kann. Auch dies dürfte aber einen Ausnahmefall darstellen, da die Mitgliedschaft i.d.R. nicht aufgrund eines Mitgliederverzeichnisses, eines Ausweises oder ähnlichen Aufzeichnungen bewiesen werden dürfte, sondern meist durch bestimmte Verhal-

---

189 Dies im Unterschied zur Unterstützung gem. Art. 260ter Abs. 1 lit. b StGB, die nur durch Nichtmitglieder erfolgen kann; dazu hinten N 230.
190 FORSTER, Art. 25 N 37 ff., stellt bei der Frage, ob harmlose Alltagshandlungen strafbar sein können, auf das Wissen, den deliktischen Sinnbezug und den Willen ab und spricht von einem zielobjektivierten Beihilfetatbestand.
191 Vgl. dazu BGer 6B_1132/2016, v. 7.3.2017, E. 6.2.3.
192 Botschaft 2018, 6475.
193 Vgl. dazu vorne N 219.

tensweisen der betreffenden Person (etwa der Tatsache, dass sie sich mehrmals mit anderen Mitgliedern getroffen hat; dass sie äusserlich als Mitglied erkennbar ist und ein gewisses Territorium «markiert»;[194] dass sie sich regelmässig in Gebäuden aufgehalten hat, die den Mitgliedern der Organisation vorbehalten sind; dass sie von der Organisation regelmässig Geld erhält; dass sie ein Aufnahmeritual[195] absolviert hat; dass sie organisationstypisches Verhalten zeigt).

Angesichts der tiefen Anforderungen für die Beteiligungsaktivität dürfte die Tatsache, dass die reine Zugehörigkeit straflos ist, also kaum zu Problemen für die Strafverfolgung führen. 228

8. Unterstützung (Art. 260ter Abs. 1 lit. b StGB)

Neben der Beteiligungsvariante macht sich auch strafbar, wer eine terroristische oder kriminelle Organisation «in ihrer Tätigkeit unterstützt». 229

Als Unterstützer kommen ausschliesslich Personen infrage, die *nicht Mitglieder* der unterstützten Organisation sind. Dies trifft etwa auf Personen zu, die zwar nicht funktional in die Organisation eingegliedert sind, aber gegen Bezahlung oder für andere Gegenleistungen irgendwelche Dienstleistungen für die Organisation erbringen. Diese Dienstleistungen können wiederum legaler oder illegaler Natur sein. Massgebend ist, dass sie im Interesse der Organisation liegen, mithin ihren Zweck mittelbar oder unmittelbar fördern.[196] 230

---

194 Zu solchen äusserlichen Erkennungszeichen etwa bei Rockerclubs (Kutten), Yakuza oder Diebe im Gesetz (Tattoos) oder Kleidungsstil (Gangs): BARKER, 9 f.; MALLORY, 148, 209. Vgl. Botschaft 2018, 6475, wo zutreffend darauf hingewiesen wird, dass auch eine «bloss ‹passive› Mitgliedschaft zu einer ausgeprägten Vernetzung führt und damit als *asset* oder Mehrwert für die Organisation gelten kann».
195 Zu solchen Ritualen etwa bei italienischen Mafia- oder japanischen Yakuza-Organisationen: PAJAROLA/OEHEN/THOMMEN, N 392 ff.
196 Vgl. dazu vorne N 218 ff.

II. Kriminelle und terroristische Organisationen

231 Vorausgesetzt ist gemäss neuem Wortlaut nur, dass die Organisation *in ihrer Tätigkeit* unterstützt wird. Demgegenüber verlangte altArt. 260ter Ziff. 1 Abs. 2 StGB, dass die Organisation in ihrer *verbrecherischen* Tätigkeit unterstützt wurde.[197]

232 In der Botschaft heisst es dazu: «Als Unterstützung gilt jeder massgebliche Beitrag zur Stärkung der Organisation» und weiter sei Art. 260ter StGB «auf jegliche Handlung anwendbar […], mit der das Gefährdungspotenzial der Organisation erhöht werden kann». Dies führe dazu, dass die «Strafverfolgungsbehörden neu lediglich bestimmen müssen, ob die Unterstützungshandlung geeignet ist, die Organisation als solche zu stärken und ihr Gefährdungspotenzial entsprechend zu erhöhen».[198]

233 Damit ist klar, dass die Tatvariante des Unterstützens erfüllt ist, wenn von einem Nichtmitglied ein Verhalten ausgeht, welches *geeignet* ist, die *Organisation zu stärken*.[199] Mit der Stärkung der Organisation wird diese gefährlicher, was die Strafwürdigkeit der Unterstützung begründet. Subjektiv ist vorausgesetzt, dass die Täterin zumindest für möglich hält, dass sie die Organisation stärkt und dies auch billigend in Kauf nimmt.

234 Das *Potenzial der Organisation* kann auf vielfältige Weise gestärkt werden. Namentlich kommen folgende Aspekte infrage: Stärkung des *finanziellen* Potenzials (Vermehrung der Aktiven, Verminderung der Passiven, Erschliessen neuer Einnahmequellen etc.); Stärkung des *personellen* Potenzials (quantitative und qualitative Verbesserung des Personals); Stärkung des *Machtpotenzials* (Ausdehnung auf neue Territorien oder Geschäftsfelder, Zusammenschluss mit oder Übernahme von anderen Organisationen, Infiltration oder Korrumpierung von Entscheidungsträgern in Politik, Justiz oder Wirtschaft etc.); Stärkung des *Gefährdungspotenzials*

---

197 Vgl. zu jener Bestimmung: PAJAROLA/OEHEN/THOMMEN, N 430 ff.
198 Alle Zitate: Botschaft 2018, 6472.
199 Das Bundesgericht liess die Stärkung des Potenzials der Organisation bereits unter der alten Bestimmung genügen: BGer 6B_238/2013, v. 22.11.2013, E. 6.11.

(bspw. durch Zugang zu spezialisiertem Know-how und moderner Technologie; Zugang zu Waffen; Radikalisierung der Ideologie; Steigerung der Gewalttätigkeit).

Mit dem Erfordernis, dass die Unterstützungshandlung nur *geeignet* sein muss, das Potenzial der Organisation zu stärken,[200] ist auch gesagt, dass die Unterstützungshandlung nicht unbedingt erfolgreich sein, mithin tatsächlich zu einer Stärkung des Potenzials führen muss. Eine entsprechende Eignung genügt bereits. 235

Dem Wortlaut ist weiter zu entnehmen, dass *die Organisation* als solche unterstützt werden muss. Die Unterstützung eines einzelnen Mitglieds bei dessen privaten Angelegenheiten genügt dafür nicht.[201] 236

Hingegen kommt die Unterstützung durchaus der Organisation zugute, wenn ein einzelnes Mitglied bei seiner Tätigkeit für die Organisation unterstützt wird. Der Umstand, ob ein Mitglied für die Organisation oder auf eigene Rechnung (also privat) handelt, dürfte i.d.R. schwer zu beweisen sein, zumal ein Mitglied (das die Organisation und/oder den Unterstützer schützen will) immer behaupten kann, genau in diesem Falle auf eigene Rechnung gehandelt zu haben. Damit diese Ausrede nicht zur Umgehung der Strafbarkeit missbraucht werden kann, muss folgende *Vermutung* gelten: Wer ein Mitglied bei einer *organisationstypischen Tätigkeit* unterstützt, bei einer Tätigkeit also, die typischerweise für die Organisation und nicht privat für das Mitglied vorgenommen wird, muss davon ausgehen, dass er tatsächlich die *Organisation als solche* und nicht bloss dieses Mitglied unterstützt. 237

Was eine organisationstypische Tätigkeit ist, hängt v.a. vom *konkreten Zweck* und dem bevorzugten *modus operandi* der fraglichen Organisation ab: In einer Menschenhandelsorganisation besteht ein typisches Verhalten bspw. darin, junge Frauen nach dem modus operandi «lover boy» anzuwerben, in das Zielland zu transportie- 238

---

200 Vgl. vorne N 233.
201 Vgl. dazu BGer 6B_238/2013, v. 22.11.2013, E. 6.8 und 8.4.

ren und sie dort der Prostitution zuzuführen. In einer Terrororganisation kann es typisch sein, auf bestimmten Websites Propaganda zu verbreiten, Sprengstoff herzustellen und «weiche» Anschlagsziele auszukundschaften. Wer also ein Mitglied bei solchen Aktivitäten unterstützt, muss davon ausgehen, dass er damit die Organisation unterstützt und nicht das Mitglied als Privatperson. Hilft eine Person dem Mitglied hingegen bei der Schlichtung eines Ehestreits oder beim Umzug in eine neue Wohnung, muss sie nicht davon ausgehen, dass sie dadurch das Potenzial der Organisation stärkt.

239 Es stellt sich die Frage, ob *harmlose Alltagshandlungen* tatbeständliche Unterstützungen darstellen können.[202] Nach dem Gesagten muss diese Frage bejaht werden, sofern diese Alltagshandlungen geeignet sind, das Potenzial der Organisation zu stärken. Eine sinnvolle Abgrenzung des strafbaren von straflosem Verhalten kann letztlich nur über den *subjektiven Tatbestand* erfolgen.[203] Aussenstehenden dürfte in aller Regel bereits das Wissen fehlen, dass sie mit der Erbringung ihrer Dienstleistung (bspw. Beförderung im öffentlichen Verkehr, Taxifahrt, Abschluss einer Versicherungspolice, Rechtsberatung) oder mit dem Verkauf ihrer Waren (bspw. in einem Lebensmittelladen) eine kriminelle oder terroristische Organisation fördern, ganz zu schweigen vom entsprechenden Willenselement. Im Umkehrschluss macht sich aber tatsächlich strafbar, wer zumindest für möglich hält und in Kauf nimmt, dass er durch seine harmlose Alltagshandlung eine solche Organisation stärken kann. Dabei ist allerdings zu bedenken, dass – zumindest bei entgeltlichen Alltagshandlungen – die Stärkung des Potenzials der Organisation (bspw. durch Lieferung von Essen an die Mitglieder) stets mit einer Schwächung ihrer finanziellen Ressourcen (Be-

---

[202] Zu dieser Problematik: PAJAROLA/OEHEN/THOMMEN, N 438 ff.; vorne N 222 ff.

[203] Eine Abgrenzung alleine über das Kriterium, ob eine Handlung *für* die Organisation vorliegt (so etwa PAJAROLA/OEHEN/THOMMEN, N 440 ff.), ist dogmatisch zwar überzeugend, jedoch unpraktikabel, da kaum einem Beweis zugänglich. Vgl. auch FORSTER, Art. 25 N 37 ff.

zahlung des Essens) einhergeht und insofern wieder kompensiert wird. Anders ist dies bei unentgeltlich erbrachten Leistungen (bspw. wenn der Organisation Essen geschenkt wird) sowie bei Leistungen, die zwar entgeltlich sind, aber nicht unter die Kategorie der harmlosen Alltagshandlungen fallen (z.B. Erbringen von Finanzdienstleistungen oder Rechtsberatung).

Im Kern gleich ist die Frage zu beantworten, ob sich der Unterstützung strafbar macht, wer nur die *legale Fassade* einer kriminellen oder terroristischen Organisation unterstützt. Legale Fassaden dienen der Organisation letztlich zur Förderung ihrer verbrecherischen Zwecke.[204] Insofern bedeutet eine Unterstützungsleistung zugunsten dieser Fassade auch eine Stärkung des Potenzials der Organisation und ist daher strafbar. 240

Verbreiten Nichtmitglieder *Propaganda*[205] über die Organisation, ihre Mitglieder, ihre Aktivitäten oder Ziele, kann dies ebenfalls eine Stärkung des Potenzials der Organisation bewirken. Durch Propaganda wird zum einen bezweckt, die Organisation bzw. ihre Tätigkeiten zu *legitimieren,* sie also als rechtmässig erscheinen zu lassen (bei Terrororganisationen bspw. als Freiheitskampf gegen despotische Herrscher; bei Bereicherungsorganisationen etwa als Enteignung der Reichen und Umverteilung an die Armen). Zum andern bezweckt die Propaganda, *neue Mitglieder und Unterstützer* zu gewinnen, indem diese überzeugt werden, den Kampf für eine gute Sache aufzunehmen. 241

Schwierig ist die Abgrenzung zu blossen *Sympathiebekundungen,* wenn also Nichtmitglieder eine Organisation bzw. deren Mitglieder, Tätigkeiten oder Ziele positiv kommentieren (etwa durch das Setzen von «likes» in Social Media; das Tragen von Symbolen oder Emblemen der Organisation). Die frühere Botschaft äusserte sich folgendermassen dazu: «Demgegenüber wird der Sympathisant, der beispielsweise durch das Sprayen von Durchhalteparolen für die 242

---

204 Vgl. dazu vorne N 206 ff.
205 Vgl. dazu vorne N 221.

II. Kriminelle und terroristische Organisationen

Zwecke der Organisation wirbt, vom Tatbestand nicht erfasst»[206]. Das Bundesgericht und die Lehre betrachten solche Sympathiebekundungen ebenfalls als straflos.[207]

243 Es gilt jedoch zu bedenken, dass die zitierte Botschaft, die Rechtsprechung und die Lehrmeinungen noch auf *alt*Art. 260ter StGB basierten, welcher vorschrieb, dass sich die Unterstützung auf die *verbrecherische* Tätigkeit der Organisation beziehen musste und nicht wie in der heutigen Fassung bloss auf ihre Tätigkeit. Zudem darf die Bedeutung von Sympathiebekundungen für die *Stärkung des Potenzials der Organisation* nicht unterschätzt werden. Gerade bei lokal stark verankerten Organisationen, die auf die Unterstützung der lokalen Bevölkerung angewiesen sind, können solche Sympathiebekundungen durchaus eine substanzielle Unterstützung der Organisation bzw. ihrer Mitglieder durch weitere Personen bewirken. Besonders deutlich wird dies, wenn *einflussreiche* Personen solche Sympathiebekundungen äussern. Man stelle sich vor, eine Politikerin, ein Angehöriger der Strafverfolgung oder Justiz oder eine beliebte Schauspielerin würden öffentlich einen Terroranschlag rühmen, einer Mafiosa huldigen oder eine kriminelle Rockerbande glorifizieren. Dies könnte auf einen Teil der Bevölkerung ganz erhebliche Wirkung zugunsten der Organisation entfalten. Umgekehrt dürfte dieselbe Äusserung nicht zu einer Stärkung der Organisation geeignet sein, würde sie von einer Teenagerin in ihrem Freundeskreis verbreitet, um sich im pubertären Aufmerksamkeitswettbewerb wichtig zu machen (wenn dies von ihrem Publikum auch so wahrgenommen würde). Daher liegt es nahe, auch Sympathiebekundungen nicht pauschal von Bestrafung auszunehmen, sondern im Einzelfall zu prüfen, ob sie geeignet sind, eine Stärkung der Organisation zu bewirken oder nicht. Dies ist das einzige verlässliche Abgrenzungskriterium.

---

206 Botschaft 1993, 302.
207 BGer 6B_1104/2016, v. 7.3.2017, E. 2.3; DONATSCH/THOMMEN/WOHLERS, 210.

Ebenfalls heikel ist die Frage, ob Personen, die der Organisation 244
(mehr oder weniger) freiwillig Geld oder andere Leistungen zukommen lassen, sich der Unterstützung derselben, qua Stärkung ihres finanziellen Potenzials, schuldig machen können.[208] Hier ist nach der Art der Geldzuwendung zu unterscheiden:

Erstens können Personen der Organisation direkt und *freiwillig* 245
Geld zukommen lassen, etwa als *Mitgliederbeitrag*[209]. Dann handelt es sich bei der einzahlenden Person allerdings um Mitglieder, weshalb die Unterstützungsvariante nicht infrage kommt, sondern einzig die Beteiligungsvariante (lit. a). Weiter ist es möglich, dass aussenstehende Personen die Organisation mit *Geldspenden* unterstützen wollen (so etwa im Rahmen von Geldsammlungen zugunsten von Terrororganisationen). Diese Zahlungen werden in der direkten Absicht getätigt, die Organisation zu stärken, weshalb sie tatbestandsmässig sind.

Zweitens können Nichtmitglieder von der Organisation *Waren oder* 246
Dienstleistungen erwerben und dafür einen *Preis* bezahlen. Handelt es sich dabei um illegale Waren (etwa Betäubungsmittel, Kinderpornografie, verbotene Waffen) oder illegale Dienstleistungen (Bestechungszahlung, Zahlung für Auftragsmord, Zahlung für Kinderprostituierte etc.), muss angenommen werden, dass die Bezahlende zumindest für möglich hielt und billigte, dass das Geld die Organisation stärken würde (v.a. betr. ihres finanziellen Potenzials), was tatbestandsmässig ist. Handelt es sich hingegen um legale Waren oder Dienstleistungen, welche bspw. von einem Geschäft erworben werden, welches zur «legalen Fassade» der Organisation gehört (etwa eine Kleiderboutique, eine Vermögensverwaltung, ein Restaurant), muss grundsätzlich davon ausgegangen werden, dass die unbefangene Bezahlende nicht wusste (oder für möglich hielt), dass ihr Geld einer kriminellen Organisation zufliessen würde, weshalb sie sich nicht strafbar macht.

---

208 Vgl. dazu BGer 6B_238/2013, v. 22.11.2013, E. 6.11.
209 Dies wird etwa von der japanischen Yakuza berichtet: dazu MALLORY, 149.

II. Kriminelle und terroristische Organisationen

247 Drittens sind Zahlungen[210] zu unterscheiden, welche ein Nichtmitglied *unfreiwillig* an die Organisation leistet, sei es bspw. als Schutzgeld, «Steuer», «unfreiwillige Spende», Lösegeld (für die Freilassung einer Geisel) oder als (wucherisch) überhöhter Preis für eine an sich legale Ware (z.B. wenn der Inhaber eines Restaurants gezwungen wird, bestimmte Lebensmittel bei der Organisation zu beziehen) oder Dienstleistung (bspw. bei der Vergabe von Darlehen). Solche Geldzuwendungen stärken die Organisation zweifelsohne. Sie sind aber i.d.R. dennoch *nicht strafbar*, da sie einerseits eine *notwendige Teilnahme* an einer Straftat darstellen und andererseits erzwungen sind und spätestens auf der Rechtfertigungs- oder Schuldausschlussebene *(Nötigungsnotstand)* die Strafbarkeit ausschliessen.[211]

248 Weiter fragt sich, wie es im umgekehrten Fall ist, wenn also *die Organisation einem Nichtmitglied Geld oder andere Leistungen zukommen lässt*. Dies kann erstens im Rahmen der *Unterstützung* der Familie eines flüchtigen, inhaftierten, verletzten oder getöteten Mitglieds vorkommen. Dieser Vorgang erscheint zunächst eher als Schwächung der Organisation, weil sie dadurch finanzielle Mittel verliert. Bei genauer Betrachtung fällt aber auf, dass die Organisation aufgrund dieser Zahlungen eine *Gegenleistung* erwarten darf, auch wenn diese Erwartung möglicherweise nicht geäussert wird. Mit anderen Worten erkauft sich die Organisation durch diese finanziellen Zuwendungen die *Loyalität und Verschwiegenheit* der finanziell Unterstützten. Diese erkauften Verhaltensweisen sind es aber, welche eine strafbare Unterstützung der Organisation, qua Stärkung ihres Schutzes vor Verfolgung sowie Stabilisierung der personellen Basis, bewirken können, nicht die blosse Annahme der Zuwendung. Solche Geldempfänger können sich – Vorsatz vorausgesetzt – demnach der Unterstützung strafbar machen, wenn sie durch die Annahme der Zuwendung mit der Organisation quasi einen Pakt für (künftigen) Gehorsam eingehen.

---

210 Gleich zu behandeln sind auch andere Leistungen an die Organisation, namentlich Arbeitsleistung (etwa von einer Sexsklavin).
211 Dazu PAJAROLA/OEHEN/THOMMEN, N 481 f.

A. Grundtatbestand

Zweitens kann die Organisation einem Nichtmitglied für *Waren und Dienstleistungen,* die dieses erbringt bzw. liefert, einen *Preis* bezahlen. Es fragt sich, ob dieser Vorgang die Organisation stärkt. In der Regel dürfte es eher so sein, dass es der Erhalt der fraglichen Dienstleistung bzw. der Ware ist, welche die Organisation stärkt, nicht aber die Bezahlung des entsprechenden Preises (welche eine Schwächung ihres finanziellen Potenzials bewirkt). Das Erbringen von Dienstleistungen und die Lieferung von Waren können nach den vorstehenden Kriterien durchaus geeignet sein, das Potenzial der Organisation zu stärken und sind somit – bei entsprechendem Vorsatz – strafbar.

249

Drittens kann die Organisation einer legalen Entität (z.B. Kirche, politische Partei, Wirtschaftsunternehmen, gemeinnütziger Verein), einer Privatperson (bspw. Geschäftsführerin), Staatsangestellten (Richterin, Zollbeamte, Polizist etc.) Geld zukommen lassen, ohne von diesen (ausdrücklich) eine Gegenleistung zu verlangen. Natürlich implizieren solche Zahlungen, die primär eine Schwächung der Organisation bewirken, ähnlich wie bei der Unterstützung von Familienangehörigen (s. oben), die *Erwartung einer Gegenleistung,* auch wenn diese nicht explizit genannt wird. Wer eine solche Zahlung annimmt, muss damit rechnen, dass die Organisation zu einem späteren Zeitpunkt eine konkrete Gegenleistung verlangen wird. Die Frage ist, ob die blosse Annahme einer solchen Zahlung geeignet ist, das Potenzial der Organisation zu stärken oder ob dies erst der Fall ist, wenn die korrumpierte Handlung tatsächlich vorgenommen wird. Zumindest in den Fällen, in denen sich die Empfängerin des Geldes durch die Annahme desselben *erpressbar* macht (was v.a. für Staatsangestellte und Politiker gelten dürfte), wird das Machtpotenzial der Organisation bereits mit der Annahme des Geldes gestärkt («Korruption auf Vorrat»[212]). Der Empfängerin bleibt nur die Wahl zwischen Handeln im Interesse der Organisation und Verlust der Arbeitsstelle, des Ansehens etc. Dies bewirkt auf der Seite der Organisation eine sichere Mög-

250

---

212 SCHMID EOVG[2]-ARZT, Art. 260ter StGB N 155. Vgl. auch den Tatbestand der Vorteilsgewährung (sog. «Anfütterung») (Art. 322[quinquies] StGB).

lichkeit der Einflussnahme im betreffenden Bereich, was definitiv ein wertvolles «asset» ist. Solche Geldempfänger können sich bei entsprechendem (Eventual-)Vorsatz also durchaus der Unterstützung strafbar machen.

251 Weiter stellt sich die Frage, ob sich *verdeckte Fahnder* (Art. 298a StPO) oder *verdeckte Ermittler* (Art. 285a StPO), die im Rahmen ihres Auftrags Dienstleistungen für die Organisation erbringen oder für sie oder mit ihr Geschäfte durchführen (bspw. Waren handeln), der Unterstützung einer kriminellen oder terroristischen Organisation schuldig machen können. Diese Konstellation besteht etwa, wenn die verdeckte Ermittlerin für Terroristen eine Wohnung mietet, wenn sie für eine Heroinhandelsorganisation Gelder ins Ausland transportiert oder wenn sie von der Organisation Heroin kauft und dieses bezahlt. Solche Handlungen sind geeignet, das Potenzial der Organisation zu stärken (abgesehen davon, dass dadurch weitere Straftatbestände erfüllt sein könnten).

252 Ob sich verdeckte Fahnder oder Ermittler in solchen Fällen strafbar machen, hängt erstens davon ab, ob sie sich damit innerhalb des ihnen durch die Staatsanwaltschaft erteilten *Auftrags* bewegen oder ausserhalb. Die folgenden Erwägungen beziehen sich auf den Normalfall, in dem sich die Fahnderin bzw. der Ermittler an Auftrag und Instruktion der Staatsanwaltschaft hält. Die Strafbarkeit hängt zweitens von ihrem *Vorsatz* ab: Zwar spielt das *Fernziel* (Zerschlagung der Organisation, Verhaftung der Mitglieder, Sicherstellung der Drogen etc.) für die Frage des Vorsatzes an sich keine Rolle. Es ist nur entscheidend, was die verdeckte Fahnderin oder Ermittlerin wusste und wollte. Das *Wissenselement* dürfte regelmässig erfüllt sein, ist der Handelnden doch bewusst, dass sie es mit einer kriminellen oder terroristischen Organisation zu tun hat und dass ihre Handlungen geeignet sein könnten, diese (kurzfristig) zu stärken. Ebenso regelmässig dürfte aber das *Willenselement* fehlen, denn die verdeckte Fahnderin oder Ermittlerin nimmt keineswegs billigend eine Stärkung des Potenzials der Organisation in Kauf; vielmehr will sie das genaue Gegenteil (und bewirkt dies i.d.R. im Ergebnis auch). Im Einzelfall wird eine *Verhältnismässigkeitsabwägung* vor-

zunehmen sein, bei welcher der Nutzen der verdeckten Fahndung bzw. Ermittlung dem Risiko der Stärkung der Organisation gegenüberzustellen ist.[213]

Dabei ist Folgendes wichtig: Die verdeckte Fahndung bzw. Ermittlung wird durch die Staatsanwaltschaft angeordnet und – im Falle der verdeckten Ermittlung – von einem Zwangsmassnahmengericht (Art. 289 StPO) genehmigt. Sämtliche Handlungen der eingesetzten Fahnder bzw. Ermittler erfolgen normalerweise (alles andere würde eine Verletzung von Art. 292 StPO darstellen)[214] im Rahmen des *Auftrags* und der *Instruktion,* welche sie von der Staatsanwaltschaft erhalten haben. Die Entscheidung, ein bestimmtes Geschäft mit Mitgliedern der Organisation durchzuführen oder für diese Dienstleistungen zu erbringen, trifft demnach nicht die Fahnderin oder der Ermittler, sondern die *fallführende Staatsanwältin.* Bei der Frage, ob sich die Fahnder bzw. Ermittler strafbar gemacht haben, ist daher nicht nur deren eigenes Wissen und Wollen, sondern v.a. dasjenige der Staatsanwaltschaft zu berücksichtigen. 253

Der Unterschied liegt darin, dass die Staatsanwaltschaft als *Verfahrensleiterin* eines Strafverfahrens über sämtliche *Informationen* verfügt, die aus allen in diesem Verfahren eingesetzten Ermittlungs- und Untersuchungsmassnahmen stammen, seien diese offen (bspw. Einvernahmen, Hausdurchsuchungen, Rechtshilfeersuchen) oder geheim (bspw. Kommunikationsüberwachung) erfolgt. Weiter verfügt die Staatsanwaltschaft möglicherweise auch über entsprechende Informationen aus anderen, verwandten Verfahren, die sie selbst oder andere Untersuchungsbehörden (im In- oder Ausland) führen. Dementsprechend hat nur die Staatsanwaltschaft ein umfassendes Bild über die bereits vorhandenen sowie über die für eine Verhaftung bzw. Verurteilung noch zu erlangenden Beweismittel. Konsequenterweise ist es sie, welche die *Strategie* festlegt und die 254

---

213 So ist das Bundesgericht sogar in einem Fall vorgegangen, bei welchem eine Privatperson 70 Gramm Kokain transportierte, um es vernichten zu können (BGE 117 IV 58, E. 2c). Vgl. zur ganzen Problematik: ZH-StPO[3]-Hansjakob/Pajarola, Art. 293 N 31.
214 Vgl. dazu ZH-StPO[3]-Hansjakob/Pajarola, Art. 292 N 2.

letztlich *entscheidet,* welche Handlungen die Fahnderin bzw. Ermittlerin gegenüber der Organisation vorzunehmen hat. Verdeckte Fahnder und Ermittler sind so gesehen der verlängerte Arm der Staatsanwaltschaft.

255 Erkennt der Staatsanwalt also vor diesem Hintergrund bspw., dass es zur Überführung der Täterschaft nur noch des Kaufs einer grösseren Menge Kokains von einem Mitglied der Organisation bedarf (weil alle übrigen Beweiselemente durch andere Untersuchungshandlungen bereits erstellt sind) und beauftragt er daher die verdeckte Ermittlerin, dieses Geschäft durchzuführen, ist nicht auf den Vorsatz der handelnden Ermittlerin abzustellen, aus deren Sicht vielleicht tatsächlich ein eventualvorsätzliches Handeln vorliegen könnte, sondern vielmehr auf den *Vorsatz der dahinterstehenden und weisungsbefugten Staatsanwaltschaft,* welche weiss, dass dieses Geschäft (sofern erfolgreich durchgeführt) die Organisation (oder zumindest einzelne Mitglieder) zu Fall bringen und dadurch schwächen wird, und die auch nur dies will. Die verdeckten Fahnder und Ermittler müssen sich auf diese Einschätzung der Staatsanwaltschaft verlassen können.

256 Dies führt im Ergebnis dazu, dass eine verdeckte Fahnderin oder Ermittlerin sich der Unterstützung einer terroristischen oder kriminellen Organisation *nicht* strafbar macht, wenn sie innerhalb des ihr von der Staatsanwaltschaft vorgegebenen Auftrags handelt. Anders wäre dies nur, wenn es für sie erkennbar war, dass auch ein erfolgreicher Einsatz der verdeckten Fahndung bzw. Ermittlung (als letzter Puzzlestein im Beweisfundament) nicht geeignet wäre, das Potenzial der Organisation zu schwächen.[215]

9. Subjektiver Tatbestand

257 Die Beteiligung an einer kriminellen oder terroristischen Organisation und die Unterstützung einer solchen sind nur strafbar, wenn

---

215 Zu möglichen Rechtfertigungs- und Schuldausschlussgründen vgl. hinten N 262 f.

sie vorsätzlich begangen werden, wobei es genügt, wenn in Bezug auf alle objektiven Tatbestandselemente *Eventualvorsatz* vorliegt.

Vorausgesetzt ist also zunächst, dass die Täterin *weiss oder zumindest für möglich hält,* dass es erstens um eine Organisation geht, die einen der in Art. 260ter Abs. 1 lit. a StGB genannten Zwecke verfolgt, und zweitens, dass ihr Verhalten eine Beteiligung (Mitgliedschaft und Aktivität) oder eine Unterstützung (Stärkung des Potenzials der Organisation) darstellt. Weiter ist erforderlich, dass die Täterin *will oder zumindest billigend in Kauf nimmt,* dass sie sich an einer solchen Organisation beteiligt bzw. diese unterstützt. 258

In Bezug auf die interpretationsbedürftigen objektiven Tatbestandsmerkmale, namentlich die Natur der Organisation und ihren Zweck, kann auf die Parallelwertung in der Laiensphäre zurückgegriffen werden.[216] Das Bundesgericht[217] setzte (zumindest vereinzelt) hingegen recht hohe Anforderungen an den Eventualvorsatz des Unterstützungstäters: Eine ungefähre Vorstellung einer irgendwie gearteten Verübung von Delikten durch die Organisation genüge nicht. Vielmehr müsse sich der Eventualvorsatz auf jenen Sachverhalt beziehen, der den objektiven Tatbestand der Unterstützung erfülle.[218] 259

Zu erinnern ist auch in diesem Zusammenhang daran, dass die Unterstützungshandlung neu weder objektiv noch subjektiv einen Bezug zur verbrecherischen Tätigkeit einer Organisation aufweisen muss. Es genügt vielmehr, wenn die Organisation «in ihrer Tätigkeit» unterstützt wird. Ob dies der Fall ist oder nicht, bemisst sich nach der Frage, ob das Verhalten geeignet ist, das Potenzial der Or- 260

---

216 PAJAROLA/OEHEN/THOMMEN, N 490.
217 BGer 6B_238/2013, v. 22.11.2013, E. 10.4.
218 Vgl. etwa BGE 145 IV 470, E. 4.8: «Es war für die betroffenen Beschwerdegegner nicht vorhersehbar, dass ihre Handlungen zugunsten des O. bzw. der LTTE-Bewegung als Verstösse gegen Art. 260ter StGB gewertet werden könnten, da sich im fraglichen Zeitraum verschiedene Bundesbehörden zu dieser Bewegung äusserten, ohne jemals zu verstehen zu geben, dass sie als kriminelle Organisation angesehen werden könnte.» Dazu ARNOLD, 50 ff. Weit weniger streng hingegen in BGE 129 IV 271, E. 2.5.

ganisation zu stärken. Insofern ist die bisherige Rechtsprechung – auch in Bezug auf den subjektiven Tatbestand – zu relativieren.

261 Der subjektive Tatbestand ist dort von besonderer Bedeutung, wo einer Person Beteiligung oder Unterstützung vorgeworfen wird, indem sie ausschliesslich Handlungen vorgenommen hat, die an sich *legal* oder gar als harmlose Alltagshandlungen zu werten sind.[219] Ebenso entscheidend ist der (auf die Staatsanwaltschaft erweiterte) Vorsatz, wenn es um die Frage der Strafbarkeit von *verdeckten Fahndern und Ermittlern* geht.[220]

10. Rechtfertigungs- und Schuldausschlussgründe

262 Für Art. 260ter StGB gelten die üblichen Regeln über die Rechtfertigungs- und Schuldausschlussgründe (Art. 14 ff. StGB).

263 Besonders hervorzuheben sind folgende Konstellationen: Nichtmitglieder, die zu einer Unterstützung der Organisation gezwungen werden, können sich i.d.R. auf *Nötigungsnotstand* berufen und Rechtswidrigkeit (Art. 17 StGB) oder Schuld (Art. 18 StGB) ausschliessen.[221] *Verdeckte Fahnder und Ermittler,* die sich im Rahmen ihres Auftrags an einer Organisation beteiligen oder eine solche unterstützen, können sich auf den Rechtfertigungsgrund der gesetzlich erlaubten Handlung (Art. 14 StGB) berufen; dies in Verbindung mit Art. 293 Abs. 3 oder Art. 294 StPO, welche ausdrücklich die Durchführung von rechtswidrigen Geschäften vorsehen.

11. Versuch und Teilnahme

264 Bereits die Botschaft zu altArt. 260ter StGB schloss eine Anwendung der Bestimmungen über den Versuch (Art. 22 StGB) sowie die Teil-

---

219 Vgl. dazu vorne N 222 ff. (Beteiligung) und N 239 (Unterstützung).
220 Dazu vorne N 251 ff.
221 Vgl. vorne N 247.

nahme (Art. 24 f. StGB) aus.[222] Dies sollte sich durch die Revision nicht ändern.[223] Stattdessen wurde eine neue Strafbestimmung (Art. 260^{sexies} StGB)[224] kreiert, auf welche die Regeln über den strafbaren Versuch und die Teilnahme uneingeschränkt anwendbar sind und welche gewisse Verhaltensweisen erfasst, die materiell auch einen Versuch bzw. eine Teilnahme zu Art. 260ter StGB darstellen.[225] Nach hier vertretener Auffassung müssen auf Art. 260ter StGB sowohl die Bestimmungen über den Versuch als auch diejenigen über die Teilnahme vorbehaltlos anwendbar sein.[226]

B. Ausnahme für humanitäre Dienste (Art. 260ter Abs. 2 StGB)

Gemäss Art. 260ter Abs. 2 StGB liegt keine Unterstützung einer kriminellen oder terroristischen Organisation vor, wenn eine unparteiische humanitäre Organisation (wie das IKRK) im Einklang mit Art. 3 der Genfer Abkommen humanitäre Dienste erbringt. — 265

Diese Bestimmung soll Hilfswerke und andere humanitäre Organisationen vor Strafbarkeit schützen, die in Konflikt- oder Krisengebieten ihre Dienste erbringen und dadurch in der Gefahr stehen, diese auch gegenüber Mitgliedern von kriminellen oder terroristischen Organisationen zu erbringen und diese Organisationen dadurch zu unterstützen.[227] Dadurch soll gewährleistet werden, dass die «neutrale, unvoreingenommene und von machtpolitischen Erwägungen unabhängige Hilfe an die Opfer von Konflikten»[228] weiterhin möglich und straflos bleibt. Die humanitäre Hilfe soll von der Terrorismusbekämpfung unberührt bleiben. — 266

---

222 Botschaft 1993, 304. Kritische Auseinandersetzung bei PAJAROLA/OEHEN/THOMMEN, N 498 ff. (Versuch) und N 505 ff. (Teilnahme).
223 Botschaft 2018, 6443 f.
224 Dazu hinten N 426 ff.
225 Botschaft 2018, 6444.
226 Vgl. hinten N 409 ff.
227 Botschaft 2018, 6479 f.
228 Botschaft 2018, 6480.

II. Kriminelle und terroristische Organisationen

267 Zunächst ist festzuhalten, dass die Ausnahmeregelung von Abs. 2 nur für die *Unterstützungsvariante* (Art. 260ter Abs. 1 lit. b StGB) gilt, nicht hingegen für die Beteiligungsvariante (Art. 260ter Abs. 1 lit. a StGB). Eine Ausnahme für die Beteiligungsvariante ist schlicht unnötig, weil es undenkbar ist, dass eine humanitäre Organisation Mitglied einer kriminellen oder terroristischen Organisation ist. Die Ausnahmeregelung gilt sowohl für kriminelle als auch für terroristische Organisationen.

268 Sodan ist zu definieren, was unter «*humanitäre Dienste*» zu verstehen ist. Der Begriff findet sich im StGB sonst nirgends.[229] Kurz gesagt umfasst er jegliche *unentgeltliche Hilfestellung für Menschen in Notlagen*. Darunter fällt u.a. medizinische Versorgung, Versorgung mit Nahrungsmitteln, Kleidern etc. sowie Gewähren von Schutz und Obdach. Notlagen können bspw. durch Kriege oder andere Auseinandersetzungen, Naturkatastrophen (Überschwemmungen, Erdbeben etc.), Krankheiten (Epidemien), Hungersnöte und Ähnliches verursacht werden.

269 Humanitäre Dienste fallen nur unter diese Bestimmung, wenn sie durch *unparteiische humanitäre Organisationen* erbracht werden. Weder die aktuelle Botschaft noch die damalige Botschaft[230] zu den Genfer Konventionen selbst definierte diesen Begriff. Die Definitionskriterien sind also unklar, was dazu führt, dass es äusserst schwierig sein dürfte, solche Organisationen von anderen zu unterscheiden, die ähnliche Dienste erbringen, aber nicht von dieser Ausnahme sollen profitieren können.

270 Der Zusatz in Abs. 2 von Art. 260ter StGB «*wie dem Internationalen Komitee vom Roten Kreuz*» macht die Abgrenzung nicht einfacher. Die Exemplifizierung der humanitären Organisationen anhand des IKRK kam schon in den vier Genfer Konventionen vor (dazu so-

---

[229] Einzig in Art. 264d Abs. 1 lit. b StGB werden u.a. Angriffe auf «humanitäre Hilfsmissionen» unter Strafe gestellt.

[230] Botschaft des Bundesrates an die Bundesversammlung betreffend die Genehmigung der Genfer Abkommen zum Schutze der Kriegsopfer (vom 5.12.1949), BBl 1949 II, 1181.

gleich). Dem IKRK kommt in den Konventionen allerdings eine sehr prominente Rolle als Garant der elementaren Menschenrechte zu (vgl. Art. 10 Abs. 3 der Genfer Abkommen zur Verbesserung des Loses der Verwundeten und Kranken der bewaffneten Kräfte im Felde). Bedeutet dies, dass nur Organisationen gemeint sind, die ähnlich gross, ähnlich alt, ähnlich prominent und ähnlich organisiert sind wie das IKRK?

Dass das IKRK als Vorbild gewählt wurde, bedeutet wohl, dass nur Organisationen infrage kommen, die als seriös gelten, d.h. dem Recht verpflichtet sind, eine gewisse Beständigkeit aufweisen und professionell geführt werden. In Art. 3 Abs. 2 der Genfer Konventionen wird zwar ebenfalls der Terminus «unparteiische humanitäre Organisation» verwendet, was im Einzelnen damit gemeint ist, bleibt allerdings unklar. 271

Von der Ausnahmebestimmung klarerweise *nicht erfasst* sind also namentlich humanitäre Hilfestellungen durch unabhängig von humanitären Organisationen handelnde *Einzelne* (bspw. eine Ärztin, die einen Terroristen aus Eigeninitiative medizinisch versorgt), *entgeltliche* Hilfestellungen (bspw. durch ein Spital, Hotel oder Restaurant, welche Bezahlung für ihre Dienstleistungen verlangen) oder durch Organisationen, die *parteiisch* sind, mithin solche, die bspw. in einem Bürgerkrieg nur eine Konfliktpartei unterstützen. 272

Beispiele für unparteiische humanitäre Organisationen, finden sich – abgesehen von dem bereits im Gesetzestext genannten IKRK – in der Botschaft nicht. Infrage kommen nach den oben genannten Kriterien etwa: Médecins Sans Frontières, verschiedene UNO-Organisationen (UNICEF, UNHCR), Terre des hommes oder Caritas. 273

Eine weitere Voraussetzung für die Ausnahmebestimmung von Art. 260ter Abs. 2 StGB besteht darin, dass nur humanitäre Dienste darunter fallen, die in Übereinstimmung mit *Art. 3 der Genfer Konventionen* erbracht werden. 274

Bei diesen Genfer Konventionen handelt es sich um folgende: Genfer Abkommen zur Verbesserung des Loses der Verwundeten und Kranken der bewaffneten Kräfte im Felde (SR 0.518.12), Genfer Ab- 275 kommen zur Verbesserung des Loses der Verwundeten, Kranken und Schiffbrüchigen der bewaffneten Kräfte zur See (SR 0.518.23), Genfer Abkommen über die Behandlung der Kriegsgefangenen (SR 0.518.42) sowie Genfer Abkommen über den Schutz von Zivilpersonen in Kriegszeiten (SR 0.518.51).

276 Deren gemeinsamer *Artikel 3* statuiert einen *humanitären Mindeststandard* in bewaffneten Konflikten und lautet wie folgt:

«Im Falle eines bewaffneten Konflikts, der keinen internationalen Charakter aufweist und der auf dem Gebiet einer der Hohen Vertragsparteien entsteht, ist jede der am Konflikt beteiligten Parteien gehalten, wenigstens die folgenden Bestimmungen anzuwenden:

1. Personen, die nicht direkt an den Feindseligkeiten teilnehmen, einschliesslich der Mitglieder der bewaffneten Streitkräfte, welche die Waffen gestreckt haben, und der Personen, die infolge Krankheit, Verwundung, Gefangennahme oder irgendeiner anderen Ursache ausser Kampf gesetzt wurden, sollen unter allen Umständen mit Menschlichkeit behandelt werden, ohne jede Benachteiligung aus Gründen der Rasse, der Farbe, der Religion oder des Glaubens, des Geschlechts, der Geburt oder des Vermögens oder aus irgendeinem ähnlichen Grunde.

   Zu diesem Zwecke sind und bleiben in Bezug auf die oben erwähnten Personen jederzeit und jedenorts verboten:

   a. Angriffe auf Leib und Leben, namentlich Mord jeglicher Art, Verstümmelung, grausame Behandlung und Folterung;

   b. die Gefangennahme von Geiseln;

   c. Beeinträchtigung der persönlichen Würde, namentlich erniedrigende und entwürdigende Behandlung;

   d. Verurteilungen und Hinrichtungen ohne vorhergehendes Urteil eines ordnungsmässig bestellten Gerichtes, das die von den zivilisierten Völkern als unerlässlich anerkannten Rechtsgarantien bietet.

2. Die Verwundeten und Kranken sollen geborgen und gepflegt werden.

Eine unparteiische humanitäre Organisation, wie das Internationale Komitee vom Roten Kreuz, kann den am Konflikt beteiligten Parteien ihre Dienste anbieten.

Die am Konflikt beteiligten Parteien werden sich anderseits bemühen, durch besondere Vereinbarungen auch die andern Bestimmungen des vorliegenden Abkommens ganz oder teilweise in Kraft zu setzen.

Die Anwendung der vorstehenden Bestimmungen hat auf die Rechtsstellung der am Konflikt beteiligten Parteien keinen Einfluss.»

Die Ausnahmebestimmung gem. Art. 260ter Abs. 2 StGB greift also nur, wenn die unparteiische humanitäre Organisation bei der Erbringung ihres humanitären Dienstes die Vorgaben dieses Art. 3 der Genfer Konventionen einhält. Dies bedeutet v.a., dass die Dienste frei von Diskriminierung und unter Wahrung der Würde der Opfer erbracht werden müssen.

Die Ausnahmeregelung bewirkt nicht nur, dass die humanitäre Organisation als solche gemäss Art. 260ter Abs. 1 lit. b StGB straffrei bleibt, sondern auch, dass die einzelnen *Mitarbeiter*, die für diese Organisation im Rahmen ihres Auftrags tätig sind, nach dieser Bestimmung *nicht bestraft* werden können. Infolgedessen kann auch nicht ihr Vermögen (gemäss Art. 72 StGB) beschlagnahmt oder eingezogen werden und sie können ebenso wenig gestützt auf Art. 260ter Abs. 1 lit. b StGB (bspw. in Verbindung mit Art. 269 Abs. 2 lit. a StPO) geheim überwacht werden.

Es fragt sich allerdings, wie sachgerecht und sinnvoll diese Ausnahmebestimmung ist. Einerseits ist das Ziel der Bestimmung, nämlich dass damit sichergestellt werden sollte, dass die Arbeit von humanitären Organisationen nicht beeinträchtigt wird, unterstützenswert. Anderseits fragt sich, ob es gerechtfertigt ist, humanitäre Dienste, die von unparteiischen humanitären Organisationen erbracht werden, gegenüber solchen (gleichartigen Diensten), die von *anderen Organisationen oder Einzelnen* erbracht werden, derart zu privilegieren. Was in Bezug auf die humanitären Organisationen verhindert werden sollte, nämlich, dass sie ihre Dienste aus Angst vor Strafbarkeit nicht mehr erbringen würden, trifft die übrigen humanitären Akteure nun mit voller Härte. Andererseits kann argumentiert werden, dass eine Regelung, die auch Einzelne erfasst hätte, durch Unterstützer von terroristischen oder kriminellen Organisationen zu einfach hätte als Ausrede missbraucht werden können, um strafwürdige Unterstützung zu leisten.

280 Umgekehrt ist auch fraglich, ob es gerechtfertigt ist, die unparteiischen humanitären Organisationen *ganz generell* von der Anwendung von Art. 260ter StGB auszunehmen, kommt dies doch einem Freibrief für strafwürdige Unterstützungshandlungen zugunsten von terroristischen und kriminellen Organisationen gleich. Dies ist besonders mit Blick auf die Unklarheit der Definition «unparteiischer humanitärer Organisationen» heikel. Sollte also bspw. das IKRK – so unwahrscheinlich dies auch sein mag – eines Tages entscheiden, Al-Qaida gezielt zu unterstützen, indem sie deren Kämpfern in die jeweiligen Konfliktgebiete folgen und nur diese medizinisch und mit Nahrung versorgen, blieben die IKRK-Mitarbeiter (zumindest gemäss Art. 260ter Abs. 1 lit. b StGB) straflos. Dass dies beim IKRK jemals geschehen könnte, erscheint ausgeschlossen. Angesichts der grossen Anzahl von Organisationen, die unter den Begriff «unparteiische humanitäre Organisation» fallen können, ist eine solche Generalabsolution aber äusserst problematisch. Es ist bspw. nicht auszuschliessen, dass eine Gruppe von Terror-Unterstützern gerade zu diesem Zweck eine scheinbar unparteiische humanitäre Organisation gründet oder die Kontrolle über eine solche übernimmt und damit ungestraft die Terrororganisation wirksam unterstützt.

281 Als Unterstützungshandlung ist nur strafbar, wenn ein Verhalten das Potenzial der Organisation zumindest eventualvorsätzlich stärkt. Es stellt sich die Frage, ob das Erbringen von humanitären Diensten gegenüber Mitgliedern von kriminellen oder terroristi-

schen Organisationen diese Kriterien überhaupt erfüllen kann, und ob die Ausnahmebestimmung daher überhaupt nötig ist.

Werden Mitglieder einer kriminellen oder terroristischen Organisation bspw. mit Nahrungsmitteln oder Medizinprodukten versorgt oder werden ihnen Unterkünfte geboten, werden ihnen mithin humanitäre Dienste zuteil, dürfte dies sehr wohl eine Stärkung ihres personellen Potenzials bewirken, da die Mitglieder dadurch gesünder, ausgeruhter und körperlich sowie psychisch gestärkt werden. Humanitäre Dienstleistungen bewirken wohl auch eine Stärkung des finanziellen Potenzials einer Organisation, zumal humanitäre Dienste per definitionem unentgeltlich erbracht werden und die Organisation so Einsparungen macht. Auch dort, wo humanitäre Dienste in Form von Alltagshandlungen erbracht werden, etwa beim Transport von Kleidern, beim Angebot einer Unterkunft oder bei einfacher medizinischer Versorgung, können sie bei entsprechendem Vorsatz durchaus als Unterstützungshandlungen taugen.[231] Das Wissenselement dürfte etwa dann erfüllt sein, wenn der humanitär Dienstleistende zumindest für möglich hält, dass unter den Personen, die er konkret unterstützt, solche sind, welche einer kriminellen oder einer Terrororganisation angehören. Dies dürfte in Konfliktgebieten, wo sich uniformierte Kombattanten gegenüberstehen, oder auch dort, wo sich die Kämpfer einer Terrororganisation an ihren Kleidern, ihrer Herkunft oder anderen Äusserlichkeiten erkennen lassen, regelmässig gegeben sein. Am direkten Willen, eine Terrororganisation zu stärken, dürfte es den humanitär Dienstleistenden zwar regelmässig fehlen. Hingegen kann wohl nicht per se ausgeschlossen werden, dass sie die Stärkung des Potenzials der Terrororganisation billigend in Kauf nehmen. Genau für diese Teilmenge, die sich also grundsätzlich strafbar machen würde, ist die Ausnahmebestimmung von Art. 260ter Abs. 2 StGB zugeschnitten.

282

---

231 Vgl. dazu vorne N 239.

C. Bestimmender Einfluss in der Organisation (Art. 260ter Abs. 3 StGB)

283 Übt der Täter einen bestimmenden Einfluss in der kriminellen oder terroristischen Organisation aus, ist er gemäss Art. 260ter Abs. 3 StGB härter zu bestrafen (nämlich mit einer Freiheitsstrafe von 3 bis 20 Jahren).

284 Dem Gesetz ist nicht zu entnehmen, wann der Einfluss des Täters ein bestimmender ist. Ein *bestimmender Einfluss* liegt gemäss *Botschaft* vor, wenn es sich um «führende Mitglieder» handelt, sich der Tatbeitrag also «nicht auf die blosse Unterstützung oder Beteiligung an der Organisation» beschränkt, sondern die Täterin vielmehr «für die Existenz und die Aktivität der Organisation ausgeprägt verantwortlich» ist und ein «faktisches Mitbestimmungsrecht» darüber hat, «in welchem Umfang die Organisation deliktisch aktiv ist und entsprechend ihren Einfluss und ihre Macht auszubauen versucht». Darüber hinaus übe ein führendes Mitglied «in aller Regel eine stark korrumpierende Wirkung auf andere Beteiligte sowie auf das Umfeld der Organisation aus». Demgegenüber sei es für die qualifizierte Tatbegehung nicht erforderlich, dass die Täterin über eine absolute Kontrolle über die Organisation oder eine die anderen Führungspersonen überragende Machtposition verfüge; vielmehr genüge es, wenn ihr eine «mitbestimmende Führungsrolle» in der Organisation zukomme. Der «Mehrwert» eines solchen Täters für die Organisation sei «erheblich erhöht» und ebenso sei das daraus resultierende Gefährdungspotenzial einzustufen, entsprechend höher sei der Unrechtsgehalt, weshalb eine höhere Strafe gerechtfertigt sei.[232]

285 Zunächst stellt sich die Frage, ob die qualifizierte Strafbarkeit für *beide Tatvarianten* oder nur für diejenige der Beteiligung gilt. Dem Wortlaut der Bestimmung ist die Antwort nicht zu entnehmen. Die Formulierung «in der Organisation» deutet zwar eher in die Richtung einer ausschliesslichen Anwendung auf die Beteiligungsva-

---

232 Alle Zitate: Botschaft 2018, 6474.

riante hin, sie schliesst aber auch eine Anwendung auf Einflussnahmen von ausserhalb der Organisation nicht a priori aus. Die Gesetzessystematik – die beiden Tatvarianten sind in Abs. 1 lit. a und b untergebracht, die qualifizierte Strafbarkeit in Abs. 3 – lässt vermuten, dass beide Tatvarianten erfasst sind. Die Botschaft äussert sich nicht explizit zu dieser Frage, scheint aber grundsätzlich davon auszugehen, dass die Qualifikation nur auf die Beteiligung anwendbar ist, wenn sie von führenden *Mitgliedern* oder dem Unrechtsgehalt einer solchen *Beteiligung* spricht (s. oben). Andererseits erwähnt die Botschaft selbst, dass sich der qualifizierte Tatbeitrag nicht «auf die blosse *Unterstützung* oder Beteiligung» beschränke, womit sie das Feld wieder für beide Tatvarianten eröffnet.

Die *ratio legis* legt nahe, die Beantwortung der Frage an der *Gefährlichkeit* des Tatbeitrags und damit am Unrechtsgehalt festzumachen. Dabei ist zunächst wichtig, dass Art. 260ter StGB die beiden Tatvarianten (Beteiligung und Unterstützung) absolut gleich behandelt, wo dies nicht explizit anders geregelt ist (so ausschliesslich in Abs. 2 der Bestimmung). Für die beiden Tatvarianten sind also auch die gleichen Strafen vorgesehen. Die Strafhöhe eines konkreten Verhaltens hat sich an dessen Gefährlichkeit zu orientieren. Beteiligungshandlungen sind per se nicht gefährlicher als Unterstützungshandlungen und auch nicht umgekehrt. 286

Diese Gleichbehandlung von Beteiligung und Unterstützung muss auch für den qualifizierten Tatbestand gelten: Ob die Täterin einen bestimmenden Einfluss in der Organisation *von innerhalb* (als Mitglied) oder *von ausserhalb* (als Unterstützerin) ausübt, spielt dabei keine Rolle. Entscheidend ist, dass sie massgebend darauf Einfluss nimmt, dass bzw. wie, wie häufig, wie intensiv etc. die Organisation Straftaten begeht. 287

Eine bestimmende Einflussnahme von *innerhalb* der Organisation dürfte wahrscheinlicher sein: Ein Kadermitglied der Organisation trifft wesentliche Entscheidungen, koordiniert die deliktische Tätigkeit verschiedener Untergruppen, bestraft fehlbare Mitglieder, wählt das nächste Anschlagsziel aus etc., ganz so, wie Kaderleute in einem Wirtschaftsunternehmen die legalen Geschäfte steuern. Es 288 kommt aber durchaus auch vor – gerade auch in der Welt der Wirtschaft –, dass massgebende Impulse von *ausserhalb* des Unternehmens kommen, etwa von Geldgebern, Know-how-Trägern, Lieferanten, Politikerinnen usw.: Eine Investorin schiesst bspw. für ein bestimmtes Projekt hohe Vermögenswerte ein; ein politisches Gremium erteilt eine für den Marktzugang erforderliche Bewilligung; ein Headhunter findet gezielt neue Talente. Diese Beispiele lassen sich auch in die Welt der kriminellen und terroristischen Organisationen übertragen: Ein Aussenstehender spendet einer Terrororganisation regelmässig hohe Geldbeträge und nimmt im Gegenzug Einfluss auf die Anschlagsziele; ein Politiker trägt der Organisation auf, seine Konkurrentin aus dem Weg zu räumen, im Gegenzug sorgt er für die Erteilung von staatlichen Bauaufträgen; ein Heroin-Produzent liefert seine Ware exklusiv an die Organisation, bestimmt dafür aber die zu verkaufende Menge, das geografische Verkaufsgebiet und den (Mindest-)Preis.

289 Eine Einflussnahme von ausserhalb kann bezüglich Gefährlichkeit der Organisation zum gleichen Ergebnis führen wie eine solche von innerhalb, weshalb die qualifizierte Strafbarkeit gemäss Art. 260ter Abs. 3 StGB auf *beide Tatvarianten* (Beteiligung und Unterstützung) anzuwenden ist.

290 Der bestimmende Einfluss muss sich gemäss Wortlaut auf die Organisation beziehen («Übt der Täter einen bestimmenden Einfluss *in der Organisation* aus»). Das bedeutet, dass er nicht zwingend die *verbrecherische* Tätigkeit der Organisation betreffen muss, sondern dass es bspw. auch ausreicht, wenn die Täterin einen bestimmenden Einfluss auf die Existenz oder die Stärkung der Organisation als solche nimmt.[233] Dies schliesst die Stärkung jedweden Potenzials[234] der Organisation ein, namentlich eine Stärkung der personellen Basis, der finanziellen Substanz, der technischen Infrastruktur,

---

[233] So auch Botschaft 2018, 6474: «für die Existenz und die Aktivität der Organisation».

[234] Vgl. dazu vorne N 219 ff., 234.

des ideologischen Substrats, der an sich legalen Unternehmensstruktur etc.

Der bestimmende Einfluss besteht darin, dass eine Person die *Existenz oder Aktivität der Organisation wesentlich beeinflusst.* Dieser Einfluss braucht nicht absolut zu sein und nicht (im Sinne einer Einzelzeichnungsberechtigung) alleine von dieser Person abzuhängen. Es genügt also, wenn der Täter die Geschicke der Organisation *mit*bestimmt. Das bedeutet insbesondere, dass in einer Organisation mehrere Personen (innerhalb und ausserhalb der Organisation) gleichzeitig einen bestimmenden Einfluss ausüben können.

Dass nicht jede Einflussnahme genügt, sondern dass der Täter einen *bestimmenden* Einfluss ausüben muss, bedeutet, dass sein Beitrag wesentlich sein muss. Einerseits muss der Beitrag zwar nicht alleine massgebend sein; es genügt vielmehr, wenn der Täter eine Entscheidung, die von mehreren oder gar von anderen getroffen wird, mitbeeinflusst. Andererseits genügt es aber nicht, wenn der Täter einen unmassgeblichen, untergeordneten Beitrag zur Entscheidung erbringt.

Indizien für einen bestimmenden Einfluss einer Person sind namentlich ihre hierarchische Stellung innerhalb der Organisation; die ihr zugedachten Ämter und Aufgaben in der Organisation; die Exklusivität ihres Expertenwissens; ihre Befehlsgewalt in der Organisation (welche sich etwa an der Führungsspanne messen lässt, also an der Anzahl Personen, die ihr unterstellt sind); ihre Führungsrolle für einen bestimmten Bereich (fachlich, geografisch etc.) der Organisation; ihren Beuteanteil bzw. die Höhe der (vermögenswerten) Vorteile, die sie von der Organisation erhält; ihre typischen Kommunikationspartner in der Organisation (also ob sie primär mit Führungspersonen oder mit Niederrangigen kommuniziert); ihre Teilnahme an Treffen der Führungsleute der Organisation; die Anzahl der Entscheide der Organisation, welche die Person mitbeeinflusst; die Unabhängigkeit ihrer Entscheidfindung (also ob sie alleine Entscheide treffen kann oder ob sie diese mit anderen zusammen treffen muss).

294 Dem Wortlaut ist zu entnehmen, dass der bestimmende Einfluss nicht bloss (theoretisch) vorhanden sein, sondern dass der Täter diesen *ausüben* muss (*«Übt der Täter einen bestimmenden Einfluss in der Organisation aus»*). Dies setzt voraus, dass der Täter die entsprechenden Entscheidungen tatsächlich trifft oder zumindest mitbeeinflusst, wobei nicht erforderlich ist, dass er alleine darüber bestimmt oder – etwa im Falle von Entscheidungen durch Gremien – dass sein Wille sich in der getroffenen Entscheidung niederschlägt (er kann den qualifizierten Tatbestand auch erfüllen, wenn er im Einzelfall überstimmt wird). Ebenso wenig ist vorausgesetzt, dass seine Entscheidungen im Einzelfall auch umgesetzt werden.

295 Massgebend ist vielmehr, dass der Täterin die (Mit-)*Entscheidungsmacht* zukommt und dass sie diese aktiv oder passiv ausübt. Ein *aktives Ausüben* liegt vor, wenn sie konkrete Entscheide trifft (oder mitbeeinflusst), welche eine Änderung gegenüber dem status quo bewirken (bspw. Entscheidung, dass ein Raub auf ein bestimmtes Ziel verübt werden soll). Ein *passives Ausüben* liegt vor, wenn sie davon absieht, mit einer Entscheidung in den status quo einzugreifen, obschon sie dies könnte, den Dingen also ihren gewohnten Lauf lässt (bspw. die von ihrer Organisation betriebene Handelstätigkeit mit kinderpornografischen Filmen weiterlaufen lässt).

296 Gemäss Art. 260ter Abs. 3 StGB macht sich also bspw. strafbar, wer die (Mit-)Verantwortung für wesentliche Aspekte der Organisation bzw. ihrer Tätigkeit (aktiv oder passiv) ausübt, indem sie etwa

   a. den *Mitgliederbestand* mitbestimmt, bspw. durch Aufnahme oder Ausschluss von Mitgliedern aus der Organisation;

   b. die *Geschäftszweige* für die Organisation mitbestimmt (bspw. welche Dienstleistungen oder Produkte angeboten, in welchem Territorium diese angeboten oder auf welche Art sie hergestellt oder vertrieben werden);

   c. die Organisation *nach aussen vertritt* und etwa mit Lieferanten oder Abnehmern Geschäfte abschliesst, mit der Konkurrenz Streitigkeiten regelt, Partnerschaften eingeht, Deals mit korrupten Beamten schliesst oder gar öffentlich für die Organisation auftritt;

d. die *operative Tätigkeit* (z.B. welche Produkte wann, wo und wie angeboten werden; welche Anschläge wann, wo und wie verübt werden) oder die *Strategie* (welche Fernziele mit welchen Mitteln erreicht werden sollen) der Organisation mitbestimmt;

e. den Umgang mit den *Finanzen* der Organisation mitbestimmt, namentlich beeinflusst, wie Geld erlangt, gewaschen, verwaltet oder aufbewahrt wird sowie wer welche Bezahlung (etwa als «Lohn» oder Bestechungszahlung) zu leisten bzw. zu erhalten hat;

f. die *Ideologie* der Organisation mitbestimmt (bspw. durch Erlass und Durchsetzung interner Regeln, durch die Vorgabe «moralischer» Werte – etwa durch sog. Ehrenkodizes – oder pseudoreligiöser Ziele);

g. die *Propaganda* für die Organisation mitbestimmt, insbes. entscheidet, an welches Zielpublikum wann welche Botschaften, ggf. auf welchen Medien zu richten sind;

h. die *technische Infrastruktur* beeinflusst (bspw. welche Kommunikationsmittel zu verwenden sind, wie zu kommunizieren ist, welche Zahlungsmittel verwendet werden, welche Waffen und Sprengmittel beschafft werden);

i. die *Tarnmassnahmen* mitbestimmt (bspw. welche legale Geschäftsstrukturen zu verwenden sind, welche falschen Dokumente beschafft werden, welche Störmassnahmen gegenüber polizeilicher Überwachung eingesetzt werden).

D. Strafmilderung (Art. 260ter Abs. 4 StGB)

Das Gericht kann die Strafe mildern, wenn der Täter sich bemüht, die weitere Tätigkeit der Organisation zu verhindern. Dieser fakultative Strafmilderungsgrund existierte bereits – mit leicht anderem 297

II. Kriminelle und terroristische Organisationen

Wortlaut – in altArt. 260ter Ziff. 2 StGB. Die neue Regelung entspricht im Wesentlichen der alten, mit dem Unterschied, dass der Täter in der früheren Fassung bemüht sein musste, die weitere verbrecherische Tätigkeit der Organisation zu verhindern,[235] während es in der jetzigen Fassung genügt, dass er bemüht ist, die weitere *Tätigkeit* der Organisation zu verhindern.

298 Der Strafmilderungsgrund gilt *für alle Anwendungsfälle* innerhalb von Art. 260ter StGB, also sowohl für die Beteiligung an als auch die Unterstützung von kriminellen oder terroristischen Organisationen (Abs. 1) und zwar auch in der qualifizierten Form, wenn der Täter also einen bestimmenden Einfluss in der Organisation ausübt (Abs. 3). Dies ergibt sich sowohl aus dem Wortlaut als auch aus der systematischen Stellung dieser Bestimmung.

299 Die Strafmilderung ist *fakultativ* (Kann-Formulierung) und erfolgt gemäss *Art. 48a StGB*. Das Gericht ist dabei also weder an die angedrohte Mindeststrafe noch an die Strafart, wohl aber an das gesetzliche Höchst- und Mindestmass der gewählten Strafart gebunden. Maximal möglich wäre also eine Reduktion der Strafe bis auf drei Tagessätze Geldstrafe (Art. 34 Abs. 1 StGB) sowohl in Fällen von Art. 260ter Abs. 1 StGB als auch in solchen von Art. 260ter Abs. 3 StGB.

300 Von der Strafmilderung kann nur «*der Täter*» profitieren, also Personen, die sich der Beteiligung an oder der Unterstützung einer kriminellen oder terroristischen Organisation gemäss Art. 260ter Abs. 1 oder Abs. 3 StGB strafbar machen. Bei dieser Regelung hatte man ursprünglich wohl sog. *pentiti* vor Augen, also reumütige Mitglieder krimineller Organisationen (namentlich Mafiosi), denen man eine «goldene Brücke» für die Kooperation mit den Strafverfolgungsbehörden bauen wollte.

301 Eigentliche Reue oder andere innere *Beweggründe* sind für die Anwendung von Art. 260ter Abs. 4 StGB nicht vorausgesetzt. Aus welchem Grund der Täter sich zur Verhinderung der weiteren Tätig-

---

235 Vgl. zur früheren Fassung: PAJAROLA/OEHEN/THOMMEN, N 509 ff.

keit der Organisation bemüht, spielt keine Rolle. Obschon es klar ist, dass die Strafbehörden ihn nicht zu einer Kooperation zwingen dürfen (Art. 140 StPO), setzt der Strafmilderungsgrund keine *Freiwilligkeit* voraus. Zwingt eine Drittperson, die nicht im Auftrag der Strafverfolgung handelt (etwa ein Familienmitglied oder eine religiöse Autorität), den Täter zur Kooperation, kann die Strafmilderung gemäss Art. 260ter Abs. 4 StGB angewendet werden.

Von der Strafmilderung ausgeschlossen sind insbesondere Personen, die zwar über Wissen (über die Organisation, ihre Mitglieder oder ihre Tätigkeiten) verfügen, welches die Strafverfolgungsbehörden gerne hätten, die sich selbst aber nicht gemäss Art. 260ter StGB, sondern *gar nicht* oder nach *anderen Strafbestimmungen* strafbar gemacht haben (dies könnte etwa auf eine Konkurrentin zutreffen, die im gleichen Deliktsfeld tätig ist wie die Organisation, auf ein Familienmitglied eines Organisationsmitglieds oder auf einen externen Dienstleister – bspw. einen Geldwäscher oder Logistiker –, der Einblick in die Tätigkeit der Organisation hat, diese aber nicht i.S.v. Art. 260ter Abs. 1 lit. b StGB unterstützt). 302

Fraglich ist die Anwendbarkeit der Strafmilderung gemäss Abs. 4 auch in folgenden zwei Konstellationen: 303

    a. Verübt die Täterin ein Basisdelikt (bspw. Drogenhandel, Mord, Geldwäscherei) für die Organisation, macht sie sich sowohl des Basisdelikts als auch gem. Art. 260ter StGB strafbar. Sollte die Strafbarkeit gemäss Art. 260ter StGB als *subsidiär*[236] betrachtet werden und daher im Ergebnis entfallen, stellt sich die Frage nach der Anwendbarkeit von Art. 260ter Abs. 4 StGB.[237] Es fragt sich also, ob mit dem Tatbestandsmerkmal «Täter» gemeint ist, dass eine Person alle Tatbestandsmerkmale von Art. 260ter Abs. 1 StGB erfüllt haben muss oder aber dass sie dafür auch angeklagt bzw. bestraft werden muss. Im ersten Fall würde die allfällige Subsidiarität von Art. 260ter StGB

---

[236] Zur Subsidiarität vgl. hinten N 360 ff.
[237] Vgl. PAJAROLA/OEHEN/THOMMEN, N 559.

nichts an der Anwendbarkeit von Art. 260ter Abs. 4 StGB ändern; im zweiten Fall würde die Subsidiarität hingegen die Anwendbarkeit von Art. 260ter Abs. 4 StGB ausschliessen.[238]

b. Hat sich der Täter zwar gem. Art. 260ter StGB strafbar gemacht, aber in anderem Zusammenhang bzw. in Bezug auf eine *andere kriminelle oder terroristische Organisation* als diejenige, deren weitere Tätigkeit er verhindern will, stellt sich ebenfalls die Frage nach der Anwendbarkeit von Art. 260ter Abs. 4 StGB. Es könnte bspw. vorkommen, dass ein Mitglied der Terrororganisation X, gegen welches ein Strafverfahren wegen Art. 260ter StGB (wegen Beteiligung an der Organisation X) geführt wird, über Informationen (bspw. die Identität von Personen, Bankkonten, Telefonnummern) verfügt, mit denen die weitere Tätigkeit der kriminellen Organisation Y (zumindest teilweise) verhindert werden könnte. Darf diese Person nun gemäss Art. 260ter Abs. 4 StGB milder bestraft werden, obschon sie zu ihrer eigenen Organisation X eisern schweigt, aber die Organisation Y ans Messer liefert?

304 Für eine enge Auslegung der Möglichkeit zur Strafmilderung in allen drei Konstellationen spricht v.a. die Tatsache, dass *Kronzeugenregelungen* in der Schweiz verpönt sind.[239] Die Argumente für diese Haltung sind allerdings nicht durchwegs überzeugend.

305 Zunächst erscheint die generelle Forderung plausibel, mit Strafmilderungen für Schwerverbrecher *allgemein zurückhaltend* zu sein. Diese Haltung stösst allerdings dort an eine Grenze, wo nur durch die Kooperation einer Schwerverbrecherin die realistische Chance besteht, weitere Schwerverbrechen zu verhindern, weitere Schwerverbrecher zu verhaften und zu verurteilen oder gar einer ganzen Organisation von Schwerverbrechern das Handwerk zu legen. Ge-

---

238 Vgl. zu dieser Frage hinten N 391.
239 Vgl. PAJAROLA/OEHEN/THOMMEN, N 523 ff.

rade bei sehr klandestin und professionell agierenden Organisationen sind Angaben von kooperierenden Insidern die einzig Erfolg versprechende Ermittlungsmöglichkeit.[240]

Weiter wird argumentiert, die in Aussicht stehende Strafmilderung verleite angeblich reuige Täter zu *falschen Aussagen*.[241] Das ist zwar nicht völlig ausgeschlossen, die von allfälligen Falschangaben ausgehende Gefahr ist allerdings klein. Die Informationen, die durch den Täter preisgegeben werden, dürfen natürlich nicht unbesehen als wahr betrachtet werden. Vielmehr sind sie – wie dies bei allen Aussagen von Verfahrensbeteiligten und insbesondere von solchen, die durch ihre Aussagen selbst profitieren könnten – kritisch und mit objektivierbaren Methoden zu überprüfen und zu hinterfragen. Bevor diese Überprüfung nicht erfolgreich durchgeführt wurde, darf dem Täter natürlich auch keine Strafmilderung gewährt werden. Bei vielen der typischerweise zu erwartenden Informationen (bspw. Namen, Telefonnummern, Aufenthalts- oder Wohnorte von Mitgliedern; Orte von Waffen-, Geld- oder Drogenbunkern; Örtlichkeiten und Zeitpunkte für Treffen, Geschäftsabschlüsse oder Anschläge; Bankkonten, Tarngesellschaften, Strohleute) ist eine solche Überprüfung mit den klassischen Ermittlungsmethoden (Abfrage von Datenbanken, Edition von Unterlagen, Observation etc.) einfach möglich. Zusammengefasst: Die Gefahr, dass falsche Angaben gemacht werden, besteht zwar, aber die Gefahr, dass einem Täter aufgrund falscher Informationen auch tatsächlich eine Strafmilderung gewährt würde, ist praktisch inexistent. 306

Für die Anwendbarkeit der Strafmilderung gemäss Art. 260ter Abs. 4 StGB sollten also keine allzu hohen Hürden angenommen werden. Vielmehr spricht vieles dafür, diese Bestimmung grundsätzlich *breit anzuwenden* – dies insbesondere auch in den vorne aufgeführten Fallkonstellationen (N 302 f.) –, im Ausmass der konkret gewährten Strafmilderung aber eher zurückhaltend zu sein. Damit ist auch der (berechtigten) Forderung genüge getan, dass 307

---

240 Vgl. etwa zur Bedeutung der «pentiti» in Mafia-Verfahren: GRASSO, 73 ff.
241 Vgl. PAJAROLA/OEHEN/THOMMEN, N 526.

eine (Schwer-)Verbrecherin nicht komplett straflos sein soll, nur, weil sie mit den Strafbehörden kooperiert. Allerdings ist zu beachten, dass die hier anzuwendende Strafmilderung nach den Regeln von Art. 48a StGB zu einer Reduktion der Strafe führen kann, die praktisch einem Freispruch gleichkommt.[242] Dass die Berücksichtigung von Geständnis und Kooperation von Beschuldigten in deren Strafzumessung im Allgemeinen aber zu fairen Ergebnissen führt und auch sinnvoll und ressourcenschonend ist, dürfte nach den langjährigen Erfahrungen mit Strafbefehlen und abgekürzten Verfahren zwar nicht unbestritten, aber zumindest plausibel sein.[243]

308 Die Strafmilderung kann angewendet werden, wenn der Täter sich bemüht, die weitere Tätigkeit der Organisation zu verhindern. Damit ist zunächst gesagt, dass der Täter die weitere Tätigkeit der Organisation nicht tatsächlich zu verhindern braucht (dies zu verlangen wäre angesichts der Grösse, Macht, Professionalität etc. von kriminellen und terroristischen Organisationen auch illusorisch), sondern es genügt ein entsprechendes *Bemühen* in diese Richtung. Wie intensiv dieses sein muss, ist unklar.[244] Verlangt werden muss, dass der Täter ernsthaft versucht, die weitere Tätigkeit der Organisation zu verhindern und ein Verhalten zeigt (z.B. den Strafbehörden Informationen liefert), das dazu geeignet ist, dieses Ziel zu erreichen. Es genügt hingegen nicht, wenn der Täter einfach nur davon absieht, die von ihm bisher für die Organisation ausgeübte Tätigkeit fortzusetzen. Ob ein solches Bemühen im Einzelfall vorliegt oder nicht, ist keine binäre Frage, die nur mit ja oder nein beantwortet werden kann, sondern eine solche, die graduelle Antworten zulässt. Das heisst, das Gericht wird im Einzelfall prüfen müssen, ob und ggf. wie stark das Bemühen des Täters strafmildernd zu berücksichtigen ist.

---

242 Vgl. vorne N 299.
243 Sehr kritisch dazu: THOMMEN, 309.
244 Vgl. PAJAROLA/OEHEN/THOMMEN, N 520 f.

Weiter ist mit der neuen Gesetzesbestimmung nun klar, dass der 309
Täter nicht bemüht sein muss, die weitere verbrecherische[245] Tätigkeit der Organisation zu verhindern, sondern es genügt, wenn er sich bemüht, «*die weitere Tätigkeit der Organisation*» zu verhindern. Die Bemühungen müssen also nicht zwingend darauf gerichtet sein, konkrete Straftaten zu verhindern, sondern sie können auch darauf gerichtet sein, die (an sich) legalen Strukturen bzw. die legalen Tätigkeiten der Organisation einzudämmen.[246]

In welcher Weise der Täter diese Bemühung umsetzen muss, ist 310
nicht vorgegeben, es kommen aber namentlich folgende Varianten infrage: Erstens kann er dies tun, indem er den Strafverfolgungsbehörden *Informationen* über die Organisation, ihre Mitglieder und ihre Tätigkeiten preisgibt. Ob er diese Informationen erlangt hat, weil er selbst Mitglied (vielleicht sogar Kadermitglied) der Organisation ist, oder ob er als Aussenstehender Einblick in einen bestimmten Bereich der Organisation hat, spielt keine Rolle. Ebenso irrelevant ist der Umstand, wie der Täter konkret zu diesen Informationen gelangte (namentlich, ob dies auf legale oder illegale Weise geschah). Massgebend ist einzig, dass die Informationen zutreffend sind. Zweitens kann der Täter bestimmte *Handlungen* vornehmen, die darauf gerichtet sind, die weitere Tätigkeit der Organisation zu verhindern. Dazu zählen namentlich das Einreichen von Beweismitteln (bspw. einer Tatwaffe, eines Schliessfachschlüssels, eines Datenträgers), die Beibringung von Vermögenswerten der Organisation (bspw. durch Übergabe von Bargeld oder des privaten Schlüssels für ein Guthaben in Kryptowährung), das Zeigen oder Öffnen eines Verstecks (bspw. ein komplexer Schliessmechanismus eines Geheimfachs in einem Fahrzeug), das Löschen oder Unbrauchbarmachen eines von der Organisation verwendeten Schadprogramms (bspw. einer Ransomware), das Entschärfen

---

245 Zur alten Fassung: Pajarola/Oehen/Thommen, N 516 ff.
246 Zum Verhältnis von legalen und illegalen Tätigkeiten der Organisation vgl. vorne N 206 ff., 240.

einer Bombe.[247] Drittens kann der Täter *Mitglieder der Organisation beeinflussen* – insbesondere, wenn er nicht verhaftet ist bzw. die (anderen) Mitglieder noch nichts von seiner Verhaftung wissen –, bspw. andere Mitglieder anweisen, geplante Handlungen nicht auszuführen (bspw. einen Anschlag), oder er kann versuchen, sie auch für eine Kooperation mit den Strafverfolgungsbehörden zu überzeugen. Viertens könnte die kooperierende Täterin, die durch die Strafverfolgungsbehörden bewusst in ihrer bisherigen Funktion belassen wurde, als *vertrauliche Quelle oder gar als verdeckte Ermittlerin* (gemäss Art. 287 Abs. 1 lit. b StPO) gegen die Organisation eingesetzt werden.

311 Die Preisgabe von Informationen durch einen kooperationswilligen Täter kann *formell* in Einvernahmen durch die Polizei oder die Staatsanwaltschaft (oder theoretisch auch durch ein Gericht) erfolgen und entsprechend protokolliert (Art. 78 StPO) und akturiert (Art. 100 StPO) werden. Dies ermöglicht es den Strafverfolgungsbehörden, die entsprechenden Protokolle in weiteren Verfahren (insbesondere gegen Mitglieder der Organisation) als Beweise zu verwenden. Dies setzt dann allerdings voraus, dass die Beschuldigten, gegen welche die Aussagen des kooperierenden Täters verwendet werden sollen, an dessen Einvernahmen teilnehmen bzw. mit ihm konfrontiert werden und so die Möglichkeit haben, seine Aussagen kritisch zu prüfen und entsprechende Ergänzungsfragen an ihn zu richten (Art. 147 StPO). Die Täterin, die bspw. ein (ehemaliges) Mitglied des IS oder eine (ehemalige) Buchhalterin der 'Ndrangheta ist, muss also dazu bereit sein, den Mitgliedern dieser Organisationen gegenüberzusitzen, die belastenden Aussagen in deren Gegenwart zu machen und sich ihren Fragen zu stellen. Dies erfordert sehr viel Mut (oder gar Todesmut), den wohl nicht viele Kooperationswillige aufbringen dürften, insbesondere, wenn es sich um eine gefährliche Organisation handelt und die Täter empfindliche Informationen preisgeben wollen, was der Organisation grossen Schaden zufügen könnte. Solche «Belastungszeugen» set-

---

247 Grundsätzlich kommen auch Unterlassungen infrage. Das blosse Unterlassen der weiteren eigenen Tätigkeit für die Organisation genügt aber nicht.

zen sich und ihr Umfeld der unmittelbaren Gefahr von einschneidenden Repressalien (bis hin zur Ermordung) aus.[248]

Diese Problematik kann mit den in der Strafprozessordnung sowie dem Zeugenschutzgesetz vorgesehenen Schutzmassnahmen teilweise behoben werden: Art. 149 f. StPO sehen innerhalb des Strafverfahrens *Schutzmassnahmen* für gewisse Verfahrensbeteiligte (u.a. Beschuldigte) vor, die einer erheblichen Gefahr für Leib und Leben oder einem anderen schweren Nachteil ausgesetzt sind. Den stärksten Schutz bietet die Anonymisierung gemäss Art. 149 Abs. 2 lit. a StPO.[249] Diese Massnahme ist aber nur dann sinnvoll – und auch nur dann qua Eignung verhältnismässig –, wenn auch aus der anonymisierten Aussage nicht hergeleitet werden kann, von wem diese Information stammt. Ein solcher Rückschluss auf den Urheber der Aussage ist aber immer dann möglich, wenn die Aussagen sog. Exklusivwissen enthalten, also Informationen, über die nur ein sehr kleiner Kreis von Personen verfügt. Wird Exklusivwissen durch einen anonymisierten Beschuldigten (die kooperationswillige Täterin) preisgegeben, können die an der Einvernahme teilnehmenden Beschuldigten (die Mitglieder der kriminellen oder terroristischen Organisation) rasch erkennen, um wen es sich bei der anonymisierten Person handelt. Damit wird der gewährte Schutz nutzlos. 312

Für solche Fälle müssen Massnahmen des *Zeugenschutzes* gewählt werden, welche für Personen gelten, die aufgrund ihrer Mitwirkung in einem Strafverfahren (bzw. aufgrund ihrer Bereitschaft dazu) einer erheblichen Gefahr für Leib und Leben oder einem anderen schweren Nachteil ausgesetzt sind, sofern das Strafverfahren ohne deren Mitwirkung unverhältnismässig erschwert wäre; zudem gilt es für deren Angehörige und nahestehende Personen (Art. 2 ZeugSG). Das Zeugenschutzgesetz sieht sog. Zeugenschutzprogramme vor (Art. 3 ff. ZeugSG), die verschiedene Schutzmassnah- 313

---

[248] Vgl. dazu etwa die jüngsten Vorkommnisse in Holland: <https://www.nzz.ch/international/drogenkriminalitaet-sind-die-niederlande-ein-narcostaat-ld.1635529> (besucht am 18.1.2022).
[249] Vgl. ZH-StPO[3]-WOHLERS, Art. 149 N 15 f.

men beinhalten und im Extremfall auch den Aufbau einer neuen Identität für die zu schützende Person umfassen kann (Art. 5 lit. e ZeugSG). Lässt sich nicht vermeiden, dass die Beschuldigten die Identität des kooperierenden Täters erkennen, der gegen sie belastende Aussagen macht, ist ein solches Zeugenschutzprogramm der einzig verbleibende Schutz. Ein solches fordert von der zu schützenden Person allerdings auch vieles ab, muss sie (und ggf. ihre Angehörigen) doch ihr Leben komplett umstellen, einen neuen Namen führen, den Wohnort wechseln (meist ins Ausland), Kontakte zum sozialen Umfeld abbrechen etc.

314 Eine andere Möglichkeit, das Insiderwissen der Täterin zu nutzen, besteht darin, dass die Täterin den Strafverfolgungsbehörden ihre Informationen nur *informell,* als vertrauliche Quelle (d.h. als Informant oder Vertrauensperson), weitergibt.[250] Dies hat den Nachteil, dass diese Informationen nicht als Beweise verwendet werden können. Der Vorteil besteht darin, dass die Angaben der Täterin als anonyme Quelleninformationen bei der Polizei verbleiben, also grundsätzlich keinen Eingang in die Akten des Strafverfahrens finden und daher auch nicht der Organisation bzw. ihren Mitgliedern bekannt werden. Genutzt werden können diese Informationen dann bspw., um weitere Strafverfahren zu eröffnen oder die Anordnung geheimer Überwachungsmassnahmen zu begründen. Sobald diese Informationen aber auf diese Weise in einem Strafverfahren verwendet werden, müssen sie in Form von Polizeiberichten zwar formalisiert und akturiert werden, der Urheber der Informationen bleibt aber anonym.[251] Die Erkenntnisse, die dann in dem eröffneten Strafverfahren bzw. durch die Überwachungsmassnahmen erlangt werden, werden dokumentiert und können als Beweise (parteiöffentlich) verwendet werden.

315 Das Dilemma besteht dann darin, wie das anonym erfolgte Bemühen der kooperierenden Täterin bei der Bemessung ihrer eige-

---

250 Zu vertraulichen Quellen vgl. ZH-StPO³-Hansjakob/Pajarola, Art. 285a N 13 ff.
251 ZH-StPO³-Hansjakob/Pajarola, Art. 285a N 32 ff.

nen Strafe berücksichtigt werden kann, ohne sie – in ihren eigenen Strafakten bzw. im Urteil – als vertrauliche Quelle zu offenbaren. Die Staatsanwaltschaft wird dies mit einer geschickten Formulierung in einer Aktennotiz bzw. im Plädoyer lösen müssen. Dabei stellt sich das Problem weniger akzentuiert, wenn die Informationen nicht eine Aussage umfassen, mit der eine andere Person belastet werden soll, sondern grundsätzlich nur das eigene Handeln betreffen; wenn der Täter also bspw. verrät, über welche legalen Geschäftsstrukturen bzw. Bankkonten er selbst verbrecherisch erlangten Erlös transferierte, wo er selbst Sprengstoff versteckte oder wie das Passwort für sein E-Mail-Account lautet.

Die Anwendung der Strafmilderungsregel von Art. 260ter Abs. 4 StGB liegt im Ermessen des *Gerichts.* Dies gilt zumindest, wenn im ordentlichen Verfahren eine entsprechende Anklage erhoben wird. Weitaus häufiger und damit auch bedeutender dürfte allerdings die Anwendung der Bestimmung durch die *Staatsanwaltschaft* sein, namentlich in abgekürzten Verfahren, Strafbefehlsverfahren sowie im Vorfeld von Anklageerhebungen im ordentlichen Verfahren. 316

Der kooperationswillige Täter hat ein Interesse, im Strafverfahren *möglichst früh* die Bedingungen und Konsequenzen seiner Kooperation verbindlich zu regeln. Das Gericht steht ihm hierfür aber frühestens nach Anklageerhebung und realistischerweise erst an der Hauptverhandlung zur Verfügung. In komplexen Verfahren vergehen von der Verhaftung bis zur Hauptverhandlung oft mehrere Jahre, die der Beschuldigte nicht selten in Untersuchungshaft verbringt. Die Strafverfolgungsbehörden ihrerseits haben ebenfalls ein Interesse, so früh wie möglich mit dem Beschuldigten kooperieren zu können, zum einen, weil die Informationen des Beschuldigten aktueller und daher wertvoller sind, je früher er diese preisgibt. Zum andern, weil die Kooperation für das Verfahren gegen den kooperationswilligen Beschuldigten wichtige Weichen stellt (bspw. kann auf die Erhebung gewisser Beweise verzichtet werden und es können Schutzmassnahmen für den kooperierenden Beschuldigten ergriffen werden) und weil dies – auch im Sinne der Verfahrensökonomie – besser früher als später getan wird. 317

II. Kriminelle und terroristische Organisationen

318 Bewegt sich die gegen den Täter auszufällende Strafe im Bereich der Strafbefehlskompetenz (Geldstrafe bis 180 Tagessätze oder Freiheitsstrafe bis 180 Tage, Art. 352 Abs. 1 StPO), was nur in leichten Fällen vorkommen dürfte, kann die Staatsanwaltschaft alleine die Strafmilderung von Art. 260ter Abs. 4 StGB anwenden. Bewegt sich die Strafe hingegen in einem Bereich von bis zu fünf Jahren Freiheitsstrafe und ist der Täter geständig, kann die Staatsanwaltschaft im Rahmen des abgekürzten Verfahrens die Strafmilderung berücksichtigen und dem Gericht einen entsprechenden Anklagevorschlag unterbreiten (Art. 358 StPO). Kommt die Strafe – nach Berücksichtigung der Strafmilderung gemäss Art. 260ter Abs. 4 StGB – in einem Bereich von mehr als fünf Jahren Freiheitsstrafe zu liegen, kann die Staatsanwaltschaft hingegen kein verbindliches Strafmass festlegen, da dieses alleine dem Sachgericht obliegt, welches über die Anklage im ordentlichen Verfahren zu befinden hat. Die konkrete Gerichtsbesetzung (die angesichts des in Aussicht stehenden Strafmasses i.d.R. aus einem Kollegium von drei Richterinnen bestehen dürfte) wird erst nach Anklageerhebung festgelegt, sodass es für den Beschuldigten (und die Staatsanwaltschaft) unmöglich ist, vorher mit der zuständigen Gerichtsbesetzung Kontakt aufzunehmen und die Möglichkeit einer Strafmilderung verbindlich zu regeln. Die Strafmilderung kann erst an der Hauptverhandlung im Rahmen der Strafzumessung geprüft und ggf. gewährt werden. Eine verbindliche Vereinbarung ist vor diesem Zeitpunkt nicht möglich.

319 Gerade wenn es um Kaderleute krimineller oder terroristischer Organisationen geht, deren Kooperation für die Strafverfolgung aufgrund ihrer vertieften Insiderkenntnisse sehr wertvoll ist, die aber i.d.R. den qualifizierten Tatbestand von Art. 260ter Abs. 3 StGB mit einem Strafrahmen von bis zu 20 Jahren Freiheitsstrafe erfüllen dürften, könnte die fehlende Möglichkeit einer frühzeitigen, aber verbindlichen Vereinbarung für eine Kooperation hinderlich sein.

E. Auslandsbezug (Art. 260ter Abs. 5 StGB)

Art. 260ter Abs. 5 StGB entspricht wörtlich der Regelung von altArt. 260ter Ziff. 3 StGB, mit dem einzigen Unterschied, dass neu in Satz 2 darauf verwiesen wird, dass Art. 7 Abs. 4 und 5 StGB anwendbar seien, während in der alten Fassung auf Art. 3 Abs. 2 StGB verwiesen wurde.

320

Die Bestimmung hält fest, dass sich auch strafbar macht, wer die Tat im Ausland begeht, wenn die Organisation ihre verbrecherische Tätigkeit ganz oder zum Teil in der Schweiz ausübt oder auszuüben beabsichtigt.

321

Grundsätzlich untersteht der schweizerischen Gerichtsbarkeit nur, wer eine Straftat in der Schweiz verübt (Art. 3 Abs. 1 StGB). Von diesem Grundsatz gibt es jedoch verschiedene Ausnahmen (Art. 4–7 StGB). Im Zusammenhang mit kriminellen oder terroristischen Organisationen könnten insbesondere folgende Ausnahmebestimmungen bedeutsam sein:

322

Art. 4 StGB unterwirft Taten, die zwar im Ausland verübt wurden, die sich aber *gegen den Staat und die Landesverteidigung* richten, der schweizerischen Gerichtsbarkeit. Darunter fallen die Straftaten gemäss Art. 265–278 StGB (bspw. Hochverrat, verbotene Handlungen für einen fremden Staat, verbotener Nachrichtendienst, staatsgefährliche Propaganda, rechtswidrige Vereinigung oder Störung des Militärdienstes). Vom *Sinn* dieser Ausnahmebestimmung müssten klarerweise auch Terrorakte (Gewaltverbrechen, mit denen ein Staat zu einem bestimmten Verhalten genötigt werden soll) erfasst sein und konsequenterweise Beteiligungs- sowie Unterstützungshandlungen für eine Terrororganisation. Im Einzelfall dürfte dies auch auf kriminelle Organisationen zutreffen, sofern diese staatsgefährdend sind, weil sie die staatlichen Institutionen oder andere staatstragende Elemente (bspw. den wirtschaftlichen Wettbewerb) gezielt unterwandern oder korrumpieren. Das Gleiche muss für die Finanzierung des Terrorismus (Art. 260^quinquies StGB) sowie für Anwerbung, Ausbildung und Reisen im Hinblick auf eine terroristische Straftat (Art. 260^sexies StGB) gelten. Es sind dies alles

323

Verhaltensweisen, die sich (mittelbar oder unmittelbar) gegen den Staat richten. In ihrer Intensität und Gefährlichkeit gehen sie oft weit (insbesondere bei der Verübung von Terroranschlägen) über das hinaus, was in den Straftatbeständen von Art. 265–278 StGB verboten ist (bspw. die Vornahme beleidigender Handlungen an einer Schweizerfahne, Art. 270 StGB oder das Fälschen eines militärischen Aufgebotes, Art. 277 StGB). Der Wortlaut von Art. 4 Abs. 1 StGB beschränkt die Anwendung der Bestimmung jedoch auf die explizit genannten Strafbestimmungen (Art. 265–278 StGB).[252]

324 Art. 5 StGB bewirkt eine schweizerische Gerichtsbarkeit für folgende Straftaten, die sich *gegen Minderjährige* richten: Menschenhandel (Art. 182 StGB) und Förderung der Prostitution (Art. 195 StGB), schwere Sexualdelikte (sexuelle Handlungen mit Kindern unter 14 Jahren, Art. 187 StGB; sexuelle Handlungen mit Abhängigen, Art. 188 StGB, sexuelle Nötigung, Art. 189 StGB, Vergewaltigung, Art. 190 StGB, Schändung, Art. 191 StGB, sexuelle Handlungen mit Minderjährigen gegen Entgelt, Art. 196 StGB) sowie qualifizierte Pornografie (Art. 197 Abs. 3 und 4 StGB). Solche Delikte können durchaus im Rahmen der Aktivitäten einer kriminellen oder terroristischen Organisation begangen werden und stellen, wenn sie durch Mitglieder der Organisation verübt werden, Beteiligungshandlungen und, wenn sie durch Nichtmitglieder, aber dennoch für die Organisation begangen werden, Unterstützungshandlungen i.S.v. Art. 260ter Abs. 1 StGB dar.

325 Hat sich die Schweiz durch ein *internationales Übereinkommen* zur Verfolgung von bestimmten Vergehen oder Verbrechen verpflichtet, unterliegen diese ebenfalls der schweizerischen Gerichtsbarkeit, auch wenn sie nicht in der Schweiz begangen wurden (Art. 6 StGB). Dadurch hat sich die Schweiz dem Prinzip der staatsvertraglich geregelten stellvertretenden Strafrechtspflege verpflichtet, welche im Übrigen durch individuelle Strafübernahmebegehren gemäss Art. 85 ff. IRSG zu regeln ist. Vorausgesetzt ist, dass die Tat auch am (ausländischen) Begehungsort strafbar ist oder dort kei-

---

252 Vgl. dazu BSK StGB I⁴-Popp/Keshelava, Art. 4 N 1.

ner Strafgewalt untersteht (Art. 6 Abs. 1 lit. a StGB) und dass der Täter sich in der Schweiz befindet und nicht ans Ausland ausgeliefert wird (Art. 6 Abs. 1 lit. b StGB). Die Schweiz hat sich international etwa zur Verfolgung von Straftaten aus folgenden Bereichen verpflichtet: Terrorismus (Art. 6 Europäisches Übereinkommen zur Bekämpfung des Terrorismus vom 27.1.1977, SR 0.353.3), Korruption (Art. 17 Abs. 1 Europäisches Strafrechtsübereinkommen gegen Korruption vom 27.1.1999, SR 0.311.55) oder Folter (Übereinkommen gegen Folter und andere grausame, unmenschliche oder erniedrigende Behandlung oder Strafe, vom 10.12.1984; SR 0.105). In gewissen Deliktsbereichen hat sich die Schweiz nicht oder nicht nur international, sondern bereits im *nationalen* Recht zur Verfolgung auch von im Ausland begangenen Straftaten verpflichtet.[253] Dieses Weltrechtsprinzip findet sich – neben demjenigen in Art. 260ter Abs. 5 StGB – bei diversen Straftaten im nationalen Recht, namentlich: Verstümmelung weiblicher Genitalien (Art. 124 Abs. 2 StGB), Zwangsheirat und erzwungene eingetragene Partnerschaft (Art. 181a Abs. 2 StGB), Menschenhandel (Art. 182 Abs. 4 StGB), Geiselnahme (Art. 185 Ziff. 5 StGB), Verschwindenlassen (Art. 185bis Abs. 2 StGB), Geldfälschung (Art. 240 Abs. 3 StGB), Fälschung amtlicher Wertzeichen (Art. 245 Ziff. 1 Abs. 4 StGB), Vorbereitungshandlungen im Ausland, wenn die Haupttat in der Schweiz begangen werden soll (Art. 260bis Abs. 3 StGB), Anwerben, Ausbildung und Reisen im Hinblick auf eine terroristische Straftat (Art. 260^{sexies} Abs. 5 StGB), Völkermord und Verbrechen gegen die Menschlichkeit, Kriegsverbrechen (Art. 264m StGB), Geldwäscherei (Art. 305bis Ziff. 3 StGB) und Betäubungsmittelhandel (Art. 19 Abs. 4 BetmG). Das sind allesamt Straftaten, die geradezu typischerweise im Rahmen der Aktivitäten einer kriminellen oder terroristischen Organisation begangen werden. Ihre Begehung kann demnach eine Beteiligungs- oder Unterstützungshandlung i.S.v. Art. 260ter Abs. 1 StGB darstellen.

---

253 Diese StGB-Normen gehen derjenigen von Art. 6 StGB grundsätzlich vor (BSK StGB I^4-Popp/Keshelava, Art. 6 N 13, m.w.H.).

326 Wurde eine Straftat im Ausland begangen, sind aber weder die Ausnahmebestimmungen von Art. 4, 5 noch 6 StGB anwendbar, sieht Art. 7 StGB folgende Regelung vor: Im Ausland begangene Vergehen und Verbrechen unterstehen der schweizerischen Gerichtsbarkeit, wenn entweder der Täter ein Schweizer Staatsangehöriger ist *(aktives Personalitätsprinzip)* oder wenn die Straftat gegen einen Schweizer Staatsangehörigen begangen wurde *(passives Personalitätsprinzip)* (Abs. 1). Ist weder die Täterin noch die Geschädigte Schweizerin, besteht dennoch schweizerische Gerichtsbarkeit, wenn weitere Voraussetzungen erfüllt sind (Abs. 2). Weiter ist vorausgesetzt, dass die Tat auch am (ausländischen) Begehungsort strafbar ist oder dort keiner Strafgewalt untersteht (Art. 7 Abs. 1 lit. a StGB), dass der Täter sich in der Schweiz befindet oder ihr wegen dieser Tat ausgeliefert wird (Art. 7 Abs. 1 lit. b StGB) und dass zwar eine Auslieferung möglich wäre, der Täter aber nicht ans Ausland ausgeliefert wird (Art. 7 Abs. 1 lit. c StGB). Straftaten, die im Rahmen der Aktivität einer kriminellen oder terroristischen Organisation im Ausland verübt werden, können die Voraussetzungen von Art. 7 StGB erfüllen. Dies gilt namentlich, wenn Schweizer Staatsangehörige (als Mitglieder oder Nichtmitglieder) für kriminelle oder terroristische Organisationen im Ausland tätig sind und dort für diese Vergehen oder Verbrechen verüben. Ebenso kann ein Fall von Art. 7 StGB vorliegen, wenn ausländische Staatsangehörige für eine kriminelle oder terroristische Organisation im Ausland Straftaten (Vergehen oder Verbrechen) zum Nachteil von Schweizer Staatsangehörigen verüben, also bspw. Schweizer im Ausland ausrauben, bestehlen, betrügen, entführen oder verletzen. Dies gilt auch, wenn die Straftaten zum Nachteil einer juristischen Person mit Sitz in der Schweiz begangen werden.[254]

327 Auch wenn die Ausnahmebestimmungen von Art. 4–7 StGB nicht einschlägig sein sollten, kann es dennoch sein, dass eine im Ausland begangene Straftat gemäss Art. 260ter StGB der schweizerischen Gerichtsbarkeit untersteht, denn *Art. 260ter Abs. 5 StGB* statu-

---

[254] BGE 121 IV 145, E. 2a.

iert eine *weitere Ausnahmebestimmung,* indem er – unter gewissen Bedingungen – auch solche Straftaten gemäss Art. 260ter Abs. 1 und 3 StGB für strafbar erklärt, die nicht in der Schweiz, sondern im Ausland begangen werden.

In dieser Bestimmung sind mit «*die Tat*» alle Tatvarianten von Art. 260ter StGB gemeint, also die Beteiligung an sowie die Unterstützung von kriminellen oder terroristischen Organisationen. Erfasst ist auch die qualifizierte Tatbegehung gemäss Abs. 3. 328

Voraussetzung für die Anwendung dieser Bestimmung ist, dass die Organisation ihre verbrecherische Tätigkeit zumindest teilweise in der Schweiz ausübt oder auszuüben beabsichtigt. Unterstützt jemand im Ausland eine Organisation, die ausschliesslich im Ausland tätig ist und die auch nicht beabsichtigt, in der Schweiz tätig zu sein, unterstehen diese Unterstützungshandlungen nicht der schweizerischen Gerichtsbarkeit. 329

Gemäss Wortlaut ist massgebend, dass die Organisation ihre *verbrecherische Tätigkeit* in der Schweiz ausübt oder auszuüben beabsichtigt. Der Begriff der verbrecherischen Tätigkeit wurde sowohl in Art. 260ter Abs. 1 lit. b StGB als auch in Art. 260ter Abs. 4 StGB gestrichen und durch «die Tätigkeit» ersetzt. Wieso dies nicht auch in Abs. 5 geschah, bleibt schleierhaft. Wie dem auch sei, war schon unter altem Recht der Begriff der verbrecherischen Tätigkeit *weit auszulegen,* umfasste also nicht nur die eigentliche Begehung von Verbrechen, sondern die gesamte Existenz und Aktivität der Organisation, namentlich auch Verhaltensweisen, die an sich legal sind (etwa das Betreiben legaler Geschäftsstrukturen, das Eröffnen von Bankkonten etc.).[255] Dieses weite Verständnis der verbrecherischen Tätigkeit ist auch für die Auslegung von Art. 260ter Abs. 5 StGB massgebend. 330

Weiter ist zu beachten, dass die Organisation nicht ihre gesamte Tätigkeit in der Schweiz ausüben (oder dies beabsichtigen) muss. Viel- 331

---

255 Vgl. zur Unterscheidung von legalen und illegalen Aktivitäten der Organisation: vorne N 206 ff., 240 sowie PAJAROLA/OEHEN/THOMMEN, N 430 ff.

mehr genügt es, wenn sie beabsichtigt, einen *Teil* ihrer (verbrecherischen) Tätigkeit in der Schweiz auszuüben. Es genügt also bspw., wenn sie zwar grundsätzlich im Ausland aktiv ist, sie aber in der Schweiz logistische, finanzielle oder auch verbrecherische Aktivitäten entfaltet.

332 Natürlich übt die *Organisation* ihre verbrecherische Tätigkeit in der Schweiz aus, wenn auch nur ein einzelnes Mitglied oder eine Unterstützerin hier aktiv wird oder dies beabsichtigt, sofern diese im Interesse der Organisation bzw. für diese handelt.[256]

333 Um in der Schweiz verbrecherisch tätig zu sein, braucht es keine physische Präsenz von Mitgliedern oder Unterstützern und auch keine physische Infrastruktur (Gebäude etc.) in der Schweiz. Massgebend ist vielmehr, dass die Organisation in der Schweiz irgendeine Art von (legaler oder illegaler) Aktivität oder Präsenz entfaltet.

334 Es *genügt also bspw.* wenn die Organisation beabsichtigt, in der Schweiz ein Bankkonto zu eröffnen, Bargeld in Buchgeld umzuwandeln, Waffen zu erwerben, legale Geschäftsstrukturen zu betreiben, namentlich eine Gesellschaft zu gründen, Mitglieder anzusiedeln, auf Schweizer Servern Propaganda zu betreiben, Mitglieder zu rekrutieren, Treffen durchzuführen, sich rechtlich beraten zu lassen oder hier Straftaten zu begehen.

335 Die Bestimmung ist insofern bereits weit gefasst, als es nicht notwendig ist, dass die Organisation die verbrecherische Tätigkeit in der Schweiz tatsächlich ausübt. Es ist bereits ausreichend, wenn die Organisation dies *beabsichtigt*. Die blosse Absicht genügt, sie muss (noch) nicht in die Tat umgesetzt worden sein. Wie sich diese Absicht konkret manifestiert und wie sie sich beweisen lässt, spielt keine Rolle. Sie kann etwa aus einer geheim überwachten Kommunikation eines Mitglieds hervorgehen, das entsprechende Pläne kundtut, sie kann aus Aussagen kooperierender Beschuldigter abgeleitet werden oder sich schlicht aus festgestellten Tatsachen er-

---

256 Zur Frage, wann von einem privaten Handeln eines Mitglieds und wann von einem solchen für die Organisation auszugehen ist: vorne N 236 ff.

geben, bspw. weil Mitglieder in der Schweiz Vertragsverhandlungen über den Kauf einer Mehrheitsbeteiligung an einer Gesellschaft führen, eine Anfrage an einen Schweizer E-Mail-Provider für die Eröffnung eines Kontos senden oder hier eine Straftat planen.

Das *Bundesgericht* hat altArt. 260ter Ziff. 3 StGB schon mehrmals angewendet.[257] Die damals entwickelte Rechtsprechung kann allerdings nicht unbesehen auf die neue Bestimmung übertragen werden.[258]

336

Praktisch sind im Rahmen von Art. 260ter Abs. 5 StGB – unabhängig vom Vorliegen einer Ausnahme gemäss Art. 4–7 StGB – folgende *Konstellationen mit Auslandsbezug* auseinanderzuhalten:

337

   a. Die Täterin begeht in der Schweiz ein Basisdelikt (z.B. Kokainverkauf) für eine im Ausland ansässige kriminelle Organisation. Durch die Begehung von Basisdelikten in der Schweiz hat die Organisation ihre verbrecherische Tätigkeit in der Schweiz ausgeübt. Die Täterin muss in der Schweiz sowohl wegen Drogenhandels als auch wegen Beteiligung (falls sie Mitglied der Organisation ist) an einer kriminellen Organisation bzw. wegen Unterstützung (falls sie kein Mitglied ist) einer solchen verfolgt werden.

   b. Die Täterin begeht in der Schweiz ein Basisdelikt (bspw. einen Betrug) auf eigene Rechnung (also nicht für die Organisation). Die Organisation übt ihre verbrecherische Tätigkeit nicht in der Schweiz aus und beabsichtigt dies auch nicht. Die Täterin muss in der Schweiz wegen Betrugs bestraft werden (nach Art. 3 Abs. 1 StGB). Sie kann hier aber nicht wegen Beteiligung an bzw. Unter-

---

257 BGer 6B_107/2010, v. 22.2.2011, E. 2.3: Anwendbarkeit schweizerischen Rechts in Bezug auf finanzielle Abwicklung von Zigarettenschmuggel über Schweizer Banken; BGE 137 IV 33, E. 2.5.1: Keine Anwendbarkeit schweizerischen Rechts in Bezug auf eine im Kosovo begangene Geldwäschereihandlung.
258 Vgl. dazu unten N 340.

stützung einer kriminellen Organisation belangt werden, auch wenn die Täterin Mitglied oder Unterstützerin dieser Organisation ist.

c. Die Täterin begeht nur im Ausland Basisdelikte (bspw. Raub) für die Organisation. Die Organisation übt aber – ohne Beteiligung durch die Täterin – ihre verbrecherische Tätigkeit auch in der Schweiz aus (oder beabsichtigt dies zumindest), bspw. indem sie hier ihr Geld investiert. Die Täterin muss gemäss Art. 260ter Abs. 5 StGB in der Schweiz wegen Beteiligung an bzw. Unterstützung einer kriminellen Organisation bestraft werden, auch wenn sie selbst in der Schweiz nie für die Organisation tätig war. Dies setzt aber voraus, dass sie in der Schweiz auch wegen der – alleine im Ausland – begangenen Basisdelikte verfolgt und bestraft werden kann, zumal es ja genau diese Handlungen sind, die auch ihre Beteiligung bzw. Unterstützung der Organisation darstellen. Mit anderen Worten kann ihr eine Beteiligung bzw. Unterstützung der Organisation nur nachgewiesen werden, wenn die im Ausland begangenen Basisdelikte untersucht werden. Wurde im ausländischen Staat, wo diese Basisdelikte verübt wurden, deswegen bereits ein Strafverfahren geführt, müssen die entsprechenden Beweise rechtshilfeweise beigezogen werden. Wurden diese Basisdelikte durch die ausländischen Behörden hingegen noch nicht untersucht, müssen die entsprechenden Beweise konsequenterweise durch die schweizerischen Strafverfolgungsbehörden erhoben werden. Diese Frage stellt sich dann nicht, wenn das im Ausland begangene Basisdelikt aufgrund einer Ausnahmebestimmung gemäss Art. 4–7 StGB oder einer solchen aus dem Besonderen Teil des StGB oder eines Erlasses des Nebenstrafrechts ohnehin der schweizerischen Gerichtsbarkeit untersteht, bspw. weil es sich beim Basisdelikt um Menschenhandel mit

Minderjährigen handelt (Art. 5 Abs. 1 lit. a StGB) oder um Betäubungsmittelhandel (Art. 19 Abs. 4 BetmG).

Erfüllt eine Person durch ihr Verhalten im Ausland sowohl ein Basisdelikt (z.B. Geldwäscherei) als auch eine Tathandlung gemäss Art. 260ter Abs. 1 oder 3 StGB (die Geldwäscherei stellt bspw. gleichzeitig eine Unterstützungshandlung für die Organisation dar) und besteht nur[259] aufgrund von Art. 260ter Abs. 5 StGB schweizerische Gerichtsbarkeit, stellt sich die Frage, wie zu verfahren ist, wenn Art. 260ter StGB letztlich hinter das Basisdelikt zurücktritt *(Subsidiarität)*[260]: Bleibt die Gerichtsbarkeit gemäss Art. 260ter Abs. 5 StGB bestehen oder entfällt sie, wenn Art. 260ter StGB als subsidiär betrachtet wird? 338

Das Bundesgericht hatte sich in BGE 137 IV 33 mit dieser Frage befasst, wobei dem Beschuldigten vorgeworfen worden war, im Kosovo für eine kriminelle Organisation Geld gewaschen zu haben. Die Staatsanwaltschaft qualifizierte die Geldwäschereihandlungen als Unterstützung der kriminellen Organisation und ging daher von schweizerischer Gerichtsbarkeit aus. Das Bundesgericht (E. 2.5.1) stellte zunächst fest, dass altArt. 260ter StGB gegenüber den einzelnen Straftaten der Organisation (hier: Art. 305bis Ziff. 2 lit. a StGB) subsidiären Charakter habe, wobei es sich auf die Botschaft (BBl 1993, 296, Ziff. 212.7) und die Lehre stützte. Davon ausgehend erwog es, die Subsidiarität von altArt. 260ter StGB schliesse aus, dass in Fällen, in denen die Geldwäscherei bzw. die kriminelle Organisation grenzüberschreitende Aspekte aufwiesen, der schweizerische Richter sein internes Recht gestützt auf altArt. 260ter Ziff. 3 StGB auf einen im Ausland verwirklichten Tatbestand der Geldwäscherei mit der Begründung anwenden könne, dass die fragliche Geldwäscherei zum Vorteil einer Organisation begangen worden sei, die ihre verbrecherische Tätigkeit in der Schweiz ausübe. Zwar habe altArt. 260ter Ziff. 3 StGB eine Erweiterung des räumlichen 339

---

259 Anders ist die Lage, wenn auch für das Basisdelikt eine gleichartige Ausnahmebestimmung besteht, so etwa bei Drogenhandel (Art. 19 Abs. 4 BetmG).
260 Zur Subsidiarität von Art. 260ter StGB vgl. hinten N 360 ff.

Geltungsbereichs des Strafgesetzbuchs hinsichtlich krimineller Organisationen ermöglicht, doch deute nichts darauf hin, dass der Gesetzgeber gleichzeitig diesen Geltungsbereich in Bezug auf im Ausland begangene Geldwäschereidelikte habe ausdehnen wollen. Die vom Gesetzgeber gewählte Konzeption der Konkurrenz der beiden Bestimmungen beweise im Gegenteil, dass dies nicht der Fall sei.

340 Die zitierte bundesgerichtliche Begründung hat für die allgemeine Diskussion dieser Frage im Zusammenhang mit dem neuen Art. 260ter StGB allerdings wenig Relevanz. Erstens lag dem Urteil eine ausgesprochen spezielle Ausgangslage zugrunde: Zum einen handelt es sich beim vorliegenden Basisdelikt (Geldwäscherei durch ein Mitglied einer kriminellen Organisation, Art. 305bis Ziff. 2 lit. a StGB) um einen Sonderfall: Es ist die einzige Straftat im ganzen schweizerischen Strafrecht, welche voraussetzt, dass sie von einem Mitglied einer kriminellen Organisation begangen wird.[261] Zum andern scheint die fragliche Geldwäschereihandlung im vorliegenden Fall das einzige Verhalten zu sein, welches dem Mitglied als Beteiligungshandlung vorgeworfen werden kann. Auch diese Konstellation dürfte eher die Ausnahme bilden, zumal es keineswegs typisch ist, dass ein Mitglied nur eine einzige Straftat für die Organisation begeht. Vielmehr dürfte es die Regel sein, dass Mitglieder zahlreiche (legale oder illegale) Verhaltensweisen an den Tag legen, die als Beteiligungshandlungen zu qualifizieren sind. Im vorliegenden Fall erschöpfte sich die Beteiligungshandlung des Mitglieds also in genau dieser einen Geldwäschereihandlung. Es ist zweitens – aufgrund der unterschiedlichen Rechtsgüter, die diese beiden Tatbestände schützen sowie der neuerdings deutlich höheren Strafdrohung von Art. 260ter StGB – auch nicht (mehr) der Fall, dass Art. 305bis Ziff. 2 lit. a StGB auch das ganze Unrecht erfasst, welches darauf beruht, dass der Täter Mitglied einer kriminellen Organisation ist.[262] Drittens hat sich die Haltung des Gesetzgebers in Bezug auf die Subsidiarität von Art. 260ter StGB grundlegend geändert. Gemäss Botschaft bildet die subsidiäre Anwendung von

---

261 Vgl. PAJAROLA/OEHEN/THOMMEN, N 554 sowie hinten N 382 ff.
262 Vgl. dazu hinten N 385.

Art. 260ter StGB die Ausnahme. «In der Regel ist vielmehr anzunehmen, dass mit der Beteiligung an einer Einzeltat das verbrecherische Potenzial einer kriminellen Organisation darüber hinaus gefördert wird, das heisst dass die Beteiligung als solche in der Regel zu einer Stärkung der Organisation führt. In diesen Fällen ist […] von echter Konkurrenz auszugehen».[263]

Art. 260ter StGB ist also nicht mehr per se als subsidiär zu betrachten, sondern als grundsätzlich gleichberechtigte Straftat, welche – bei Vorliegen der entsprechenden Voraussetzungen – in echter Konkurrenz zu den Basisdelikten steht, welche für die Organisation verübt werden. 341

Eine einmal begründete *Gerichtsbarkeit bzw. Zuständigkeit darf nicht leichthin wieder aufgegeben* werden. Der Entscheid, ob Art. 260ter StGB im Einzelfall gegenüber dem Basisdelikt subsidiär ist oder nicht, hat das Sachgericht zu entscheiden, wobei dieser Entscheid noch durch zwei höhere Gerichtsinstanzen überprüft werden kann. Die Frage der Subsidiarität hängt v.a. davon ab, ob sich die Beteiligung bzw. Unterstützung vollends in der Begehung des Basisdelikts erschöpft oder nicht.[264] Dies kann erst schlüssig beantwortet werden, nachdem Art und Umfang der Beteiligungs- bzw. Unterstützungshandlung einerseits sowie Art und Umfang der begangenen Basisstraftaten andererseits ermittelt sind. Diese Erkenntnisse liegen i.d.R. erst am Ende der Strafuntersuchung vor. Es kann nicht sachgerecht sein, dass dieser Entscheid bereits durch die untersuchende Staatsanwaltschaft und erst noch in einem frühen Verfahrensstadium endgültig abgeklärt werden muss. Andererseits wäre es ebenso verfehlt, bis zum Ende der Strafuntersuchung mit dem Entscheid zuzuwarten, ob die untersuchende Staatsanwaltschaft überhaupt zuständig ist; damit wäre bei grenzüberschreitender Kriminalität eine (effiziente) Strafverfolgung unmöglich. 342

Vielmehr ist davon auszugehen, dass die *Schweizer Gerichtsbarkeit besteht bleibt,* wenn diese einmal von der Staatsanwaltschaft mit 343

---

263 Botschaft 2018, 6482. Weiter zur Subsidiarität vgl. hinten N 360 ff.
264 Vgl. dazu hinten N 366 f.

guten Gründen angenommen wurde. Dazu genügt es, wenn die Staatsanwaltschaft einen Tatverdacht betr. Art. 260ter Abs. 1 i.V.m. Abs. 5 StGB hat, unabhängig davon, ob sich dieser im weiteren Verlauf der Untersuchung erhärtet oder ob dieser Tatbestand letztlich durch die Anwendung eines anderen (Basisdelikt) verdrängt wird. Diesen Massstab legt auch das Bundesgericht zugrunde, zumindest wenn es um die Frage geht, ob Bundesgerichtsbarkeit besteht.[265] Dies gilt in verstärktem Masse, wenn eine schweizerische Staatsanwaltschaft eine entsprechende (implizite oder explizite) Vereinbarung mit dem betreffenden ausländischen Staat getroffen hat, bspw. im Rahmen einer Strafübernahme (die hiesige Staatsanwaltschaft übernimmt die Untersuchung einer im Ausland begangenen Straftat), Auslieferung (eine Person wird an die Schweiz ausgeliefert, auch für eine Straftat, die sie im Ausland begangen hat) oder durch das Ausland gewährten Rechtshilfe (der ausländische Tatortstaat behandelt das schweizerische Rechtshilfeersuchen, dem ein Sachverhalt zugrunde liegt, wonach die Tat im ersuchten Staat begangen wurde).[266]

344 Das Gleiche muss für Straftaten (Basisdelikte) gelten, welche die Beschuldigte *im Zusammenhang* mit denjenigen gemäss Art. 260ter Abs. 1 StGB im Ausland begangen hat und die dazu ohnehin in *echter Konkurrenz* stehen.[267] Hat sich bspw. eine Beschuldigte im Ausland an einer kriminellen Organisation beteiligt und für diese verschiedene Handlungen vorgenommen (bspw. eine Wohnung gemietet, Waffen gekauft, Bargeld in eine andere Währung getauscht) und zusätzlich für die Organisation im Ausland Straftaten

---

265 BGE 133 IV 235, E. 4.4: «Für die Abgrenzung der Zuständigkeit zwischen den eidgenössischen und kantonalen Strafverfolgungsbehörden kann es nicht darauf ankommen, was dem Angeschuldigten schliesslich nachgewiesen werden kann […]. Vielmehr muss genügen, dass ein konkreter Tatverdacht nach Art. 260ter StGB besteht […]» und 4.5. Vgl. auch BGer 6B_825/2010, v. 27.4.2011, E. 2.4; BGer 6B_279/2011, v. 20.6.2011, E. 1.3.

266 Insofern sollte die Bestimmung über die Vereinbarung abweichender Gerichtsstände gemäss Art. 38 StPO analog auf internationale Verhältnisse angewendet werden.

267 Zur Frage der Konkurrenz bzw. Subsidiarität vgl. hinten N 360 ff.

(bspw. Raubüberfälle) verübt, kann sie in der Schweiz sowohl wegen Art. 260ter Abs. 1 StGB als auch wegen Art. 140 StGB verfolgt werden. Alles andere würde zu einer unsachgemässen Fragmentierung der Zuständigkeiten führen und würde auch für die Beschuldigte die Gefahr sich überschneidender oder widersprechender Urteile in verschiedenen Ländern bergen.

Art. 260ter Abs. 5 StGB dürfte meist dann aktuell werden, wenn 345 eine Person *in der Schweiz* wegen eines Basisdelikts (bspw. Drogenhandel, Terroranschlag) *verhaftet* wird und sich im Laufe der Untersuchung herausstellt, dass sie an einer ausländischen kriminellen oder terroristischen Organisation beteiligt ist oder diese unterstützt. Besitzt diese Person die schweizerische Staatsbürgerschaft nicht (Art. 7 Abs. 1 IRSG), stellt sich die Frage, ob sie einem ausländischen Staat – für die im Ausland begangenen Straftaten – ausgeliefert werden soll oder ob die für das Basisdelikt in der Schweiz zuständige Staatsanwaltschaft auch wegen der im Ausland begangenen Beteiligung an bzw. Unterstützung einer kriminellen oder terroristischen Organisation (Art. 260ter Abs. 1 bzw. 3 i.V.m. Abs. 5 StGB) sowie wegen allfälliger im Ausland begangener Basisdelikte untersuchen soll (wozu es entweder einer genuinen schweizerischen Zuständigkeit oder aber einer Strafübernahme gemäss Art. 85 ff. IRSG bedarf).

Im Interesse einer effizienten und kohärenten Strafverfolgung 346 sollte – wenn möglich – eine Lösung gewählt werden, bei der alle Delikte von der gleichen Strafverfolgungsbehörde untersucht und vom gleichen Gericht beurteilt werden. So sieht es auch Art. 21 des UN-Übereinkommens gegen die grenzüberschreitende organisierte Kriminalität vom 15.11.2000 (SR 0.311.54) vor.[268] Dabei ist derjenigen Behörde der Vorzug zu geben, welche die relevan-

---

[268] Diese Bestimmung lautet wie folgt: «Die Vertragsstaaten prüfen die Möglichkeit, einander Verfahren zur Strafverfolgung wegen einer Straftat nach diesem Übereinkommen in Fällen zu übertragen, in denen die Übertragung dem Interesse einer geordneten Rechtspflege dienlich erscheint, insbesondere in Fällen, in denen mehrere Gerichtsbarkeiten betroffen sind, mit dem Ziel, die Strafverfahren zu konzentrieren».

ten Beweismittel (bspw. Aussagen von Zeugen und Mitbeschuldigten; Erkenntnisse geheimer Überwachungsmassnahmen; Informationen aus sichergestellten Datenträgern) einfacher erheben kann bzw. schon erhoben hat.

347 Wurde der in der Schweiz verhaftete Täter, der gemäss Art. 260ter Abs. 5 StGB hier zur Rechenschaft gezogen werden soll, *für die gleiche Straftat* bereits durch ein ausländisches Gericht endgültig, d.h. *rechtskräftig freigesprochen,* wird er für diese Straftat hier nicht mehr verfolgt (Art. 7 Abs. 4 lit. a StGB).[269] Das heisst, ein bereits angehobenes Verfahren ist einzustellen. Das gilt allerdings nur unter dem Vorbehalt, dass das ausländische Urteil nicht in krasser Weise gegen die Grundsätze der Bundesverfassung oder der EMRK verstösst. Das Gleiche gilt, wenn der Täter für die gleiche Straftat von einem ausländischen Gericht *verurteilt* wurde und die Sanktion, zu der er verurteilt wurde, bereits vollzogen, erlassen oder verjährt ist (Art. 7 Abs. 4 lit. b StGB). Wurde die ausländische Strafe hingegen nur teilweise vollzogen, ist dem Täter im hiesigen Strafverfahren der vollzogene Teil an seine hier erwirkte Strafe anzurechnen. Bei teilweise vollzogenen Massnahmen hat das hiesige Gericht zu entscheiden, ob die Massnahme hier fortzusetzen oder der vollzogene Teil an die hier auszusprechende Strafe anzurechnen ist (Art. 7 Abs. 5 StGB).

348 Für die Anwendung dieser Bestimmungen ist entscheidend, dass es in der Schweiz um die gleiche Straftat, also um den *gleichen Lebenssachverhalt* geht, der dem ausländischen Urteil zugrunde lag. Dies ist sowohl bei Beteiligungs- als auch bei Unterstützungshandlungen genau zu prüfen. Da die Beteiligung i.S.v. Art. 260ter Abs. 1 lit. a StGB ein *Dauerdelikt*[270] darstellt, handelt es sich bspw. nicht um die gleiche Straftat i.S.v. Art. 7 StGB, wenn der Täter im Aus-

---

269 Der Grundsatz «ne bis in idem» gilt gemäss Art. 11 Abs. 1 StPO nur für schweizerische Urteile. Vgl. dazu auch EGMR vom 20.2.2018, Dieter Krombach v. Frankreich, Ziff. 36 ff., allerdings in Bezug auf Art. 4 des Protokolls Nr. 7 zur EMRK.

270 Vgl. BGer 6B_238/2013, v. 22.11.2013, E. 2.5; Pajarola/Oehen/Thommen, N 392.

land für die Beteiligung während des Zeitraums bis zu seiner (ausländischen) Verurteilung bestraft wurde, in der Schweiz aber seine Beteiligung für den Zeitraum ab seiner ausländischen Verurteilung bis zu seiner Verhaftung in der Schweiz zu beurteilen ist.

F. Strafe

Straftaten nach Art. 260ter Abs. 1 StGB werden mit Geldstrafe von drei bis 180 Tagessätzen (Art. 34 Abs. 1 StGB) oder Freiheitsstrafe von drei Tagen bis zu zehn Jahren (Art. 40 Abs. 1 StGB) bestraft, solche nach Art. 260ter Abs. 3 StGB mit einer Freiheitsstrafe von drei bis 20 Jahren (Art. 40 Abs. 2 StGB).

349

Die *Botschaft* für die neue Bestimmung ging für Beteiligung an oder Unterstützung einer kriminellen Organisation noch von einer Höchststrafe von fünf Jahren Freiheitsstrafe aus.[271] Bei terroristischen Organisationen sollte die Höchststrafe hingegen zehn Jahre Freiheitsstrafe betragen.[272] Die unterschiedlich hohen Strafrahmen seien gerechtfertigt, weil «das unmittelbare Schädigungspotenzial und die direkten Folgen für die betroffene Bevölkerung und den Staat mit seinen Strukturen im Falle von terroristischen Aktivitäten, unabhängig von dessen Stabilität und den herkömmlichen Kriminalitätsraten, grösser und einschneidender» sein könne. Der Unrechtsgehalt sei angesichts «der gesellschaftlichen Ächtung sowie der mit Terrorakten einhergehenden massiven und durch die Öffentlichkeit entsprechend wahrgenommenen existenziellen Bedrohung als erhöht einzustufen». Ausserdem sei «von einer engeren Umschreibung des Zwecks der Organisation» auszugehen.[273] Für die qualifizierte Tatvariante von Abs. 3 ging auch die Botschaft von der heute umgesetzten Strafdrohung von «Freiheitsstrafe nicht unter drei Jahren» aus.[274]

350

---

271 Botschaft 2018, 6473.
272 Botschaft 2018, 6478.
273 Alle Zitate: Botschaft 2018, 6479.
274 Botschaft 2018, 6474.

II. Kriminelle und terroristische Organisationen

351 Nach *altArt.* 260ter StGB betrug die Höchststrafe noch fünf Jahre Freiheitsstrafe.[275] Die unter altem Recht geltende Höchststrafe von fünf Jahren, die sowohl für kriminelle als auch für terroristische Organisationen und für alle Tatvarianten galt, wurde v.a. in der Praxis als zu tief kritisiert.[276]

352 Die neu geltenden Strafrahmen nehmen diese Kritik auf, sodass der Unrechtsgehalt sich nun angemessen in den angedrohten Strafen widerspiegelt. Dass der Strafrahmen von zehn Jahren Freiheitsstrafe im Grundtatbestand neu sowohl für kriminelle als auch für terroristische Organisationen gilt, ist richtig. Zwar mag es zutreffen, dass die unmittelbar spürbaren Folgen eines Terroranschlags verheerender sind als diejenigen krimineller Machenschaften. Es gilt aber einerseits zu bedenken, dass die Beteiligung an oder Unterstützung von Terrororganisationen nicht unbedingt Terroranschläge (direkt) bewirkt. Andererseits sind auch kriminelle Organisationen durchaus in der Lage, Bombenanschläge oder Massaker anzurichten, welche die unbeteiligte Bevölkerung ebenso willkürlich und hart treffen können, wie dies bei Terroranschlägen der Fall ist.[277] Zudem sind die indirekten Auswirkungen der Aktivitäten krimineller Organisationen bspw. in Bezug auf die Verzerrung des Wettbewerbs, die Korruption von Wirtschaft, Politik und Gesellschaft, den Umweltschutz oder die Volksgesundheit kaum zu überschätzen.

353 Die konkrete *Strafzumessung* innerhalb der abstrakten Strafrahmen richtet sich nach den Grundsätzen von Art. 47 ff. StGB. Besonders zu berücksichtigen sind namentlich folgende Faktoren: die *Gefährlichkeit*[278] der Organisation, an der die Täterin beteiligt war bzw. welche sie unterstützte; die *Art, Dauer und Intensität* der Beteiligung bzw. Unterstützung; und der Umfang der *Einflussnahme*[279]

---

275 Vgl. dazu PAJAROLA/OEHEN/THOMMEN, N 538.
276 Vgl. PAJAROLA/OEHEN/THOMMEN, N 542 ff.
277 Vgl. etwa in Bezug auf mexikanische Drogenkartelle: MALLORY, 71 ff.
278 Vgl. zu den einzelnen Indikatoren für die Gefährlichkeit: vorne N 88 ff.
279 Übt der Täter einen bestimmten Einfluss aus, greift der qualifizierte Tatbestand von Abs. 3. Dazu vorne N 283 ff.

auf die Organisation (sei dies von innerhalb oder ausserhalb der Organisation).

Auch wenn *Beteiligung und Unterstützung* grundsätzlich gleich zu behandeln sind, dürfte die Beteiligung tendenziell schwerer zu bestrafen sein als die Unterstützung, weil sie i.d.R. auf Dauer angelegt ist und zahlreiche, verbindlichere und wichtigere Aktivitäten zugunsten der Organisation umfasst, während die Unterstützung weniger intensiv sein kann. Es kann aber auf beiden Seiten Ausnahmen geben: Im Einzelfall kann eine Unterstützerin für den Erfolg der Organisation ganz entscheidend sein, während es unbestrittenermassen Mitglieder gibt, die nur von untergeordneter Bedeutung sind. 354

Terrororganisationen sind grundsätzlich gleich zu behandeln wie *kriminelle Organisationen,* wobei typischerweise Tathandlungen zugunsten einer Terrororganisation schwerer zu bestrafen sind als solche zugunsten einer kriminellen Organisation, da Erstere i.d.R. gefährlicher sein dürften als Letztere. Aber auch dies muss für jeden Einzelfall gesondert geprüft werden, denn es kann durchaus sein, dass eine bestimmte kriminelle Organisation gefährlicher ist als eine durchschnittliche Terrororganisation. 355

Innerhalb der kriminellen Organisationen dürften tendenziell diejenigen Personen schwerer bestraft werden, die sich an einer Organisation beteiligen oder eine solche unterstützen, die *Gewaltverbrechen* begeht, als diejenigen, die dasselbe für eine Organisation tun, die *Bereicherungsverbrechen* begeht. Der Grund liegt auch hier in der Gefährlichkeit der Organisation und folglich in der Gefährlichkeit der Tathandlungen. Wie bei den oben genannten Faktoren muss aber jeder Einzelfall geprüft werden, da es auch von dieser Regel durchaus Ausnahmen geben kann. 356

Auch im *internationalen Vergleich* sind die Strafrahmen von Art. 260ter StGB nun stimmig.[280] 357

---

[280] Vgl. dazu PAJAROLA/OEHEN/THOMMEN, N 540.

G. Konkurrenzen

358 Art. 260ter StGB enthält keine Regelung der Konkurrenzen. Es gelten diesbezüglich die allgemeinen Regeln, namentlich diejenige von Art. 49 Abs. 1 StGB.[281]

359 Im Zusammenhang mit der Revision von Art. 260ter StGB stellt sich vorab die Frage, ob diese Bestimmung immer noch subsidiär anzuwenden ist (1. Subsidiarität). Sodann ist zu untersuchen, wie vorzugehen ist, wenn eine Person mehrere Unterstützungs- und/oder Beteiligungshandlungen verübt (2. Mehrfache Begehung). Weiter ist das Verhältnis von Art. 260ter StGB zu verschiedenen anderen Straftatbeständen zu untersuchen (3. Verhältnis zu anderen Straftaten) und schliesslich sind die Folgen unechter Konkurrenz darzustellen (4. Folgen unechter Konkurrenz).

1. Subsidiarität

360 Während das *Bundesgericht* v.a. in seiner älteren Rechtsprechung noch von echter Konkurrenz zwischen altArt. 260ter StGB und Einzeldelikten ausging, bezeichnete es v.a. in seiner jüngeren Rechtsprechung den Tatbestand von Art. 260ter StGB gegenüber Einzeldelikten überwiegend als subsidiär.[282] Die *Lehre* sprach sich überwiegend für eine subsidiäre Anwendung von altArt. 260ter StGB aus.[283]

361 Die *Botschaft* stellt demgegenüber klar, dass eine subsidiäre Anwendung von Art. 260ter StGB die Ausnahme bilden soll. *In der Regel* sei «vielmehr anzunehmen, dass mit der Beteiligung an einer Einzeltat das verbrecherische Potenzial einer kriminellen Organisation darüber hinaus gefördert wird, das heisst, dass die Beteiligung als solche in der Regel zu einer Stärkung der Organisation führt. In die-

---

281 Vgl. dazu etwa BSK StGB I^4-Ackermann, Art. 49 N 49 ff.
282 Echte Konkurrenz: BGE 142 IV 175, E. 5.4.2; 133 IV 58, E. 5.3.1; 131 II 235, E. 2.12.2; 128 II 355, E. 2.4. Subsidiarität: BGE 137 IV 33, E. 2.5.1; 133 IV 235, E. 4.2; 132 IV 132, E. 4.2.
283 Vgl. Übersicht bei BSK StGB II^4-Engler, Art. 260bis N 20 ff.

sen Fällen ist gestützt auf die allgemeinen Konkurrenzregeln von *echter Konkurrenz* auszugehen».[284] Dies führe gemäss Art. 49 StGB zu einer Erhöhung der Strafandrohung, was sich v.a. dadurch rechtfertige, dass «die Tatbegehung im Rahmen einer kriminellen Organisation mit einem erhöhten Gefährdungspotenzial für den Staat und seine Bevölkerung sowie einem entsprechend gesteigerten Unrechtsgehalt einhergeht».[285]

Beim *qualifizierten* Tatbestand von Art. 260ter Abs. 3 StGB sei sogar davon auszugehen, dass er «grundsätzlich in *echter Konkurrenz* zu anderen Strafbestimmungen» stehe.[286] Dies deshalb, weil der aufgrund des bestimmenden Einflusses erhöhte Unrechtsgehalt kaum je durch den Straftatbestand des Einzeldelikts abgegolten würde.

362

Die Botschaft führt auch ein Beispiel auf, welches die genannte Regel, wonach echte Konkurrenz anzunehmen sei, durchbricht: Bei *Art. 305bis Ziff. 2 lit. a StGB* (Geldwäscherei durch ein Mitglied einer kriminellen oder terroristischen Organisation) erschöpfe sich das Unrecht der Tathandlung in der nachgewiesenen Einzeltat, weshalb die qualifizierte Geldwäscherei bereits einen höheren Strafrahmen vorsehe und daher eine zusätzliche Bestrafung wegen Art. 260ter StGB nicht mehr nötig sei.

363

Den Ausführungen in der Botschaft ist weitgehend beizupflichten. Art. 260ter StGB ist hinsichtlich Konkurrenzen gleich zu behandeln wie andere Straftaten, steht also *grundsätzlich in echter Konkurrenz* neben diesen. Es besteht nur dann keine echte Konkurrenz, wenn entweder eine Handlungseinheit[287] (dies käme v.a. bei Art. 260ter Abs. 1 lit. a StGB, das ein Dauerdelikt[288] darstellt, infrage) oder unechte Konkurrenz[289] (also v.a. bei Spezialität oder Subsidiarität) vorliegt.

364

---

284 Botschaft 2018, 6482.
285 Botschaft 2018, 6482.
286 Botschaft 2018, 6482.
287 Dazu BSK StGB I^4-ACKERMANN, Art. 49 N 24 ff.
288 BSK StGB I^4-ACKERMANN, Art. 49 N 28.
289 Dazu BSK StGB I^4-ACKERMANN, Art. 49 N 49 ff.

II. Kriminelle und terroristische Organisationen

365 Für diese Auslegung spricht auch, dass der *Strafrahmen* von Art. 260ter Abs. 1 StGB neuerdings bis zu einer Freiheitsstrafe von zehn Jahren reicht und damit doppelt so hoch ist, wie bei altArt. 260ter StGB. Damit liegt der Strafrahmen des Grundtatbestands wesentlich höher als derjenige zahlreicher Einzeldelikte, die typischerweise durch Mitglieder oder Unterstützer krimineller oder terroristischer Organisationen begangen werden (etwa die gängigen Vermögensdelikte, Datendelikte, Konkursdelikte, Urkundendelikte, Geldwäscherei, Bestechungsdelikte). Dies indiziert bereits, dass Art. 260ter StGB nicht hinter diese Einzeltaten zurücktreten muss.[290] Der Strafrahmen von Art. 260ter Abs. 3 StGB reicht sogar von einer Freiheitsstrafe von 3 bis 20 Jahren und liegt damit (wegen der Mindeststrafe von 3 Jahren) höher als derjenige der meisten anderen Straftaten (bspw. Menschenhandel, Art. 182 StGB oder schwerer Drogenhandel, Art. 19 Abs. 2 BetmG).

366 *Unechte* Konkurrenz kann bei Art. 260ter StGB also nur vorliegen, wenn ein Verhalten sowohl unter diesen Tatbestand als auch unter einen anderen (Einzeldelikt) fällt und der ganze Unrechtsgehalt, der den beiden Straftaten immanent ist, durch die alleinige Anwendung des anderen Tatbestands (Einzeldelikt) abgegolten wird. Dies bedingt einerseits, dass der andere Tatbestand den Schutz der gleichen Rechtsgüter[291] vorsieht wie Art. 260ter StGB und andererseits, dass die Strafe nicht tiefer liegt, als es bei Anwendung von Art. 260ter StGB der Fall wäre.

367 Konkret setzt dies erstens voraus, dass die Beteiligungs- oder Unterstützungshandlung sich in der Begehung einer anderen Straftat *erschöpft*. Typischerweise erschöpft sich das Verhalten eines Mitglieds oder eines Unterstützers einer kriminellen oder terroristischen Organisation aber nicht darin, ein einzelnes Delikt zu begehen. Vielmehr besteht ihr strafwürdiges Verhalten i.d.R. darin, dass sie *zahlreiche* Handlungen vornehmen, die im Interesse der Organi-

---

[290] Grundsätzlich geht die schwerer bestrafte Unrechtsnorm derjenigen vor, die eine tiefere Strafe vorsieht (BSK StGB I^4-ACKERMANN, Art. 49 N 65).

[291] Zu den durch Art. 260ter StGB geschützten Rechtsgütern vgl. vorne N 78 f.

sation sind, einige davon erfüllen Straftatbestände, andere sind an sich legal. Alle diese Handlungen – ob strafbar oder an sich legaler Natur – weisen einen Unrechtsgehalt auf, weshalb sie im Rahmen von Art. 260ter StGB auch strafbar sind, unabhängig davon, ob sie einen weiteren Straftatbestand (Einzeldelikt) erfüllen. In den meisten Fällen dürfte sich also das strafbare Verhalten eines Mitglieds oder einer Unterstützerin nicht in der blossen Begehung eines Einzeldelikts erschöpfen. Natürlich kann es aber vorkommen, dass einer Person nur eine einzige Handlung *nachgewiesen* werden kann und diese nicht über die Begehung einer einzelnen Straftat hinausgeht. Nur für solche Fälle kommt unechte Konkurrenz überhaupt infrage.

Die zweite Voraussetzung besteht darin, dass der Straftatbestand, der auf die Einzeltat anzuwenden ist (und ggf. Art. 260ter StGB verdrängen würde), das *ganze Unrecht,* welches im Verhalten des Mitglieds bzw. des Unterstützers liegt, abgilt. Dabei ist in Erinnerung zu rufen, dass die Gefahr für den Staat, die Gesellschaft und die Wirtschaft, die von einer Beteiligung an bzw. Unterstützung einer kriminellen oder terroristischen Organisation ausgeht, viel höher ist, als dies in Bezug auf ein Einzeldelikt der Fall ist.[292] Dies zeigt sich bereits in dem gegenüber den meisten Einzeldelikten erhöhten Strafmass von Art. 260ter StGB. Mit anderen Worten dürfte die Bestrafung nur wegen eines Einzeldelikts nur in seltenen Ausnahmefällen (zu Art. 305bis Ziff. 2 lit. a StGB sogleich)[293] den ganzen Unrechtsgehalt abgelten, der in der Stärkung einer kriminellen oder terroristischen Organisation und der damit verbundenen Gefährdung zahlreicher zentraler Rechtsgüter liegt. 368

2. Mehrfache Begehung

Nimmt ein *Mitglied* einer kriminellen oder terroristischen Organisation für diese *mehrere* Aktivitäten vor, in dem es bspw. mehrmals 369

---

292 In diesem Sinne auch Botschaft 2018, 6482.
293 Vgl. dazu hinten N 382 ff.

für diese Waffen besorgt, Gelder transferiert oder Personen rekrutiert, liegt bloss *eine* (andauernde) Beteiligung vor. Die Beteiligung i.S.v. Art. 260ter Abs. 1 lit. a StGB stellt ein Dauerdelikt[294] dar, weshalb die einzelnen Aktivitäten als Handlungseinheit zu betrachten sind, was eine mehrfache Begehung i.S.v. echter Konkurrenz gem. Art. 49 Abs. 1 StGB ausschliesst.[295] Die Tatsache, dass das Mitglied mehrere Aktivitäten für die Organisation vorgenommen hat und nicht bloss eine einzige, wirkt sich aber natürlich im Rahmen der Strafzumessung (qua Verschulden bzw. Förderung der Gefährlichkeit der Organisation) straferhöhend aus.

370 Wenn ein *Nichtmitglied* die Organisation durch mehrere Handlungen unterstützt, liegen grundsätzlich mehrere Unterstützungshandlungen i.S.v. Art. 260ter Abs. 1 lit. b StGB vor. Würde hier Art. 49 Abs. 1 StGB angewandt, könnte dies dazu führen, dass eine mehrfache Unterstützerin härter bestraft würde (zumindest würde der Strafrahmen auf das Anderthalbfache anwachsen) als ein langjähriges Mitglied, was den unerwünschten Anreiz für Unterstützer schaffen würde, möglichst rasch Mitglied zu werden. Andererseits ist aber – wie bei der Beteiligungsvariante – klar, dass sich zahlreiche Begehungshandlungen gegenüber einer einfachen Begehung im Rahmen der Strafzumessung in einer höheren Strafe niederschlagen müssen.

371 Dass eine Person *gleichzeitig Beteiligungs- und Unterstützungshandlungen* für eine Organisation vornimmt, ist grundsätzlich ausgeschlossen, weil sie nicht gleichzeitig Mitglied (Beteiligung) und Nichtmitglied (Unterstützung) sein kann. Hingegen wäre diese Konstellation ausnahmsweise möglich, wenn ein Mitglied *zunächst* Beteiligungshandlungen vornimmt, aus der Organisation austritt (oder ausgeschlossen wird) und *danach* Unterstützungshandlungen für diese erbringt. Auch der umgekehrte Fall ist denkbar, wenn eine Unterstützerin nach einer gewissen (Probe-)Zeit in die Organisation funktionell eingegliedert wird und dann Aktivitäten für

---

294 Vgl. dazu vorne N 216.
295 BSK StGB I⁴-ACKERMANN, Art. 49 N 28.

diese entfaltet. In diesen beiden Konstellationen ist eine Erhöhung des Strafrahmens gemäss Art. 49 Abs. 1 StGB i.d.R. nicht angezeigt, zumal die Beteiligungs- und Unterstützungshandlungen die gleichen Rechtsgüter betreffen und dies wohl in der gleichen Intensität (ob ein Mitglied Geld für die Organisation wäscht oder ob dies eine Unterstützerin tut, hat auf die Rechtsgutverletzung bzw. -gefährdung grundsätzlich keinen Einfluss) und auch die Strafdrohung identisch ist. Im Ergebnis ist hier gleich zu verfahren wie bei Vorliegen einer Handlungseinheit (Dauerdelikt).[296]

Beteiligungs- und Unterstützungshandlungen können ausserdem zusammentreffen, wenn die Täterin einerseits Mitglied in einer Organisation ist und gleichzeitig eine *andere* Organisation (als Nichtmitglied) unterstützt. Da in solchen Fällen regelmässig unterschiedliche Rechtsgüter betroffen sein dürften (die Täterin ist bspw. Mitglied in einer gefährlichen Rockergruppierung, die Menschenhandel betreibt, und unterstützt gleichzeitig eine Terrororganisation, indem sie diese mit Schusswaffen beliefert), ist hier eine Anwendung von Art. 49 Abs. 1 StGB zu befürworten. 372

3. Verhältnis zu anderen Straftaten

Wie bereits dargestellt, ist im Verhältnis zwischen Art. 260ter StGB und anderen Straftaten grundsätzlich von *echter* Konkurrenz auszugehen.[297] Im Folgenden werden einige Strafbestimmungen dennoch gesondert betrachtet. 373

Strafbare *Vorbereitungshandlungen* gemäss Art. 260bis StGB sowie solche in Bezug auf Kernenergie, radioaktive Stoffe und ionisierende Strahlen gemäss Art. 226ter StGB können in echter Konkurrenz zu Art. 260ter StGB stehen, wenn ein Mitglied oder Unterstützer einer kriminellen oder terroristischen Organisation für diese entsprechende Handlungen vornimmt, also bspw. einen Raub vorbereitet oder radioaktive Stoffe transportiert. Diese Tatbestände 374

---

296 Im Ergebnis gleich BSK StGB II^4-ENGLER, Art. 260ter N 25.
297 Vgl. vorne N 364.

schützen andere Rechtsgüter als Art. 260ter StGB, und ihre Strafdrohung liegt (im Grundtatbestand) tiefer als diejenige von Art. 260ter StGB.

375 Die *Finanzierung des Terrorismus* gemäss Art. 260^{quinquies} StGB ist ein gegenüber Art. 260ter StGB subsidiärer Auffangtatbestand.[298] Die beiden Tatbestände erfassen allerdings unterschiedliches Verhalten und überschneiden sich nur, wo direktvorsätzlich für eine Terrororganisation Geld gesammelt oder ihr zur Verfügung gestellt wird. Werden hingegen terroristische Einzeltäter oder Gruppierungen finanziell unterstützt, die nicht alle Tatbestandsmerkmale einer Organisation i.S.v. Art. 260ter StGB aufweisen, kommt nur Art. 260^{quinquies} StGB zur Anwendung. Umgekehrt ist wiederum nur Art. 260ter StGB anzuwenden, wenn die Finanzierung zwar eine Organisation betrifft, aber nicht direktvorsätzlich, sondern bloss eventualvorsätzlich geschieht. Wird eine Organisation von legitimen Freiheitskämpfern (i.S.v. Art. 260^{quinquies} Abs. 3 StGB) finanziert oder Mitglieder einer Organisation, deren Handlungen im Einklang mit dem humanitären Kriegsvölkerrecht stehen (i.S.v. Art. 260^{quinquies} Abs. 4 StGB), entfällt eine Strafbarkeit nach Art. 260^{quinquies} StGB. Diese Ausnahmebestimmungen wirken sich zwar nicht direkt auf Art. 260ter StGB aus,[299] es fragt sich aber, ob in solchen Fällen tatsächlich alle Voraussetzungen für eine Terrororganisation (v.a. ihr Zweck, Gewaltverbrechen mit Einschüchterungs- oder Nötigungsabsicht zu begehen) erfüllt sind. Ist dies der Fall, wäre Art. 260ter StGB anzuwenden; ist dies nicht der Fall, bleibt das Verhalten – zumindest bezüglich dieser beiden Strafbestimmungen – straflos.

376 Überschneidungen zwischen Art. 260ter StGB und Art. 260^{sexies} StGB *(Anwerbung, Ausbildung und Reisen im Hinblick auf eine terroristische Straftat)* können in folgenden Konstellationen bestehen: Wer jemanden für die Begehung eines Terroraktes oder die

---

298 Vgl. Botschaft 2002, 5442; BSK StGB II⁴-FIOLKA, Art. 260^{quinquies} N 69 m.w.H.; ACKERMANN/BAUMANN, Art. 260^{quinquies} N 26 sowie 33 f.
299 So auch BSK StGB II⁴-FIOLKA, Art. 260^{quinquies} N 69.

Teilnahme daran anwirbt, macht sich gemäss Art. 260^{sexies} Abs. 1 lit. a StGB schuldig. Erfolgt dieses Anwerben durch Mitglieder einer Terrororganisation oder aber für die Terrororganisation, stellt es zugleich eine Beteiligungshandlung (wenn ein Mitglied die Anwerbung vornimmt) oder eine Unterstützungshandlung (wenn ein Nichtmitglied anwirbt) i.S.v. Art. 260ter StGB dar.

Wer im Hinblick auf die Verübung eines Terroraktes oder die Teilnahme daran jemanden darin ausbildet (anleitet), Waffen, Sprengstoffe, radioaktive Materialien, giftige Gase oder andere Vorrichtungen oder gefährliche Stoffe herzustellen oder zu gebrauchen, und wer sich darin ausbilden (anleiten) lässt, macht sich gemäss Art. 260^{sexies} Abs. 1 lit. b StGB strafbar. Erfolgt nun diese Anleitung durch Mitglieder einer Terrororganisation oder für die Terrororganisation, indem ihre Mitglieder sich auf diese Weise ausbilden lassen, liegt gleichzeitig eine Beteiligungs- bzw. Unterstützungshandlung i.S.v. Art. 260ter StGB vor.

377

Wer in der Absicht, einen Terrorakt zu begehen, sich daran zu beteiligen oder sich dafür ausbilden zu lassen, eine grenzüberschreitende Reise unternimmt, macht sich gemäss Art. 260^{sexies} Abs. 1 lit. c StGB strafbar. Unternimmt ein Mitglied einer Terrororganisation eine solche Reise oder tut dies ein Nichtmitglied, um für eine Terrororganisation einen Terrorakt zu begehen, liegt zusätzlich eine Beteiligungs- bzw. Unterstützungshandlung i.S.v. Art. 260ter StGB vor.

378

Gemäss Art. 260^{sexies} Abs. 2 StGB macht sich strafbar, wer in der Absicht, eine solche Reise zu finanzieren, Vermögenswerte sammelt oder zur Verfügung stellt sowie wer eine solche Reise organisiert oder dafür anwirbt. Erfolgen diese Handlungen durch Mitglieder einer Terrororganisation oder durch Nichtmitglieder, aber für die Terrororganisation, ist zusätzlich der Tatbestand von Art. 260ter StGB erfüllt.

379

In all diesen Fällen herrscht zwischen den beiden Strafbestimmungen *echte* Konkurrenz, weil der in diesen Verhaltensweisen immanente Unrechtsgehalt von keiner der beiden Bestimmungen voll-

380

ständig erfasst wird: Art. 260^{sexies} StGB bestraft das Verhalten, welches einen Terroranschlag vorbereitet, während Art. 260ter StGB die Stärkung einer Organisation bestraft, deren Zweck es ist, über einen längeren Zeitraum zahlreiche solche Anschläge zu verüben.

381 *Rechtswidrige Vereinigungen* gemäss Art. 275ter StGB sind solche, die darauf gerichtet sind, eine der folgenden Straftaten zu begehen: Art. 265, 266, 266bis, 271–274, 275 und 275bis StGB. Wer eine solche Vereinigung gründet, ihr beitritt, sich an ihren Bestrebungen beteiligt, wer zur Bildung einer solchen Vereinigung auffordert oder deren Weisungen befolgt, macht sich nach dieser Bestimmung strafbar. Solches Verhalten kann in Ausnahmefällen auch im Rahmen von Beteiligungs- oder Unterstützungshandlungen i.S.v. Art. 260ter StGB erfolgen, namentlich dann, wenn es sich beim ausländischen Akteur, in dessen Auftrag die Interessen der Schweiz verletzt werden, um eine kriminelle oder terroristische Organisation handelt.[300] Die Straftatbestände des 13. Titels schützen den «Staat in seiner Existenz und seinen politischen, wirtschaftlichen und militärischen Grundlagen»[301], demgegenüber schützt Art. 260ter StGB insbesondere den öffentlichen Frieden bzw. die öffentliche Sicherheit, was tendenziell für echte Konkurrenz spricht.[302] Es liesse sich aber auch argumentieren, Art. 260ter StGB gehe aufgrund der höheren Strafdrohung dem Art. 275ter StGB vor.[303]

382 Die Strafbestimmung der *Geldwäscherei* sieht einen qualifizierten Tatbestand vor, wenn die Täterin als Mitglied einer kriminellen oder terroristischen Organisation handelt (Art. 305bis Ziff. 2 lit. a StGB). Es handelt sich hierbei um den einzigen Tatbestand des StGB, in welchem eine solche Qualifikation vorgesehen ist. Der Grund für die Qualifikation lautet gemäss Botschaft zu dieser Straf-

---

[300] Vgl. BSK StGB II⁴-Isenring/Flachsmann, Art. 266bis N 6, wo festgehalten wird, dass es sich bei den ausländischen Exponenten um beliebige staatliche oder private Repräsentanten eines fremden Staates handeln kann, u.a. auch Terroristengruppen.

[301] BSK StGB II⁴-Isenring/Flachsmann, Vor Art. 265 N 1.

[302] Zu den geschützten Rechtsgütern vgl. vorne N 78 f.

[303] So Pajarola/Oehen/Thommen, N 553.

bestimmung folgendermassen: «Das besondere Gefährdungspotential dieser Tatvariante liegt darin, dass der Geldwäscher mit einer mafiosen Organisation im Rücken operiert und sich auf deren Finanzkraft und entsprechende Skrupellosigkeit verlassen kann».[304]

Der Gedanke, dass es strafwürdiger ist, für eine kriminelle oder terroristische Organisation Geld zu waschen als für Einzelpersonen oder andere Gruppierungen, ist zwar richtig,[305] er trifft aber grundsätzlich auf alle Straftaten zu, nicht nur auf Geldwäscherei. Das in der Botschaft aufgeführte Argument liesse sich unverändert auf andere typische Straftaten übertragen, die von kriminellen oder terroristischen Organisationen ausgehen, etwa Drohungen, Nötigungen, Erpressungen, Drogenhandel, Menschenhandel usw. Dieser Umstand macht das Argument nicht weniger richtig, er zeigt aber, dass der Gedanke im Strafrecht leider nicht konsequent umgesetzt wurde. In diesem Zusammenhang wäre ein allgemeiner Qualifikationsgrund, der auf alle Straftaten angewendet wird, das richtige Mittel. 383

Andererseits ist an diesem qualifizierten Tatbestand zu bemängeln, dass er inhaltlich wenig durchdacht erscheint. Es fällt auf, dass die Qualifikation nur greift, wenn die Täterin *Mitglied* einer kriminellen oder terroristischen Organisation ist. Wäscht hingegen eine Unterstützerin (bspw. eine Treuhänderin, die im Auftrag der Organisation handelt) Geld für die Organisation, fällt sie nicht unter diese Qualifikation, obschon das Gefährdungspotenzial deswegen nicht geringer ist. Insofern müsste der Qualifikationstatbestand auch auf Unterstützer erweitert werden. 384

Wäscht ein *Mitglied* einer Organisation also Geld, wird dadurch sowohl Art. 260ter StGB (Beteiligungshandlung) als auch Art. 305bis Ziff. 2 lit. a StGB erfüllt. Die beiden Bestimmungen schützen unterschiedliche Rechtsgüter: Während Art. 305bis StGB das Einziehungsinteresse der Rechtspflege schützt, ist das zentral geschützte Rechtsgut von Art. 260ter StGB der öffentliche Friede. Diese Aus- 385

---

304 Botschaft 1989, 1085.
305 So auch PAJAROLA/OEHEN/THOMMEN, N 554.

gangslage spricht für echte Konkurrenz. Weil nun Art. 305bis Ziff. 2 lit. a StGB explizit das Handeln eines Organisationsmitglieds erfasst, würde es naheliegen, den Geldwäschereitatbestand als lex specialis zu betrachten und Art. 260ter StGB als subsidiär zurücktreten zu lassen.[306] Dies verbietet aber die höhere Strafdrohung von Art. 260ter StGB, welche nota bene zum Zeitpunkt der zitierten Rechtsprechung und Lehrpublikationen mit fünf Jahren Freiheitsstrafe noch gleich hoch war wie diejenige von Art. 305bis Ziff. 2 lit. a StGB, seit der Revision aber auf zehn Jahre angewachsen ist. Dies gilt in verstärktem Masse für den qualifizierten Tatbestand von Art. 260ter Abs. 3 StGB – in den Fällen, wo die Täterin einen bestimmenden Einfluss in der Organisation hat – mit einer Freiheitsstrafe von 3 bis 20 Jahren. Im Ergebnis ist also aufgrund der unterschiedlichen Rechtsgüter und der höheren Strafdrohung von Art. 260ter StGB von *echter Konkurrenz* auszugehen.

386 Diese Überlegungen gelten umso mehr, wenn die Täterin nicht Mitglied einer kriminellen oder terroristischen Organisation ist, sondern bloss *Unterstützerin*. Denn für diese besteht kein spezieller Qualifikationsgrund in Art. 305bis StGB. Auch in diesen Fällen ist also von *echter Konkurrenz* zwischen Art. 260ter StGB und Art. 305bis Ziff. 1 oder Ziff. 2 StGB auszugehen.[307]

387 Das *Bundesgesetz über das Verbot der Gruppierungen «Al-Qaïda» und «Islamischer Staat» sowie verwandter Organisationen* (BG AQ/IS)[308] sieht in Art. 2 Abs. 1 eine Bestrafung vor für Beteiligungs- und Unterstützungshandlungen in Bezug auf die Terrororganisationen Al-Qaida und IS (Art. 1 lit. a) sowie Tarn- oder Nachfolgegruppierungen dieser beiden Terrororganisationen (Art. 1 lit. b) sowie Gruppierungen, die in Führung, Zielsetzung und Mitteln mit diesen Organisationen übereinstimmen oder in deren Auftrag

---

306 So noch in Bezug auf altArt. 260ter StGB: BGer 6S. 229/2005, v. 20.7.2005, E. 1.4; ACKERMANN/ZEHNDER, Art. 305bis N 835, m.w.H.
307 So bereits mit Bezug zu altArt. 260ter StGB im Ergebnis auch ACKERMANN/ZEHNDER, Art. 305^{bis}N 836.
308 Die Geltungsdauer des BG AQ/IS vom 12.12.2014 (SR 122) ist gemäss Art. 4 Abs. 3 befristet bis zum 31.12.2022 (BBl 2018, 87).

handeln (Art. 1 lit. c). Die Tathandlungen umfassen die Beteiligung und die personelle oder materielle Unterstützung, das Organisieren von Propagandaaktionen für die Organisation oder ihre Ziele, das Anwerben für die Organisation sowie die anderweitige Förderung ihrer Aktivitäten.

Da sowohl Al-Qaida als auch IS gemäss bundesgerichtlicher Rechtsprechung[309] Terrororganisationen i.S.v. Art. 260ter StGB darstellen und die Tathandlungen der beiden Bestimmungen weitgehend übereinstimmen, ist es klar, dass es zwischen dem Straftatbestand von Art. 2 BG AQ/IS und Art. 260ter StGB Überschneidungen gibt. Zwar ist das BG AQ/IS nur auf die in Art. 1 genannten Gruppierungen anwendbar und weist insofern einen viel engeren Anwendungsbereich als Art. 260ter StGB auf. Andererseits wird aber davon ausgegangen, dass die möglichen Tathandlungen im BG AQ/IS weiter gehen als diejenigen in Art. 260ter StGB, namentlich weil Erstere auch das Organisieren von Propagandaaktionen für die Ziele der verbotenen Gruppierungen unter Strafe stellt.[310] 388

Die beiden Bestimmungen schützen die gleichen Rechtsgüter, was für unechte Konkurrenz spricht. Bisher wurde die Strafbestimmung im BG AQ/IS als lex specialis und lex posterior gegenüber altArt. 260ter StGB betrachtet, was dazu führte, dass altArt. 260ter StGB verdrängt wurde; zudem sprach auch die gleiche Strafdrohung in den beiden Bestimmungen für diese Lösung.[311] Mit der Revision von Art. 260ter StGB hat sich diese Situation allerdings verändert: Zum einen ist diese Bestimmung (Inkrafttreten am 1.7.2021) die jüngere, zum andern ist ihre Strafdrohung mit einer Freiheitsstrafe von 10 Jahren im Grundtatbestand deutlich höher als diejenige im BG AQ/IS (5 Jahre Freiheitsstrafe), und letztlich wird das BG AQ/IS per 31.12.2022 aufgehoben. Dies alles spricht dafür, bei 389

---

309 Vgl. betr. IS: BGer 6B_1132/2016, v. 7.3.2017, E. 6.1; betr. Al-Qaida: BGer 1A.194/2002, v. 15.11.2002, E. 3.7.
310 Vgl. BStGer SK.2016.9, v. 15.7.2016, E.II.1.14 ff.
311 PAJAROLA/OEHEN/THOMMEN, N 556, m.w.H.

Überschneidung der beiden Tatbestände *Art. 260ter StGB* den *Vorrang* zu geben.

390 Art. 74 Abs. 1 NDG (Organisationsverbot) sieht vor, dass der Bundesrat Organisationen oder Gruppierungen verbieten kann, die mittelbar oder unmittelbar terroristische oder gewalttätig-extremistische Aktivitäten propagieren, unterstützen oder in anderer Weise fördern und damit die innere oder äussere Sicherheit konkret bedrohen. In *Art. 74 Abs. 4 NDG* werden folgende Verhaltensweisen in Bezug auf verbotene Organisationen oder Gruppierungen mit Strafe bedroht: die Beteiligung und die personelle oder materielle Unterstützung, das Organisieren von Propagandaaktionen für die Organisation oder ihre Ziele, das Anwerben für die Organisation sowie die anderweitige Förderung ihrer Aktivitäten.[312] Die Tathandlungen stimmen mit denjenigen gemäss Art. 2 Abs. 1 BG AQ/IS überein.[313]

391 Gleich wie bei Art. 2 Abs. 1 BG AQ/IS gibt es auch zwischen Art. 74 Abs. 4 NDG und Art. 260ter StGB Überschneidungen. Die beiden Bestimmungen sind zwar gleich alt, die Strafdrohung von Art. 260ter StGB ist aber bereits im Grundtatbestand deutlich höher als diejenige von Art. 74 Abs. 4 NDG, weshalb grundsätzlich von einem *Vorrang* von *Art. 260ter StGB* auszugehen ist.[314]

4. Folgen unechter Konkurrenz

392 In den seltenen Fällen, in denen Art. 260ter StGB, obschon alle Tatbestandsmerkmale erfüllt sind, nicht zur Anwendung gelangt, weil er hinter eine andere Strafbestimmung zurücktritt, stellt sich die Frage, ob die der Bestimmung von Art. 260ter StGB eigenen Spezialregelungen (v.a. Abs. 2, 3, 4 und 5) trotzdem Wirkung entfalten oder nicht.

---

312 Zu Art. 74 NDG vgl. hinten N 698 ff.
313 Dazu vgl. vorne N 383.
314 Vgl. auch Botschaft 2018, 6511.

G. Konkurrenzen

Erstens fragt sich, ob die *Strafbefreiung für humanitäre Dienste* gemäss Art. 260ter Abs. 2 StGB auch gilt, wenn dieser Straftatbestand nur aufgrund unechter Konkurrenzen nicht angewendet wird. Eine solche Konstellation könnte sich bspw. ergeben, wenn eine Mitarbeiterin einer humanitären Organisation im Rahmen ihrer Arbeit einem Mitglied einer Terrororganisation dabei hilft, Medikamente und Bargeld zu transportieren. Ihre Strafbarkeit wegen Unterstützung einer Terrororganisation würde aufgrund von Art. 260ter Abs. 2 StGB entfallen. Entfiele aber gleichzeitig auch eine solche wegen Geldwäscherei oder Finanzierung des Terrorismus, insbesondere, wenn nur diese Straftatbestände angewendet würden? 393

Zweitens stellt sich eine ähnliche Frage in Bezug auf die *Qualifikation von* Art. 260ter *Abs. 3* StGB. Verübt eine Person ein Einzeldelikt (z.B. Drogenhandel) und tut sie dies für eine kriminelle oder terroristische Organisation, sind beide Straftatbestände (Art. 19 BetmG und Art. 260ter StGB) erfüllt. Übt diese Person einen *bestimmenden Einfluss* in der betreffenden Organisation aus, erfüllt sie dadurch den qualifizierten Tatbestand von Art. 260ter Abs. 3 StGB. Würde man nun davon ausgehen, dass vorliegend nur der Straftatbestand des Einzeldelikts (Art. 19 BetmG) zur Anwendung kommt und denjenigen von Art. 260ter StGB verdrängt, entfiele auch die an Art. 260ter StGB geknüpfte Qualifikation (mit einem Strafrahmen von 3 bis 20 Jahren Freiheitsstrafe). Wie bereits dargestellt, gelten andere Straftatbestände den erhöhten Unrechtsgehalt von Art. 260ter StGB nicht ab. In verstärktem Ausmass gilt dies für den qualifizierten Tatbestand von Art. 260ter Abs. 3 StGB. Eine Verdrängung von Art. 260ter Abs. 3 StGB durch einen anderen Straftatbestand ist daher kaum denkbar. 394

Denkbar sind drittens Fälle, in denen ein Täter Beteiligungs- oder Unterstützungshandlungen i.S.v. Art. 260ter StGB erbringt und sich zusätzlich eines für die Organisation verübten Einzeldelikts (bspw. einer Tötung) schuldig macht. Entscheidet sich der Täter nun, mit den Strafverfolgungsbehörden zu kooperieren und erfüllt er dabei die Voraussetzungen von *Art. 260ter Abs. 4 StGB*, kann er milder bestraft werden. Würde nun Art. 260ter StGB durch die Anwendung 395 einer anderen Strafbestimmung verdrängt, entfiele auch die Möglichkeit einer Strafmilderung für die Kooperation des Täters, womit dessen Motivation für eine Kooperation (ver-)schwinden dürfte.

396 Viertens stellt sich die Frage, ob die schweizerische Gerichtsbarkeit, die aufgrund von *Art. 260ter Abs. 5 StGB* zunächst bejaht wurde, bestehen bleibt, wenn Art. 260ter StGB letztlich doch nicht zur Anwendung käme, weil er durch eine andere Strafnorm verdrängt würde.[315]

397 Weitere ähnliche Fragen stellen sich bei Spezialnormen ausserhalb von Art. 260ter StGB, namentlich in Bezug auf die *Einziehung von Vermögenswerten* i.S.v. Art. 72 StGB, die *Verwertbarkeit von Überwachungsergebnissen* (Art. 269 ff. StPO) oder das *Gewähren von Rechtshilfe* gestützt auf Art. 260ter StGB, wenn dieser Tatbestand letztlich nicht zur Anwendung kommt, weil er von einer anderen Strafnorm verdrängt wird.

398 Bei all diesen Konstellationen ist die Kernfrage, ob es zur Anwendung der Spezialregelungen von Art. 260ter StGB bereits ausreicht, dass eine Person alle Tatbestandsmerkmale dieser Norm erfüllt, oder ob es darüber hinaus erforderlich ist, dass sie auch wegen Art. 260ter StGB angeklagt oder gar verurteilt wird. Entscheidend kann nur sein, ob die *Tatbestandsmerkmale* von Art. 260ter StGB erfüllt sind oder nicht. Es kann nicht darauf ankommen, ob eine Person wegen Verletzung dieses Straftatbestands auch angeklagt wird, und noch weniger, ob sie dafür auch verurteilt wird. Käme es darauf an, ob ein Tatbestand in der *Anklageschrift* aufgeführt wird oder nicht, hätte es die Staatsanwaltschaft alleine in der Hand, ob sie Art. 260ter StGB aufführen will oder nicht (auch wenn sie im Einzelfall vielleicht davon ausginge, dass es letztlich nicht zu einer Verurteilung wegen Art. 260ter StGB kommen würde). Wollte man darauf abstellen, ob eine Person wegen Art. 260ter StGB verurteilt wurde oder nicht, hiesse das, das *rechtskräftige Urteil* abzuwarten, welches u.U. erst Jahre nach Anklageerhebung vorliegt.

---

315 Dazu vgl. vorne N 338 ff.

Bis zum Vorliegen des rechtskräftigen Urteils bestünde in Bezug auf alle Spezialwirkungen von Art. 260ter StGB Ungewissheit. Das würde unüberwindbare Probleme schaffen, wenn bspw. gestützt auf Angaben der Beschuldigten im Rahmen von Art. 260ter Abs. 4 StGB weitere Strafverfahren gegen andere Personen eröffnet, Überwachungsmassnahmen angeordnet, um Rechtshilfe ersucht oder solche gewährt wurde und sich dann, Jahre später, herausstellen würde, dass diese Beschuldigte gar nicht wegen Art. 260ter StGB verurteilt würde.

Es kann also sinnvoller Weise nur darauf abgestellt werden, ob alle Tatbestandsmerkmale von Art. 260ter StGB erfüllt sind. Da dies letztlich erst durch das letztinstanzliche Gericht verbindlich festgestellt werden kann, muss es während der Strafuntersuchung genügen, wenn in einem frühen Verfahrensstadium ein entsprechender *Tatverdacht* besteht. Besteht gestützt auf objektive Kriterien eine Wahrscheinlichkeit, dass alle Tatbestandsmerkmale von Art. 260ter StGB erfüllt sind, muss diese Strafbestimmung bereits ihre oben aufgeführten Wirkungen entfalten.

Der Grundgedanke bei der Verdrängung einer Strafnorm muss sein, dass die *verdrängende Norm alle Rechtsfolgen der verdrängten Norm umfassen muss*. Mit anderen Worten darf die Verdrängung nie bewirken, dass ein Straftäter in irgendeiner Weise besser fährt, weil er mehrere Straftatbestände und nicht bloss den verdrängten erfüllt. Dies muss namentlich auch für die oben diskutierten Konstellationen gelten. Dass die verdrängte Strafnorm nicht per se wirkungslos sein muss, zeigt auch die bundesgerichtliche Rechtsprechung bspw. zur Sperrwirkung der milderen Norm sowie zum Wiederaufleben der verdrängten Norm.[316]

Im Ergebnis führt dies dazu, dass auch in den wenigen Fällen, in denen Art. 260ter StGB durch eine andere Strafnorm verdrängt wird, die von Art. 260ter StGB ausgehenden *Wirkungen bestehen bleiben.*

---

[316] Vgl. zur Sperrwirkung etwa BGer 6S. 62/2006, v. 28.3.2006, E. 5.2; zum Wiederaufleben: BGE 117 IV 475, E. 3a; weiter dazu BSK StGB I^4-ACKERMANN, Art. 49 N 69 f.

Das bedeutet konkret, dass auch bei Wegfall von Art. 260^(ter) StGB aufgrund unechter Konkurrenz die aufgrund von Art. 260^(ter) Abs. 5 StGB begründete schweizerische *Gerichtsbarkeit* bestehen bleibt, eine *Einziehung* gemäss Art. 72 StGB weiterhin möglich ist, *Überwachungsergebnisse*, die mit dem (dringenden) Tatverdacht auf Art. 260^(ter) StGB begründet wurden, weiterhin verwertbar sind und auch *Rechtshilfeersuchen* wegen Art. 260^(ter) StGB und die darauf gestützten Beweiserhebungen ihre Gültigkeit behalten.

402 In Bezug auf die Wirkungen, die für die Beschuldigte *günstiger* sind, namentlich die *Strafbefreiung* von Art. 260^(ter) Abs. 2 StGB und die Möglichkeit der *Strafmilderung* gemäss Art. 260^(ter) Abs. 4 StGB, gilt Folgendes: Wenn eine Person nicht wegen Art. 260^(ter) StGB bestraft wird, braucht es keine zusätzliche Strafbefreiung (Abs. 2). Was die Möglichkeit der Strafmilderung (Abs. 4) angeht, ist die Person, die alle Tatbestandselemente von Art. 260^(ter) StGB erfüllt, als «Täter» i.S.v. Abs. 4 zu betrachten. Erfüllt sie auch die übrigen Voraussetzungen von Abs. 4, sollte ihr der Weg zur Kooperation mit den Strafverfolgungsbehörden offenbleiben; dies liegt im Interesse sowohl des Täters (Strafmilderung) als auch der Allgemeinheit (Verhinderung weiterer Straftaten) sowie der Justiz (Vereinfachung der Strafverfolgung). Die Möglichkeit der Strafmilderung bleibt also bestehen, selbst wenn der Täter nicht wegen Art. 260^(ter) StGB angeklagt würde, sondern nur wegen derjenigen Straftaten, die Art. 260^(ter) StGB verdrängen.

H. Verjährung

403 Art. 260^(ter) Abs. 1 StGB weist eine Höchststrafe von 10 Jahren Freiheitsstrafe auf, Art. 260^(ter) Abs. 3 StGB eine solche von 20 Jahren Freiheitsstrafe. Entsprechende Beteiligungs- und Unterstützungshandlungen verjähren daher grundsätzlich gemäss Art. 97 Abs. 1 lit. b StGB nach 15 Jahren.

404 Besteht die Beteiligungs- oder Unterstützungshandlung hingegen in der Begehung von Straftaten gemäss Art. 187 StGB (sexuelle Handlungen mit Kindern) oder 188 StGB (sexuelle Handlungen mit

Abhängigen) sowie Art. 111 StGB (Tötung), 113 StGB (Totschlag), 122 StGB (schwere Körperverletzung), 124 StGB (Verstümmelung weiblicher Genitalien), 182 StGB (Menschenhandel), 189 StGB (sexuelle Nötigung), 190 StGB (Vergewaltigung), 191 StGB (Schändung), 195 StGB (Förderung der Prostitution) oder 197 Abs. 3 StGB (Pornografie), die sich gegen ein Kind unter 16 Jahren richten, dauert die Verjährungsfrist mindestens bis zum vollendeten 25. Altersjahr des Opfers (Art. 97 Abs. 2 StGB).

Gemäss Art. 97 Abs. 4 StGB gelten die Vorschriften von Art. 97 Abs. 1–3 StGB (in Abweichung zum Grundsatz der lex mitior)[317] auch, wenn eine der folgenden Straftaten vor dem 1.10.2001[318] begangen wurde und die Verfolgungsverjährung in jenem Zeitpunkt noch nicht eingetreten war: Art. 187 StGB (sexuelle Handlungen mit Kindern), 188 StGB (sexuelle Handlungen mit Abhängigen) sowie Art. 111 StGB (Tötung), 112 StGB (Mord), 113 StGB (Totschlag), 122 StGB (schwere Körperverletzung), 182 StGB (Menschenhandel), 189 StGB (sexuelle Nötigung), 190 StGB (Vergewaltigung), 191 StGB (Schändung) und 195 StGB (Förderung der Prostitution), sofern sich diese gegen ein Kind unter 16 Jahren richten.

405

Die Verjährungsfrist beginnt gemäss Art. 98 lit. a StGB mit dem Tag, an dem der Täter die Straftat verübt. Begeht er die Straftat zu verschiedenen Zeitpunkten, beginnt die Verjährungsfrist mit dem Tag, an dem er die letzte Tätigkeit ausführt (lit. b). Handelt es sich bei der Straftat um ein Dauerdelikt, beginnt die Verjährungsfrist mit dem Tag, an dem das strafbare Verhalten aufhört (lit. c). Praxisgemäss beginnt der Fristenlauf allerdings nicht am Tag der Tat oder der letzten Tätigkeit oder des Aufhörens des strafbaren Verhaltens zu laufen, sondern am Folgetag.[319]

406

---

317 Vgl. dazu BSK StGB I[4]-ZURBRÜGG, Art. 97 N 31.
318 Der gemäss Art. 97 Abs. 4 StGB massgebende Zeitpunkt des Inkrafttretens der Änderung vom 5.10.2001 war der 1.10.2001 (AS 2002 2993).
319 Vgl. dazu BSK StGB I[4]-ZURBRÜGG, Art. 98 N 2.

407 Die Verjährung einer *Beteiligung* (die ein Dauerdelikt darstellt)[320] an einer kriminellen oder terroristischen Organisation beginnt also an dem Tag zu laufen, der auf denjenigen folgt, an dem die Beteiligung aufgehört hat. Die Beteiligung hört auf, wenn das Mitglied aus der Organisation austritt bzw. ausgeschlossen wird. Theoretisch könnte auch von einer Beendigung der Beteiligung gesprochen werden, wenn das Mitglied aufhört, für die Organisation aktiv zu sein. Dieser Zeitpunkt lässt sich aber praktisch kaum je bestimmen, zumal der Begriff der Aktivität sehr weit gefasst ist und namentlich auch legale Handlungen oder sogar ein gezielt passives Verhalten (etwa als Schläfer) darunter fallen.[321] Es muss davon ausgegangen werden, dass ein Mitglied so lange aktiv für die Organisation ist, als es funktionell in diese eingegliedert, mithin solange es Mitglied derselben ist.

408 Die Verjährung einer *Unterstützung* einer kriminellen oder terroristischen Organisation beginnt am Tag, der auf denjenigen folgt, an welchem die Unterstützungshandlung vorgenommen wurde bzw. – wenn es mehrere solche gibt, die eine Handlungseinheit[322] bilden – am Folgetag nach der letzten Tätigkeit für die Organisation.

I. Versuch und Teilnahme

409 Die systematische Verortung von Art. 260ter StGB im Besonderen Teil des Strafgesetzbuchs liesse vermuten, dass auf diesen Tatbestand alle Bestimmungen des Allgemeinen Teils (Art. 1–111 StGB) anwendbar sind. Dazu gehören namentlich auch die Regeln über den Versuch (Art. 22 f. StGB) sowie diejenigen über die Teilnahme (Art. 24 ff. StGB).

---

320 Vgl. dazu vorne N 216.
321 Vgl. dazu vorne N 217.
322 Vgl. dazu BSK StGB I⁴-ACKERMANN, Art. 49 N 24 ff. und BSK StGB I⁴-ZURBRÜGG, Art. 98 N 19 ff.

Gemäss Botschaft zu altArt. 260ter StGB waren diese Regeln (Versuch und Teilnahme) auf diesen Tatbestand aber nicht anwendbar.[323] Der Grund liege in der Vorverlagerung der Strafbarkeit, und eine weitere Ausdehnung sei nicht möglich. Auch Lehre und Rechtsprechung schlossen sich mehrheitlich dieser Ansicht an.[324]

Diese Ansicht lässt sich betr. Art. 260ter StGB nicht mehr schlüssig begründen. Erstens ist nicht einzusehen, weshalb Art. 260ter StGB anders behandelt werden sollte als bspw. Art. 260^{quinquies} StGB oder Art. 260^{sexies} StGB, auf welche die Bestimmungen über Versuch und Teilnahme uneingeschränkt anwendbar sind.[325] Auch diese beiden Straftatbestände stellen Verhaltensweisen unter Strafe, die sich (z.T. sehr weit) im Vorfeld von herkömmlichen Einzeldelikten bewegen.[326] Zweitens ist der Verweis auf die vorverlagerte Strafbarkeit ohnehin nicht sehr hilfreich: Ob ein Straftatbestand nun ein Verhalten erfasst, dass zeitlich vor einem herkömmlichen Einzeldelikt (bspw. Tötung) liegt oder nicht, spielt an sich keine Rolle. Massgebend ist, dass der Gesetzgeber ebendieses Verhalten als strafwürdig erachtet, womit es selbst zu einem «Einzeldelikt» wird. Drittens hat der Gesetzgeber das strafbare Verhalten gemäss Art. 260ter StGB sogar als besonders schwerwiegend erachtet und den Strafrahmen entsprechend hoch angesetzt (Grundtatbestand bis zu 10 Jahren Freiheitsstrafe; qualifizierter Tatbestand 3 bis 20 Jahre Freiheitsstrafe). Die Argumentation, eine Anwendung der Versuchs- bzw. Teilnahmeregelungen auf Art. 260ter StGB widerspreche dem expliziten Willen des Gesetzgebers, lässt sich damit nicht mehr halten.[327]

---

323 Botschaft 1993 III 304.
324 Das Bundesgericht hat sich zu dieser Frage soweit ersichtlich zwar nicht geäussert, das Bundesstrafgericht hingegen schon: TPF 2007 20, E. 4.4. Eine Übersicht betr. Lehre findet sich bei BSK StGB II⁴-ENGLER, Art. 260ter N 19.
325 Zu Art. 260^{quinquies} StGB: BSK StGB II⁴-FIOLKA, Art. 260^{quinquies} N 59 f. (betr. Versuch hingegen anderer Meinung: ACKERMANN/BAUMANN, N 79 zu Art. 260^{quinquies}); zu Art. 260^{sexies} StGB: Botschaft 2018, 6444 sowie 6449.
326 Vgl. dazu hinten N 423.
327 So noch PAJAROLA/OEHEN/THOMMEN, N 499 ff. und 508.

412 Vor diesem Hintergrund kann nur schwer argumentiert werden, weshalb die Anstifterin und der Gehilfe eines Taschendiebes bestraft gehören, diese hingegen straflos bleiben, wenn sie eine Person dazu anstiften oder ihr dabei behilflich sind, sich an einer Terrororganisation zu beteiligen oder einen Mafioso beim Heroinverkauf zu unterstützen.

413 Das muss im Ergebnis dazu führen, dass in Bezug auf Art. 260ter StGB *sowohl der Versuch* (Art. 22 f. StGB) *als auch die Teilnahme* (Gehilfenschaft und Anstiftung gemäss Art. 24 ff. StGB) *strafbar sind*.[328]

J. Art. 260ter StGB als Vortat für Geldwäscherei

414 Es ist umstritten[329], ob Beteiligungs- oder Unterstützungshandlungen i.S.v. Art. 260ter StGB taugliche Vortaten für Geldwäscherei darstellen. Da die Höchststrafe bereits des Grundtatbestands (Abs. 1) bis zu zehn Jahre Freiheitsstrafe beträgt, liegt zweifellos ein *Verbrechen* i.S.v. Art. 10 Abs. 2 StGB vor, was Voraussetzung für die Anwendung von Art. 305bis Ziff. 1 StGB bildet.

415 Strittig ist insbesondere, ob Vermögenswerte überhaupt aus einer Beteiligungs- oder Unterstützungshandlung stammen können. Das *Bundesgericht* hielt dazu Folgendes fest: «Vermögenswerte werden nicht durch die Beteiligung an einer kriminellen Organisation beziehungsweise die Unterstützung derselben erlangt und rühren nicht von der Beteiligung oder Unterstützung her. Vermögenswerte werden vielmehr durch Handlungen erlangt, welche die Mitglieder und Unterstützer einer kriminellen Organisation vornehmen. Nur wenn diese Handlungen Verbrechen sind, kann die Vereitelung

---

328 Gleicher Meinung in Bezug auf Teilnahme: BSK StGB II^4-ENGLER, Art. 260ter N 19 (m.w.H.).

329 Zum Stand der Lehre: BSK StGB II^4-PIETH, Art. 305bis N 19a (m.w.H.). Vgl. auch ACKERMANN/ZEHNDER, Art. 305bis N 294 ff. sowie PAJAROLA/OEHEN/THOMMEN, N 568 ff.

der Einziehung der dadurch erlangten Vermögenswerte den Tatbestand der Geldwäscherei erfüllen.»[330] Und weiter: «Aus Art. 72 und Art. 260ter StGB ergibt sich entgegen der Meinung der Beschwerdeführerin nicht, dass alle Vermögenswerte, welche der Verfügungsmacht einer kriminellen Organisation unterliegen, ohne Rücksicht darauf, wie sie erlangt wurden, im Sinne von Art. 305bis StGB aus einem Verbrechen herrühren beziehungsweise Gegenstand der Geldwäscherei sein können.»[331]

Damit ist gesagt, dass nicht Vermögenswerte aus jeder beliebigen Beteiligungs- oder Unterstützungshandlung die Voraussetzungen von Art. 305bis Ziff. 1 StGB erfüllen, sondern nur dann, wenn es sich bei der jeweiligen Beteiligungs- oder Unterstützungshandlung *selbst um ein Verbrechen* i.S.v. Art. 10 Abs. 2 StGB handelt. 416

Verkauft also bspw. ein Mitglied einer kriminellen Organisation im grossen Stil Heroin für diese, ist das Geld, das es dadurch erlangt hat, taugliches Geldwäschereiobjekt. Dies gilt auch dann, wenn ihm der Drogenhandel i.S.v. Art. 19 Abs. 2 BetmG nicht nachgewiesen werden kann, es aber feststeht, dass das Geld aus dem Heroinverkauf stammen muss.[332] 417

K. Kriminelle Organisation / Organisierte Kriminalität

Der Begriff der kriminellen Organisation ist in Art. 260ter StGB zwar nicht definiert, Rechtsprechung und Lehre haben sich aber intensiv damit befasst und die konstituierenden Elemente herausgearbeitet.[333] Demgegenüber war der Begriff «Organisierte Kriminalität» bis zur vorliegenden Gesetzesrevision kein terminus technicus, sondern v.a. kriminologisch geprägt. Im allgemeinen Sprachgebrauch wird der Begriff «kriminelle Organisation» oft 418

---

330 BGer 6B_238/2013, v. 22.11.2013, E. 11.6.
331 BGer 6B_238/2013, v. 22.11.2013, E. 11.7.2.
332 So BGE 138 IV 1, E. 4.2.3.2.
333 Vgl. vorne N 83 ff.

fälschlicherweise mit demjenigen der Organisierten Kriminalität (oder des organisierten Verbrechens) gleichgesetzt, weshalb eine Klärung angezeigt ist.[334] Dies nicht zuletzt, weil der Begriff der Organisierten Kriminalität nun in Art. 80d^{bis} Abs. 1 lit. a IRSG ein Tatbestandsmerkmal darstellt.[335]

419 Es gibt zahlreiche Definitionen von Organisierter Kriminalität bzw. dem grundsätzlich synonym verwendeten Begriff «organisiertes Verbrechen», die teilweise stark voneinander abweichen.[336] Der Begriff wird zwar vereinzelt in Gesetzen verwendet, aber meist nur als Überbegriff für einzelne Straftaten und nicht im Sinne eines Tatbestandsmerkmals.[337] Erstaunlicherweise enthält auch das UN-Übereinkommen gegen die grenzüberschreitende organisierte Kriminalität[338] keine solche Definition. Vielmehr wird der Begriff dort für die (schweren) Straftaten verwendet, die durch «organisierte kriminelle Gruppen» begangen werden, wobei dieser Begriff wie folgt definiert ist: «eine strukturierte Gruppe von drei oder mehr Personen, die eine gewisse Zeit lang besteht und gemeinsam mit dem Ziel vorgeht, eine oder mehrere schwere Straftaten oder in Übereinstimmung mit diesem Übereinkommen umschriebene Straftaten zu begehen, um sich unmittelbar oder mittelbar einen finanziellen oder sonstigen materiellen Vorteil zu verschaffen» (Art. 2 lit. a). Eine schwere Straftat ist gemäss diesem Übereinkommen «ein Verhalten, das eine strafbare Handlung darstellt, die mit einer Freiheitsstrafe von mindestens vier Jahren im Höchstmass oder einer schwereren Strafe bedroht ist» (Art. 2 lit. b).

---

334 Vgl. etwa PAJAROLA/OEHEN/THOMMEN, N 19 zu Art. 260ter StGB.
335 Dazu hinten N 626 ff.
336 In <www.organized-crime.de/organizedcrimedefinitions.htm> werden über 200 solcher Definitionen, geordnet nach den Ländern, aus denen sie stammen, aufgeführt (besucht am 5.1.2022).
337 So der Begriff «organisiertes Verbrechen» im Titel von Art. 24 StPO.
338 Übereinkommen der Vereinten Nationen gegen die grenzüberschreitende organisierte Kriminalität vom 15.11.2000 (SR 0.311.54), auch Palermo-Konvention genannt.

K. Kriminelle Organisation / Organisierte Kriminalität

Der Bundesrat definierte den Begriff des organisierten Verbrechens in der Botschaft zum Zweiten Massnahmenpaket folgendermassen: «Organisiertes Verbrechen liegt dort vor, wo Organisationen in Annäherung an die Funktionsweise internationaler Unternehmen hochgradig arbeitsteilig, stark abgeschottet, planmässig und auf Dauer angelegt sind und durch Begehung von Delikten sowie durch Teilnahme an der legalen Wirtschaft möglichst hohe Gewinne anstreben. Die Organisation bedient sich dabei der Mittel der Gewalt, Einschüchterung, Einflussnahme auf Politik und Wirtschaft. Sie weist regelmässig einen stark hierarchischen Aufbau auf und verfügt über wirksame Durchsetzungsmechanismen für interne Gruppennormen. Ihre Akteure sind dabei weitgehend austauschbar.»[339] Diese kriminologische Definition legte der Bundesrat dann auch derjenigen der kriminellen Organisation i.S.v. altArt. 260ter StGB zugrunde, und auf sie stützte sich auch das Bundesgericht bei der sehr freimütigen Kreation der Tatbestandsmerkmale einer kriminellen Organisation.[340]

420

Die folgenden Definitionen von Organisierter Kriminalität stammen von verschiedenen Behörden aus unterschiedlichen Ländern:[341]

421

  a. «Organised crime can be defined as serious crime planned, coordinated and conducted by people working together on a continuing basis. Their motivation is often, but not always, financial gain.» (United Kingdom, National Crime Agency, 2017)

  b. «Organised crime is defined as crime committed in an organised and systematic manner by a number of persons in an ongoing association or group whose primary motivation for association is to gain profit and/or influence.» (Australia, Victoria Police Organised Crime Squad)

---

339 BBl 1993 III, 281.
340 Dazu PAJAROLA/OEHEN/THOMMEN, N 164 ff.
341 Alle Zitate aus: <www.organized-crime.de/organizedcrimedefinitions.htm> (besucht am 5.1.2022).

II. Kriminelle und terroristische Organisationen

    c. «Under the Criminal Code (Section 467.1), Organized Crime is defined as being composed of three or more persons, having as one of its main purposes a serious offence likely to result in a financial benefit.» (Canada, RCMP 2013)

    d. «Essentially, ‹organized crime› is any serious offence committed by a group of three or more people with the aim of making money.» (UNODC, 2010)

    e. «The FBI defines organized crime as any group having some manner of a formalized structure and whose primary objective is to obtain money through illegal activities. Such groups maintain their position through the use of actual or threatened violence, corrupt public officials, graft, or extortion, and generally have a significant impact on the people in their locales, region, or the country as a whole.» (USA, Federal Bureau of Investigation)

422 Diese Definitionen enthalten meist auch Elemente, die im schweizerischen Rechtssystem zur Definition einer kriminellen Organisation nach Art. 260ter StGB gehören, namentlich diejenigen, die die Eigenschaften der Gruppe betreffen. Diese Elemente sind für den Gebrauch des Begriffs im hiesigen System auszuklammern, da sie im Begriff der kriminellen Organisation i.S.v. Art. 260ter StGB enthalten sind. Zudem beruhen ausländische Definitionen oft auf einem ganz anderen kriminologischen Hintergrund. Länder mit stärker ausgeprägter bzw. offener zutage tretender Kriminalität (wie etwa die USA oder Mexiko) dürften tendenziell auch engere Definitionen von Organisierter Kriminalität haben. Auch dies ist für die schweizerischen Verhältnisse in die Betrachtung einzubeziehen. Organisierte Kriminalität ist wohl ein globales Phänomen, sie weist aber sicherlich lokale Eigenheiten auf.

423 Die massgebenden Definitionsmerkmale für *Organisierte Kriminalität* lassen sich demnach wie folgt zusammenfassen: Begehung schwerer Straftaten, Regelmässigkeit bzw. Gewerbsmässigkeit, Professionalität, Gewinnstreben. Damit kann Organisierte Kriminalität für das Schweizer Recht folgendermassen definiert werden:

K. Kriminelle Organisation / Organisierte Kriminalität

Regelmässige und professionelle Begehung schwerer Straftaten, i.d.R. durch eine Gruppierung, mit dem Ziel, dadurch Vermögensvorteile zu erlangen.

Unter diese Definition von Organisierter Kriminalität fallen also *bspw. folgende Erscheinungen:* Ein Familienclan, der regelmässig mit grösseren Mengen von Heroin handelt. Eine Gruppierung, die durch Täuschungen junge Frauen anwirbt, um sie dann der Prostitution zuzuführen. Ein Netzwerk von Personen, das Unternehmungen durch den Einsatz von Ransomware erpresst. Eine auf familiären Verbindungen beruhende Gruppierung, die gezielt ältere Leute mittels betrügerischen Anrufen dazu bringt, ihr Vermögenswerte zukommen zu lassen. Eine Gruppierung, die gezielt Raubüberfälle auf Juweliere und Schmuckhändler verübt. Eine Vermögensverwalterin, die für verschiedene kriminelle Gruppierungen Geld anlegt und transferiert. Ein Clan, der ohne Bewilligung eine Plattform für Online-Geldspiel unterhält. Ein Hacker-Kollektiv, das in fremde Computersysteme eindringt und dort erlangte Daten weiterverkauft. Eine Rocker-Gruppierung, die gewerbsmässig Wucherdarlehen vergibt.

Organisierte Kriminalität bezeichnet also ein Kriminalitätsphänomen, während eine kriminelle Organisation eine Gruppierung darstellt, die gewisse Merkmale (gemäss Art. 260ter StGB) aufweist. Organisierte Kriminalität geht nicht nur von kriminellen Organisationen aus. Auch Banden, Gruppierungen und in gewissen Fällen auch Einzeltäter, die nicht die Merkmale von Art. 260ter StGB erfüllen, können Straftaten begehen, die der Organisierten Kriminalität zuzurechnen sind.

III. Anwerbung, Ausbildung und Reisen im Hinblick auf eine terroristische Straftat (Art. 260^{sexies} StGB)

Art. 260^{sexies} Anwerbung, Ausbildung und Reisen im Hinblick auf eine terroristische Straftat

^{1} Mit Freiheitsstrafe bis zu fünf Jahren oder Geldstrafe wird bestraft, wer im Hinblick auf die Verübung eines Gewaltverbrechens, mit dem die Bevölkerung eingeschüchtert oder ein Staat oder eine internationale Organisation zu einem Tun oder Unterlassen genötigt werden soll:
  a. jemanden für die Begehung einer solchen Straftat oder die Teilnahme daran anwirbt;
  b. sich für die Begehung einer solchen Straftat oder die Teilnahme daran anleiten lässt zum Herstellen oder Gebrauch von Waffen, Sprengstoffen, radioaktiven Materialien, giftigen Gasen oder anderen Vorrichtungen oder gefährlichen Stoffen oder jemanden hierzu anleitet; oder
  c. eine grenzüberschreitende Reise unternimmt in der Absicht, eine solche Straftat zu begehen, sich daran zu beteiligen oder sich dafür ausbilden zu lassen.

^{2} Mit der gleichen Strafe wird belegt, wer in der Absicht, eine Reise nach Absatz 1 Buchstabe c zu finanzieren, Vermögenswerte sammelt oder zur Verfügung stellt, oder wer eine solche Reise organisiert oder dafür anwirbt.

^{3} Strafbar ist auch, wer die Tat im Ausland begeht, wenn er sich in der Schweiz befindet und nicht ausgeliefert wird oder wenn die terroristische Straftat in der Schweiz oder gegen die Schweiz verübt werden soll. Artikel 7 Absätze 4 und 5 ist anwendbar.

Inhaltsverzeichnis

- A. Neue Strafbestimmung 179
- B. Geschützte Rechtsgüter und Zweck der Bestimmung 180
- C. Terroristische Straftat (Art. 260^{sexies} Abs. 1 StGB) 180
- D. Konnex der Tathandlung zum Terrorakt («im Hinblick»)
  (Art. 260^{sexies} Abs. 1 StGB) 181
- E. Anwerben für eine terroristische Straftat
  (Art. 260^{sexies} Abs. 1 lit. a StGB) 182
- F. Anleiten und Sich-anleiten-Lassen für eine terroristische Straftat
  (Art. 260^{sexies} Abs. 1 lit. b StGB) 185
- G. Reisen für eine terroristische Straftat (Art. 260^{sexies} Abs. 1 lit. c StGB) 188
- H. Organisation und Finanzierung von Reisen für eine terroristische
  Straftat (Art. 260^{sexies} Abs. 2 StGB) 191
- I. Auslandsbezug (Art. 260^{sexies} Abs. 3 StGB) 193
- J. Weitere Fragen 196

A. Neue Strafbestimmung

Die Unterzeichnung des EÜT und des ZP EÜT hat die Schweiz 426
dazu verpflichtet, bestimmte Verhaltensweisen im Vorfeld von Terrorakten zu kriminalisieren. Diese Verhaltensweisen stellen selbst keine Terrorakte dar, verfügen aber über das *Potenzial,* solche herbeizuführen oder zu erleichtern. Im EÜT sind dies namentlich das öffentliche Auffordern zu Terrorakten sowie das Anwerben und die Ausbildung für Terrorakte; im ZP EÜT sind verschiedene Verhaltensweisen im Zusammenhang mit Reisetätigkeiten sowie das Sich-ausbilden-Lassen im Hinblick auf Terrorakte erfasst.[342]

Mit der Einführung von Art. 260^{sexies} StGB sollten «bestehende Lü- 427
cken des strafrechtlichen Dispositivs, das auch terroristische Vorbereitungshandlungen ohne Konnex zu Organisationen wie Al-Qaïda oder Islamischer Staat abdecken soll, geschlossen werden»[343]. Diese neue Strafbestimmung soll für die Rechtsunterworfenen klar

---

342 Vgl. dazu vorne N 4.
343 Botschaft 2018, 6483.

erkennbar machen, «welche Verhaltensweisen mit Strafe bedroht werden, sobald sie über das Potenzial verfügen, zu einer terroristischen Straftat zu führen»[344].

B. Geschützte Rechtsgüter und Zweck der Bestimmung

428 Wie Art. 260ter StGB (Kriminelle und terroristische Organisationen) und Art. 260^{quinquies} StGB (Finanzierung des Terrorismus) ist auch Art. 260^{sexies} StGB im Zwölften Titel des StGB (Verbrechen und Vergehen gegen den öffentlichen Frieden) eingeordnet. Geschütztes Rechtsgut ist daher primär der öffentliche Friede.[345] Weiter sind durch Art. 260^{sexies} StGB aber auch all jene Rechtsgüter geschützt, die typischerweise durch Terrorakte beeinträchtigt werden, also namentlich Leib und Leben, körperliche und psychische Unversehrtheit, Willensfreiheit, öffentliche Sicherheit.

429 Der Zweck der Bestimmung dürfte weitgehend mit demjenigen von Art. 260ter StGB übereinstimmen und liegt zunächst darin, fehlbare Rechtssubjekte bestrafen zu können. Weiter dient diese Bestimmung als Grundlage für die Anordnung von Zwangsmassnahmen, namentlich von geheimen Überwachungsmassnahmen (Art. 269 Abs. 2 lit. a StPO, Art. 286 Abs. 2 lit. a StPO) sowie zur Begründung (qua beidseitige Strafbarkeit) von aktiver und passiver Rechtshilfe.[346]

C. Terroristische Straftat (Art. 260^{sexies} Abs. 1 StGB)

430 Art. 260^{sexies} StGB setzt voraus, dass die Tathandlungen (Abs. 1 lit. a, b und c und Abs. 2) im Hinblick auf die Verübung eines Gewaltver-

---

344 Botschaft 2018, 6483.
345 Vgl. dazu vorne N 78.
346 Zu den geschützten Rechtsgütern und zum Zweck von Art. 260ter StGB vgl. vorne N 78 ff.

brechens begangen werden, mit dem die Bevölkerung eingeschüchtert oder ein Staat oder eine internationale Organisation zu einem Tun oder Unterlassen genötigt werden soll. Das hier beschriebene Gewaltverbrechen mit Einschüchterungs- oder Nötigungsabsicht entspricht der gleichlautenden Formulierung von Art. 260ter Abs. 1 lit. a Ziff. 2 StGB und wird im Begriff «*Terrorakt*» oder «terroristische Straftat» zusammengefasst.[347]

D. Konnex der Tathandlung zum Terrorakt («im Hinblick») (Art. 260^{sexies} Abs. 1 StGB)

Die Tathandlungen müssen *im Hinblick* auf die Verübung eines Terrorakts vorgenommen werden. Dies setzt voraus, dass die Täterin mindestens einen Eventualvorsatz betreffend eines zu verübenden Terrorakts hat, d.h., es für möglich hält, dass ein solcher verübt wird, und einen solchen auch billigend in Kauf nimmt.[348] 431

Dies setzt indes nicht voraus, dass die Tathandlung im Hinblick auf einen bereits konkret geplanten Terrorakt ausgeführt wird und ebenso wenig, dass es sich nur um einen einzigen Terrorakt handelt (was die Formulierung «*eines* Gewaltverbrechens» suggeriert).[349] Vielmehr genügt es, wenn es die Täterin für möglich hält, dass *irgendwelche* (unbestimmten) Terrorakte verübt werden sollen. Gerade bei einer Terrororganisation, welche zahlreiche Terrorakte verübt, genügt es also, wenn bspw. eine Person angeworben wird (Abs. 1 lit. a), welche an irgendeinem der künftig zu verübenden Terrorakte teilnehmen soll, ohne dass dieser bereits geplant sein muss oder auch nur schon bekannt sein muss, wo dieser stattfinden, wie er verübt oder gegen wen er sich richten soll. 432

---

347 So Botschaft 2018, 6484. Zum Begriff des Terrorakts vgl. vorne N 161 ff.
348 Botschaft 2018, 6484.
349 So auch Botschaft 2018, 6484.

E. Anwerben für eine terroristische Straftat (Art. 260^{sexies} Abs. 1 lit. a StGB)

433 Der Begriff «Anwerben» (bzw. «anwirbt») kommt in verschiedenen anderen Straftatbeständen als Tathandlung vor, namentlich in Art. 182 Abs. 1 StGB (Menschenhandel), Art. 197 Abs. 3 StGB (Pornografie), Art. 272 Ziff. 1 StGB (Politischer Nachrichtendienst), Art. 274 Ziff. 1 StGB (Militärischer Nachrichtendienst) und Art. 301 Ziff. 1 StGB (Nachrichtendienst gegen fremde Staaten). Im vorliegenden Zusammenhang entstammt der Begriff Art. 6 EÜT.[350]

434 Gemäss Botschaft gilt als Anwerben «das aktive Vorgehen im Bestreben, eine oder mehrere bestimmbare Personen für eine Angelegenheit zu gewinnen und zu einer entsprechenden Tätigkeit zu bewegen»[351]. Anwerben bedeutet ein *aktives Bemühen, eine Person zur Mitwirkung zu bewegen.*[352] Dies setzt weder einen Zwang noch eine Täuschung oder das Versprechen oder Gewähren einer Belohnung voraus. Es kann auch eine Person angeworben werden, die sich freiwillig zur Mitwirkung entscheidet und ebenso eine Person, die sich innerlich bereits dazu entschieden hat.

435 Das Anwerben muss sich auf die Begehung eines Terrorakts oder die Teilnahme daran beziehen. Es genügt demnach nicht, jemanden anzuwerben, damit diese Person Tathandlungen gemäss Art. 260^{quinquies} StGB oder Art. 260^{sexies} StGB vornimmt. Ferner fallen weder Glorifizierungen noch Rechtfertigungen von Terrororganisationen oder Terrorakten (bspw. in Social Media) unter diese Bestimmung.[353]

---

[350] Vgl. dazu vorne N 25 ff.
[351] Botschaft 2018, 6484.
[352] Vgl. zur analogen Auslegung des Begriffs des Anwerbens bei Art. 182 StGB (BSK StGB II⁴-Delnon/Rüdy, Art. 182 N 31), bei Art. 197 StGB (BSK StGB II⁴-Isenring/Kessler, Art. 197 N 53 ff.), bei Art. 272 StGB (BSK StGB II⁴-Husmann, Art. 272 N 21) und bei Art. 301 StGB (BSK StGB II⁴-Omlin, Art. 301 N 23).
[353] Botschaft 2018, 6484.

E. Anwerben für eine terroristische Straftat

Das Anwerben ist *vollendet,* wenn die Täterin alles für die Anwerbung Notwendige unternommen hat, dass sie also den Anzuwerbenden in irgendeiner Form kontaktiert und ihm ihre Botschaft zukommen lässt. Dazu gehört auch, dass die angeworbene Person das Anwerben zumindest zur Kenntnis genommen hat.[354] Es ist zur Vollendung des Anwerbens aber nicht erforderlich, dass auch tatsächlich ein Terrorakt geplant oder verübt wurde oder dass sich der Angeworbene gar tatsächlich daran beteiligt.[355]

436

Die Anwerbung kann in beliebiger Weise erfolgen, etwa im persönlichen Gespräch, fernmündlich oder via Internet-Foren und kann sich an eine oder an eine (unbestimmte) Mehrzahl von Personen richten. Ein persönlicher Kontakt zwischen Anwerbender und Angeworbenem oder ein wiederholtes Ansprechen (welches zur Überzeugung des Angeworbenen vielleicht nötig wäre) ist nicht erforderlich.

437

Bemerkenswert ist, dass das *Sich-anwerben-Lassen* nicht unter Strafe gestellt ist. Gemäss Botschaft ginge eine solche Strafbarkeit mit einer «ausgesprochen weitgehenden Vorverlagerung der Strafbarkeit einher, verbunden mit hohen Anforderungen an die Beweislage»; zudem stelle sich auch die Frage der Strafwürdigkeit eines solchen Verhaltens, zumal das Gefährdungspotenzial für die öffentliche Sicherheit und die Bevölkerung schwach sei.[356]

438

Das Argument der weitgehenden Vorverlagerung ist zwar nicht falsch, es trifft auf die übrigen Tathandlungen aber ebenso zu (namentlich auf das Anwerben, das noch einen logischen Schritt vor dem Sich-anwerben-Lassen stattfinden muss). Die hohe Beweisschwelle sollte grundsätzlich kein (entscheidendes) Argument bei der Gesetzgebung sein. Zudem ist nicht recht einzusehen, inwiefern es schwieriger sein soll zu beweisen, dass sich jemand anwerben liess (dies würde – analog zum Anwerben – nicht voraussetzen, dass der Täter dann tatsächlich einen Terrorakt verübt oder sich

439

---

354 So auch Botschaft 2018, 6484.
355 Vgl. dazu bereits die Ausführungen zu Art. 8 EÜT: vorne N 13.
356 Botschaft 2018, 6445 und 6485.

daran beteiligt), als dass jemand eine Person anwarb. Beides kann bspw. mit Zeugenaussagen oder geheimen Überwachungsmassnahmen bewiesen werden. Die Frage der Strafwürdigkeit eines solchen Verhaltens muss gestellt werden, und ihre Beantwortung kann mit guten Gründen in beide Richtungen gehen. Es erscheint allerdings etwas vereinfacht, pauschal davon auszugehen, dass das Gefährdungspotenzial «zu jenem Zeitpunkt» zu schwach sei. Es sind andere Verhaltensweisen unter Strafe gestellt, die zeitlich vor dem Sich-anwerben-Lassen stattfinden (etwa das Anwerben oder die Finanzierung von Reisen zum Zwecke der Ausbildung). Ebenfalls für eine Kriminalisierung spricht die Parallele zum Sich-anleiten-Lassen (Art. 3 ZP EÜT sowie Art. 260^{sexies} Abs. 1 lit. b StGB), welches unter Strafe gestellt ist.

440 Das Schweizerische Strafrecht deckt – abgesehen von der Strafbarkeit gemäss Art. 260^{sexies} StGB – bereits folgende Aspekte der hier infrage stehenden Verhaltensweisen ab: Anstiftung zu (terroristischen) Straftaten (Art. 24 StGB), sofern die entsprechende Verhaltensweise ein Verbrechen oder Vergehen darstellt; Vorbereitungshandlungen zu Terrorakten (Art. 260bis StGB); Anwerben von Mitgliedern für eine kriminelle Organisation durch Mitglieder oder Unterstützer derselben (Art. 260ter Abs. 1 StGB), sofern die Gruppierung die Voraussetzungen[357] einer kriminellen Organisation erfüllt; sofern es sich dabei um Al-Qaida oder den sog. Islamischen Staat (IS) handelt, ist zudem Art. 2 des BG AQ/IS[358] anwendbar.

441 Gemäss Art. 9 Abs. 1 lit. a EÜT soll auch *Gehilfenschaft* an Straftaten gemäss Art. 5, 6 und 7 EÜT strafbar sein und gemäss Art. 9 Abs. 2 EÜT ebenso der *Versuch,* Straftaten gemäss Art. 6 und 7 EÜT zu begehen. Gemäss h.L. und Rechtsprechung war aber weder Gehilfenschaft noch Versuch der Beteiligung an bzw. Unterstützung einer kriminellen Organisation gem. altArt. 260ter Ziff. 1

---

357 Vgl. dazu PAJAROLA/OEHEN/THOMMEN, N 160 ff.
358 Dieses Bundesgesetz wurde mit Bundesbeschluss vom 25.9.2020, Art. 2, zwar aufgehoben; diese Aufhebung tritt gemäss Beschluss des Bundesrats vom 31.3.2021 allerdings erst am 31.12.2022 in Kraft.

StGB strafbar.[359] In Bezug auf diese Tatformen bestand also eine Lücke im Schweizer Recht. Versuch und Gehilfenschaft in Bezug auf eine Rekrutierung für Al-Qaida oder den IS sind hingegen bereits unter dem BG AQ/IS strafbar.[360] Diese Lücke wurde nun mit dem neuen Tatbestand von Art. 260sexies Abs. 1 lit. a StGB, auf den die Bestimmungen über Versuch und Teilnahme vorbehaltlos anwendbar sind,[361] geschlossen.

F. Anleiten und Sich-anleiten-Lassen für eine terroristische Straftat (Art. 260sexies Abs. 1 lit. b StGB)

Nach Art. 260sexies Abs. 1 lit. b StGB wird bestraft, wer sich im Hinblick auf einen Terrorakt für die Begehung eines solchen oder für die Teilnahme daran zum Herstellen oder Gebrauch von Waffen, Sprengstoffen, radioaktiven Materialien, giftigen Gasen oder anderen Vorrichtungen oder gefährlichen Stoffen anleiten lässt bzw. jemanden anleitet. 442

Der Begriff «Anleiten» kommt in folgenden anderen Straftatbeständen vor: Art. 144bis Ziff. 2 StGB (Datenbeschädigung), Art. 179sexies Ziff. 1 StGB (Inverkehrbringen und Anpreisen von Abhör-, Ton- und Bildaufnahmegeräten), Art. 226 Abs. 3 StGB (Herstellen, Verbergen, Weiterschaffen von Sprengstoffen und giftigen Gasen) sowie Art. 226ter Abs. 3 StGB (Strafbare Vorbereitungshandlungen). Im vorliegenden Zusammenhang entstammt diese Tatvariante Art. 7 EÜT (Ausbildung) sowie Art. 3 ZP EÜT (Erhalt einer 443

---

359 Vgl. dazu PAJAROLA/OEHEN/THOMMEN, N 498 ff. (Versuch) sowie N 505 ff. (Gehilfenschaft).
360 Vgl. Botschaft 2018, 6444.
361 So Botschaft 2018, 6444 sowie 6449. Es bleibt allerdings schleierhaft, weshalb Versuch und Gehilfenschaft bei Art. 260ter StGB straflos sein sollen, bei Art. 260sexies StGB hingegen nicht (vgl. dazu vorne N 405 ff.).

Ausbildung).[362] Gemäss Botschaft bedeutet «Anleiten» in diesem Zusammenhang *ausbilden*.[363]

444 Bestraft werden soll das *Zurverfügungstellen von Wissen und Erfahrung, mit dem Ziel, Terrorakte zu fördern*.[364] Die Themen, die Gegenstand der pönalisierten Ausbildung sind (Herstellen oder Gebrauch von Waffen, Sprengstoffen, radioaktiven Materialien, giftigen Gasen oder anderen Vorrichtungen oder gefährlichen Stoffen), werden weder im EÜT noch in Art. 260^{sexies} Abs. 1 lit. b StGB weiter definiert. Der erläuternde Bericht des Europarats zum EÜT verweist für die Begriffsbestimmung auf die einschlägigen Staatsverträge.[365]

445 Was *«andere Vorrichtungen oder gefährliche Stoffe»* betrifft, enthält weder die Botschaft noch der erläuternde Bericht Angaben (im EÜT ist die Rede von «Methoden und Verfahren»). Klar ist, dass eine Ausbildung bezüglich dieser Vorrichtungen und gefährlichen Stoffe – gleich wie es bei den übrigen Unterweisungsthemen der Fall ist – dazu geeignet sein muss, einen Terrorakt zu fördern.

446 Die französische Formulierung in Art. 260^{sexies} Abs. 1 lit. b StGB lautet «ou d'autres dispositifs ou substances dangereuses», die italienische «o altri apparecchi o sostanze pericolose». Daraus kann abgeleitet werden, dass diese Formulierung (namentlich der Begriff «Vorrichtungen») enger zu verstehen ist als diejenige gemäss EÜT, unter welche auch technische Angaben und Prozesse, Vorgehensweisen und Organisatorisches zu fassen sind. Der vorliegende Begriff «Vorrichtungen» umfasst lediglich Geräte, Apparate

---

362 Zu diesen beiden Bestimmungen vgl. vorne N 33 ff. bzw. N 56 ff.
363 Botschaft 2018, 6485. Vgl. zur Auslegung des Begriffs des Anleitens bei Art. 144bis StGB (BSK StGB II^4-Weissenberger, Art. 144bis N 63 ff.), bei Art. 179^{sexies} StGB (BSK StGB II^4-Ramel/Vogelsang, Art. 179^{sexies} N 7), bei Art. 226 Abs. 3 StGB (BSK StGB II^4-Roelli, Art. 226 N 6) und bei Art. 226ter StGB (BSK StGB II^4-Weissenberger, Art. 226ter N 14).
364 ER 2005, Ziff. 115: «This is defined as providing instruction in methods or techniques that are suitable for use for terrorist purposes, including in the making or use of explosives, firearms and noxious or hazardous substances».
365 ER 2005, Ziff. 117 ff. Vgl. dazu vorne N 9 ff.

und andere technische Vorrichtungen, nicht aber blosse Methoden oder Abläufe. Angesichts der steigenden Gefahr von Cyberangriffen wäre es angezeigt, dass unter diesen Begriff nicht nur physische Geräte fallen, die für Cyberangriffe verwendet werden können, sondern insbesondere auch entsprechende Software, Netzwerke etc.

Die Ausbildung kann in beliebiger Weise, namentlich durch persönlichen Kontakt (bspw. in einem Trainingscamp), durch Zeitschriften, Bücher, aber auch durch elektronische Medien (Internetforen, Blogs, Websites etc.) erfolgen. 447

Es ist nicht von Belang, woher das Wissen bzw. die Erfahrung stammen, die in der Ausbildung vermittelt wird. Es spielt also keine Rolle, ob die Ausbildnerin *eigenes oder fremdes Wissen* weitergibt. Wer sich also bspw. im Internet Wissen zum Gebrauch von Gift aneignet und dieses dann an Personen weitergibt, die einen Terroranschlag verüben wollen, erfüllt den Tatbestand. 448

Es ist zur Erfüllung des Tatbestands nicht erforderlich, dass der Ausbildner zugleich Art und Ziel des Terrorakts vorgibt. Vielmehr kann sich eine Person auch alleine dazu entschliessen, einen Terrorakt zu verüben, Art und Ziel des Anschlags selbständig bestimmen und sich dann gezielt das Wissen aneignen, um die nötigen Tatmittel (bspw. eine Bombe) herzustellen und einzusetzen. 449

Zwar ist auch das Sich-anleiten-Lassen strafbar. Nicht strafbar ist hingegen das passive Konsumieren von entsprechenden Informationen, bspw. im Internet. Vorausgesetzt ist vielmehr eine *aktive Teilnahme* der Täterin (z.B. in einer interaktiven Trainingssession via Internet oder durch Besuch eines Trainingscamps).[366] 450

Subjektiv erfordert dieser Tatbestand (wie bereits bei Abs. 1 lit. a), dass der Täter zumindest *eventualvorsätzlich* handelt, also mit der Möglichkeit rechnet, dass ein Terrorakt verübt wird und dies auch billigend in Kauf nimmt. Die Verübung von Terrorakten muss also nicht direkt beabsichtigt (i.S.v. dolus directus) werden. Nicht nach dieser Bestimmung strafbar ist, wer solches Wissen bspw. im all- 451

---

366 ER 2015, Ziff. 40.

gemein zugänglichen Internet zur Verfügung stellt, ohne zu wissen, ob die Empfänger dieses Know-how zu Terrorzwecken nutzen wollen.[367] Dies ist wiederum anders zu beurteilen, wenn solche Instruktionen in spezifischen Blogs, Foren etc. zur Verfügung gestellt werden, an denen typischerweise Personen teilnehmen, die terroristische Absichten hegen.

452 Das Schweizer Recht stellte bereits vor diesen Gesetzesänderungen mehrere Aspekte dieses Verhaltens unter Strafe: altArt. 260ter Ziff. 1 StGB erfasste solches Verhalten, wenn es die verbrecherische Tätigkeit einer Terrororganisation unterstützte (durch Mitglieder als Beteiligung, durch Nichtmitglieder als Unterstützung). Wenn es sich bei der unterstützten Gruppierung um Al-Qaida oder den IS handelte, ist zudem das BG AQ/IS einschlägig. Wurde für eine spezifische Straftat aus dem Katalog von Art. 260bis Abs. 1 StGB ausgebildet, war dieser Straftatbestand anwendbar und/oder gegebenenfalls Gehilfenschaft (Art. 25 StGB) oder Anstiftung (Art. 24 StGB) zur geplanten Tat. Art. 226 Abs. 3 StGB bestrafte zudem, wer andere zur Herstellung von Sprengstoffen oder giftigen Gasen anleitet, wenn diese einen verbrecherischen Gebrauch derselben planen.

453 Soweit die Ausbildung aber nicht durch oder für eine Terror*organisation* stattfand, es nicht um die Anleitung zur Herstellung von Sprengstoff oder giftigen Gasen ging und auch nicht bereits eine konkrete Straftat geplant war, sondern quasi «auf Vorrat» ausgebildet wurde, bestand eine Strafbarkeitslücke.[368] Diese wurde nun mit Art. 260^{sexies} Abs. 1 lit. b StGB geschlossen.

G. Reisen für eine terroristische Straftat (Art. 260^{sexies} Abs. 1 lit. c StGB)

454 Art. 260^{sexies} Abs. 1 lit. c StGB bestraft, wer im Hinblick auf die Verübung eines Terrorakts eine grenzüberschreitende Reise unter-

---

367 So auch Botschaft 2018, 6446.
368 Botschaft 2018, 6447.

nimmt, in der Absicht, einen Terrorakt zu begehen, sich daran zu beteiligen oder sich dafür ausbilden zu lassen.

Die Reise muss den *Zweck* haben, einen Terrorakt zu verüben, sich an einem solchen zu beteiligen oder aber sich für einen solchen ausbilden zu lassen. Es genügt, wenn die Reisende dies *bei Antritt* der Reise beabsichtigte, selbst wenn sie ihre Meinung im Laufe der Reise ändert (zum subjektiven Tatbestand sogleich). 455

Es fällt auf, dass nur *grenzüberschreitende* Reisen tatbestandsmässig sind, also solche, die in einen Staat erfolgen, dessen Staatsangehörigkeit die Reisende nicht besitzt und wo sie auch nicht ihren Wohnsitz hat. Das umfasst auch Reisen von einem solchen in einen weiteren solchen Staat.[369] Reine Inlandsreisen oder Reisen vom Ausland in den Heimat- bzw. Wohnsitzstaat sind unter dieser Bestimmung nicht strafbar. 456

Wie weit die Reisetätigkeit fortgeschritten sein muss, lässt der Wortlaut der Bestimmung offen. Die Reise muss unternommen werden. Dies bedeutet, dass sie *zumindest angetreten* worden sein muss. Dies kann etwa dadurch manifestiert werden, dass der Täter in ein entsprechendes Verkehrsmittel einsteigt. Nicht ausreichend dürfte hingegen das blosse Kaufen eines Tickets sein (diesfalls wäre aber Versuch zu prüfen). Es ist aber nicht erforderlich, dass die Reise auch vollständig durchgeführt bzw. abgeschlossen wird.[370] 457

Subjektiv ist vorausgesetzt, dass der Täter zumindest *eventualvorsätzlich* handelt, also mit der Möglichkeit rechnet, dass ein Terrorakt verübt wird und dies auch billigend in Kauf nimmt. Entgegen dem Wortlaut (Absicht) ist kein direkter Vorsatz erforderlich.[371] Zwar fällt auf, dass auch in Art. 260^{quinquies} Abs. 1 StGB absichtliches Handeln vorausgesetzt ist, dort aber direkter Vorsatz verlangt wird.[372] Der Unterschied zu Art. 260^{sexies} StGB liegt aber darin, dass bei diesem Tatbestand eine Bestimmung wie Art. 260^{quinquies} Abs. 2 458

---

369 ER 2015, Ziff. 49.
370 So auch Botschaft 2018, 6486.
371 Vgl. Botschaft 2018, 6486.
372 Vgl. dazu ACKERMANN/BAUMANN, Art. 260^{quinquies} N 55 ff.

III. Anwerbung, Ausbildung und Reisen im Hinblick auf eine terroristische Straftat

StGB, wo Eventualvorsatz ausdrücklich ausgeschlossen wird, fehlt. Im Gesetzgebungsverfahren wurde diese Frage soweit ersichtlich zwar nicht explizit diskutiert,[373] aufgrund der engen Verwandtschaft der beiden Bestimmungen kann aber davon ausgegangen werden, dass es sich bei Art. 260^{sexies} StGB um ein qualifiziertes Schweigen betreffend den Ausschluss des Eventualvorsatzes handelt.

459 Gemäss Botschaft bringe dieser Straftatbestand eine «erhebliche Vorverlagerung der Strafbarkeit» mit sich und kollidiere mit den Grundsätzen der persönlichen Freiheit sowie der Bewegungs- und Reisefreiheit; bei der Umsetzung dieser Norm müsse daher dem Verhältnismässigkeitsprinzip eine grosse Bedeutung eingeräumt werden.[374]

460 Das Schweizerische Recht erfasste bereits vor der Gesetzesänderung Aktivitäten, die einer Terrororganisation im Sinne von Art. 260ter StGB förderlich waren; handelt es sich dabei um Al-Qaida oder den IS ist zudem das BG AQ/IS einschlägig. Reisen als Teil der Vorbereitung zu einem konkreten Terrorakt konnten unter Art. 260bis StGB subsumiert bzw. als Gehilfenschaft zu den entsprechenden Gewaltdelikten qualifiziert werden. Um auch Reisetätigkeiten zu erfassen, wenn kein Bezug zu einer Organisation im Sinne von Art. 260ter StGB besteht bzw. wenn es weder um Al-Qaida noch den IS geht und auch kein konkreter Terrorakt geplant ist und nicht zuletzt angesichts der hohen Anzahl[375] solcher Fälle in der Schweiz, wurde Art. 260^{sexies} Abs. 1 lit. c StGB eingeführt.

---

[373] Vgl. allerdings Botschaft 2018, 6512 f., wo festgestellt wird, dass an Art. 260^{quinquies} StGB nichts geändert werden müsse, wobei explizit auch auf den erforderlichen Vorsatz Bezug genommen wird.
[374] Botschaft 2018, 6463.
[375] Vgl. Botschaft 2018, 6463 f.

H. Organisation und Finanzierung von Reisen für eine terroristische Straftat (Art. 260^{sexies} Abs. 2 StGB)

Gemäss Art. 260^{sexies} Abs. 2 StGB macht sich strafbar, wer in der Absicht, eine Reise (gemäss Abs. 1 lit. c) zu finanzieren, Vermögenswerte sammelt oder zur Verfügung stellt sowie wer eine solche Reise organisiert oder dafür anwirbt.

Finanzierung umfasst das Sammeln und Zurverfügungstellen von finanziellen Mitteln.[376] *Sammeln* setzt voraus, dass der Täter bereit ist, Vermögenswerte in unbestimmter Höhe anzunehmen. Alleine schon das Werben um solche Vermögenswerte kann tatbestandsmässig sein.[377] *Zurverfügungstellen* bedeutet, einer anderen Person Verfügungsmacht über Vermögenswerte einzuräumen, typischerweise etwa durch Übergabe von Bargeld oder Überweisung von Guthaben.

Die finanziellen Mittel umfassen alle *Vermögenswerte* und können aus einer Quelle oder von verschiedenen natürlichen oder juristischen Personen stammen und gesammelt werden. Wie sie gesammelt und zur Verfügung gestellt werden, ist unerheblich. Im Wesentlichen wird es sich um das Sammeln und Verschieben von Bargeld, um Banküberweisungen, Transaktionen von Kryptowährungen, Hawala-Transaktionen sowie Übertragung von Guthaben (bspw. Prepaid-Karten) handeln.[378]

Das *Organisieren* einer Reise umfasst alle üblichen Vorkehrungen rund um die Reisen, wie etwa den Kauf von Flugtickets, Hotelbuchungen oder das Erstellen von Reiseplänen. Dazu gehören aber auch strafbare Handlungen wie das Ermöglichen eines illegalen

---

[376] Vgl. zu diesen Tathandlungen, welche Art. 260^{quinquies} StGB entliehen sind: BSK StGB II⁴-FIOLKA, Art. 260^{quinquies} N 18 f.
[377] BSK StGB II⁴-FIOLKA, Art. 260^{quinquies} N 18.
[378] Zu den Methoden der Verschiebung von Vermögenswerten vgl. hinten N 498 ff.

Grenzübertritts, das Besorgen falscher Reisepapiere oder das Bezahlen von Bestechungsgeldern.[379]

465 Das *Anwerben* für eine Reise im Hinblick auf einen Terrorakt besteht – analog zu Art. 260^{sexies} Abs. 1 lit. a StGB – in einem aktiven Bemühen, eine Person zur Reise zu bewegen.[380] Dies setzt weder einen Zwang noch eine Täuschung oder das Versprechen oder Gewähren einer Belohnung voraus. Es kann auch eine Person für eine Reise angeworben werden, die sich freiwillig dazu entscheidet, und ebenso eine Person, die sich innerlich bereits dazu entschieden hat.

466 Typischerweise dürfte es sich bei der Person, welche die Reise finanziert, organisiert oder dafür anwirbt, nicht um die gleiche Person handeln, welche auch die Reise unternimmt, sondern um eine Person, welche sich auf diese Tätigkeiten spezialisiert und für zahlreiche Reisewillige ausübt. Es ist zwar rein begrifflich nicht ausgeschlossen, dass die Reisende selbst sich auch der Finanzierung oder der Organisation ihrer eigenen Reise strafbar macht, darin liegt aber kein zusätzliches strafwürdiges Verhalten. Begeht die Reisende hingegen solche Tathandlungen für andere Personen (Mitreisende), weisen diese Handlungen einen Unrechtsgehalt auf, der über die eigene Reisetätigkeit hinausgeht und daher zusätzlich zu bestrafen ist.

467 Subjektiv setzt dieser Tatbestand – entgegen dem, was die Formulierung «in der Absicht» erwarten liesse – keinen direkten Vorsatz voraus. Vielmehr genügt wie bei den übrigen Tatvarianten *Eventualvorsatz*.

468 Das Schweizerische Recht erfasste Finanzierungshandlungen schon vor der Gesetzesrevision, sofern sie die Voraussetzungen von Art. 260bis StGB (Vorbereitung eines konkreten Terrorakts), Art. 260ter StGB (Beteiligung an oder Unterstützung einer Terrororganisation), Art. 2 BG AQ/IS (sofern es um Al-Qaida oder den IS geht) oder Art. 260^{quinquies} StGB (Finanzierung von Terrorismus)

---

379 Vgl. ER 2015, Ziff. 60.
380 Vgl. dazu vorne N 25 ff. und 433 ff.

erfüllten, was namentlich nicht der Fall war, wenn kein Bezug zu einer Organisation oder zu einem konkreten Terrorakt bestand. Aus diesen Gründen wurde Art. 260^{sexies} Abs. 2 StGB geschaffen, der diese Lücke schloss.[381]

I. Auslandsbezug (Art. 260^{sexies} Abs. 3 StGB)

469 Art. 260^{sexies} Abs. 3 StGB lautet ähnlich wie Art. 260ter Abs. 5 StGB[382], mit dem Unterschied, dass hier für die schweizerische Gerichtsbarkeit nicht die Tätigkeit einer Organisation massgebend ist, sondern der Aufenthaltsort der Täterin und das Ziel des Terroraktes.

470 Schweizerische Gerichtsbarkeit besteht nach dieser Bestimmung, obschon die Tat *im Ausland* begangen wird. Mit «die Tat» sind hier *alle Tatvarianten* von Art. 260^{sexies} Abs. 1 und 2 StGB gemeint, wenn der Täter also bspw. im Ausland Personen für die Teilnahme an einem Terrorakt anwirbt (Abs. 1 lit. a), im Ausland an einer terroristischen Ausbildung teilnimmt (Abs. 1 lit. b), von einem ausländischen Staat in einen anderen reist, um sich dort an einem Terrorakt zu beteiligen (Abs. 1 lit. c) oder im Ausland Geld sammelt, um solche Reisen zu finanzieren (Abs. 2). Die Tat selbst muss also keinen Bezug zur Schweiz aufweisen.

471 Damit eine solche Auslandstat in die schweizerische Gerichtsbarkeit fällt, muss *eine von zwei alternativen Voraussetzungen* gegeben sein: Entweder muss sich die Täterin in der Schweiz befinden und nicht ans Ausland (an den Tatortstaat) ausgeliefert werden. Oder der Terrorakt soll in der Schweiz oder gegen die Schweiz verübt werden.

472 Die erste Variante folgt dem Grundsatz «aut dedere aut iudicare» (entweder Ausliefern oder Strafverfolgen) und findet sich auch in

---

381 Botschaft 2018, 6465, in welches auch darauf hingewiesen wird, dass mit der Schaffung eines neuen Tatbestandes auch die Lücke geschlossen werden konnte, auf welche die FATF in ihrem Bericht vom 7.12.2016 hinwies.

382 Zu dieser Bestimmung vorne N 320 ff.

III. Anwerbung, Ausbildung und Reisen im Hinblick auf eine terroristische Straftat

Art. 5 Abs. 1 StGB, Art. 6 Abs. 1 lit. b StGB und Art. 7 Abs. 1 lit. b und c StGB. Sie setzt zweierlei voraus: Die Täterin befindet sich erstens in der Schweiz und wird zweitens nicht ausgeliefert. «*Sich in der Schweiz befinden*» setzt voraus, dass die Täterin sich *freiwillig* in der Schweiz aufhält (bspw. sich anlässlich einer Durchreise in der Transitzone eines schweizerischen Flughafens befindet) oder auch nur – gemäss Flaggenprinzip – im Ausland ein Flugzeug unter schweizerischer Flagge betritt.[383] Es ist nicht vorausgesetzt, dass sie in der Schweiz Wohnsitz hat oder gar das Schweizer Bürgerrecht besitzt. Handelt es sich bei der Täterin um eine Schweizerin, besteht bereits aufgrund von Art. 7 Abs. 1 StGB schweizerische Gerichtsbarkeit.[384]

473 Dass der Täter «*nicht ausgeliefert wird*» bedeutet, dass der Auslieferung entweder rechtliche Hindernisse entgegenstehen oder faktische. Aus *rechtlichen* Gründen kann die Auslieferung unterbleiben, wenn das inländische Strafverfahren dem ausländischen vorgeht (Art. 37 Abs. 1 IRSG), wenn das ausländische Verfahren an gewissen Mängeln leidet (Art. 37 Abs. 2 IRSG), wenn im Zielland die Todesstrafe droht (Art. 37 Abs. 3 IRSG) oder wenn der Täter Schweizer Bürger ist (Art. 7 Abs. 1 IRSG). *Faktisches* Hindernis für die Auslieferung ist primär das Unterbleiben eines Auslieferungsbegehrens aus dem Tatortstaat bzw. der explizite Verzicht auf das Stellen eines solchen.[385]

474 Die zweite Variante, die eine schweizerische Gerichtsbarkeit begründet, liegt darin, dass der *Terrorakt in der Schweiz oder gegen die Schweiz verübt werden soll*. Die Formulierung «verübt werden soll» zeigt, dass es nicht erforderlich ist, dass der Terrorakt tatsächlich verübt oder nur schon versucht wurde. Es genügt, wenn ein solcher beabsichtigt bzw. geplant ist. Selbstverständlich kommt diese

---

383 Vgl. dazu BSK StGB I[4]-LEVANTE, Art. 5 N 7 (m.w.H.); BSK StGB I[4]-POPP/ KESHELAVA, Art. 6 N 8; BSK StGB I[4]-POPP/KESHELAVA, Art. 7 N 4.
384 Vgl. dazu vorne N 326.
385 Vgl. dazu BSK StGB I[4]-POPP/KESHELAVA, Art. 7 N 10.

Bestimmung aber auch zur Anwendung, nachdem ein Terrorakt in der Schweiz bzw. gegen die Schweiz verübt bzw. versucht wurde.

Wenn der Terrorakt «in der Schweiz» verübt werden soll, bedeutet dies, dass die terroristische Straftat auf schweizerischem Staatsgebiet begangen werden soll (i.S.v. Art. 3 Abs. 1 StGB), also bspw. dass in der Schweiz Menschen angegriffen, Bomben detoniert oder Trinkwasser vergiftet werden sollen. 475

Terrorakte, die nicht in der Schweiz, sondern «gegen die Schweiz» verübt werden, sind terroristische Straftaten, die im Ausland begangen werden, deren Erfolg aber in der Schweiz eintritt (i.S.v. Art. 31 Abs. 1 StPO). Zu denken wäre etwa an Raketenangriffe vom benachbarten Ausland aus oder an Cyberangriffe auf kritische Infrastruktur in der Schweiz. 476

Wurde der in der Schweiz verhaftete Täter, der gemäss Art. 260^{sexies} Abs. 3 StGB hier zur Rechenschaft gezogen werden soll, *für die gleiche Straftat* bereits durch ein ausländisches Gericht endgültig, d.h. *rechtskräftig freigesprochen,* wird er für diese Straftat hier nicht mehr verfolgt (Art. 7 Abs. 4 lit. a StGB).[386] Das heisst, ein bereits angehobenes Verfahren ist einzustellen. Das gilt allerdings nur unter dem Vorbehalt, dass das ausländische Urteil nicht in krasser Weise gegen die Grundsätze der Bundesverfassung oder der EMRK verstösst. Das Gleiche gilt, wenn der Täter für die gleiche Straftat von einem ausländischen Gericht *verurteilt* wurde und die Sanktion, zu der er verurteilt wurde, bereits vollzogen, erlassen oder verjährt ist (Art. 7 Abs. 4 lit. b StGB). Wurde die ausländische Strafe hingegen nur teilweise vollzogen, ist dem Täter im hiesigen Strafverfahren der vollzogene Teil an seine hier erwirkte Strafe anzurechnen. Bei teilweise vollzogenen Massnahmen hat das hiesige Gericht zu entscheiden, ob die Massnahme hier fortzusetzen oder der vollzo- 477

---

[386] Der Grundsatz «ne bis in idem» gilt gemäss Art. 11 Abs. 1 StPO nur für schweizerische Urteile. Vgl. dazu auch EGMR vom 20.2.2018, Dieter Krombach v. Frankreich, Ziff. 36 ff., allerdings in Bezug auf Art. 4 des Protokolls Nr. 7 zur EMRK.

gene Teil an die hier auszusprechende Strafe anzurechnen ist (Art. 7 Abs. 5 StGB).

478 Für die Anwendung dieser Bestimmungen ist entscheidend, dass es in der Schweiz um die gleiche Straftat, also um den *gleichen Lebenssachverhalt* geht, der dem ausländischen Urteil zugrunde lag. Dies ist bei allen Tatvarianten von Art. 260^{sexies} Abs. 1 und 2 StGB genau zu prüfen.

J. Weitere Fragen

479 Das *Konkurrenzverhältnis* zu *Art. 260*^{ter} *StGB* wurde bereits behandelt; grundsätzlich stehen diese Bestimmungen in echter Konkurrenz zueinander.[387] Insbesondere, wenn es nicht um Verhaltensweisen für Terrororganisationen geht, sondern Einzeltäter am Werk sind, dürfte alleine Art. 260^{sexies} StGB anwendbar sein.

480 Im Verhältnis zwischen Art. 260^{sexies} StGB und *Art. 260*^{quinquies} *StGB* können sich ebenfalls Überschneidungen ergeben: Bei beiden Straftatbeständen stellt das Sammeln und Zurverfügungstellen von Vermögenswerten die Tathandlung dar. Gemäss Art. 260^{quinquies} StGB ist das Sammeln und Zurverfügungstellen von Vermögenswerten strafbar, wenn es in der Absicht geschieht, einen Terrorakt zu finanzieren. Gemäss Art. 260^{sexies} Abs. 2 StGB ist solches Verhalten strafbar, wenn es in der Absicht erfolgt, eine terroristisch motivierte Reise (gemäss Art. 260^{sexies} Abs. 1 lit. c StGB) zu unternehmen. Diese Reisetätigkeit ist u.a. strafbar, wenn sie in der Absicht erfolgt, einen Terrorakt zu verüben oder sich an einem solchen zu beteiligen. Sammelt nun also bspw. eine Person Geld, um die Reise einer Attentäterin zum Anschlagsziel (im Ausland) zu finanzieren, kann diese Geldsammlung unter beide Tatbestände subsumiert werden. Echte Konkurrenz ist für solche Konstellationen ausgeschlossen, da die beiden Strafbestimmungen die gleichen Rechtsgüter schützen und auch die gleiche Strafdrohung (bis zu fünf Jahre Freiheitsstrafe) aufweisen.

---

[387] Vgl. vorne N 376 ff. So auch Botschaft 2018, 6512.

Zwischen den beiden Bestimmungen bestehen folgende Unterschiede: Erstens setzt Art. 260^{quinquies} StGB direkten Vorsatz voraus, während bei Art. 260^{sexies} StGB Eventualabsicht genügt. Zweitens ist Art. 260^{quinquies} StGB nicht anwendbar, wenn die Tat auf die Herstellung oder Wiederherstellung demokratischer und rechtsstaatlicher Verhältnisse oder die Ausübung oder Wahrung von Menschenrechten gerichtet ist (Abs. 3) sowie wenn mit der Finanzierung Handlungen unterstützt werden sollen, die nicht im Widerspruch mit den in bewaffneten Konflikten anwendbaren Regeln des Völkerrechts stehen (Abs. 4). Diese Einschränkungen existieren hingegen in Bezug auf Straftaten gemäss Art. 260^{sexies} StGB nicht. Drittens ist der Anwendungsbereich von Art. 260^{sexies} StGB enger und damit spezieller als derjenige von Art. 260^{quinquies} StGB. Viertens handelt es sich bei Art. 260^{sexies} StGB um den jüngeren Tatbestand (lex posterior). 481

Dies führt im Ergebnis dazu, dass Art. 260^{sexies} StGB grundsätzlich vorgeht. Wenn die Finanzierung nur eventualvorsätzlich erfolgt oder wenn die Anwendung von Art. 260^{quinquies} StGB aufgrund der Bestimmungen von Abs. 3 oder Abs. 4 nicht möglich ist, ist sogar ausschliesslich Art. 260^{sexies} StGB anwendbar. 482

Weiter fragt sich, wie das Verhältnis zwischen Art. 260^{sexies} StGB und *Art. 305bis StGB* ist, wenn verbrecherisch erlangte Gelder zur Finanzierung einer terroristisch motivierten Reise verwendet werden. In solchen Fällen besteht echte Konkurrenz, da die beiden Bestimmungen unterschiedliche Rechtsgüter schützen, wobei bei Art. 305bis StGB die Herkunft der Vermögenswerte massgebend ist, während es bei Art. 260^{sexies} StGB deren Verwendung ist.[388] 483

Auch mit *Art. 74 Abs. 4 NDG*[389] kann Art. 260^{sexies} Abs. 1 lit. a StGB konkurrieren, wenn der Täter Personen für eine vom Bundesrat (gemäss Art. 74 Abs. 1 NDG) verbotene Terrorgruppierung 484

---

388 Vgl. zum gleichgelagerten Problem im Verhältnis von Art. 260^{quinquies} StGB und Art. 305bis StGB: BSK StGB II^4-Fiolka, Art. 260^{quinquies} N 70.
389 Zu dieser Bestimmung hinten N 698 ff.

III. Anwerbung, Ausbildung und Reisen im Hinblick auf eine terroristische Straftat

anwirbt.[390] Art. 74 NDG schützt die innere und äussere Sicherheit der Schweiz, während Art. 260^{sexies} StGB den öffentlichen Frieden schützt. Beide Tatbestände weisen eine Höchststrafe von fünf Jahren Freiheitsstrafe auf und beide sind gleich alt. Bei dieser Ausgangslage ist grundsätzlich von echter Konkurrenz auszugehen.

485 Da Art. 260^{sexies} StGB eine Höchststrafe von fünf Jahren Freiheitsstrafe aufweist, handelt es sich dabei um ein Verbrechen i.S.v. Art. 10 Abs. 2 StGB. Damit ist dieser Tatbestand grundsätzlich eine taugliche *Geldwäschereivortat* i.S.v. Art. 305bis Ziff. 1 StGB.[391] Sammelt die Täterin nun i.S.v. Art. 260^{sexies} Abs. 2 StGB Vermögenswerte, hat sie diese durch ein Verbrechen erlangt. Dieses Geld bildet somit ein taugliches Geldwäschereiobjekt.[392]

486 Es stellt sich weiter die Frage, ob die Bestimmungen des Allgemeinen Teils des Strafgesetzbuchs, namentlich diejenigen betreffend *Versuch* (Art. 22 f. StGB) und *Teilnahme* (Art. 24 ff. StGB), auf Art. 260^{sexies} StGB anwendbar sind oder nicht. Gemäss Botschaft sind die Bestimmungen über den Versuch sowie über die Teilnahme auch auf diesen Straftatbestand anwendbar.[393] Dagegen ist – wie bereits in Bezug auf Art. 260ter StGB ausgeführt[394] – nichts einzuwenden.

487 Gemäss *Art. 66a Abs. 1 lit. l StGB* ist obligatorisch des Landes zu verweisen, wer eine Straftat gemäss Art. 260^{sexies} StGB begeht.

---

390 Vgl. Botschaft 2018, 6485.
391 So Botschaft 2018, 6484.
392 Zur Problematik von Art. 260ter StGB als Vortat für Geldwäscherei vgl. vorne N 414.
393 Botschaft 2018, 6444 sowie 6449.
394 Vgl. vorne N 409 ff.

IV. Weitere Gesetzesänderungen

Inhaltsverzeichnis

A. Quellenschutz (Art. 28a Abs. 2 lit. b StGB, Art. 172 Abs. 1 StPO) ... 199
B. Landesverweisung (Art. 66a Abs. 1 lit. l und p StGB) 201
C. Einziehung von Vermögenswerten (Art. 72 StGB) 201
D. Urkundenfälschung für Tarnidentität (Art. 317bis Abs. 1 StGB) 202

A. Quellenschutz (Art. 28a Abs. 2 lit. b StGB, Art. 172 Abs. 1 StPO)

Medienschaffende, also Personen, die sich beruflich mit der Veröffentlichung von Informationen im redaktionellen Teil eines periodisch erscheinenden Mediums befassen, sowie ihre Hilfspersonen geniessen gemäss Art. 28a Abs. 1 StGB (und Art. 172 Abs. 1 StPO) das Privileg, entgegen der allgemeinen Zeugnispflicht von Art. 163 Abs. 2 StPO eine Zeugenaussage über die Identität der Autorin oder über Inhalt und Quellen ihrer Informationen verweigern zu können (Quellenschutz).[395]   488

Dieses Privileg gilt gemäss Art. 28a Abs. 2 lit. b StGB u.a. dann *nicht,* wenn ohne diese Aussagen der Medienschaffenden eine Straftat gemäss Art. 260ter StGB, Art. 260^{quinquies} StGB oder Art. 260^{sexies} StGB nicht aufgeklärt werden oder die einer solchen Tat beschuldigte Person nicht ergriffen werden kann.[396]   489

Dass eine der genannten Straftaten nicht ohne Zeugenaussage des Medienschaffenden aufgeklärt bzw. ein Beschuldigter nicht anders ergriffen werden kann, muss vom «*Richter*» festgestellt werden. In der Praxis wird diese Feststellung von der Staatsanwältin gemacht werden müssen, welche das betreffende Strafverfahren führt und den Medienschaffenden einvernehmen will. Gemäss Art. 174 Abs. 1   490

---

[395] Vgl. dazu BSK StGB I⁴-ZELLER, Art. 28a N 22 ff.
[396] Eine analoge Anpassung erfuhr Art. 27a MStG.

lit. a StPO entscheidet sie im Vorverfahren über die Zulässigkeit der Zeugnisverweigerung. Ist der Medienschaffende mit der Entscheidung der Staatsanwältin nicht einverstanden, kann er diese durch die Beschwerdeinstanz überprüfen lassen (Art. 174 Abs. 2 StPO).

491 Es fragt sich, *wie* diese Umstände – dass also eine Straftat nicht anders aufgeklärt werden kann bzw. dass eine Person nur ergriffen werden kann, wenn entsprechende Informationen von der Medienschaffenden erhältlich gemacht werden können – konkret festgestellt werden können. Bewiesen werden können sie nicht, denn es handelt sich hierbei um eine Hypothese. Es muss daher ausreichen (andererseits ist dies aber auch erforderlich), dass glaubhaft dargestellt wird, dass erstens eine Straftat gemäss Art. 28a Abs. 2 lit. b StGB begangen wurde oder sich im Gange befindet – es muss also ein entsprechender Tatverdacht[397] vorliegen –, zweitens der Medienschaffende über Informationen verfügt, die für die Aufklärung der Straftat entscheidend sind, und drittens diese Informationen auf andere Weise gar nicht oder nur mit unverhältnismässigem Aufwand beschafft werden könnten.[398]

492 Sind diese Voraussetzungen erfüllt, wird der Quellenschutz aber nicht in jedem Falle (automatisch) durchbrochen. Vielmehr hat eine *Güterabwägung*[399] zwischen den Interessen der Medienschaffenden bzw. der Quellen einerseits und dem staatlichen Strafverfolgungsinteresse andererseits stattzufinden, wobei Letzteres i.d.R. vorgeht.[400]

---

[397] Ein hinreichender Tatverdacht genügt (für einen dringenden Tatverdacht: BSK StGB I[4]-ZELLER, Art. 28a N 60).

[398] BSK StGB I[4]-ZELLER, Art. 28a N 65 (m.w.H.), lässt den unverhältnismässigen Aufwand hingegen nicht genügen.

[399] Dazu im Einzelnen BSK StGB I[4]-ZELLER, Art. 28a N 62 ff.

[400] Vgl. etwa BGer 1B_293/2013, v. 31.1.2014, E. 2.2: «Der Gesetzgeber hat entschieden, dass in den eine Katalogtat betreffenden Fällen das öffentliche Interesse an der Strafverfolgung das entgegenstehende Interesse am Schutz des Redaktionsgeheimnisses grundsätzlich überwiegt. Es kann daher nur fraglich sein, ob der Eingriff in die Pressefreiheit im Lichte der erwähnten Rechtsprechung auch unter den gegebenen konkreten Umständen verhältnismässig ist».

Liegt ein Fall von Art. 28a Abs. 1 StGB vor, ohne dass die Ausnahmebestimmung von Art. 28a Abs. 2 lit. b StGB zur Anwendung kommt, sind auch *Zwangsmassnahmen*, insbesondere geheime Überwachungsmassnahmen gegen den Medienschaffenden unzulässig.[401] Eine Ausnahme ergäbe sich nur, wenn ein Tatverdacht gegen den Medienschaffenden selbst bestünde (analog zu Art. 271 Abs. 2 lit. a StPO). 493

B. Landesverweisung (Art. 66a Abs. 1 lit. l und p StGB)

Begeht der Täter eine Straftat gemäss Art. 260ter StGB, Art. 260^{quinquies} StGB oder Art. 260^{sexies} StGB ist er gemäss Art. 66a Abs. 1 lit. l StGB obligatorisch des Landes zu verweisen, das Gleiche gilt für Art. 74 Abs. 4 NDG (Art. 66a Abs. 1 lit. p StGB). 494

Ebenso muss des Landes verwiesen werden, wer die oben genannten Straftaten bloss zu begehen versucht (Art. 22 f. StGB) und wer sich an ihnen beteiligt (Art. 24 ff. StGB).[402] Die Landesverweisung erfolgt für eine Dauer von 5 bis 15 Jahren. 495

C. Einziehung von Vermögenswerten (Art. 72 StGB)

Art. 72 StGB wurde redaktionell angepasst, indem der Titel nun wie folgt lautet: «Einziehung von Vermögenswerten einer kriminellen oder terroristischen Organisation». Inhaltlich hat sich an dieser Strafbestimmung ansonsten nichts geändert.[403] Vermögenswerte von Personen, die sich gemäss Art. 260^{sexies} StGB schuldig machen, fallen also per se nicht unter den Anwendungsbereich von Art. 72 StGB. 496

---

401 Dazu BSK StGB I⁴-Zeller, Art. 28a N 24a f.
402 BSK StGB I⁴-Zurbrügg/Hruschka, Art. 66a N 3.
403 Vgl. dazu Seelmann/Thommen, Art. 72 N 22 ff. Eine analoge Anpassung erfuhr Art. 52 MStG.

D. Urkundenfälschung für Tarnidentität (Art. 317bis Abs. 1 StGB)

497 Art. 317bis Abs. 1 StGB musste ebenfalls redaktionell angepasst werden, indem nun auch straflos bleibt, wer zur Schaffung oder Aufrechterhaltung seiner nachrichtendienstlichen Legende oder Tarnidentität Urkunden herstellt, verändert oder gebraucht, wenn dies im Rahmen von Art. 17 oder 18 NDG geschieht.

V. Geldströme

Das «Serious and Organised Crime Threat Assessment» des Jahres 2021 (SOCTA 2021) von Europol steht unter dem Titel «A corrupting influence: The infiltration and undermining of Europe's economy and society by Organised Crime». Weshalb der Bericht Korruption ins Zentrum rückt, verdeutlicht folgendes Zitat: «Corruption is a feature of most, if not all, criminal activities in the EU. Corruption takes place at all levels of society and can range from petty bribery to complex multi-million-euro corruption schemes. Corruption erodes the rule of law, weakens institutions of states and hinders economic development».[404]

498

Es ist eine Binsenwahrheit, dass Geld einer der Haupttreiber legalen und deliktischen Schaffens ist und ebenso, dass Geld (deshalb) Macht bedeutet. Wer Geld hat, kann andere dafür bezahlen, sich so zu verhalten, wie sie es wünscht. Es ist klar, dass dies zu einer Gefahr für die gesellschaftliche Ordnung führt, namentlich den Rechtsstaat und eine auf Wettbewerb basierende Wirtschaft bedroht. Im SOCTA 2021 ist dies so zusammengefasst: «Organised crime undermines our economies, society and the institutions of state. The investment of billions of euros in illegal profits generated by organised crime in the EU in our licit economy distort competition and hinder economic development».[405]

499

Eine solche Einflussnahme auf Rechtsstaat und Gesellschaft setzt voraus, dass kriminelle Gruppierungen (Einzeltäter sind in diesem Zusammenhang vernachlässigbar) erstens in der Lage sind, hohe Geldsummen zu erlangen (Bereicherungsverbrechen) und zweitens diese Gelder so zu behandeln, dass sie als legal erscheinen und unauffällig in den Wirtschaftskreislauf fliessen können (Geldwäscherei).

500

---

404 SOCTA 2021, 15.
405 SOCTA 2021, 15.

V. Geldströme

501 Das Ziel der meisten kriminellen Organisationen und Gruppierungen dürfte darin bestehen, Bereicherungsverbrechen[406] zu begehen und dadurch Geld zu verdienen, namentlich mit Drogenhandel, Betrug, Menschenhandel, Umweltdelikten und Cybercrime.

502 Niemand kennt die genauen Umsatzzahlen in den verschiedenen Deliktsbereichen, aber es liegen einige seriöse Schätzungen vor, die es zumindest erlauben, die Grössenordnung zu erahnen: Im SOCTA 2017 wurde der Umsatz durch Betäubungsmittelverkäufe in Europa für das Jahr 2017 mit EUR 24 Mrd. beziffert.[407] Der UNODC Report «Drug Money» aus dem Jahr 2015 schätzte den Wert von Opiaten, die über die Balkanroute transportiert werden, auf jährlich USD 28 Mrd.[408] Im Bericht von UNEP und Interpol «The rise of environmental crime» aus dem Jahr 2016 wird der weltweite Jahresumsatz mit Umweltdelikten auf USD 91–258 Mrd. geschätzt.[409] Dem FBI Internet Crime Report 2020 ist zu entnehmen, dass in den USA im Jahr 2020 über 790 000 Anzeigen wegen Cybercrime-Delikten eingingen, wobei insgesamt Schäden von ca. USD 4,1 Mrd. gemeldet wurden.[410]

503 Das zweite Element, die Fähigkeit, grosse Geldsummen zu waschen, ist die Aufgabe von professionellen Geldwäschern, welche im SOCTA 2021 folgendermassen beschrieben sind: «Professional money launderers have established a parallel underground financial system to process transactions and payments isolated from any oversight mechanisms governing the legal financial system. This parallel system ensures that the criminal proceeds cannot be traced as part of a sophisticated criminal economy».[411]

504 Eine wirksame Bekämpfung Organisierter Kriminalität muss daher zwingend auch eine Bekämpfung von (professioneller) Geld-

---

406 Näher zu Bereicherungsverbrechen vorne N 148 ff.
407 SOCTA 2017, 31.
408 UNODC, Money, 43.
409 Vgl. <https://www.unep.org/news-and-stories/story/environmental-crime> (besucht am 23.1.2022).
410 FBI 2020, 3.
411 SOCTA 2021, 15.

wäscherei umfassen. Dieser Gedanke lag auch dem Ersten Massnahmenpaket gegen das organisierte Verbrechen zugrunde, mit dem der Geldwäschereitatbestand (Art. 305bis StGB) geschaffen wurde.[412]

Im Folgenden werden einige Aspekte von Geldwäscherei, Terrorfinanzierung und Geldwäschereigesetz herausgegriffen, die für die Bekämpfung von Organisierter Kriminalität und Terrorismus zentral sind. Diese Erkenntnisse beruhen auf der Praxis der Staatsanwaltschaft des Kantons Zürich.

A. Professionelle Geldwäscherei

1. Grundlegendes

Das berühmte *Drei-Phasen-Modell*[413] (mit den Phasen «placement», «layering» und «integration») mag zur kriminologischen Erklärung von Geldwäscherei taugen, mit dem Straftatbestand von Art. 305bis StGB hat es aber nichts zu tun. Dieser stellt – vereinfacht gesagt – jedes Verhalten unter Strafe, mit dem die *Einziehung* von Vermögenswerten (solchen aus Verbrechen oder qualifizierten Steuervergehen) *gefährdet* wird.[414]

Vermögenswerte, die durch Bereicherungsverbrechen erlangt werden, können in unterschiedlicher *Form* anfallen, meist als Bargeld (bspw. aus Drogenhandel), Buchgeld (bspw. aus Betrug), Wertgegenstände (bspw. aus Raub) oder Kryptowährungen (bspw. aus dem Handel mit Kinderpornografie). Werden solche Delikte durch professionelle Gruppierungen gewerbsmässig verübt, können die Vermögenswerte beträchtliche *Grössenordnungen* erreichen.[415] Die schiere Menge der verbrecherisch erlangten Vermögenswerte

---

412 Vgl. dazu ACKERMANN/ZEHNDER, Art. 305bis N 23 ff.; PAJAROLA/OEHEN/THOMMEN, N 66 ff.
413 Vgl. dazu BSK StGB II^4-PIETH, Vor Art. 305bis N 10.
414 Zum Verhältnis von Einziehung und Geldwäscherei vgl. ACKERMANN/ZEHNDER, Art. 305bis N 102 ff.
415 Vgl. vorne N 493.

macht das Waschen derselben zu einer Herausforderung, der i.d.R. nur *professionelle* Geldwäscher gewachsen sind.

508 Professionelle Geldwäscher zeichnen sich erstens dadurch aus, dass sie die Geldwäscherei als *Dienstleistung* anbieten, für die sie bezahlt werden.[416] Sie können funktionell in eine kriminelle Gruppierung eingegliedert sein (bspw. als Mitglied einer kriminellen Organisation) und ausschliesslich für diese arbeiten oder aber als Aussenstehende ihre Dienste verschiedenen Gruppierungen anbieten. Zweitens sind professionelle Geldwäscher in der Lage, *regelmässig grosse Vermögenswerte* so zu behandeln, dass sie als legale Einkünfte erscheinen.

509 Zu diesem Zweck können sie verschiedene *Geldwäscherei-Methoden* einsetzen, die von eher banal erscheinenden Vorgängen (bspw. Bargeldtransport) bis hin zu komplexen Konstrukten (Offshore-Gesellschaften und Instrumente der internationalen Finanzmärkte) reichen. So hat das Bundesgericht festgestellt, dass selbst einfachste Verschleierungshandlungen tatbestandsmässig sein können,[417] etwa das Verstecken von Verbrechenserlös,[418] das Zurverfügungstellen einer Wohnung,[419] das Anlegen von Verbrechenserlös,[420] das Wechseln von Verbrechenserlös in andere Währungen,[421] das Ausserlandesschaffen[422] von Verbrechenserlös.

510 Massgebend für die tatbestandsmässige Geldwäschereihandlung – mithin für das Gefährden der Einziehung – ist, dass zwischen dem *Vermögenswert* und dem *Verbrechen,* aus dem er stammt, eine *Distanz* geschaffen wird, entweder eine persönliche[423] (bspw. durch Übertragung auf Dritte), örtliche[424] (bspw. durch Transport oder

---

416 Zu «crime as a service» vgl. vorne N 98.
417 Gemäss BGer 6S. 22/2003, v. 8.9.2003, E. 1.2.4.
418 BGE 119 IV 59, E. 2e.
419 BGer 6S. 702/2000, v. 4.8.2002, E. 2.2.
420 BGE 119 IV 242, E. 1d.
421 BGE 122 IV 211, E. 2c.
422 BGer 6B_176/2008, v. 12.8.2008, E. 2.2.
423 Dazu ACKERMANN/ZEHNDER, Art. 305bis N 416 ff.
424 Dazu ACKERMANN/ZEHNDER, Art. 305bis N 454 ff.

Überweisung), zeitliche[425] (bspw. durch Verstecken) oder sachliche[426] (bspw. durch Umtausch des Wertträgers), oder dass besondere Manipulationshandlungen[427] (bspw. Urkundenfälschung oder Scheinverträge) angewandt werden.

Bei der Verfolgung von Geldwäscherei besteht für die Strafverfolgungsbehörden die Herausforderung aber meist nicht darin, eine Verschleierungshandlung nachzuweisen, sondern die *verbrecherische Herkunft* des Vermögenswerts und den entsprechenden Vorsatz der Täterin. Das *Bundesgericht* hat in seiner konstanten Praxis festgestellt, dass für die Vortat kein strikter Nachweis erforderlich ist; vielmehr genügt die Gewissheit, dass es sich bei der Vortat um ein Verbrechen handelt, ohne dass die genauen Umstände oder gar der Täter bekannt sein müssten.[428] Aufgrund dieser Rechtsprechung ist es für den Nachweis der Vortat zulässig, auf objektive Anhaltspunkte abzustellen, welche ein Verbrechen als Vortat indizieren.[429] 511

Entsprechendes gilt auch für den *Vorsatz* der Täterin: Sie muss nicht wissen, welches Verbrechen begangen wurde, sondern bloss annehmen, dass ein solches verübt wurde.[430] Dabei ist bewusstes Nichtwissen-Wollen («willful blindness») dem Eventualvorsatz gleichzu- 512

---

425 Dazu ACKERMANN/ZEHNDER, Art. 305bis N 483 ff.
426 Dazu ACKERMANN/ZEHNDER, Art. 305bis N 491 ff.
427 Dazu ACKERMANN/ZEHNDER, Art. 305bis N 558 ff.
428 Gemäss BGer 6B_52/2012, v. 11.3.2013, E. 4.1, ist die zwischen Verbrechen und Vermögenswert geforderte Verbindung bewusst schwach: «Compte tenu de ces difficultés, la jurisprudence admet qu'en matière de blanchiment d'argent, comme dans le domaine du recel, la preuve stricte de l'acte préalable n'est pas exigée. Il n'est pas nécessaire que l'on connaisse en détail les circonstances du crime, singulièrement son auteur, pour pouvoir réprimer le blanchiment. Le lien exigé entre le crime à l'origine des fonds et le blanchiment d'argent est volontairement ténu». So auch BGE 138 IV 1, E. 4.2.2; 120 IV 323, E. 3d; BGer 6P.23/2000, v. 31.7.2000, E. 9c; BGer 6B_724/2012, v. 24.6.2013, E. 3.1; BGer 6B_735/2010, v. 25.10.2011, E. 2.3.
429 So ACKERMANN/ZEHNDER, Art. 305bis N 907; BSK StGB II^4-PIETH, Art. 305bis N 36.
430 BGer 6B_627/2012, v. 18.7.2013, E. 1.2; so auch BSK StGB II^4-PIETH, Art. 305bis N 59 f.; ACKERMANN/ZEHNDER, Art. 305bis N 676 ff.

setzen.[431] Auch hier kann das Vorliegen objektiver Anhaltspunkte den (Eventual-)Vorsatz indizieren.[432]

513 Solche *objektiven Anhaltspunkte, die eine verbrecherische Herkunft der Vermögenswerte bzw. den entsprechenden Vorsatz indizieren*, können gemäss bundesgerichtlicher Rechtsprechung etwa folgende sein: Höhe und Stückelung der eingesammelten Beträge;[433] frühere Kontakte zu Drogenhändlern, früher mit Marihuana kontrolliert, hoher Bargeldbetrag (CHF 14650) in kleiner Stückelung;[434] hoher Bargeldbetrag (ca. CHF 100000) in kleiner Stückelung, starke chemische Kontamination des Geldes mit verschiedenen Drogen, dubiose Umstände des Geldwechsels (in einer als Drogenumschlagplatz bekannten Bar gegen eine Gebühr von EUR 2300), Verstecken des in sechs Couverts verteilten Geldes im Filter eines Staubsaugers, Kontakte in die Drogenhandelsszene;[435] hoher Bargeldbetrag (ca. CHF 70000) in kleiner Stückelung, 213g Marihuana im Koffer-

---

431 BGer 6B_627/2012, v. 18.7.2013, E. 1.2: «Wenn der Geldwäscher mit einiger Wahrscheinlichkeit annimmt, dass es sich um Vermögenswerte aus Verbrechen handelt, jedoch möglichst jede Nachforschung vermeidet, um die Wahrheit nicht erfahren zu müssen, handelt er eventualvorsätzlich»; ACKERMANN/ZEHNDER, Art. 305bis N 683.

432 ACKERMANN/ZEHNDER, Art. 305bis N 690, stellen richtigerweise fest, dass es sich hierbei nicht um eine Beweislastumkehr zulasten des Beschuldigten handelt, sondern um eine mit der EMRK vereinbare Beweisvermutung.

433 BGer 6P.23/2000, v. 31.7.2000, E. 9d: «Wenn sich aus den objektiven Umständen, namentlich der Höhe der eingesammelten Beträge, deren Stückelung sowie der Beherrschung des Drogenhandels durch Albanerkreise, in klarer Weise ergibt und auch allen Beteiligten bewusst ist, dass die Vermögenswerte mindestens zu einem erheblichen Teil aus Drogenhandel stammen müssen, genügt dies […]».

434 BGer 6B_142/2008, v. 11.4.2008, E. 1.2.2: «[…] somme importante sous forme d'un grand nombre de petites et moyennes coupures (249 billets, dont 118 de 20 francs), ce qui était caractéristique de l'argent provenant du trafic de stupéfiants. Le recourant avait, en outre, été arrêté 20 jours plus tôt à Neuchâtel en possession d'un kilo de marijuana et son numéro de téléphone portable apparaissait à plusieurs reprises dans les listings rétroactifs de trafiquants de drogue, ce qui tendait à démontrer son implication dans un traffic […]».

435 BGer 6B_91/2011, v. 26.4.2011, E. 2.2.

raum versteckt, Material für Aufzucht von Hanf in der Wohnung, keine Arbeitsstelle, monatliches Einkommen von CHF 1000, widersprüchliche Angaben über Herkunft des Geldes;[436] Bargeldbetrag von CHF 15 000 von unbekannter Frau erhalten, Geldwechsel bei drei verschiedenen Banken am gleichen Tag, auf Anweisung einer unbekannten Person;[437] Verbindung einer Vielzahl von Offshore-Gesellschaften, Eröffnung von Konten für diese auf fiktive wirtschaftlich Berechtigte, physische Geldtransporte mit Grenzübertritt[438].

Abstrakter gefasst, deuten also etwa folgende Anhaltspunkte auf eine verbrecherische Herkunft von Vermögenswerten (von einer gewissen Höhe) hin: Vermögenswerte stammen von Personen mit Bezug zu Verbrechensbegehung; Vermögenswerte werden in ungewöhnlicher Art und Weise erlangt, aufbewahrt, transportiert, gewechselt etc.; Vermögenswerte selbst weisen Spuren von Verbrechen auf (Betäubungsmittelkontamination, Diebstahlsschutzfarbe etc.); für Aufbewahrung, Transport, Wechsel oder Transfer der Vermögenswerte werden ungewöhnlich hohe Gebühren bezahlt; keine oder widersprüchliche Angaben über Herkunft oder Verwendungszweck von Vermögenswerten; Manipulationshandlungen (gefälschte Unterlagen, Verwendung falscher Namen etc.) in Bezug auf Vermögenswerte; wirtschaftlich unsinnige Handhabung der Vermögenswerte.[439]   514

Massgebend sind jeweils die *gesamten Umstände* des Einzelfalls, sodass in gewissen Konstellationen ein einziger solcher Anhaltspunkt genügen kann, um die verbrecherische Herkunft bzw. den entsprechenden Vorsatz zu beweisen, während in anderen Konstellationen eine Kombination solcher Anhaltspunkte erforderlich ist.   515

---

436   BGer 6B_148/2011, v. 17.5.2011, E. 2.1.
437   BGer 6B_627/2012, v. 18.7.2013, E. 2.4.
438   BGer 6P.125/2005, v. 23.1.2006, E. 11.2.
439   Vgl. im Übrigen die Anhaltspunkte für Geldwäscherei gemäss Anhang zu GwV-FINMA.

2. Bargeld

516 Zumindest in den Deliktsbereichen, in welchen der Verbrechenserlös in Form von Bargeld anfällt, also v.a. im Drogenhandel, Menschenhandel, Waffenhandel, bei Raub und gewissen Fällen von Betrug (bspw. solche nach dem modus operandi «Falscher Polizist»), hat das Waschen von *Bargeld* in der Schweiz eine grosse praktische Bedeutung.[440] Dies mag daran liegen, dass es in der *Schweiz* – anders als in den meisten anderen Ländern –[441] *keinerlei Beschränkungen* des Bargeldverkehrs gibt: Bargeld kann in beliebigen Mengen aufbewahrt und transportiert werden, auch aus dem Ausland in die Schweiz hinein und aus der Schweiz hinaus in andere Länder, ohne dass auch nur eine entsprechende Deklarationspflicht bestünde.

517 Die Verordnung über die Kontrolle des *grenzüberschreitenden Barmittelverkehrs*[442] schreibt einzig vor, dass bei der Ein-, Durch- oder Ausfuhr von Barmitteln im Wert von mindestens CHF 10 000 auf ausdrückliche Befragung durch die Zollstelle hin entsprechende Auskünfte erteilt werden müssen (Art. 3 Abs. 1). Im Inland bestehen also keinerlei Beschränkungen, und bei Grenzübertritten dürften entsprechende Kontrollen sehr selten sein (dies gilt für Flughäfen, stärker aber noch für Grenzübertritte auf dem Landweg,

---

440 Der durchschnittliche Notenumlauf im Jahr 2020 fand im Umfang von ca. CHF 84,4 Mrd. statt, wovon alleine 57,6% auf die 1000-er Note fallen (<https://www.snb.ch/de/iabout/cash/id/cash_circulation>; besucht am 13.1.2022).

441 Die EU-Kommission hat am 20.7.2021 einen Gesetzesvorschlag eingereicht, mit dem die Bekämpfung von Geldwäscherei und Terrorfinanzierung verbessert werden soll, wobei auch vorgeschlagen wurde, dass für Bargeldzahlungen in allen EU-Ländern eine Obergrenze von EUR 10 000 festgesetzt wird. Dazu führte die Kommission aus: «Solche Obergrenzen bestehen bereits in etwa zwei Dritteln der Mitgliedstaaten, doch sind die Beträge unterschiedlich hoch. Nationale Obergrenzen unter 10 000 EUR können beibehalten werden. Eine Begrenzung hoher Barzahlungen erschwert es Straftätern, schmutziges Geld zu waschen» (<https://ec.europa.eu/commission/press corner/detail/de/ip_21_3690>, besucht am 1.1.2022).

442 SR 631.052.

wo keine systematischen Kontrollen durchgeführt werden). Es erstaunt daher nicht, dass die offiziell erhobene Höhe der grenzüberschreitenden Barmittel sehr gering ausfällt.[443] Diese Kontrollmechanismen stellen für professionelle Geldwäscher kein ernstzunehmendes Hindernis dar. Ein professioneller Geldwäscher kann für Bargeldtransporte Kuriere einsetzen und diese mit (gefälschten) Dokumenten ausstatten, die im Fall einer (oberflächlichen) Kontrolle als Herkunftsdeklaration dienen können. Die Wahrscheinlichkeit, dass ein Geldkurier kontrolliert wird, ist bereits gering. Noch geringer dürfte diejenige sein, dass beim Auffinden des Bargelds eine vertiefte Abklärung stattfindet, bei der entdeckt wird, dass die Angaben zur Herkunft des Geldes falsch sind. Aus Sicht des Geldwäschers insgesamt also ein sehr kleines Risiko.

Für *Händlerinnen,* also Personen, die gewerblich mit Gütern handeln und dabei Bargeld entgegennehmen (Art. 2 Abs. 1 lit. b GwG; bspw. Schmuck-, Auto-, Kunsthändler), gelten bestimmte Sorgfaltspflichten, wenn sie im Rahmen ihres Geschäfts mehr als CHF 100 000 in bar entgegennehmen (Art. 8a GwG). Dies umfasst u.a. die Identifizierung der Vertragspartei und des wirtschaftlich Berechtigten (Abs. 1 lit. a und b) sowie Abklärungen von Hintergründen und dem Zweck des Geschäfts, wenn dieses ungewöhnlich erscheint (Abs. 2 lit. a) oder wenn Anhaltspunkte dafür vorliegen, dass die Vermögenswerte aus einem Verbrechen (oder einem qualifizierten Steuervergehen) stammen, der Verfügungsmacht einer kriminellen oder terroristischen Organisation unterstehen oder der Terrorfinanzierung dienen sollen (Abs. 2 lit. b). Auch diese Regelung weist einige Schwachstellen auf: Zunächst gilt der Schwellenwert nur für die Händler, nicht aber für deren Kunden. Zweitens 518

---

443 Vgl. Bericht der interdepartementalen Koordinationsgruppe zur Bekämpfung der Geldwäscherei und der Terrorismusfinanzierung (KGGT), National Risk Assessment, Oktober 2021, 31 f.: Im Jahr 2019 wurden insgesamt 106 Einreisende, 7 Ausreisende und 15 Personen im Inland kontrolliert (bei täglich ca. 2,2 Mio. Grenzübertritten!) und dabei Bargeld in der Höhe von gesamthaft ca. CHF 9,8 Mio. festgestellt. Die meisten dieser Kontrollierten hätten die rechtmässige Herkunft des Bargeldes nachweisen können, weshalb weiterhin von einer geringen Gefährdung ausgegangen werde.

ist der Schwellenwert mit CHF 100 000 enorm hoch angesetzt.[444] Drittens ist es praktisch undenkbar, dass die Händlerin Anhaltspunkte für die verbrecherische Herkunft von Geldern etc. erkennt, wenn ein ihr unbekannter Kunde eine Ware, deren Handel mit Bargeld üblich ist, mit solchem bezahlt. Sie hat – abgesehen von einer Recherche in öffentlich zugänglichen Datenbeständen – keine Instrumente, um Hintergrund und Zweck eines Geschäfts zu überprüfen. Das läuft auf ein simples Festhalten der vom Kunden abgegebenen Erklärungen hinaus, ohne jegliche Überprüfung. Und zuletzt bestehen auch Zweifel, wie motiviert ein Händler ist, solche Abklärungen überhaupt vorzunehmen, wenn er davon ausgehen muss, dass dies seine Kunden vergrault, von denen er aber wirtschaftlich abhängig ist. Die enorm tiefe Anzahl von Verdachtsmeldungen, welche von Händlerinnen (die dazu gemäss Art. 9 Abs. 1bis GwG verpflichtet sind) an die MROS abgesetzt werden, belegen diese Vermutung.[445]

519 Natürlich sind *Banken* bei der *Annahme von Bargeld* zurückhaltend und identifizieren bei Kassageschäften (also bei Nichtkunden; vgl. Art. 2 lit. b GwV-FINMA) ab einem Betrag von CHF 15 000[446] Vertragspartner, Kontrollinhaber und wirtschaftlich Berechtigte. Zudem müssen sie die Hintergründe und den Zweck einer solchen Transaktion abklären, u.a. wenn sie ungewöhnlich erscheint (Art. 6 Abs. 2 lit. a GwG) oder Anhaltspunkte dafür vorliegen, dass die Vermögenswerte aus einem Verbrechen (oder einem qualifizierten Steuervergehen) stammen, der Verfügungsmacht einer kriminellen oder terroristischen Organisation unterstehen oder der Terrorfinanzierung dienen sollen (Art. 6 Abs. 2 lit. b GwG). Diese Kont-

---

444 Der (auf Empfehlung 22 lit. c der FATF beruhende) Vorstoss, diesen Schwellenwert bei Edelmetall- und Edelsteinhändlern auf CHF 15 000 herabzusetzen (vgl. zum Entwurf BBl 2019, 5473 f.), scheiterte im Parlament.
445 Vgl. Jahresbericht MROS 2020, 18, in welchem festgestellt wird, dass Händler in den Jahren 2017 und 2019 jeweils eine Verdachtsmeldung absetzten und in der Statistik für 2020 schon gar nicht aufgeführt sind.
446 Dieser Schwellenwert wurde mit Inkrafttreten der VSB 20 per 1.1.2020 von CHF 25 000 auf CHF 15 000 herabgesetzt (Art. 4 Abs. 2 lit. g, Art. 20 Abs. 5 lit. f und Art. 27 Abs. 3 lit. f VSB 20).

rollmechanismen können aber leicht umgangen werden: Nutzt die Geldwäscherin ein bestehendes Konto und lässt ihr Kundenprofil die Bargeldgeschäfte nicht ungewöhnlich erscheinen, weil es sich bspw. um eine Gesellschaft handelt, die regelmässig hohe Bargeldeinnahmen hat (etwa ein Moneytransmitter), können auch sehr hohe Bargeldbeträge regelmässig auf das Bankkonto einbezahlt werden.

3. Underground Banking

Zudem scheint sich die Geldwäschereibekämpfung in der Schweiz fast ausschliesslich auf die Tätigkeit der MROS und damit auf offizielle Finanzintermediäre, namentlich auf den Bankensektor zu konzentrieren. Der Parabankensektor, namentlich *Geldtransferdienste* (nach dem Vorbild von Western Union, MoneyGram oder Ria), sowie informelle Transfersysteme (v.a. *Hawala*) bewegen sich faktisch unter dem Radar der Aufsichts- und Strafverfolgungsbehörden, obschon sie beträchtliche Bargeldsummen entgegennehmen, wechseln und auszahlen. Soweit dies inoffiziell geschieht, also ohne die nötigen Genehmigungen, zählt man solche Dienstleistungen zum sog. «underground banking».[447]

520

Geldtransferdienste (sog. Moneytransmitter) sind – wenn sie offiziell betrieben werden – Finanzintermediäre i.S.v. Art. 2 Abs. 3 GwG i.V.m. Art. 4 Abs. 1 lit. d GwV und müssen sich als solche einer Selbstregulierungsorganisation (SRO) anschliessen (Art. 14 Abs. 1 GwG). Wer Geldtransferdienste ohne Anschluss an eine SRO betreibt, macht sich gemäss Art. 44 FINMAG strafbar.

521

Geldtransferdienste nehmen an einem Ort Bargeld an und zahlen an einem anderen Ort (meist in einem anderen Land) Bargeld (meist in der lokalen Währung) aus. Typischerweise vergibt die Annahmestelle dem Geldsender einen Code, den dieser wiederum

522

---

[447] Vgl. dazu etwa <https://www.ojp.gov/ncjrs/virtual-library/abstracts/underground-banking-legitimate-remittance-network-or-money> (besucht am 21.1.2022).

dem Geldempfänger weitergibt, damit dieser sich gegenüber der Auszahlstelle legitimieren kann. Teilweise erfolgt am Zielort keine Barauszahlung, sondern eine Überweisung auf ein Konto. Das Geld wird am Zielort ausbezahlt, ohne dass das an der Annahmestelle einbezahlte Geld zuerst dorthin transferiert werden müsste. Der «Transfervorgang» dauert daher i.d.R. nur Minuten oder wenige Stunden. Um einen solchen Service bieten zu können, sind die Geldtransferdienste auf ein Netzwerk von Partnern angewiesen, die über die entsprechenden Bar- bzw. Buchgeldreserven verfügen und (im Verhältnis zu ihnen) vertrauenswürdig sind. Solche Partner können Filialen der gleichen Unternehmung sein, andere Unternehmen (andere Moneytransmitter oder branchenfremde Unternehmen) oder gar Privatpersonen, welche die aufgeführten Voraussetzungen erfüllen.

523 Erfolgt ein Geldtransfer von Transfer-Partner A zu Partner B, erhält A Bargeld vom Kunden, während B Bargeld an seinen Kunden auszahlt bzw. überweist. A muss B den ausbezahlten Betrag ersetzen bzw. ein entsprechendes *Kompensationsgeschäft* zugunsten von B vornehmen (B hat eine entsprechende Forderung gegenüber A). Dass diese Forderungen auch tatsächlich ausgeglichen werden, setzt das bereits erwähnte Vertrauensverhältnis voraus. Finden die Geldtransfers zwischen zwei Partnern in beide Richtungen statt (von A zu B und von B zu A), heben sich die gegenseitigen Forderungen (Verrechnung) auf. Sind die Geldtransfers hingegen einseitig (wird also nur oder mehrheitlich von A zu B transferiert), müssen die Forderungen des Auszahlers (B) gegenüber der Annahmestelle (A) früher oder später beglichen werden. Diese Forderungen können auf unterschiedliche Art erfüllt werden, bspw. mittels Banküberweisung von A zu B, mittels Bargeldtransport von A zu B, durch Bezahlung von Schulden des B durch A (gegenüber Dritten), durch Lieferung von Waren (bspw. Edelmetallen) von A an B (oder an Dritte).

524 Die *kriminellen Erscheinungsformen* von Geldtransferdiensten können verschiedenartig sein. Zum einen können in einem offiziell und mit SRO-Anschluss betriebenen Geschäft neben legalen auch ver-

brecherische Gelder angenommen und transferiert werden. Zum andern kann das Geschäft auch inoffiziell (ohne SRO-Anschluss) betrieben werden, wobei hier ebenfalls verbrecherische und legale Gelder transferiert werden können. Der wesentliche Unterschied zwischen offiziellen (legalen) und inoffiziellen (illegalen) Transfers liegt darin, dass bei den offiziellen Transaktionen die Kundendaten (Ausweiskopie) erfasst und ab einer gewissen Höhe der Beträge Hintergrund und Zweck der Transaktion abgeklärt werden müssen, während bei den inoffiziellen beides von vornherein unterbleibt bzw. falsche Angaben (Personalien, Erklärungen zur Herkunft, Betragshöhe) erfasst werden.

Für den *Sender* der verbrecherischen Gelder entstehen dadurch gleich mehrere *Vorteile:* Erstens wird er auf diese Weise das verbrecherisch erlangte Bargeld los (wodurch er sich eines zentralen Beweismittels, das gegen ihn verwendet werden könnte, entledigt) und kann es zweitens in ein anderes Land transferieren (Beutesicherung). Drittens kommt am Zielort ein anderer Vermögenswert an als derjenige, der gesendet wurde (Währungswechsel, evtl. Wechsel von Bar- zu Buchgeld). Damit wird die Herkunft mehrfach verschleiert, zumal keine Fingerabdrücke oder DNA des Senders bzw. keine sonstigen Spuren (etwa Betäubungsmittelkontamination) vorhanden sind, es sich um eine andere Währung und wohl auch andere Stückelung bzw. sogar um Buchgeld handelt. Viertens bleibt der Sender dabei anonym. Fünftens dauert der Transfer höchstens ein paar Stunden, während ein physischer Transport risikoreich wäre (Verlust, Grenzkontrollen) und viel länger dauern würde. Sechstens kostet der Transfer wenig (üblich sind Gebühren im tiefen einstelligen Prozentbereich). 525

Aus Sicht des *Geldtransferdienstes,* also des professionellen Geldwäschers, ist dieses Geschäftsmodell ebenfalls in mehrfacher Hinsicht vorteilhaft: Erstens ist das Risiko, entdeckt zu werden, relativ klein. Dies gilt v.a. für den Fall, dass er (auch) ein offizielles Geldtransfergeschäft mit SRO-Anschluss betreibt und sowohl legale als auch illegale Transfers durchführt. Bei einer herkömmlichen SRO-Kont- 526

V. Geldströme

rolle dürften solche Vorgänge nicht auffallen.[448] Zweitens können die Gewinnmargen trotz der eher geringen Gebühren gross sein, namentlich, weil auch Wechselkursgewinne zu Buche schlagen, wobei der Geldtransferdienst faktisch gar kein Geld wechseln muss, da sein Partnerdienst im Ausland bereits Geld in der entsprechenden Währung besitzt. Drittens kann mit dieser Methode bei beiden involvierten Geldtransfer-Partnern Geld gewaschen werden. Will bspw. ein Betrüger in Zürich sein Bargeld loswerden und dafür in Brasilien Geld beziehen lassen, gibt er seinen Deliktserlös in Zürich einem Geldtransferdienst (A). Der brasilianische Partnerdienst (B) hat seinerseits eine Kokainhändlerin, die ihr in Brasilien liegendes Bargeld loswerden und dieses in Form von Buchgeld auf einem Konto in Hong Kong erhalten will. A und B können nun folgendes Kompensationsgeschäft vereinbaren: B zahlt in Brasilien für den Kunden von A Geld aus. Dafür verwendet B das Geld der brasilianischen Kokainhändlerin. A wiederum zahlt das Geld, das er von seinem Kunden entgegengenommen hat, auf sein Bankkonto ein und überweist es auf das Konto der brasilianischen Kokainhändlerin nach Hong Kong. A und B kassieren dabei sowohl eine Gebühr als auch einen Wechselkursgewinn.

527 Das *Hawala-System* funktioniert genau gleich wie die beschriebenen Geldtransferdienste. Hawala ist ein jahrhundertealtes Geldtransfersystem, das in verschiedenen Ethnien und Kulturen (v.a. in afrikanischen, arabischen und indischen) auch heute noch verwendet wird, auch in der Schweiz. Hawala unterscheidet sich von den oben dargestellten Geldtransfersystemen nur darin, dass es *absolut informell* betrieben wird. Ein Hawaladar kann bspw. der Besitzer eines indischen Lebensmittelladens oder die Inhaberin eines afrikanischen Coiffeursalons sein. Natürlich ist es auch möglich, dass eine Person einen offiziellen Geldtransferdienst (mit SRO-Anschluss) betreibt und daneben auch als Hawaladar tätig ist.

---

448 Im Kanton Zürich sind in den letzten 10 Jahren keine solchen Fälle durch Meldungen seitens SRO bekannt geworden.

Das Betreiben von Hawala stellt nicht per se Geldwäscherei dar, weil damit selbstverständlich auch legale Gelder transferiert werden können. Nur wenn mittels Hawala Verbrechenserlös (oder Geld aus einem qualifizierten Steuervergehen) verschoben wird, greift Art. 305bis StGB. Das Betreiben eines Hawala-Systems ist aber in jedem Fall *strafbar* und zwar gemäss Art. 44 Abs. 1 FINMAG i.V.m. Art. 2 Abs. 3 und Art. 14 Abs. 1 GwG.

528

Sowohl über Geldtransferdienste als auch via Hawala können *sehr grosse Bargeldbeträge* einfach, schnell, unauffällig und günstig um die ganze Welt transferiert und nach Belieben in Buchgeld umgewandelt werden. In einem Zürcher Strafverfahren gegen einen Geldtransferdienst – der nota bene einer SRO unterstellt war – wurde festgestellt, dass dieser über einen Zeitraum von beinahe 10 Jahren durchschnittlich Bargeld im Umfang von ca. CHF 100 Mio. pro Jahr annahm und nach Südamerika verschob.[449]

529

Selbstverständlich können mittels Geldtransferdiensten und Hawala nicht nur Verbrechenserlöse gewaschen werden, sondern es können auch (legale) Gelder an Terroristen oder Terrorgruppierungen gesendet – mithin *Terrorfinanzierung* i.S.v. Art. 260^{quinquies} StGB begangen – werden. Gerade in Gegenden, in welchen kein intaktes Bankensystem existiert (bspw. in Krisen- oder Kriegsgebieten), kann mittels Hawala-Netzwerken problemlos Geld verschoben werden.

530

Um Organisierte Kriminalität und Terrorismus *wirksam bekämpfen* zu können, müssen zwingend Geldtransferdienste und Hawala-Systeme besser überwacht werden. Die heutigen Kontrollen durch die SRO – die schon a priori nur bei den offiziellen Transferdiensten installiert sind – funktionieren nicht. Wie sich in mehreren Strafverfahren gezeigt hat, vermögen die stichprobenartigen Kontrollen der SRO nie die tatsächliche Geschäftstätigkeit der überprüften Dienste zutage zu fördern. Für die Überprüften scheint es ein

531

---

449 Vgl. dazu <https://www.nzz.ch/zuerich/die-geldwaescher-von-zuerich-ehepaar-muss-zehn-millionen-franken-an-staat-zurueckzahlen-ld.1475402> (besucht am 2.1.2022).

Leichtes zu sein, den Prüfern nur diejenigen Buchhaltungs-, Bankunterlagen und Transferbelege zu präsentieren, die keine illegalen Tätigkeiten verraten.

4. Neue Technologien

532 Die technologische Entwicklung hat neue Möglichkeiten hervorgebracht, wie Vermögenswerte kreiert, aufbewahrt und transferiert werden können, und damit auch neue Methoden für Geldwäscherei geschaffen.[450]

533 In jüngster Zeit hat *Decentralized Finance* (DeFi) zu reden gegeben. Dabei handelt es sich um ein Finanzsystem, das auf einem sog. *distributed ledger,* also einem dezentralen Register (bspw. Blockchain), basiert und Transaktionen direkt zwischen den Teilnehmern (*peer to peer* oder P2P)[451] erlaubt, ohne dass dafür herkömmliche Finanzinstitute oder andere Mittler nötig sind. Vermögenswerte *(virtual assets*[452], wie *Kryptowährungen)*[453] können so in Sekunden-

---

450 Ein führendes Analyse-Unternehmen für Kryptowährungen geht davon aus, dass im Jahr 2021 zwar nur 0,15 % aller Transaktionen mit Kryptowährungen aus deliktischen Quellen stammen, dies entspricht allerdings einem Betrag von ca. USD 14 Mrd. (<https://blog.chainalysis.com/reports/2022-crypto-crime-report-introduction/>; besucht am 13.1.2022).

451 FATF Leitfaden 2021, 18.

452 Die Definition der FATF (FATF Leitfaden 2021, 109) für virtual assets lautet folgendermassen: «A virtual asset is a digital representation of value that can be digitally traded, or transferred, and can be used for payment or investment purposes. Virtual assets do not include digital representations of fiat currencies, securities and other financial assets that are already covered elsewhere in the FATF Recommendations». Näheres dazu in FATF Leitfaden 2021, 22 ff. In Art. 4 GwV wird der Begriff «virtuelle Währung» verwendet.

453 Die Verbreitung von virtual assets ist bereits gross. Gemäss <https://coinmarketcap.com> (besucht am 4.1.2022) weisen alleine die fünf grössten Kryptowährungen folgende Marktkapitalisierung auf: Bitcoin ca. USD 880 Mrd., Ethereum ca. USD 449 Mrd., Binance Coin ca. USD 85 Mrd., Tether ca. USD 78 Mrd., Solana ca. USD 52 Mrd. Die Kapitalisierung des ganzen Kryptomarktes wird an gleicher Stelle mit USD 2,23 Billionen beziffert. Am 7.9.2021 hat El Salvador als erstes Land den Bitcoin als gesetzliches Zahlungsmittel eingeführt (<https://www.welt.de/wirtschaft/article233635045/Erstes-Land-

schnelle von *Wallet* zu Wallet transferiert werden und dies faktisch anonym und abseits der regulierten und überwachten Finanzsysteme. Das Element der Dezentralisierung bedeutet, dass das System nicht von einer zentralen Organisation kontrolliert ist, sondern auf viele Computer im Blockchainnetzwerk (sog. *nodes*) verteilt ist. Obschon alle Transaktionen auf einer Blockchain grundsätzlich öffentlich einsehbar sind, weisen sie einen sehr hohen Grad an Anonymität auf, da die einsehbaren Daten pseudonym sind, also keine Identifizierung der Parteien erlauben. Dies gilt umso mehr, wenn zusätzlich entsprechende Anonymisierungs-Massnahmen (bspw. Privacy Coins, Mixer, Tumbler, Clustern von Wallet-Adressen, Privacy Wallets) getroffen werden. Transfers auf einem DeFi Netzwerk sind schnell und verursachen zudem sehr geringe Kosten, zumal keine Gebühren für Banken oder ähnliche Intermediäre anfallen.

Dies hat die Financial Action Task Force (FATF) dazu veranlasst, im Oktober 2018 für diesen Bereich zusätzliche Empfehlungen zu formulieren und diese zunächst im Juni 2019 und zuletzt im Oktober 2021 mit einem Leitfaden zu ergänzen (Updated Guidance for a risk-based Approach – Virtual Assets and Virtual Asset Service Providers)[454]. Die FATF empfiehlt insbesondere, Dienstleister, die u.a. das Wechseln, den Handel, das Aufbewahren und das Transferieren von virtual assets erlauben, sog. *Virtual Asset Service Provider* (VASP)[455], zu lizenzieren oder zu registrieren, sie bezüglich Prä-

534

---

der-Welt-El-Salvador-fuehrt-Bitcoin-als-gesetzliches-Zahlungsmittel-ein. html>). Andererseits haben (Stand November 2021) 9 Länder Kryptowährungen ganz verboten und weitere 42 verfügen über implizite Verbote, während sie in 103 Ländern den Regeln der Geldwäscherei- und Terrorismusbekämpfung unterliegen (<https://tile.loc.gov/storage-services/service/ll/llglrd/2021687419/2021687419.pdf>; besucht am 6.1.2022).

454 FATF Leitfaden 2021.
455 Die Definition der FATF (FATF Leitfaden 2021, 109) für VASP lautet folgendermassen: «Virtual asset service provider means any natural or legal person who is not covered elsewhere under the Recommendations, and as a business conducts one or more of the following activities or operations for or on behalf of another natural or legal person: exchange between virtual assets and fiat currencies; exchange between one or more forms of virtual assets; transfer of virtual assets; safekeeping and/or administration of virtual assets or in-

vention von Geldwäscherei und Terrorfinanzierung zu regulieren und wirksam zu überwachen (Empfehlung 15)[456].

535 Die FATF empfiehlt zudem u.a. folgende spezifische Massnahmen:

    a. Empfehlung 10: VASP müssen die involvierten Parteien und ggf. die wirtschaftlich Berechtigten identifizieren, wobei der Schwellenwert bei Kassageschäften USD bzw. EUR 1000 betragen soll[457]; besteht ein erhöhtes Risiko für Geldwäscherei bzw. Terrorfinanzierung (bspw. aufgrund der involvierten Länder bzw. Regionen), sind weiter gehende Massnahmen empfohlen (etwa Überprüfung der Identität, Überprüfung der IP-Adresse, Einsatz von Blockchain-Analyse)[458];

    b. Empfehlung 11: VASP müssen alle Dokumentationen über die Transaktionen und die Überprüfung der Kundschaft, namentlich die Identifikation der Inhaber von Wallets bzw. *public keys* dazu, während mindestens 5 Jahren aufbewahren[459];

    c. Empfehlung 15: VASP müssen in der Lage sein, die Risiken, die mit Anonymisierungs-Massnahmen (wie bspw. anonymisierten Coins, Mixer, Tumbler, Privacy Wallets) einhergehen, einzudämmen; sollte der VASP nicht dazu in der Lage sein, darf er keine Lizenz erhalten[460];

    d. Empfehlung 16: VASP müssen bei Transfers von virtual assets die Daten des Senders und des Empfängers erhe-

---

struments enabling control over virtual assets; and participation in and provision of financial services related to an issuer's offer and/or sale of a virtual asset». Näheres dazu in FATF Leitfaden 2021, 24 ff.

456 Die FATF Empfehlungen (Stand Oktober 2021) finden sich hier: <http://www.fatf-gafi.org/media/fatf/documents/recommendations/pdfs/FATF%20Recommendations%202012.pdf> (besucht am 2.1.2022).
457 FATF Leitfaden 2021, 48 ff.
458 FATF Leitfaden 2021, 50 f.
459 FATF Leitfaden 2021, 52.
460 FATF Leitfaden 2021, 55.

ben und aufbewahren; dies umfasst namentlich die Personalien des Senders (Name und Adresse oder Name und Nummer der Identitätskarte oder Name und Geburtsdatum) sowie dessen Konto-Nummer bzw. Wallet-Adresse und den Namen sowie die Konto-Nummer bzw. Wallet-Adresse des Empfängers; der VASP des Senders muss dessen Personalien überprüfen, derjenige des Empfängers muss dessen Personalien überprüfen; die einzelnen Länder können für diese Datenerhebung einen Schwellenwert von USD bzw. EUR 1000 ansetzen; werden geringere Beträge transferiert, müssen lediglich die (unüberprüften) Namen und Konto-Nummern bzw. Wallet-Adressen erfasst werden;[461] diese Empfehlung wird auch «*travel rule*» genannt.

Im Bereich der Kryptowährungen bieten Initial Coin Offerings (ICO) sowie Stablecoins gemäss FATF ein besonderes Risiko für Geldwäscherei bzw. Terrorfinanzierung. *Stablecoins* sind Kryptowährungen, deren Wert an einen Referenzwert (bspw. den US-Dollar) gekoppelt ist und die daher Stabilität versprechen. Sie funktionieren ansonsten gleich wie andere Kryptowährungen und können daher grundsätzlich anonym gehalten und transferiert werden. Die erhöhte Gefahr erblickt die FATF darin, dass ihr stabiler Wert dazu führen könnte, dass Stablecoins eine grössere Akzeptanz und Verbreitung finden als andere (volatile) Kryptowährungen.[462]

536

In Anlehnung an den Begriff «Initial Public Offering» (IPO) (Ausgabe von Aktien, typischerweise anlässlich einer Börsenkotierung einer Gesellschaft) beschreibt der Begriff *Initial Coin Offering* (ICO) die öffentliche Ausgabe einer Kryptowährung. Das Publikum kann den neuen Coin gegen Bezahlung (mit Fiat-Währung oder einer anderen Kryptowährung) erwerben. Damit können sich die Her-

537

---

461 FATF Leitfaden 2021, 55 ff.
462 FATF Leitfaden 2021, 17 f. und 33.

ausgeber des neuen Coins, bspw. Betreiber einer Blockchain oder anderer DeFi-Anwendungen, Geld für ihre Projekte beschaffen.

538 *Non-fungible Tokens* (NFT) sind digitale Vermögenswerte auf einer Blockchain, die nicht fungibel – nicht austauschbar – also einzigartig sind. Coins einer Kryptowährung sind hingegen austauschbar, ein Ether (Währung von Ethereum) entspricht jedem andern Ether. Bspw. Grundstücke, Kunstgegenstände oder andere Sammlerstücke können ihre digitale Entsprechung in einem NFT finden. Ein NFT kann auch nur einen Teil eines physischen Objekts repräsentieren, etwa einen Anteil an einem Grundstück oder Kunstgegenstand. Ein NFT kann aber nicht nur ein digitales Abbild eines realen Gegenstandes sein, sondern auch der Wertträger selbst, bspw. ein digitales Kunstwerk. Mit NFT können bspw. auch Domain-Namen (vgl. etwa ENS)[463] oder Zutrittsrechte (vgl. etwa Bored Ape Yacht Club)[464] digitalisiert werden oder sie können käufliche Gegenstände aus Game-Welten bzw. im *Metaverse* darstellen (vgl. etwa Landstücke in Decentraland[465] oder The Sandbox[466]). NFT können einen beträchtlichen Wert erreichen.[467]

539 Wie Kryptowährungen können auch NFT via Blockchain peer to peer, also grundsätzlich anonym und ohne Intermediäre, gehandelt und transferiert werden. Gemäss FATF stellen NFT aber grundsätz-

---

463 Vgl. <https://ens.domains/de> (besucht am 2.1.2022).
464 Vgl. <https://opensea.io/collection/boredapeyachtclub> (besucht am 2.1.2022).
465 Vgl. <https://decentraland.org/> (besucht am 2.1.2022).
466 Vgl. <https://www.sandbox.game> (besucht am 2.1.2022).
467 Vgl. etwa Verkauf eines NFT-Kunstwerks des Künstlers Beeple durch das Auktionshaus Christie's für USD 69 346 250: <https://www.christies.com/features/Monumental-collage-by-Beeple-is-first-purely-digital-artwork-NFT-to-come-to-auction-11510-7.aspx>; Verkäufe von Land in The Sandbox und Decentraland für Millionen von US-Dollar: <https://nzzas.nzz.ch/wirtschaft/metaverse-jetzt-kaufen-investoren-virtuelles-land-ld.1658635>; Übersicht über verschiedene NFT-Projekte und deren Marktwert: <https://nonfungible.com/>; (alle besucht am 2.1.2022). Gemäss Financial Times flossen im Jahr 2021 insgesamt ca. USD 40 Mrd. in den NFT-Markt (<https://www.ft.com/content/e95f5ac2-0476-41f4-abd4-8a99faa7737d>; besucht am 6.1.2022).

lich keine virtual assets dar, sie können je nach ihrer Ausgestaltung im Einzelfall aber als Wertpapiere, Rohstoffe, Derivate oder Fiat-Währung gelten.[468]

GameFi (zusammengesetzt aus «Game» und «Finance») bezeichnet dezentralisierte Computerspiele[469], die auf der Blockchain gespielt werden können und bei denen die Teilnehmer auf verschiedene Weise Geld verdienen können: Typischerweise können Spieler erstens durch das Bewältigen von Aufgaben in den Spielen Tokens verdienen, die in Geld umgewandelt werden können *(Play-to-Earn)*. Zweitens können die Token in den Games mit typischen DeFi-Instrumenten (bspw. durch *staking*[470]) investiert werden, wodurch weitere Token als Belohnung verdient werden können. Drittens können in den Spielen virtuelle Gegenstände (bspw. Spielfiguren, Instrumente, Waffen) in Form von NFT kreiert und – auch auf Sekundärplattformen ausserhalb des Games – gegen Bezahlung gehandelt werden. Der Marktwert von Computerspielen übertrifft denjenigen des gesamten Film- und Musikmarktes, wobei der Anteil von GameFi noch stark anwachsen dürfte.[471]

Ein *smart contract* ist ein in Programmiercode verfasster Vertrag, der auf einer Blockchain gespeichert ist und automatisch ausgeführt wird, wenn die vertraglich vereinbarten Bedingungen eintre-

---

[468] FATF Leitfaden 2021, 24.
[469] Das bekannte Spiel «Axie Infinity» hat gemäss eigenen Angaben auf <https://axieinfinity.com> ca. 2,8 Mio. aktive Spieler täglich und erzielt auf seinen Plattformen einen Handelsumsatz von ca. USD 3,6 Mrd. (besucht am 23.1.2022).
[470] Bei Blockchains, die nach dem Proof-of-Stake-Prinzip organisiert sind, wird die Richtigkeit von Transaktionen nicht durch die Teilnehmer geprüft, die am meisten Arbeit verrichtet haben (sog. Mining nach dem Proof-of-Work-Konzept), sondern durch diejenigen, die über die grösste Menge einer Kryptowährung (stake) verfügen. Nutzer können ihre coins sog. staking-pools zur Verfügung stellen, wofür sie eine Belohnung erhalten.
[471] Der Bericht von Accenture «Gaming: the new superplatform» vom April 2021 geht von weltweit ca. 2,7 Mrd. Spielern und einem Marktwert von über USD 300 Mrd. aus: <https://newsroom.accenture.com/news/global-gaming-industry-value-now-exceeds-300-billion-new-accenture-report-finds.htm> (besucht am 23.1.2022).

ten. Der smart contract kann – wie ein herkömmlicher Vertrag – einen beliebigen Inhalt aufweisen, bspw. dass ein Ticket ausgestellt wird, sobald eine Zahlung geleistet wurde. Die Abwicklung des Vertrags geschieht peer to peer, also anonym, ohne Intermediäre, automatisiert, rasch und günstig.

542 Eine *Decentralized Autonomous Organization* (DAO) ist eine in Programmiercode verfasste Entität, die auf smart contracts in einer Blockchain basiert und grundsätzlich wie ein Unternehmen oder eine andere Organisation funktionieren soll.[472] Grundsätzlich sollen alle Prozesse automatisiert (aufgrund von smart contracts) ablaufen. Die DAO verfügt nicht über eine zentrale Führung, sondern über eine flexible Anzahl von Mitgliedern/Investoren, die virtuell über bestimmte Fragen abstimmen und so die Geschicke der DAO lenken können. Eine DAO gibt i.d.R. einen eigenen *Token* (Kryptowährung) heraus und verfügt über Vermögenswerte[473], die für ihre Ziele eingesetzt werden, bspw. kann eine DAO wie eine Investmentgesellschaft funktionieren, Vermögenswerte sammeln und in bestimmte Projekte oder Finanzprodukte investieren.

543 DAOs sind eine recht neue Erscheinung, weshalb es erst wenige (erfolgreiche) *Anschauungsbeispiele* gibt.[474] Der Idealtypus einer DAO ist selbstorganisierend und erfordert – nach dessen Erschaffung – grundsätzlich keinerlei menschliche Intervention. Dies birgt allerdings auch die Gefahr, dass die automatisierten Mechanismen möglicherweise nicht mehr verändert oder gestoppt werden können, zumindest nicht durch einen zentralen Eingriff. Veränderungen sind einzig durch Abstimmungen der Mitglieder möglich.

---

472 Vgl. <https://kraken.docsend.com/view/kfzxp6qqaqnqyue6>, 5 ff. (besucht am 19.2.2022).

473 Vgl. die Übersicht über die Kapitalisierung einiger DAOs: <https://openorgs.info/> (besucht am 3.1.2022).

474 Vgl. aber etwa das Schicksal von «The DAO», der ersten DAO (<https://www.gemini.com/cryptopedia/the-dao-hack-makerdao#section-what-is-a-dao>); The LAO (<https://www.thelao.io/>); MakerDAO (<https://makerdao.com/en>); Gitcoin DAO (<https://daocentral.com/dao/gitcoin>) oder BitDao (<https://www.bitdao.io/>) (alle besucht am 3.1.2022).

Der *rechtliche Status* von DAOs ist weitgehend ungeklärt, wobei einzelne Länder bzw. Bundesstaaten die Inkorporation von DAOs als juristische Personen erlauben.[475] In der Schweiz dürften sie zurzeit wohl als einfache Gesellschaften i.S.v. Art. 530 ff. OR qualifiziert werden, da sich darin mehrere Personen zur Erreichung eines gemeinsamen Ziels mit gemeinsamen Mitteln verbinden.[476]

544

Im Bereich der *Geldwäscherei oder Terrorfinanzierung* könnten DAOs eingesetzt werden, um Geldströme (anonym, schnell und in grossem Umfang) automatisiert zu generieren, zu verwalten und zu lenken, ohne dass dafür noch menschliche Handlungen erforderlich wären, nachdem die DAO einmal erschaffen wurde. Das wirft für die Strafverfolgung verschiedene Fragen auf, etwa diejenige nach der strafrechtlichen Verantwortlichkeit bzw. zivilrechtlichen Haftung, aber auch die Frage, wie eine einmal etablierte DAO gestoppt werden kann.

545

Mit dem Bundesgesetz zur *Anpassung des Bundesrechts an Entwicklungen der Technik verteilter elektronischer Register* vom 27.11.2019 wurden verschiedene Bundesgesetze (OR, SchKG, IPRG, NBG, BankG, FIDLEG, FINIG, GwG, BEG, FinfraG) der distributed ledger technology (DLT) bzw. Blockchain-Technologie angepasst.[477] Die Änderungen wurden per 1. August 2021 in Kraft gesetzt. Gleichzeitig hat der Bundesrat auf Verordnungsstufe entsprechende Anpassungen vorgenommen (Verordnung des Bundes-

546

---

475 Im US-Bundesstaat Wyoming können DAOs seit 1.7.2021 als limited liability companies (LLC), die mit einer AG oder GmbH vergleichbar sind, inkorporiert werden und werden dann LAO (limited liability autonomous organization) genannt: <https://www.wyoleg.gov/Legislation/2021/SF0038> (besucht am 3.1.2022).
476 Vgl. GYR, 10 ff.
477 Vgl. BBl 2020, 233.

rats zur Anpassung des Bundesrechts an Entwicklungen der Technik verteilter elektronischer Register vom 18.6.2021)[478].[479]

547 Mit diesen Anpassungen, namentlich durch Art. 4 Abs. 1 lit. b GwV, wurden u.a. auch dezentrale Handelsplattformen, die virtual assets mittels smart contracts transferieren, dem GwG (Art. 2 Abs. 3 lit. b GwG) unterstellt. Dadurch gelten für sie insbesondere die gleichen Sorgfalts- (Art. 3–8 GwG) und Meldepflichten (Art. 9 GwG), die auch für Finanzintermediäre (Banken etc.) gelten. Ebenfalls unterstellt sind Anbieter von *multi-signature Wallets*[480], wenn sie selbst über einen Schlüssel verfügen, der für die Durchführung einer Transaktion erforderlich ist. Zudem können auch Dienstleister unter Art. 4 Abs. 1 lit. b GwV fallen, welche die sichere Aufbewahrung von (privaten) Schlüsseln anbieten. Werden solche Dienstleistungen allerdings ausschliesslich gegenüber beaufsichtigten Finanzintermediären erbracht, fallen die Anbieter nicht unter diese Bestimmung. Dem GwG grundsätzlich nicht unterstellt sind blosse Softwareanbieter; Anbieter vollständig autonomer Systeme, ohne dauernde Geschäftsbeziehung; blosse Vermittler, die Käufer und Verkäufer zusammenbringen, aber an den Transaktionen nicht mitwirken. Solche können aber möglicherweise unter einem anderen Titel (bspw. Art. 4 Abs. 1 lit. d GwV) als Finanzintermediäre qualifiziert werden.[481]

548 Auch die von der FATF empfohlene «travel rule»[482] wurde mit Art. 10 Abs. 1 GwV-FINMA ins Schweizer Recht überführt. Gemäss Art. 11 GwV-FINMA kann bei dauernden Geschäftsbeziehungen und geringen Transaktionsbeträgen auf die Einhaltung der

---

478 Vgl. AS 2021 400. Angepasst wurden insbesondere die Verordnung über die Geschäftsführung der Konkursämter (KOV; SR 281.32), die Bankverordnung (BankV; SR 952.02), die Finanzinstitutsverordnung (FINIV; SR 954.11), die Geldwäschereiverordnung (GwV; SR 955.01) und die Finanzmarktinfrastrukturverordnung (FinfraV; SR 958.11).
479 Vgl. Erläuterungen DLT VO.
480 Wallets, über die nur mit der Zustimmung mehrerer Parteien verfügt werden kann (vergleichbar mit einer Kollektivzeichnungsberechtigung).
481 Vgl. dazu Erläuterungen DLT VO, 22 f.
482 Vgl. vorne N 526.

Sorgfaltsregeln verzichtet werden. Gemäss Art. 12 GwV-FINMA sind unter gewissen Umständen vereinfachte Sorgfaltspflichten anwendbar. Liegt keine dauernde Geschäftsbeziehung vor (analog Kassageschäfte), muss der Finanzintermediär gemäss Art. 51a GwV-FINMA die Vertragspartei identifizieren, wenn virtuelle Währung im Wert von mind. CHF 1000 transferiert wird. Der gleiche Schwellenwert gilt für Geld- und Wert-Übertragungen vom Ausland in die Schweiz (Art. 52 Abs. 2 GwV-FINMA).

Die hier beschriebenen technologischen Fortschritte bieten viele Chancen für neue Geschäftsmodelle und gesellschaftliche Innovationen, die sich in den nächsten Jahren sicherlich noch dynamisch weiterentwickeln werden und bereits jetzt enorm hohe Kapitalisierungen aufweisen. Die den dezentralen Systemen immanente Anonymität und die Unmöglichkeit einer zentralen Einflussnahme schaffen aber auch Gelegenheiten für Missbrauch, insbesondere Geldwäscherei und Terrorfinanzierung, was die Aufsichts- sowie die Strafverfolgungsbehörden noch vor ernste Herausforderungen stellen dürfte. Dies gilt nicht nur, aber v.a. in den Deliktsbereichen, die ihrer Natur nach bereits Kryptowährungen hervorbringen (bspw. Handel mit verbotenen Gütern im Darknet, Einsatz von Ransomware). Die Schweiz hat zwar regulatorisch schnell auf die neuen Entwicklungen reagiert, aber um sicherzustellen, dass Aufsichts- und Strafverfolgungsbehörden die Neuerungen auch in ihrer täglichen Arbeit erkennen und adäquat handhaben können, sind noch weitere Schritte (v.a. Weiterbildungen, aber auch zusätzliche Ressourcen und Instrumente) erforderlich. 549

5. Bekämpfung

Um Geldwäscherei erfolgreich bekämpfen zu können, haben sich im Kanton Zürich folgende *Strategien* als Erfolg versprechend gezeigt: Etablieren spezialisierter Strafverfolgungsbehörden (Polizei und Staatsanwaltschaft) im Bereich Geldwäscherei und Vermögensabschöpfung, enge Zusammenarbeit zwischen Strafverfolgung und Aufsichtsbehörden (v.a. MROS und FINMA), enge Zusam- 550 menarbeit mit anderen in- und ausländischen Strafverfolgungsbehörden (insbesondere auch mit Zollbehörden), Verfahren gegen Betreiber von underground banking (v.a. Geldtransferdienste und Hawala), Einsatz geheimer Überwachungsmassnahmen sowie konsequente Vermögensabschöpfung.

B. Terrorfinanzierung

551 Bei Geldwäscherei und Terrorfinanzierung wollen die Täter Vermögenswerte erlangen, aufbewahren und transferieren, ohne dass der wahre Hintergrund dieser Handlungen erkannt wird. Der Unterschied zwischen diesen beiden Straftaten liegt im Wesentlichen darin, dass es bei der Geldwäscherei darum geht, *woher* ein Vermögenswert stammt (verbrecherische Vortat), bzw. darum, diese Herkunft zu verschleiern, während bei der Terrorfinanzierung massgebend ist, *wofür* ein Vermögenswert verwendet wird (Finanzierung von terroristischen Straftaten) bzw. dieser Verwendungszweck verschleiert werden soll.

552 Die *Instrumente und Techniken,* die für die Geldwäscherei verwendet werden, können ebenso für die Finanzierung von Terrorismus eingesetzt werden. Darunter fallen insbesondere auch das Transferieren von Bargeld, die Verwendung von Geldtransferdiensten und Hawala sowie die Nutzung moderner Technologien (DeFi, Kryptowährungen etc.).[483]

553 Für Terrorfinanzierer besteht die Herausforderung v.a. darin, unauffällig Vermögenswerte zu sammeln und den Personen oder Gruppierungen zukommen zu lassen, die sie für ihre terroristischen Zwecke benötigen. Dabei kann eine Schwierigkeit darin bestehen, dass die Vermögenswerte von Aufsichts- oder Strafverfolgungsbehörden gesperrt werden (Art. 10 Abs. 1 GwG i.V.m. Art. 9 Abs. 1 lit. a Ziff. 4 GwG). Eine andere Schwierigkeit kann darin bestehen, die Vermögenswerte in entlegene Gegenden (Konflikt- oder

---

483 Vgl. dazu vorne N 507 ff.

Kriegsgebiete), die über kein funktionierendes Finanzsystem verfügen, überhaupt transferieren zu können.

Das erste Problem (Umgehung von Vermögenssperren) kann mit den *Verschleierungshandlungen* erreicht werden, die auch für Geldwäscherei eingesetzt werden. Das zweite Problem (Transfer an Orte ohne Finanzsystem) kann durch die Verwendung *alternativer Transfermethoden* (bspw. Bargeldtransporte, Hawala, peer to peer Cryptotransfers) bewältigt werden. Durch das Verwenden alternativer Transfersysteme werden also beide Probleme gelöst. 554

Für die *Bekämpfung* von Terrorfinanzierung gilt das bereits bezüglich Geldwäscherei Gesagte.[484] Art. 260^{quinquies} StGB setzt (anders als Art. 305bis StGB) direkten Vorsatz voraus, was Verurteilungen erheblich unwahrscheinlicher macht.[485] In solchen Strafverfahren muss daher besonderer Wert auf den Beweis des subjektiven Tatbestands gelegt werden. Ein solcher kann wohl nur durch den intensiven Einsatz geheimer Überwachungsmassnahmen (z.B. Überwachung des Fernmeldeverkehrs) erbracht werden. Insofern ist es etwas erstaunlich, dass in der Überwachungsstatistik des Dienstes ÜPF für das Jahr 2018 keine, für das Jahr 2019 insgesamt fünf rückwirkende und zwei Echtzeitüberwachungen (durch den Kanton Zürich) und für das Jahr 2020 wiederum keine einzige Überwachung gestützt auf Art. 260^{quinquies} StGB erfolgte.[486] 555

C. Änderungen des Geldwäschereigesetzes (GwG)

Mit der vorliegenden Revision wurden im GwG v.a. redaktionelle Änderungen vorgenommen, indem der Begriff «kriminelle Orga- 556

---

484 Vgl. vorne N 540.
485 Seit Inkrafttreten von Art. 260^{quinquies} StGB am 1. Oktober 2003 hat es in der Schweiz noch keine einzige Verurteilung wegen dieses Straftatbestands gegeben.
486 Vgl. die Statistiken unter <https://www.li.admin.ch/de/documentation/downloads/publications> (besucht am 3.1.2022).

nisation» durch «kriminelle oder terroristische Organisation» ersetzt wurde.[487] Art. 260^{sexies} StGB wird (anders als etwa Art. 260ter StGB, Art. 260^{quinquies} StGB oder Art. 305bis StGB) im GwG nicht als Auslöser für bestimmte Sorgfalts- oder Meldepflichten (etwa Art. 6 Abs. 2 GwG, Art. 9 Abs. 1 GwG) erwähnt.

557 Im Übrigen wurde die Stellung der MROS gestärkt, indem Art. 11a Abs. 2bis GwG eingeführt wurde. Diese Bestimmung erlaubt es der MROS, schweizerische Finanzintermediäre alleine aufgrund der Analyse von Informationen einer ausländischen Meldestelle (Financial Intelligence Unit, FIU) zu kontaktieren und zur Herausgabe von Informationen aufzufordern.[488]

558 Händlerinnen (i.S.v. Art. 2 Abs. 1 lit b GwG) sind neu gemäss Art. 9 Abs. 1bis lit. d GwG verpflichtet, der MROS eine Meldung zu erstatten, wenn sie den begründeten Verdacht haben, dass Barzahlungsmittel der Terrorfinanzierung dienen.[489] Dies gilt aber natürlich (Art. 8a Abs. 1 GwG) nur für Geschäfte mit Bargeld in einer Höhe von mehr als CHF 100 000.

---

487 Dies war in folgenden Bestimmungen des GwG der Fall: Art. 6 Abs. 2 lit. b, Art. 8a Abs. 2 lit. b, Art. 9 Abs. 1 lit. a Ziff. 3, Art. 9 Abs. 1bis lit. c, Art. 15 Abs. 5 lit. c, Art. 16 Abs. 1 lit. c, Art. 23 Abs. 4 lit. c und Art. 27 Abs. 4 lit. c.
488 Vgl. dazu Botschaft 2018, 6507 ff.
489 Dazu Botschaft 2018, 6510 f.

VI. Strafprozessuale Aspekte

A. Zuständigkeiten

1. Schweizer Gerichtsbarkeit

Sachverhalte im Zusammenhang mit Straftaten gemäss Art. 260ter StGB und Art. 260^{sexies} StGB haben praktisch immer einen Bezug zum Ausland. Daher wird sich regelmässig die Frage stellen, ob *Schweizer Gerichtsbarkeit* besteht oder nicht. Auf diese Frage wurde bereits an anderer Stelle eingegangen.[490] Besteht Schweizer Gerichtsbarkeit, stellt sich die Frage nach der *innerschweizerischen* sachlichen und örtlichen Zuständigkeit.

559

2. Sachliche Zuständigkeit

Die *sachliche Zuständigkeit,* also die Frage, ob eine kantonale Staatsanwaltschaft oder die Bundesanwaltschaft für die Führung eines Strafverfahrens zuständig ist, ist in Art. 22 ff. StPO geregelt. Grundsätzlich sind die kantonalen Staatsanwaltschaften für die Strafverfolgung zuständig; von diesem Grundsatz gibt es aber Ausnahmen (Art. 22 StPO). Im hier interessierenden Kontext (Organisierte Kriminalität und Terrorismus) sind diese Ausnahmen in Art. 24 StPO geregelt.

560

a) *Bundesgerichtsbarkeit: Mögliche Straftaten*

Im vorliegenden Kontext der Bekämpfung von Organisierter Kriminalität und Terrorismus sieht *Art. 24 Abs. 1 StPO* Folgendes vor: Die *Bundesanwaltschaft* ist zuständig für die Verfolgung von Straftaten gemäss Art. 260ter StGB, Art. 260^{quinquies} StGB, Art. 260^{sexies} StGB, Art. 305bis StGB sowie für Verbrechen, die von einer kriminellen oder terroristischen Organisation ausgehen. Dies gilt aber

561

---

[490] Betr. Art. 260ter StGB vgl. vorne N 320 ff.; betr. Art. 260^{sexies} StGB vgl. vorne N 469 ff.

nur, wenn eine der folgenden (alternativen) Voraussetzungen erfüllt ist: Entweder müssen die Straftaten zu einem wesentlichen Teil im Ausland begangen worden sein (lit. a) oder sie müssen in mehreren Kantonen begangen worden sein, wobei kein eindeutiger Schwerpunkt in einem Kanton vorliegt (lit. b). Es handelt sich hierbei um eine zwingende Zuständigkeit.[491] Für alle anderen Strafverfahren aus dem Bereich der Organisierten Kriminalität und Terrorismus, die diese Voraussetzungen nicht erfüllen, sind die kantonalen Staatsanwaltschaften zuständig.

562 Was die aufgeführten Straftaten angeht, ist zunächst klar, dass alle Tatvarianten von *Art. 260ter StGB, Art. 260^{quinquies} StGB, Art. 260^{sexies} StGB und Art. 305bis StGB* darunterfallen, also insbesondere auch die nicht qualifizierten Fälle. Zudem fallen alle *Verbrechen* (aus dem StGB oder dem Nebenstrafrecht) darunter, die *von einer kriminellen Organisation oder von einer Terrororganisation ausgehen.* Das können bei einer kriminellen Organisation *typischerweise* Diebstähle (Art. 139 StGB), schwerer Betäubungsmittelhandel (Art. 19 Abs. 2 BetmG), gewerbsmässiges illegales Geldspiel (Art. 130 Abs. 2 BGS) oder Morde (Art. 112 StGB) sein; bei einer Terrororganisation etwa Erpressungen (Art. 156 StGB), schwere Körperverletzungen (Art. 122 StGB) oder die Verursachung einer Explosion (Art. 223 StGB).

563 Neben diesen für die jeweilige Organisation typischen Fällen sind aber auch *alle anderen Verbrechen,* die von solchen Organisationen ausgehen, erfasst, namentlich auch solche, die nicht organisationstypisch sind, etwa wenn eine Terrororganisation Menschenschmuggel (Art. 116 Abs. 3 AIG) betreibt, um sich zu finanzieren, oder eine kriminelle Organisation verbotene Autorennen durchführt (Art. 90 Abs. 3 SVG).

564 Verbrechen fallen nicht schon unter diese Bestimmung, wenn sie durch Mitglieder von kriminellen oder terroristischen Organisationen verübt werden. Massgebend ist, dass sie *für* solche Organisatio-

---

491 Noch in Bezug auf den (mit Art. 24 Abs. 1 StPO gleichlautenden) Art. 340bis altStGB: BGE 132 IV 89, E. 2.

nen verübt werden, sei es von Mitgliedern oder Unterstützern. Nur dann gehen sie im Sinne dieser Bestimmung von der Organisation aus. Verbrechen, die ein Terrorist oder eine Mafiosa ohne Bezug zur Organisation, quasi auf eigene Rechnung verüben (bspw. einen Menschen vergewaltigen oder einen unliebsamen Nebenbuhler schwer verletzen), fallen nicht unter diese Bestimmung.

Nicht erfasst sind ferner alle Übertretungen sowie alle Vergehen, die aber von solchen Organisationen ausgehen, also bspw. einfacher Betäubungsmittelhandel (Art. 19 Abs. 1 BetmG), Umweltdelikte (Art. 60 f. USG), Vergehen gegen das Waffengesetz (Art. 33 Abs. 1 WG) oder unrechtmässiger Bezug von Leistungen einer Sozialversicherung oder der Sozialhilfe (Art. 148a StGB). 565

Für *alle anderen* Straftaten, die nicht durch Art. 24 Abs. 1 StPO erfasst sind, also u.a. Verbrechen, die zwar von Mitgliedern oder Unterstützern von kriminellen oder terroristischen Organisationen begangen, aber nicht für diese verübt werden, sowie Übertretungen und Vergehen, die von solchen Organisationen ausgehen, sind die örtlich zuständigen *kantonalen* Staatsanwaltschaften zuständig. 566

Auch davon gibt es aber *Ausnahmen*: Eine Delegation der Zuständigkeit vom Bund zu den Kantonen (gemäss Art. 25 StPO) ist für Fälle gemäss Art. 24 Abs. 1 StPO zwar nicht vorgesehen, wenn aber gleichzeitig sowohl eine kantonale als auch eine Bundeszuständigkeit besteht, entscheidet die Bundesanwaltschaft, ob sie die Verfahren selbst führt oder einem Kanton überträgt *(Art. 26 Abs. 2 StPO)*. Dieser Entscheid erfolgt nach freiem Ermessen.[492] Diese Regelung entspricht dem Grundsatz der *Verfahrenseinheit* (Art. 29 StPO), wonach zusammenhängende Verfahren aus einer Hand geführt und beurteilt werden sollen, vorab, um sich widersprechende Urteile zu verhindern.[493] 567

Eine Ausnahme zur Zuständigkeit der Bundesanwaltschaft für die Verfolgung von Straftaten gemäss Art. 24 Abs. 1 StPO besteht in Be- 568

---

492 Vgl. ZH-StPO³-SCHLEGEL, Art. 26 N 6.
493 Vgl. ZH-StPO³-SCHLEGEL, Art. 29 N 1.

zug auf *Jugendliche* (also Personen, die zum Zeitpunkt der Tatbegehung das 18. Altersjahr noch nicht vollendet haben, Art. 3 Abs. 1 JStG). Begehen Jugendliche Straftaten gemäss Art. 260ter StGB, Art. 260^{quinquies} StGB, Art. 260^{sexies} StGB oder Art. 305bis StGB oder verüben sie als Mitglieder oder Unterstützer von kriminellen oder terroristischen Organisationen für solche ein Verbrechen, ist nicht die Bundesanwaltschaft, sondern die örtlich zuständige *kantonale Jugendanwaltschaft* für die Verfolgung zuständig.

569 Der Bundesgerichtsbarkeit können also nur Verfahren gegen Erwachsene unterstehen, die Straftaten gemäss Art. 260ter StGB, Art. 260^{quinquies} StGB, Art. 260^{sexies} StGB oder Art. 305bis StGB begangen oder die als Mitglieder oder Unterstützer einer kriminellen oder terroristischen Organisation für solche ein Verbrechen verübt haben.

570 Für die Begründung der Zuständigkeit ist nicht erforderlich, dass die zuständigkeitsbegründenden Straftaten bewiesen sind, sondern es genügt das Vorliegen eines entsprechenden *Tatverdachts*.[494]

b) *Begehung der Straftat mit Schwerpunkt im Ausland (Art. 24 Abs. 1 lit. a StPO)*

571 Damit Bundesgerichtsbarkeit besteht, muss *zudem* eine der folgenden *Voraussetzungen* erfüllt sein: Entweder müssen die Straftaten zu einem wesentlichen Teil im Ausland begangen worden sein (lit. a) oder sie müssen in mehreren Kantonen begangen worden sein, wobei kein eindeutiger Schwerpunkt in einem Kanton vorliegt (lit. b).

572 Es stellt sich die Frage, wann eine Straftat *zu einem wesentlichen Teil im Ausland begangen* ist (Art. 24 Abs. 1 lit. a StPO). Gemäss *Bundesgericht* ist dabei ein *qualitativer* Massstab anzusetzen, wobei eine Straftat dann als zu einem wesentlichen Teil im Ausland begangen zu betrachten sei, wenn der Auslandsanteil ein solches Mass

---

494 BGE 133 IV 235, E. 4.4; BGer 6B_825/2010, v. 27.4.2011, E. 2.4; BGer 6B_279/2011, v. 20.6.2011, E. 1.3.

erreicht, dass die vom Bund zur Verfügung gestellten neuen Ermittlungsinstrumente zur effizienten Verbrechensbekämpfung besser geeignet sind als jene der Kantone.[495] Mit anderen Worten hält das Bundesgericht immer dann Bundeszuständigkeit für gegeben, wenn der Auslandsbezug derart ausgeprägt ist, dass die Bundesbehörden zur Strafverfolgung besser geeignet sind als die kantonalen.

Diese Interpretation, die auch vom Bundesstrafgericht übernommen wurde,[496] ist vom Wortlaut von Art. 24 Abs. 1 StPO nicht gedeckt und daher abzulehnen. Vielmehr ist entscheidend, dass das strafbare Verhalten, das Gegenstand des Strafverfahrens bildet, schwergewichtig im Ausland stattgefunden hat. Dieses Kriterium lässt sich – im Unterschied zu demjenigen, welches das Bundesgericht anwendet – objektiv erheben. Um diesen Schwerpunkt festzustellen, ist nicht bloss quantitativ zu messen (bspw. wo wie viel Heroin verkauft wurde), sondern durchaus auch qualitativ einzuschätzen (bspw. kann ein im Ausland stattgefundenes Treffen mit einem Boss gewichtiger sein, als drei in der Schweiz erfolgte Einbrüche). 573

Massgebend für die Bestimmung des Schwerpunkts ist aber nicht, wo der Schwerpunkt der Tätigkeit der kriminellen oder terroristischen Organisation liegt, sondern wo *die Person, die im betreffenden Strafverfahren beschuldigt ist,* schwergewichtig *die ihr vorgeworfenen Straftaten* verübt hat. Wenn also bspw. ein Mitglied der sizilianischen Cosa Nostra für diese im Kanton Bern Geld auf Bankkonten einzahlt, liegt der Schwerpunkt der untersuchten Straftaten nicht in Sizilien (wo die Organisation ihren Schwerpunkt hat), sondern im Kanton Bern. Rekrutiert eine Anhängerin des IS im Kanton Zürich Jugendliche, um diese für die Teilnahme an einem Trainingscamp in Syrien zu gewinnen, liegt der Schwerpunkt 574

---

495 BGE 130 IV 68, E. 2.2: «Il reato è dunque da considerarsi commesso *prevalentemente all'estero* se la componente estera raggiunge una massa critica tale per cui i nuovi strumenti d'indagine messi a disposizione della Confederazione si rivelano più adatti, rispetto a quelli cantonali, nella prospettiva di un'efficiente repressione del crimine».

496 Vgl. BG.2021.10, v. 31.3.2021, E. 2.2.

VI. Strafprozessuale Aspekte

der untersuchten Straftaten in Zürich und nicht in Syrien (wo der IS zumindest zeitweise schwergewichtig tätig war).

575 Das Bundesgericht und das Bundesstrafgericht begründen ihre Auslegung von Art. 24 Abs. 1 StPO damit, dass der Sinn dieser Bestimmung darin liege, dass die am besten geeignete Strafverfolgungsbehörde das Verfahren führen solle. Zugleich gehen sie davon aus, dass dies die Bundesbehörden sind, je stärker der Auslandsbezug der zu untersuchenden Straftaten ist. Das sind zwei Annahmen, die es zu prüfen gilt.

576 Die vorliegende Regelung von Art. 24 Abs. 1 StPO wurde 1998 mit der sog. *Effizienzvorlage*[497] in Gestalt des damaligen Art. 340bis altStGB eingeführt. Kurz zusammengefasst bestand das Ziel darin, die Herausforderungen der «neuen Kriminalitätsformen» (vorab Organisierte Kriminalität und die damit zusammenhängende Geldwäscherei) bewältigen zu können. Bezeichnend für diese neuen Kriminalitätsformen war ihr grenzüberschreitender («ja oft geradezu globaler») Charakter sowie die hohe Komplexität der Strukturen und Abläufe. Die besondere Herausforderung bestehe für Polizei und Untersuchungsbehörden in einem «bisher kaum gekannten Koordinationsbedarf mit dem In- und Ausland» und erzeuge ein «stark gesteigertes Bedürfnis an Spezialwissen, vor allem auf finanztechnischem Gebiet».[498] Zur Bewältigung dieser Schwierigkeiten stand bereits ein vielfältiges Instrumentarium zur Verfügung, das aus folgenden Elementen bestand: materiell-rechtliches Dispositiv (v.a. Art. 305bis StGB, Art. 260ter StGB und die Einziehungsbestimmungen), organisatorisches Dispositiv (Schaffung der kriminalpolizeilichen Zentralstelle zur Bekämpfung des Organisierten Verbrechens und der Drogendatenbank DOSIS), Stärkung der internationalen Zusammenarbeit (v.a. Beteiligung an FATF, Entsendung von Polizeiattachés, Revision des IRSG, Einsitz in Gremien der OECD und des Europarats).

---

497 BBl 1998 II, 1529 ff.
498 BBl 1998 II, 1531 f.

577 Auf der Ebene der *Strafverfolgung* – die damals vollständig in den Händen der Kantone war – wurden aber folgende *Defizite befürchtet*: Erstens vertrage sich der grenzüberschreitende Charakter der neuen Deliktsformen nicht mit der «noch stark an den Grenzen des eigenen Kantons orientierten» Strafverfolgung, der etwas schwerfälligen interkantonalen Rechtshilfe sowie der mangelhaften Zusammenarbeit unter Kantonen: «Das Fehlen einer einheitlichen Verfahrensleitung und womöglich einer zentralen Informationsbeschaffung kann bei komplexen Kantons- und Landesgrenzen überschreitenden Fällen zu Informationslücken und Verzögerungen eines Verfahrens führen». Zweitens finde die Koordination der Zentralstellen nur im rückwärtigen Raum statt, an der Front seien immer noch die Kantone tätig, welche damit z.T. überfordert seien. Drittens sei die Zusammenarbeit unter Kantonen durch die 26 unterschiedlichen kantonalen Strafprozessordnungen erschwert. Viertens fehlten insbesondere bei kleineren Kantonen die personellen (mangels erfahrener Spezialisten) und finanziellen Ressourcen zur Bewältigung von komplexen und aufwendigen Fällen.[499]

578 Diese Befürchtungen, aufgrund derer damals die Regel von Art. 24 Abs. 1 StPO eingeführt wurde, sind aus heutiger Sicht weitgehend unbegründet. Die Strafverfolgung der Kantone orientiert sich keineswegs mehr an den eigenen Kantonsgrenzen. Die Kriminalität ist heute allgemein internationaler geworden, und alle Kantone werden mit globalen Phänomenen konfrontiert. Dies hat auch damit zu tun, dass traditionelle Straftaten wie bspw. Einbrüche, Diebstähle oder Betrüge heute öfter im Internet stattfinden, wobei die Täterschaft sich irgendwo auf der Welt befinden kann. Seit der Einführung der Eidgenössischen Strafprozessordnung am 1. Januar 2011 sind auch die Bedenken betr. unterschiedlicher Regelungen bzw. komplizierter Rechtshilfe unter den Kantonen obsolet. Die vierte Begründung (mangelnde Ressourcen) ist sicherlich teilweise zutreffend, sie trifft aber nicht nur auf kleine Kantone zu, sondern auch auf den Bund selbst. Es wäre falsch, davon auszugehen, dass die Bundesbehörden

---

499 Zum Ganzen BBl 1998 II, 1534 f.

579 Heute stellt sich die Situation tatsächlich folgendermassen dar: Die *Bundesanwaltschaft* (BA) verfügt über 232 Vollzeitstellen, wovon (lediglich) 47 Staatsanwältinnen sind.[500] Fachlich gliedert sich die BA in folgende operativ tätige Abteilungen: Staatsschutz und kriminelle Organisationen (SK); Wirtschaftskriminalität (WiKri); Rechtshilfe, Terrorismus, Völkerstrafrecht, Cybercrime (RTVC).[501] Wie viele Staatsanwältinnen in welcher Abteilung arbeiten, lässt sich dem Tätigkeitsbericht nicht entnehmen, das Organigramm zeigt aber, dass der Standort Bern sowie die drei Zweigstellen (Lausanne, Lugano, Zürich) zur Abteilung WiKri (nota bene einem gemäss Art. 24 Abs. 2 StPO fakultativen Zuständigkeitsgebiet der BA) gehören.[502] Dem Vernehmen nach sind in den Bereichen Organisierte Kriminalität (inkl. Cybercrime) und Terrorismus je nur eine Handvoll Staatsanwältinnen tätig.

per se über mehr oder erfahrenere oder stärker spezialisierte Strafverfolger oder über bessere Instrumente rechtlicher, organisatorischer oder technischer Art verfügen würden.

580 Die Staatsanwaltschaft des Kantons *Zürich* – die wohl grösste der 26 kantonalen Staatsanwaltschaften – hatte im Jahr 2020 insgesamt 380 Vollzeitstellen, davon ca. 200 Staatsanwältinnen.[503] In der Staatsanwaltschaft II des Kantons Zürich bearbeiten zwei Abteilungen (mit ca. 10 Staatsanwältinnen) ausschliesslich Strafverfahren aus den Bereichen Schwerpunktkriminalität (worunter Organisierte Kriminalität und Terrorismus fallen) und eine Abteilung (mit ca. 5 Staatsanwältinnen) ausschliesslich solche aus dem Be-

---

500 Tätigkeitsbericht BA 2020, 30 (<https://www.bundesanwaltschaft.ch/dam/mpc/de/dokumente/taetigkeitsbericht_ba_2020.pdf.download.pdf/BA_TB2020_DT_Online.pdf>; besucht am 4.1.2022).
501 Die vierte Abteilung, Forensische Finanzanalyse (FFA), führt keine eigenen Verfahren, sondern unterstützt die drei operativen Abteilungen fachlich (Tätigkeitsbericht BA 2020, 34).
502 Tätigkeitsbericht BA 2020, 32.
503 Jahresbericht der STA.ZH 2020, 27: <https://www.zh.ch/content/dam/zhweb/bilder-dokumente/organisation/direktion-der-justiz-und-des-innern/staatsanwaltschaften/STA_ZH_Jahresbericht_2020_WEB_barrierefrei.pdf> (besucht am 22.1.2022).

reich Cybercrime. Damit verfügt allein der Kanton Zürich über mehr auf Organisierte Kriminalität spezialisierte Staatsanwältinnen als die Bundesanwaltschaft.

Viele Kantone (u.a. St. Gallen, Solothurn, Genf, Luzern, Bern, Waadt, Thurgau, Basel-Land, Wallis) haben heute Abteilungen, die auf Organisierte Kriminalität (und oft auch solche, die auf Wirtschaftskriminalität) spezialisiert sind. Bei den jeweiligen Polizeibehörden der Kantone existieren i.d.R. parallel entsprechend spezialisierte Abteilungen. 581

Auch ein Blick in die *Statistiken des Dienstes ÜPF* über die Kommunikationsüberwachungen gibt weitere Hinweise über die Tätigkeit der Staatsanwaltschaften des Bundes und der Kantone. Wären die Bundesbehörden in der Bekämpfung von Organisierter Kriminalität und Terrorismus den Kantonen derart überlegen, wie es die Botschaft suggeriert, wäre zu erwarten, dass die Bundesbehörden auch viel mehr Überwachungsmassnahmen durchführten als alle Kantone gemeinsam. Die Statistik des Dienstes ÜPF zeigt hingegen ein anderes Bild: Im Jahr 2020 haben folgende Behörden die meisten Echtzeitüberwachungen durchgeführt: Zürich (312), BA (195), Waadt (195), Genf (164), Bern (82). Bei den rückwirkenden Überwachungen (gemäss Art. 273 StPO) war es folgendermassen: Waadt (859), Genf (797), Zürich (651), Bern (319), BA (237). Alleine beim Antennensuchlauf war die BA an der Spitze: BA (972), Zürich (365), Thurgau (226), Aargau (221), Basel-Land (194). 582

Betrachtet man die Anzahl Echtzeit-Überwachungen, die aufgrund von Art. 260ter StGB geschaltet wurden, weist die BA natürlich die weitaus höchsten Zahlen aus: BA (44), Zürich (2), Aargau (2). Das bedeutet aber keineswegs, dass der Bund im Bereich der Organisierten Kriminalität aktiver ist als die Kantone. Organisierte Kriminalität ist nämlich ein viel breiteres Deliktsfeld[504] als bloss Art. 260ter StGB und umfasst insbesondere Überwachungen wegen Art. 19 Abs. 2 BetmG, Art. 305bis StGB und vielen weiteren Delikten. 583

---

504 Zum Unterschied zwischen krimineller Organisation und Organisierter Kriminalität vgl. vorne N 418 ff.

Wegen dieser Straftaten wurden folgende Echtzeit-Überwachungen durchgeführt: Bezug auf Art. 19 Abs. 2 BetmG: Waadt (126), Zürich (69), St. Gallen (64), Genf (64), BA (38). Bezug auf Art. 305bis StGB: BA (33), Zürich (22), Genf (12), Waadt (3).

584 Das Argument des mit komplexen internationalen Strafverfahren überforderten Kantons und der in diesen Verfahren weit überlegenen Bundesbehörden hält vor der heutigen Realität nicht stand. Auch was die Qualität der geführten Strafverfahren angeht, gibt es keine Evidenz, dass die Bundesanwaltschaft besser arbeiten würde als die kantonalen Staatsanwaltschaften. Die Bundesbehörden verfügen auch nicht – anders als es die Botschaft[505] vermuten liesse – per se über besonders erfahrene Spezialisten, irgendwelche Instrumente oder gesetzliche Kompetenzen, die den Kantonen fehlten. Die kantonalen Staatsanwaltschaften können sich genauso gut national und international vernetzen, wie dies die Bundesanwaltschaft kann.

585 Selbst wenn also der Argumentation[506] des Bundesgerichts und des Bundesstrafgerichts gefolgt würde, dass Art. 24 Abs. 1 lit. a StPO so auszulegen sei, dass eine Straftat dann als zu einem wesentlichen Teil im Ausland begangen zu betrachten ist, wenn der Auslandsanteil ein solches Mass erreicht, dass die vom Bund zur Verfügung gestellten neuen Ermittlungsinstrumente zur effizienten Verbrechensbekämpfung besser geeignet sind als jene der Kantone, bleibt die grosse Frage: Wann sind die Bundesbehörden – bei heutiger und realistischer Betrachtung – besser geeignet als die kantonalen?

586 Die Antwort lautet: Die Bundesbehörden sind *nie per se* besser geeignet, Organisierte Kriminalität und Terrorismus zu bekämpfen als entsprechend spezialisierte und dotierte kantonale Behörden. Einzig gegenüber kantonalen Strafverfolgungsbehörden, die personell schwach besetzt sind und weder über spezialisiertes Know-how noch über Ressourcen (bspw. für geheime Überwachungsmassnah-

---

505 BBl 1998 II, 1534 f.
506 Vgl. vorne N 562.

men) verfügen, können die Bundesbehörden im Einzelfall geeigneter sein.

Kantonale Behörden verfügen im Übrigen auch über Vorteile gegenüber den Bundesbehörden, die auch in der Bekämpfung von Organisierter Kriminalität und Terrorismus nicht hoch genug geschätzt werden können: Die kantonalen Behörden kennen nämlich die Gegebenheiten in ihrem Kanton am besten. Dazu gehören bspw. Kenntnisse über Personen, über Unternehmungen oder über die geografische Lage, und sie verfügen nicht zuletzt über ein oft sehr nützliches Netzwerk zu anderen lokalen Behörden (Sozialämtern, Schulen, KESB etc.). Solche Kenntnisse sind bspw. bei der Durchführung geheimer Überwachungsmassnahmen (bspw. wo und wie eine Observation am besten durchgeführt wird), bei Hausdurchsuchungen (bspw. ob es noch weitere Gebäude gibt, welche die Zielperson öfter frequentiert) und auch bei Einvernahmen (bspw. die lokale Sprache sprechen) zentral. Die Bundesbehörden behelfen sich i.d.R. dadurch, dass sie die lokalen Strafverfolgungsbehörden in ihre Verfahren einbinden und teilweise die Ermittlungen fast vollständig an diese auslagern (dies v.a. im Bereich des Terrorismus). 587

c) *Straftaten in mehreren Kantonen ohne eindeutigen Schwerpunkt in einem Kanton (Art. 24 Abs. 1 lit. b StPO)*

Die zweite (alternative) Möglichkeit, um Bundeszuständigkeit zu begründen, liegt darin, dass die *Straftaten in mehreren Kantonen begangen wurden und dabei kein eindeutiger Schwerpunkt in einem Kanton besteht* (Art. 24 Abs. 1 lit. b StPO). 588

Auch diese Bestimmung ist nahe am Wortlaut auszulegen: Die im konkreten Strafverfahren untersuchten Straftaten müssen auf dem Gebiet mehrerer Kantone begangen worden sein, ohne dass in einem dieser Kantone ein eindeutiger Schwerpunkt besteht. Auch hier genügt der blosse Tatverdacht auf Begehung der Straftat. Zur Bestimmung des Schwerpunkts des strafbaren Verhaltens ist auch 589 bei dieser Bestimmung ein qualitativer Massstab anzusetzen. Sodann muss ausgeschlossen werden, dass ein eindeutiger Schwerpunkt in einem der Kantone vorliegt. Kantonale Zuständigkeit besteht also nicht schon, wenn ein Schwerpunkt vorliegt, sondern erst, wenn dieser eindeutig ist. Wenn also in einem Kanton zehn Betrüge durchgeführt wurden und im andern Kanton deren acht, liegt zwar ein Schwerpunkt im ersten Kanton, dieser ist aber nicht eindeutig. Wann von einem eindeutigen Schwerpunkt ausgegangen werden muss, lässt sich abstrakt nur schwer bestimmen. Eine Gesamtbetrachtung aller Umstände muss zum Ergebnis führen, dass in einem Kanton deutlich mehr oder schwerer delinquiert wurde als in den andern.

590 Würde der bundesgerichtlichen Auslegung[507] von Art. 24 Abs. 1 lit. a StPO gefolgt, müsste auch bei lit. b dieser Bestimmung massgebend sein, welcher der betroffenen Kantone besser zur Verfolgung aller Straftaten geeignet ist. Wäre dies die Intention des Gesetzgebers gewesen, hätte er Art. 24 StPO wohl entsprechend formuliert und nicht darauf abgestellt, wo die Straftaten schwergewichtig begangen wurden.

591 Dass eine Person Straftaten in mehreren Kantonen verübt, ist gerade im Bereich der Organisierten Kriminalität eine täglich anzutreffende Realität. Wollten die Bundesbehörden alle diese Verfahren führen, bei denen dies (ohne eindeutigen Schwerpunkt in einem Kanton) der Fall ist, müssten ihre Ressourcen vervielfacht werden. In der Praxis werden solche Konstellationen durch die involvierten Kantone i.d.R. mit den Gerichtsstandsregeln von Art. 34 StPO (Gerichtsstand bei mehreren an verschiedenen Orten verübten Straftaten) und Art. 38 StPO (Bestimmung eines abweichenden Gerichtsstands) gelöst.

---

507 Vgl. vorne N 572.

d) Kooperation

Bei der Suche nach der besten Lösung der sachlichen Zuständigkeit muss erstens darauf geachtet werden, dass keine Strafverfolgungslücken entstehen, weil sich keine Strafverfolgungsbehörde für die Verfolgung bestimmter Straftaten als zuständig erachtet (negativer Kompetenzkonflikt). Zweitens muss sichergestellt werden, dass Strafverfolgungsbehörden die ihnen obliegenden Strafverfahren auch tatsächlich erfolgreich durchführen können, was entsprechende Ressourcen, Know-how und Erfahrung voraussetzt. Beide Ziele liessen sich wohl am besten durch eine starke Kooperation von Bund und Kantonen erreichen. 592

Denkbar sind *Ad-hoc-Kooperationen* – im Sinne der international erprobten gemeinsamen Ermittlungsgruppen (GEG) bzw. Joint Investigation Teams (JIT) – zwischen Spezialisten von Bund und Kantonen oder permanente *regionale Fachzentren,* die sich aus Spezialisten von Bund und Kantonen zusammensetzten, also bspw. ein solches zur Bekämpfung Organisierter Kriminalität, jeweils in der Deutschschweiz, der Westschweiz und im Tessin. Der Vorteil solcher Fachzentren liegt primär in der Bündelung von Ressourcen, Fachwissen und Erfahrung. Einen ähnlichen Effekt hätte bspw. die Schaffung eines *Netzwerks von dedizierten Staatsanwältinnen* in allen Kantonen und der Bundesanwaltschaft, die sich primär der Bekämpfung bestimmter Kriminalitätsphänomene (z.B. Organisierter Kriminalität, Cybercrime) widmen, aber in ihren bisherigen Strukturen angestellt bleiben. Dies hätte gegenüber den Fachzentren einerseits den Vorteil der lokalen Verankerung und andererseits einer flexibleren Skalierbarkeit, d.h., dass die Staatsanwältinnen je nach Bedarf im spezialisierten Deliktsbereich oder in ihrer angestammten Tätigkeit eingesetzt werden könnten. 593

Eher wenig Erfolg versprechend sind Zusammenarbeiten, bei denen die Aufgabenbereiche strikt getrennt werden, bspw. nach der kantonalen und der Bundeszuständigkeit. Dies kommt etwa vor, wenn die Bundesanwaltschaft eine Gruppierung im Visier hat, deren Mitglieder als Mitglieder oder Unterstützer einer kriminellen 594

VI. Strafprozessuale Aspekte

Organisation verdächtigt werden, und gegen sie ein Verfahren wegen Art. 260ter StGB führt und die Staatsanwaltschaft des Aufenthaltskantons dieser Personen parallel ein Verfahren wegen Basisdelikten (bspw. Drogenhandel) gegen die gleichen Personen führt. Eine solche Aufteilung führt zwangsläufig zu Doppelspurigkeiten und zugleich zu Wissenslücken bzw. zu einem enormen Koordinationsaufwand.

595 Per 1. Juni 2021 nahm die *Europäische Staatsanwaltschaft* (EUStA)[508] ihre Arbeit auf. Ausser Polen, Ungarn und Schweden beteiligen sich alle EU-Staaten daran. Die Zuständigkeit beschränkt sich (zurzeit)[509] auf die Bekämpfung von Straftaten zum finanziellen Nachteil der EU, also namentlich Betrug, Subventionsbetrug, Mehrwertsteuerbetrug, Geldwäscherei und Bestechungsdelikte.[510] Die Ermittlungsarbeit wird von sog. Delegierten Europäischen Staatsanwälten der Mitgliedstaaten durchgeführt, wobei diese ihre Arbeit nicht am Sitz der EUStA in Luxemburg, sondern in den jeweiligen Mitgliedstaaten verrichten.

596 Aus rein fachlicher Sicht muss ernsthaft infrage gestellt werden, ob es in der kleinräumigen Schweiz im Zeitalter von Globalisierung, Digitalisierung und enorm schnellen technologischem Wandel überhaupt noch sinnvoll ist, die Strafverfolgung derart stark an föderalen Strukturen zu orientieren und die Zuständigkeiten fragmentarisch zu regeln. Würde man heute auf der grünen Wiese ein Strafverfolgungssystem für die Schweiz entwerfen, käme man

---

508 Auf Englisch: European Public Prosecutor's Office (EPPO); vgl. <https://www.eppo.europa.eu/en> (besucht am 5.1.2022).
509 Gemäss Art. 86 Abs. 4 AEUV (Vertrag über die Arbeitsweise der Europäischen Union, <https://dejure.org/gesetze/AEUV/86.html>, besucht am 5.1.2022) kann der Europäische Rat diese Befugnisse auf die Bekämpfung «der schweren Kriminalität mit grenzüberschreitender Dimension» ausweiten.
510 Vgl. Richtlinie 2017/1371 des Europäischen Parlaments und des Rates vom 5. Juli 2017 über die strafrechtliche Bekämpfung von gegen die finanziellen Interessen der Union gerichtetem Betrug, Art. 3, 4 und 5 (<https://eur-lex.europa.eu/legal-content/DE/TXT/PDF/?uri=CELEX:32017L1371&from=DE>; besucht am 5.1.2022).

kaum auf die Idee, dies in der Form zu realisieren, die heute Realität ist. Erfolg versprechender dürften für das ganze Gebiet der Schweiz einheitliche Strafverfolgungsbehörden (Staatsanwaltschaft und Polizei) sein, zumindest im Bereich der schweren Kriminalität (v.a. Organisierte Kriminalität, Cybercrime und Terrorismus). Mit der Einführung der eidgenössischen Strafprozessordnung wurde der Grundstein für ein solches System gelegt.

3. Örtliche Zuständigkeit

Sind zur Verfolgung bestimmter Straftaten die kantonalen Staatsanwaltschaften sachlich zuständig, fragt sich, wie die örtliche Zuständigkeit zu bestimmen ist. Hier gelten die allgemeinen Regeln von Art. 31 ff. StPO: Zunächst sind die Behörden am Tatort der Straftat und sekundär am Erfolgsort zuständig (Art. 31 Abs. 1 StPO). Wurde eine Straftat an mehreren verschiedenen Orten verübt oder trat sekundär der Erfolg an verschiedenen Orten ein, sind die Behörden zuständig, die als erste Verfolgungshandlungen vorgenommen haben (Art. 31 Abs. 2 StPO). Wurde die Straftat im Ausland begangen oder kann weder ein Tat- noch ein Erfolgsort ermittelt werden, sind die Behörden am Ort des Wohnsitzes oder des gewöhnlichen Aufenthaltes (Lebensmittelpunkt) der beschuldigten Person zuständig (Art. 32 Abs. 1 StPO). Hat die beschuldigte Person weder Wohnsitz noch ihren Lebensmittelpunkt in der Schweiz, sind die Behörden am Heimatort der beschuldigten Person zuständig und wenn auch ein solcher fehlt, diejenigen am Ort, wo die beschuldigte Person angetroffen wurde (Art. 32 Abs. 2 StPO). Nach dem Grundsatz der Verfahrenseinheit sind Teilnehmer am gleichen Ort zu verfolgen wie die Haupttäter (Art. 33 Abs. 1 StPO) und mehrere Mittäter ebenfalls, und zwar am Ort der ersten Verfolgungshandlung (Art. 33 Abs. 2 StPO). Hat eine Person mehrere verschiedene Straftaten an verschiedenen Orten verübt, werden alle Straftaten von der Behörde am Ort verfolgt, an welchem das schwerste Delikt verübt wurde, und bei gleich schweren Delikten die Behörde am Ort der ersten Verfolgungshandlung (Art. 34 Abs. 1 StPO). Gemäss Art. 38 Abs. 1 StPO können Staatsanwaltschaften aus triftigen Gründen ei-

597

B. Grossverfahren

598 Die Strafprozessordnung ist auf Durchschnittsfälle zugeschnitten, also auf Strafverfahren gegen eine oder zwei Personen, die in der Schweiz ein einziges oder einige Delikte zum Nachteil von einem oder wenigen Geschädigten begangen haben. Die Bekämpfung von Organisierter Kriminalität und Terrorismus erfordert es aber regelmässig, Grossverfahren zu führen, also Strafverfahren gegen Dutzende von Personen, die Straftaten in unterschiedlicher Zusammensetzung, gewerbsmässig im In- und Ausland und zum Nachteil einer Vielzahl von Geschädigten verüben. Dabei stossen die Strafverfolgungsbehörden oft an die Grenzen der Strafprozessordnung.

1. Teilnahme- und Konfrontationsrecht

599 Das liegt in erster Linie an den *Teilnahmerechten* (Art. 147 StPO). Nach aktueller Lesart sind die Strafverfolgungsbehörden u.a. verpflichtet, beschuldigten Personen von Anfang an das Recht zu gewähren, bei Einvernahmen von Mitbeschuldigten anwesend zu sein.[511] Dies mag in der Theorie gut klingen, praktisch führt dies aber zu einer Behinderung der Wahrheitsfindung, weil Mitbeschuldigte entweder ihre Aussagen (oder Aussageverweigerungen) aufeinander abstimmen oder die Aussagen der Mitbeschuldigten beeinflussen können.[512] Zurzeit finden im Rahmen der Revision der Strafprozessordnung parlamentarische Beratungen u.a. auch zu den Teilnahmerechten statt.[513]

---

511 Vgl. dazu ZH-StPO³-WOHLERS, Art. 147 N 3a (m.w.H.).
512 Zur Diskussion vgl. <https://www.nzz.ch/schweiz/mehr-macht-fuer-die-staatsanwaelte-ld.1658835>; <https://www.nzz.ch/meinung/eine-verfehlte-revision-der-strafprozessordnung-ld.1364571> (beide besucht am 5.1.2022).
513 Am 14.12.2021 hat der Ständerat einem Vorstoss zugestimmt, wonach die Teilnahmerechte des Beschuldigten eingeschränkt werden können, solange er selbst noch nicht (ausserhalb des Haftverfahrens) einvernommen

600 Das Teilnahmerecht ist in seinem Kern unbestritten. Gestritten wird über seine konkrete Ausgestaltung. Im Wesentlichen geht es bei Grossverfahren um das Recht von Beschuldigten, an Einvernahmen von ebenfalls beschuldigten Personen teilnehmen zu können. Einerseits ganz allgemein (Teilnahmerecht) und andererseits in den Fällen, in denen Mitbeschuldigte Aussagen machen, welche die teilnahmeberechtigte Person belasten (Konfrontationsrecht).

601 Die Konsequenz einer Verletzung des Teilnahmerechts ist gemäss Art. 147 Abs. 4 StPO die Unverwertbarkeit der Aussagen zulasten der Partei, deren Teilnahmerecht verletzt wurde. Im Übrigen – namentlich gegenüber der aussagenden Person selbst – sind die Aussagen aber verwertbar.

602 Gemäss Bundesgericht (und EGMR) ist dem *Konfrontationsrecht* gemäss Art. 6 Ziff. 3 lit. d EMRK Genüge getan, wenn die beschuldigte Person (oder ihre Verteidigung) im Laufe des Verfahrens einmal Gelegenheit hatte, mit dem Belastungszeugen (darunter fallen nicht nur Zeugen i.S.v. Art. 162 StPO, sondern auch Auskunftspersonen und ggf. Mitbeschuldigte)[514] konfrontiert zu werden, d.h. die ihn belastenden Aussagen in Zweifel zu ziehen und selbst Fragen an den Belastungszeugen zu stellen.[515]

603 Das Konfrontationsrecht kann auf verschiedene Weise ausgeübt werden: Am naheliegendsten ist die physische Anwesenheit während der Einvernahme des Belastungszeugen. Es ist aber auch möglich, die Einvernahme des Belastungszeugen der teilnahmeberechtigten Person audiovisuell zu übertragen (vgl. Art. 144 StPO) oder ihr eine Aufzeichnung der Einvernahme zukommen und sie später Ergänzungsfragen dazu stellen zu lassen.[516] Es genügt sogar, dass der teilnahmeberechtigten Person Einsicht in das Protokoll einer

---

wurde: <https://www.parlament.ch/de/ratsbetrieb/suche-curia-vista/geschaeft?AffairId=20190048> (besucht am 5.1.2022).

514 ZH-StPO³-WOHLERS, Art. 147 N 11.
515 BGE 140 IV 172, E. 1.3 (m.w.H.); ZH-StPO³-WOHLERS, Art. 147 N 12 (m.w.H.).
516 BGer 6B_653/2016, v. 19.1.2017, E. 1.4; BGE 113 Ia 412, E. 3c.

VI. Strafprozessuale Aspekte

bereits durchgeführten Einvernahme mit dem Belastungszeugen vorgehalten und ihr Gelegenheit gegeben wird, Ergänzungsfragen schriftlich einzureichen.[517]

604 Werden Personen *rechtshilfeweise* im Ausland einvernommen, gelten gemäss Art. 148 StPO modifizierte Teilnahmerechte. Diese sind gewahrt, wenn erstens die teilnahmeberechtigte Person schriftlich Fragen zuhanden der ersuchten ausländischen Behörde formulieren kann, sie zweitens Einsicht in das Protokoll der im Ausland durchgeführten Einvernahme erhält und danach drittens schriftliche Ergänzungsfragen stellen kann, welche wiederum durch die ausländische Behörde an die zu befragende Person zu richten sind. Alternativ können natürlich auch rechtshilfeweise Einvernahmen mit physischer Präsenz der teilnahmeberechtigten Person oder durch audiovisuelle Übertragung an diese durchgeführt werden, ein entsprechender Anspruch besteht allerdings nicht. Denkbar und rechtlich unproblematisch[518] sind auch *Mischformen,* wenn bspw. die zuständige Staatsanwältin selbst ins Ausland reist, um an der Einvernahme persönlich teilzunehmen, die teilnahmeberechtigten Parteien aber i.S.v. Art. 148 StPO schriftlich teilnehmen lässt.

2. Konfliktverteidigung

605 Abgesehen davon, dass die Strafprozessordnung auf Normalfälle zugeschnitten ist, ist die gesamte schweizerische Rechtsordnung ausserdem darauf angelegt, dass die Rechtsunterworfenen sich rollenadäquat verhalten, d.h. konstruktiv (im Sinne des grossen Ganzen) und mit einem gewissen Anstand vorgehen.[519] Verhal-

---

517 BGE 113 Ia 412, E. 3c.
518 Entsprechende Mischformen sind auch bei Einvernahmen in der Schweiz zulässig; vgl. vorne N 600.
519 Instruktiv dafür der frühere § 19 Abs. 1 der altStPO des Kantons Zürich: «Alle bei dem Strafverfahren mitwirkenden Personen, Richter, Geschworene, Untersuchungsbeamte, Ankläger und Verteidiger, sollen mit Ernst und Ruhe zu Werke gehen, weder gegen Parteien noch gegen Zeugen sich Drohungen und Beleidigungen erlauben und sich aller Entstellungen der Wahrheit enthalten».

ten sich Parteien oder ihre Vertreter hingegen (innerhalb der Regeln des Strafprozesses) destruktiv oder gar querulatorisch (sog. Konfliktverteidigung), indem sie bspw. gezielt Verfahrenshandlungen provozieren, um das Verfahren zu verzögern oder mit Ausstandsbegehren, Aufsichtsbeschwerden, Strafanzeigen oder Betreibungen Strafverfolgungsbehörden und Gerichte eindecken, wird der Rechtsstaat ad absurdum geführt. Solches Verhalten wird umso wahrscheinlicher, je schwerer die Tatvorwürfe wiegen und je grösser der Erfolgsdruck für die Verteidigung ist. In Verfahren wegen Organisierter Kriminalität oder Terrorismus sind diese Faktoren oft erfüllt.

Eine Hürde für derartiges Verhalten bildet das *Verbot des Rechtsmissbrauchs* (Art. 3 Abs. 2 lit. b StPO). Obschon es gemäss Wortlaut nur die Strafbehörden bindet, hat es gemäss Rechtsprechung und Lehre durchaus auch Auswirkungen auf die *privaten Verfahrensbeteiligten,* namentlich Beschuldigte und deren Verteidiger. 606

Rechtsmissbrauch liegt gemäss Bundesgericht insbesondere vor, «wenn ein Rechtsinstitut zweckwidrig zur Verwirklichung von Interessen verwendet wird, die dieses Rechtsinstitut nicht schützen will».[520] Dies kann bspw. erfüllt sein, wenn eine Verteidigerin ihre privilegierte Position dazu ausnutzt, für einen Untersuchungshäftling (mit Kollusionsgefahr) Nachrichten zu überbringen, oder wenn prozessuale Rechte nur ausgeübt werden, um den Gang des Verfahrens zu blockieren, namentlich durch querulatorisches Stellen von Ausstandsbegehren.[521] 607

Die Konsequenzen des Rechtsmissbrauchs, insbesondere wenn ein solcher durch private Verfahrensbeteiligte erfolgt, sind im Gesetz nicht erwähnt und bleiben daher diffus. In der zitierten Rechtsprechung hatte die Feststellung von rechtsmissbräuchlichem Verhalten jeweils die Konsequenz, dass (rechtsmissbräuchlich gestellte) Rechtsmittel abgewiesen und Kosten auferlegt wurden. Alleine dadurch wird der Hauptzweck des querulatorischen Verhaltens – die 608

---

520 BGE 131 I 185, E. 3.2.4.
521 BGE 111 Ia 148, E. 4. Zum Ganzen ZH-StPO[3]-WOHLERS, Art. 3 N 14 ff.

Verzögerung und Torpedierung eines Strafverfahrens – aber nicht oder nur unzureichend vereitelt. Ein wirksames Korrektiv gegen solches Verhalten fehlt in unserer Rechtsordnung.

C. Geheime Überwachungsmassnahmen

609 Art. 260ter StGB und Art. 260^{sexies} StGB können als Grundlage für die Anordnung von geheimen Überwachungsmassnahmen dienen. Beide Strafbestimmungen sind in den massgebenden Straftatkatalogen von Art. 269 Abs. 2 lit. a StPO und Art. 286 Abs. 2 lit. a StPO aufgeführt. Damit können bei einem (dringenden) Tatverdacht auf eine dieser Bestimmungen *alle in der Strafprozessordnung vorgesehenen Überwachungsmassnahmen* eingesetzt werden, also die Fernmeldeüberwachung (Telefon, E-Mail, Postverkehr etc.) in Echtzeit gemäss Art. 269 StPO, inklusive des Einsatzes von besonderen technischen Geräten (v.a. IMSI-Catcher) gemäss Art. 269bis StPO und von besonderen Informatikprogrammen (Government Software, GovWare) gemäss Art. 269ter StPO; die rückwirkende Überwachung von Randdaten (Teilnehmeridentifikation, Standortermittlung und technische Merkmale des Verkehrs) gemäss Art. 273 StPO; die Überwachung mit technischen Überwachungsgeräten (v.a. GPS-Sender, Mikrofone und Kameras) gemäss Art. 280 StPO; die Observation inklusive Bild- und Tonaufzeichnungen gemäss Art. 282 StPO; die Überwachung von Bankbeziehungen in Echtzeit (oder einer Annäherung daran) gemäss Art. 284 StPO; die verdeckte Ermittlung gemäss Art. 285a StPO und schliesslich die verdeckte Fahndung gemäss Art. 298a StPO.

610 Ermittlungen im Bereich der Organisierten Kriminalität und des Terrorismus wären in den allermeisten Fällen ohne Überwachungsmassnahmen aussichtslos. In der Regel wird gegen eine professionell agierende Gruppierung ermittelt, die sich bewusst ist, dass die Polizei sie überwachen könnte, und daher entsprechende Vorsichtsmassnahmen trifft, etwa in der Kommunikation codierte Ausdrücke verwendet, sich an besonders geschützten Orten trifft oder gar Störsender oder besonders verschlüsselte Kommunikations-

kanäle verwendet. Zudem darf bei der Ermittlung schwerer Straftaten nicht leichthin auf die Erhebung erhältlicher Beweismittel – die Überwachungsergebnisse – verzichtet werden, insbesondere, da sich dies später nicht mehr nachholen liesse.[522] Mittlerweile haben sich auch die Gerichte an eine hohe Dichte von Beweismaterial aus Überwachungsmassnahmen gewöhnt, sodass ein Schuldspruch praktisch ausgeschlossen ist, wenn die übliche Beweisdichte nicht erreicht wird. Ein Verzicht auf Überwachungsmassnahmen ist daher praktisch ausgeschlossen.

Die Überwachungsmassnahmen stossen auf verschiedene Schwierigkeiten, die grösstenteils technologischer Natur sind, teilweise aber auch rechtliche oder gesellschaftliche Gründe haben. Die grösste Schwierigkeit ist zurzeit die standardmässige *Verschlüsselung* der Kommunikation. Zahlreiche von einer breiten Bevölkerungsschicht verwendete Kommunikationsanwendungen weisen eine End-zu-End-Verschlüsselung auf, d.h., die Kommunikationsdaten (Sprache oder Text) werden im Gerät des Senders verschlüsselt und erst wieder im Gerät der Empfängerin entschlüsselt.[523] Ausser diesen beiden verfügt niemand, insbesondere auch nicht der Internet-Provider oder die Anbieterin der Kommunikationsanwendung, über die unverschlüsselte Kommunikation, was deren Überwachung mit der konventionellen Fernmeldeüberwachung verunmöglicht.

611

Die zweite Problematik liegt in der *Nichtlokalität* von Daten. Soll auf gespeicherte Daten zugegriffen werden, stellt sich die Frage, wo diese gespeichert sind. Immer häufiger werden Daten in einer Cloud gespeichert, wobei unklar bleibt, wo sich die Daten zu einem bestimmten Zeitpunkt konkret befinden.[524] Dies beschlägt die Sicherstellung dieser Daten durch die Strafverfolgungsbehörden, da oft nicht klar ist, an wen bspw. ein Durchsuchungs- oder

612

---

522 Vgl. dazu ZH-StPO³-HANSJAKOB/PAJAROLA, Art. 269 N 92.
523 Vgl. dazu ZH-StPO³-HANSJAKOB/PAJAROLA, Art. 269ter N 2 ff.
524 Vgl. dazu ZH-StPO³-HANSJAKOB/PAJAROLA, Art. 269 N 19.

Beschlagnahmebefehl bzw. ein entsprechendes Rechtshilfeersuchen zu richten ist.

613 Drittens können professionell agierende Tätergruppen auch gezielt *Gegenmassnahmen* ergreifen, um die Überwachungsmassnahmen zu stören oder zu verunmöglichen, namentlich durch den Einsatz von Störsendern (Jammer), Kryptotelefonen, Bulletproof E-Mail Services oder Nutzung des Darknets.[525]

614 Der zunehmenden Verschlüsselung konnte teilweise durch Schaffung von Art. 269ter StPO bzw. Beschaffung entsprechender Government Software begegnet werden. Der Einsatz von GovWare hat sich aber als sehr aufwendig und umständlich entpuppt, was auch die sehr tiefen Einsatzzahlen zeigen: 2019 wurde schweizweit 12 Mal und 2020 insgesamt 13 Mal GovWare eingesetzt.[526] Das sind angesichts der Anzahl Echtzeitüberwachungen (2019: 1429, 2020: 1296) und der enorm hohen Verbreitung verschlüsselter Kommunikationsdienste in der Bevölkerung verschwindend kleine Einsatzzahlen.

615 Die Problematik der Nichtlokalität bzw. Internationalität der Datenspeicherung bleibt weitgehend ungelöst. Zwar hat die CyberCrimeConvention (CCC)[527] die Möglichkeit, mit einer sog. preservation request (Art. 29 CCC) schnell und unkompliziert Computerdaten vorläufig zu sichern und auch die Grundlage für eine freiwillige Herausgabe (Art. 32 CCC) geschaffen, das Problem, an wen solche Anfragen zu richten sind, bleibt aber bestehen. Für gewisse Konstellationen bietet immerhin die bundesgerichtliche Rechtsprechung zum Fernzugriff auf Daten, die auf Servern im Ausland gespeichert sind, eine Lösung.[528]

616 Die Pläne gewisser Krimineller, sich durch Verwendung von Kryptodiensten vor Strafverfolgung zu schützen, konnten zumindest punktuell durch Aktionen verschiedener Strafverfolgungsbehör-

---

525 Vgl. dazu HANSJAKOB (2018), 71 ff.
526 Vgl. <https://www.li.admin.ch/de/stats> (besucht am 6.1.2022).
527 Übereinkommen über die Cyberkriminalität vom 23.11.2001 (SR 0.311.43).
528 BGE 143 IV 270; dazu ZH-StPO³-HANSJAKOB/PAJAROLA, Art. 269 N 18.

den durchkreuzt werden: Im September 2019 wurde ein sog. *Cyber Bunker* in Traben-Trarbach (D) durch die Polizei ausgehoben.[529] In der unterirdischen fünfstöckigen Bunkeranlage, die u.a. mit Wachhunden und Stacheldraht gesichert war, betrieb die Täterschaft einen Darknet-Webhosting-Dienst mit über 400 Servern. Im Sommer 2020 überwachten niederländische und französische Strafverfolgungsbehörden die Server des Kryptokommunikationsdienstes *EncroChat*, wobei gestützt auf diese Daten alleine in Deutschland mehr als 2250 Ermittlungsverfahren eröffnet und umfangreiche Sicherstellungen (u.a. ca. 3,2 t Cannabis, 400 kg Kokain, 320 kg synthetische Drogen) gemacht wurden.[530] Im März 2021 erfolgte eine gleichgelagerte Aktion der belgischen, französischen und niederländischen Behörden in Bezug auf den Dienst *SkyECC*.[531] In einer dritten ähnlichen Aktion überwachten u.a. Behörden aus den USA, den Niederlanden und Schweden die Server des Dienstes *ANOM*, woraufhin im Juni 2021 ca. 800 Verhaftungen und umfangreiche Sicherstellungen (u.a. 8 t Kokain, 2 t Methamphetamin/Amphetamin, 22 t Cannabis, 250 Schusswaffen, USD 48 Mio.) folgten.[532]

Abseits von solch spektakulären Ermittlungserfolgen sind die Strafverfolgungsbehörden aber darauf angewiesen, nicht bloss eine einzelne Überwachungsmassnahme durchzuführen, sondern ein ganzes *Bündel* von Massnahmen (bspw. für einen typischen Drogenfall: Observation, GPS-Überwachung, mehrere Telefonüberwachungen

617

---

529 Dazu <https://www.spiegel.de/netzwelt/cyberbunker-einblick-in-die-dunkelste-ecke-des-internets-a-253eb3d0-db1b-4ac2-a1b6-4211e4a3d7be> und <https://www.spiegel.de/netzwelt/cyberbunker-prozess-um-darknetzentrum-an-der-mosel-a-0b55341c-63b3-43d8-88a3-18540cf689d6> (besucht am 6.1.2022).
530 Vgl. <https://www.mdr.de/nachrichten/deutschland/panorama/encrochat-krypto-handy-entschluesselt-drogenhandel-verfahren-100.html> (besucht am 6.1.2022).
531 Vgl. <https://www.europol.europa.eu/media-press/newsroom/news/new-major-interventions-to-block-encrypted-communications-of-criminal-networks> (besucht am 6.1.2022).
532 Vgl. <https://www.europol.europa.eu/media-press/newsroom/news/800-criminals-arrested-in-biggest-ever-law-enforcement-operation-against-encrypted-communication> (besucht am 6.1.2022).

und ein verdeckter Fahnder). Die Indizien und Beweise müssen dann fragmentarisch aus den verschiedenen Massnahmen zu einem Gesamtbild zusammengesetzt werden. Die zunehmende Verschlüsselung sowie die anderen oben genannten Erschwernisse machen mehr und intensivere Überwachungsmassnahmen notwendig. Hinzu kommt der Effekt, dass kriminelle Gruppierungen mit jedem Strafverfahren, das ihre Mitglieder durchlaufen, mehr darüber erfahren, wie die Strafverfolgungsbehörden arbeiten, was sie (überwachen) können und was nicht, was dazu führt, dass sie sich besser dagegen schützen können. Auch dies erhöht den Aufwand für die Strafverfolgung und macht weiter gehende und intensivere Überwachungsmassnahmen notwendig.

618 Diese Ausweitung von Überwachungsmassnahmen bringt den Strafverfolgungsbehörden regelmässig den Vorwurf ein, sie überwachten zu häufig und zu intensiv.[533] Die statistischen Zahlen deuten allerdings in eine andere Richtung: Die Anzahl Überwachungen ist seit 2002 rückläufig, dies insbesondere auch in den Jahren nach der letzten Gesetzesrevision, mit welcher per 1. März 2018 Art. 269bis ff. StPO eingeführt wurden.[534] Dieser Trend ist doch einigermassen erstaunlich, wenn man bedenkt, dass der Fernmeldeverkehr in den letzten 20 Jahren laufend deutlich zugenommen hat.[535]

619 Im Jahr 2020 zählte die Schweiz ca. 8,67 Mio. Einwohnerinnen[536] und ca. 3,1 Mio. Festnetztelefonanschlüsse[537] sowie ca. 11 Mio.

---

533 Was bisweilen darin münden kann, die Schweiz als Überwachungsstaat zu bezeichnen: <https://www.strafprozess.ch/uberwachungsstaat-schweiz/> (besucht am 6.1.2022).

534 Vgl. dazu ZH-StPO³-Hansjakob/Pajarola, Art. 269 N 5.

535 Vgl. <https://www.bakom.admin.ch/bakom/de/home/telekommunikation/zahlen-und-fakten/sammlung-statisticher-daten/mobilfunk/echtzeit-sprachuebertragung-auf-mobilfunknetzen.html> (besucht am 6.1.2022).

536 Vgl. <https://www.bfs.admin.ch/bfs/de/home/statistiken/bevoelkerung.html> (besucht am 6.1.2022).

537 Vgl. <https://www.bakom.admin.ch/bakom/de/home/telekommunikation/zahlen-und-fakten/sammlung-statisticher-daten/festnetz/anzahl-festnetzkundinnen-und-kunden.html> (besucht am 6.1.2022).

Mobiltelefonanschlüsse[538]. Im Jahr 2020 wurden insgesamt 1221 Telefonanschlüsse in Echtzeit überwacht.[539] Das entspricht einem Anteil von 0,0086% überwachten Anschlüssen (jeder 11 548. Anschluss). Da in den 1221 überwachten Anschlüssen auch ausländische enthalten sind, wäre der Prozentsatz der überwachten Schweizer Telefone noch tiefer. Und da eine Person mehrere Telefonanschlüsse haben kann – was gerade bei (organisierten) Kriminellen sogar die Regel ist – liegt die Anzahl Personen, deren Telefonverkehr überwacht wurde, noch einmal tiefer. Ein Überwachungsstaat sieht anders aus.

Auch die angeblich sehr hohen Genehmigungsraten der Zwangsmassnahmengerichte werden gerne als Beleg für eine in der Schweiz angeblich grassierende «ausufernde Überwachung» herangezogen. Namentlich wurde (u.a. von einem ehemaligen Bundesrichter) kritisiert, dass die Zwangsmassnahmengerichte im Jahr 2017 97% der staatsanwaltlichen Anträge auf Überwachungsmassnahmen «durchwinkten».[540] Dem ist zu entgegnen, dass eine hohe Genehmigungsrate in erster Linie darauf zurückzuführen ist, dass die Staatsanwaltschaften nur dann überhaupt solche Anträge stellen, wenn sie mit hoher Sicherheit davon ausgehen, dass die Voraussetzungen erfüllt sind. Die Voraussetzungen sind im Gesetz präzise umschrieben, und die Staatsanwaltschaften (insbesondere die spezialisierten, die für den grössten Teil der Anträge verantwortlich sein dürften) verfügen über jahrelange Erfahrung damit. Die hohe Genehmigungsrate ist daher keineswegs ein Zeichen mangelnder Rechtsstaatlichkeit. Dies umso weniger, als gegen jede Über-

620

---

538 Vgl. <https://www.bakom.admin.ch/bakom/de/home/telekommunikation/zahlen-und-fakten/sammlung-statisticher-daten/mobilfunk/anzahl-mobilfunkkundinnen-und-kunden.html> (besucht am 6.1.2022).
539 Vgl. <https://www.li.admin.ch/de/documentation/downloads/publications> (besucht am 6.1.2022).
540 Vgl. <https://www.srf.ch/news/schweiz/ungenuegende-kontrolle-gerichte-bremsen-strafverfolger-fast-nie> (besucht am 6.1.2022).

wachung eine Beschwerde ergriffen werden kann (Art. 279 Abs. 3 StPO), wenn geltend gemacht wird, dass sie zu Unrecht erfolgte und die Praxis zeigt, dass solche Beschwerden erstens schon nur selten ergriffen werden und zweitens so gut wie nie erfolgreich sind.[541]

---

[541] Vgl. dazu auch Pajarola, iusNET 18.12.2018 sowie ZH-StPO³-Hansjakob/Pajarola, Art. 269 N 6 und Art. 274 N 6 f.

VII. Rechtshilfe

Organisierte Kriminalität und Terrorismus spielen sich in einem *internationalen Umfeld* ab, weshalb die *Zusammenarbeit mit ausländischen Strafverfolgungsbehörden* und damit die internationale Rechtshilfe in den entsprechenden Strafverfahren eine wichtige Rolle einnimmt. Da in solchen Strafverfahren regelmässig geheime Überwachungsmassnahmen eingesetzt werden, ist es erforderlich, dass die Zusammenarbeit mit dem Ausland einerseits den Geheimhaltungserfordernissen genügt und andererseits rasch und unkompliziert erfolgen kann, bspw. indem Erkenntnisse aus Überwachungsmassnahmen praktisch in Echtzeit mit den ausländischen Partnern geteilt werden können.

621

Das schweizerische Rechtshilferecht ist im internationalen Vergleich eher schwerfällig und grundsätzlich nicht für dynamische Ermittlungen konzipiert. Insbesondere erlaubte das Bundesgesetz über internationale Rechtshilfe in Strafsachen (IRSG) nicht, dass Beweismittel ans Ausland übermittelt werden konnten, bevor ein Verfahren gemäss Art. 80 ff. IRSG, in welchem der beschuldigten Person grundsätzlich Parteirechte (insbesondere rechtliches Gehör, Akteneinsicht, anwaltliche Vertretung) zustehen, durchgeführt und mit einer Schlussverfügung (Art. 80d IRSG), die selbstverständlich angefochten werden kann (Art. 25 Abs. 1 und Art. 80e IRSG), abgeschlossen wurde.

622

Mit Wirkung ab dem 1. Januar 2012 wurde *Art 18b IRSG* eingeführt, der vorsieht, dass elektronische Verkehrsdaten bspw. aus einer Telefonüberwachung ausnahmsweise vor Abschluss des Verfahrens gemäss Art. 80 ff. IRSG ans Ausland übermittelt werden dürfen, wenn sich der Ursprung der Kommunikation im Ausland befindet (Abs. 1 lit. a) oder die Daten durch eine genehmigte Echtzeitüberwachung in der Schweiz erhoben wurden (Abs. 1 lit. b). Diese Daten dürfen im Ausland jedoch vor Abschluss des schweizerischen Rechtshilfeverfahrens (Art. 80 ff. IRSG) nicht als Beweis verwendet werden, sondern lediglich für die weiteren Ermittlungen. Das Bundesgericht stellte dann aber klar, dass gestützt auf Art. 18b IRSG keine In-

623

haltsdaten, sondern lediglich Randdaten der Kommunikation vorzeitig übermittelt werden dürfen.[542]

624 Auch gestützt auf *Art. 67a IRSG* können Informationen und Beweismittel an ausländische Behörden übermittelt werden, ohne dass das Verfahren gemäss Art. 80 ff. IRSG durchlaufen werden muss. Die Bestimmung ermöglicht die spontane Rechtshilfe, d.h. die unaufgeforderte Übermittlung von Informationen und Beweismitteln, die in einem innerschweizerischen Verfahren erhoben wurden, an eine ausländische Behörde und soll dieser ermöglichen, ein Strafverfahren einzuleiten oder ein bereits hängiges Strafverfahren erleichtern. Gemäss Art. 67a Abs. 4 IRSG gilt dies allerdings nicht für *Beweismittel*, die den Geheimbereich betreffen, also namentlich für Ergebnisse geheimer Überwachungsmassnahmen. Hingegen dürfen blosse *Informationen* aus dem Geheimbereich übermittelt werden. Der Unterschied zwischen Informationen und Beweismitteln liegt darin, dass erstere Daten darstellen, welche «aufgrund ihrer Zweckbindung bzw. eines Verwertungsverbots nicht als Beweismittel verwertbar sind bzw. mit einem strafprozessualen Verwertungsverbot belegt sind […]»[543].

625 Mit der vorliegenden Revision wurde Art. 80d^{bis} IRSG eingeführt, der die bestehenden Lücken schliessen und einerseits die Gefahrenabwehr (v.a. Verhütung von Terroranschlägen) und andererseits die Strafverfolgung verbessern soll. Weiter wurden Art. 80ter – 80^{duodecies} IRSG eingeführt, welche die Gemeinsame Ermittlungsgruppe (GEG) regeln und dazu dienen, die Zusammenarbeit von schweizerischen und ausländischen Strafverfolgungsbehörden zu verbessern.[544]

---

542 BGE 143 IV 186, E. 2.3: «Une application analogique de l'art. 18b EIMP pourrait certes être envisagée s'agissant des données relatives au trafic téléphonique, mais il ressort de ce qui précède que le législateur a expressément voulu écarter toute transmission anticipée de données relatives au contenu des conversations».
543 BK-IRSG-Glutz, Art. 67a N 13. Vgl. dazu hinten N 626.
544 Vgl. Botschaft 2018, 6491 f.

A. Dynamische Rechtshilfe (Art. 80d^{bis} IRSG)

Art. 80d^{bis} IRSG regelt die vorzeitige Übermittlung von Informationen und Beweismitteln ins Ausland. *Vorzeitig* bedeutet in diesem Zusammenhang vor Erlass der Schlussverfügung gemäss Art. 80d IRSG. *Beweismittel* sind Daten, Dokumente, Gegenstände etc., die Bestandteil der Strafakten bilden und geeignet sind, ein Gericht vom Vorliegen (oder der Abwesenheit) bestimmter Tatsachen zu überzeugen.[545] Von blossen *Informationen* unterscheiden sich die Beweismittel, indem sie nach den Regeln der Strafprozessordnung erhoben wurden und daher vor Gericht verwertbar sind. Beweismittel sind also bspw. verwertbare Einvernahmeprotokolle, Gespräche, die ihm Rahmen einer genehmigten Raumüberwachung aufgezeichnet wurden, oder Fotografien und Filmaufnahmen aus einer rechtskonform angeordneten Observation. Diese Aufzeichnungen stellen lediglich Informationen dar, wenn sie (noch) nicht verwertbar sind, bspw., weil eine belastende Aussage erst noch der beschuldigten Person vorgehalten werden bzw. sie mit der Belastungszeugin konfrontiert werden muss.

626

Die Übermittlung ist zulässig, wenn eine von zwei alternativen Voraussetzungen erfüllt ist: Entweder müssten ausländische Ermittlungen in Fällen von Organisierter Kriminalität oder Terrorismus ohne die vorzeitige Übermittlung unverhältnismässig erschwert sein – insbesondere wegen Kollusionsgefahr oder zu wahrender Vertraulichkeit (Abs. 1 lit. a) – oder die Übermittlung erfolgt, um eine schwere und unmittelbare Gefahr (insbesondere einen Terrorakt) abzuwehren (Abs. 1 lit. b).

627

Art. 80d^{bis} Abs. 1 lit. a IRSG setzt zunächst voraus, dass ein ausländischer Staat Ermittlungen in einem Fall von Organisierter Kriminalität oder Terrorismus führt. Das bedeutet aber nicht, dass die Ermittlungen im Ausland zum Zeitpunkt der vorzeitigen Übermittlung bereits laufen müssen. Es genügt – ansonsten wäre die Vari-

628

---

545 Ähnlich ZH-StPO³-FINGERHUTH, Art. 410 N 57.

ante der unaufgeforderten[546] Übermittlung gemäss Abs. 3 weitgehend sinnlos –, dass alleine (oder auch) aufgrund der übermittelten Informationen bzw. Beweismittel im Ausland Ermittlungen aufgenommen werden.

629 Diese ausländischen Ermittlungen müssen einen Fall von Organisierter Kriminalität oder Terrorismus betreffen. «*Organisierte Kriminalität*» ist ein unbestimmter Rechtsbegriff. Im vorliegenden Kontext ist darunter Folgendes zu verstehen: Die regelmässige und professionelle Begehung schwerer Straftaten, i.d.R. durch eine Gruppierung, mit dem Ziel, dadurch Vermögensvorteile zu erlangen.[547] Der Begriff ist im Sinne des EÜT bzw. ZP EÜT *breit auszulegen*.[548] Darunter fallen nicht nur Straftaten, die von einer kriminellen Organisation (i.S.v. Art. 260ter StGB) ausgehen, sondern typischerweise auch Ermittlungen wegen banden- oder gewerbsmässigen Drogenhandels, Menschenhandels, Raubs, banden- oder gewerbsmässiger Geldwäscherei etc.[549]

630 Ermittlungen wegen *Terrorismus* schliessen nicht nur solche ein, bei denen ein Terroranschlag geplant oder verübt wurde, sondern auch Straftaten gemäss Art. 260[quinquies] StGB (Finanzierung des Terrorismus) und Art. 260[sexies] StGB (Anwerbung, Ausbildung und Reisen im Hinblick auf eine terroristische Straftat) sowie andere Straftaten im Vorfeld bzw. im Zusammenhang mit Terrorakten.[550] Auch der Begriff der terroristischen Straftat ist im Sinne des EÜT bzw. ZP EÜT *breit auszulegen*.[551]

631 Vorausgesetzt ist weiter, dass die ausländischen Ermittlungen ohne die vorzeitige Übermittlung der Informationen oder Beweismittel *unverhältnismässig erschwert* würden. Weder genügt eine irgendwie geartete Erschwerung noch müssen die ausländischen Ermittlun-

---

546 Dazu Botschaft 2018, 6495.
547 Vgl. zu diesem Begriff vorne N 418 ff.
548 Vgl. dazu vorne N 418 ff.
549 Vgl. dazu vorne N 424.
550 So Botschaft 2018, 6491.
551 Vgl. dazu vorne N 10 ff., 164.

gen ohne vorzeitige Übermittlung geradewegs unmöglich sein. Der Massstab für die unverhältnismässige Erschwerung der Ermittlungen entspricht demjenigen von Art. 269 Abs. 1 lit. c StPO[552]. Demnach sind die Ermittlungen dann unverhältnismässig erschwert, wenn erhältliche Beweismittel nicht rechtzeitig erlangt werden.

Für die Ermittlung schwerer Straftaten, wie es diejenigen im Bereich der Organisierten Kriminalität und Terrorismus in aller Regel sind, müssen grundsätzlich *alle* erhältlichen Beweise erhoben werden, insbesondere solche aus geheimen Überwachungsmassnahmen, denn die Erkenntnisse, die aus solchen Überwachungen erlangt werden, können normalerweise gar nicht auf andere Weise erhältlich gemacht werden. Zudem darf in derartigen Ermittlungen keine Zeit verloren werden, weshalb bereits eine zeitverzögerte Beschaffung von Beweismitteln eine unverhältnismässige Erschwerung bedeuten kann. Dabei ist zu berücksichtigen, dass die ausländische Behörde selbst möglicherweise gar keine Zwangsmassnahmen, namentlich Überwachungsmassnahmen, anordnen kann, wenn ihr nicht die in der Schweiz erlangten Informationen und Beweismittel übermittelt werden. Je später Überwachungsmassnahmen oder andere Beweiserhebungen stattfinden, desto kleiner ist die Chance, dass dadurch relevante Beweismittel gewonnen werden können. 632

Wenn im ausländischen Verfahren *Kollusionsgefahr* besteht oder das Verfahren aus anderen Gründen *vertraulich* zu halten ist, darf es nicht passieren, dass die Verfahrensbeteiligten in irgendeiner Art von der Existenz des Verfahrens oder konkreten Ermittlungshandlungen Kenntnis erhalten. Namentlich in solchen Fällen würde es eine unverhältnismässige Erschwerung der ausländischen Ermittlungen bedeuten, wenn das normale Verfahren gemäss Art. 80 ff. IRSG durchgeführt und die beschuldigte Person über die Existenz des Verfahrens an sich und die beabsichtigte Übermittlung von Informationen oder Beweismitteln informiert werden müsste. *Kollusionsgefahr* besteht gemäss Art. 221 Abs. 1 lit. b StPO, wenn ernst- 633

---

552 Vgl. dazu ZH-StPO³-Hansjakob/Pajarola, Art. 269 N 91 ff.

haft zu befürchten ist, dass die beschuldigte Person andere Personen (bspw. Mitbeschuldigte, Teilnehmer, Zeugen) beeinflusst – also mit ihnen Absprachen trifft, sie einschüchtert oder besticht etc. – oder auf Beweismittel einwirkt (insbesondere solche verändert, versteckt oder vernichtet), um so die Wahrheitsfindung zu beeinträchtigen.[553] Kollusionsgefahr dürfte also praktisch immer gegeben sein, wenn in eine Straftat mehrere Personen involviert sind und nicht alle geständig sind oder wenn Beweismittel fehlen oder die vorliegenden Beweismittel veränderlich sind (wie dies bspw. bei Aussagen der Fall ist, denn solche können zurückgezogen oder abgeändert werden).

634 Zur *Vertraulichkeit* ist anzumerken, dass Strafverfahren ganz allgemein geheim zu halten sind (Art. 73 Abs. 1 StPO, Art. 320 StGB). Auch gegenüber den Parteien, namentlich der beschuldigten Person, sind Strafverfahren bis zu einem gewissen Grad und Zeitpunkt geheim zu halten und erst mit der Vorladung oder bei der Verhaftung zu eröffnen; dies gilt insbesondere bei Verfahren, in denen geheime Überwachungsmassnahmen durchgeführt werden. Welche Informationen über das Verfahren wann den Parteien eröffnet werden, entscheidet die Verfahrensleitung, bspw. im Rahmen der zu gewährenden Akteneinsicht (Art. 101 StPO). Dabei kann es durchaus sein, dass einem Beschuldigten gewisse Erkenntnisse erst in einem fortgeschrittenen Verfahrensstadium eröffnet werden, bspw. aus ermittlungstaktischen Gründen (etwa um Widersprüche in seinen Aussagen aufzuzeigen) oder um die Ermittlungen gegen Mittäter oder Teilnehmer nicht zu gefährden.

635 Gemäss *Art. 80d^{bis} Abs. 1 lit. b IRSG* können Informationen und Beweismittel auch dann vorzeitig an ausländische Behörden übermittelt werden, wenn dadurch eine schwere und unmittelbare Gefahr, insbesondere die Begehung einer terroristischen Straftat, abgewehrt werden soll. Hier geht es also nicht um Strafverfolgung, sondern um *Gefahrenabwehr*. Die Abwehr von Gefahren ist keine

---

[553] ZH-StPO³-Frei/Zuberbühler-Elsässer, Art. 221 N 19 ff.

justizielle Aufgabe, sondern eine Kernaufgabe der Polizei.[554] Daher gehören entsprechende Regelungen auch nicht in ein Rechtshilfegesetz, sondern zum Polizeirecht. Die polizeiliche Gefahrenabwehr ist nicht an Formalitäten gebunden, und es spielt daher auch keine Rolle, ob Formvorschriften eingehalten werden oder nicht, weshalb die vorliegende Regelung eigentlich überflüssig ist. Oder was wäre die Konsequenz, wenn Informationen entgegen der in Art. 80d^{bis} Abs. 1 lit. b IRSG aufgestellten Regel an eine ausländische Behörde übermittelt würden, um einen Terroranschlag zu verhindern? Die Unverwertbarkeit der übermittelten Informationen oder die Pflicht, diese nachträglich aus den ausländischen Akten zu entfernen, kann es nicht sein, da Verwertbarkeit bzw. Dokumentation für die Gefahrenabwehr von vornherein gar keine Rolle spielen.

Die vorliegende Bestimmung ist gemäss *Art. 80d^{bis} Abs. 2 IRSG* nur anwendbar, wenn es um die Verhinderung oder Verfolgung einer *auslieferungsfähigen Straftat* geht. Auslieferungsfähig sind gemäss Art. 35 Abs. 1 lit. a IRSG Straftaten, wenn sie sowohl nach schweizerischem Recht als auch nach demjenigen des ausländischen Staates mit einer freiheitsbeschränkenden Sanktion im Höchstmass von mindestens einem Jahr oder mit einer schwereren Sanktion bedroht sind. Nach Schweizer Recht fallen somit alle Verbrechen (i.S.v. Art. 10 Abs. 2 StGB) und die Vergehen (i.S.v. Art. 10 Abs. 3 StGB), die mit mindestens einem Jahr Freiheitsstrafe bedroht sind, darunter. 636

Art. 80d^{bis} Abs. 3 IRSG hält fest, dass die vorzeitige Übermittlung entweder auf Ersuchen der ausländischen Behörde erfolgen kann oder aber unaufgefordert. Erfolgt eine vorzeitige Übermittlung *unaufgefordert,* also ohne ein entsprechendes Ersuchen aus dem Ausland, dürfen vorläufig nur die zur Lagebeurteilung notwendigen Daten, nicht jedoch personenbezogene Daten, übermittelt werden, bis die ausländische Behörde die in Abs. 4 vorgesehene Garantieerklärung abgegeben hat. *Zur Lagebeurteilung notwendig* sind die Informationen, die es der ausländischen Behörde erlauben einzu- 637

---

554 Beispielhaft sei hier auf § 3 Abs. 2 lit. c PolG ZH verwiesen.

schätzen, ob die in der Schweiz liegenden Informationen für sie von Interesse sind. Dazu sind konkrete Angaben erforderlich. Hingegen dürfen *keine personenbezogenen Daten* übermittelt werden. Der Begriff der «Personendaten» bedeutet gemäss Art. 3 lit. a DSG alle Angaben, die sich auf eine bestimmte oder bestimmbare Person beziehen. Diesen Begriff als Massstab für Art. 80d^{bis} Abs. 3 IRSG heranzuziehen, ginge zu weit, denn vermutlich beziehen sich alle im vorliegenden Kontext relevanten Daten (insbesondere solche aus Aussagen oder geheimen Überwachungsmassnahmen) irgendwie auf eine Person. Massgebend kann nur sein, dass keine Daten übermittelt werden, welche die *Identifizierung* der involvierten Personen erlauben.

638 Finden Schweizer Ermittler also bspw. eine Videobotschaft auf einem sichergestellten Mobiltelefon, in welcher ein Terrorist einen Anschlag im Ausland ankündigt, dürfen sie die Videobotschaft selbst nicht an das betroffene Land senden, sondern vorerst nur mitteilen, dass sie über eine solche Videobotschaft verfügen. Sie dürfen auch den transkribierten Inhalt der Botschaft mitteilen, sofern daraus nicht auf die Person des Täters geschlossen werden kann, sowie eine abstrahierte Umschreibung des Täters (bspw. «ein den Schweizer Behörden bekannter Salafist»). Wenn Schweizer Ermittler bspw. eine DNA-Spur gefunden haben, dürfen sie diesen Umstand der ausländischen Behörde mitteilen, ihr aber nicht die Spur selbst bzw. das DNA-Profil oder die Identität des Spurgebers eröffnen.

639 Konkret bedeutet dies, dass die Staatsanwaltschaft in der Schweiz die ausländische Behörde zunächst nur darauf aufmerksam macht, dass sie über interessante Informationen verfügt, die einen der Zwecke gemäss Abs. 1 erfüllen, und dass sie diese im oben dargestellten Sinne angemessen umschreibt. Zugleich teilt sie der ausländischen Behörde mit, dass diese zuerst die in Abs. 4 vorgesehenen Garantien abgeben müsse, wenn sie diese Informationen erhalten wolle.

Die Garantieerklärung kann informell, bspw. per E-Mail oder vorerst sogar mündlich erfolgen.[555]

Art. 80d^bis Abs. 4 IRSG führt als Voraussetzung für die vorzeitige Übermittlung die *Garantien* auf, welche die ausländische Behörde der schweizerischen Staatsanwaltschaft abgeben muss und zwar *vor* Übermittlung der Informationen bzw. Beweismittel. 640

Mit der ersten Garantie (Abs. 4 lit. a) verpflichtet sich die ausländische Behörde, die vorzeitig zu übermittelnden Beweismittel und Informationen *nur zu Ermittlungszwecken* zu verwenden und keinesfalls für das Beantragen, Begründen oder Aussprechen eines Endentscheides[556]. Die vorzeitig übermittelten Daten dürfen also für alles verwendet werden, ausser im Zusammenhang mit einem Endentscheid in der Sache, also in Anklageschriften oder Sachurteilen. Sie dürfen (und sollen) hingegen verwendet werden für die Begründung von Zwangsmassnahmen, also bspw. geheime Überwachungsmassnahmen, Haftbefehle, Haftverlängerungen oder Durchsuchungen. Ebenfalls dürfen sie für Vorhalte in Einvernahmen verwendet werden. 641

Mit der zweiten Garantie (Abs. 4 lit. b) verpflichtet sich die ausländische Behörde, die schweizerische Behörde unverzüglich zu informieren, sobald es das ausländische Verfahren erlaubt, die *betroffene Person über die vorzeitige Übermittlung zu informieren*. Der Entscheid, wann das ausländische Verfahren eine solche Mitteilung erlaubt, liegt alleine bei der ausländischen Behörde. Sobald diese Information bei der schweizerischen Behörde eintrifft, wird sie die betroffene Person über die vorzeitige Übermittlung in Kenntnis setzen und ihr diesbezüglich das rechtliche Gehör gewähren, bevor sie die Schlussverfügung erlässt. Die schweizerischen Behörden informieren gemäss Art. 80m IRSG allerdings nur Personen, die entweder in der Schweiz wohnhaft sind (Abs. 1 lit. a) oder in der Schweiz ein Zustellungsdomizil haben (Abs. 1 lit. b). 642

---

555 Vgl. dazu Botschaft 2018, 6495.
556 Gemäss Botschaft 2018, 6496, sind den Endentscheiden auch Vergleiche mit der beschuldigten Person gleichzusetzen.

643 Mit der dritten Garantie (Abs. 4 lit. c) verpflichtet sich die ausländische Behörde, die vorzeitig übermittelten Informationen und Beweismittel aus ihren Strafakten zu entfernen, wenn die Rechtshilfe (im ordentlichen Verfahren) in der Schweiz letztlich verweigert werden sollte. Die Rechtshilfe gilt dann als verweigert, wenn die Schweizer Behörden das ausländische Rechtshilfeersuchen abweisen oder wenn die betroffene Person oder das Bundesamt für Justiz, das ebenfalls beschwerdeberechtigt ist, mit ihrer Beschwerde gemäss Art. 80e ff. IRSG durchdringt.

644 In welcher *Form* oder innert welcher *Frist* die ausländische Behörde diese Garantien abzugeben hat, ist im Gesetz nicht geregelt. Bezüglich Frist ist einzig festgehalten, dass die Garantien «vorgängig», also vor Übermittlung der Daten, abgegeben werden müssen. Bezüglich Form bestehen keine Einschränkungen. Im digitalen Zeitalter muss sicherlich eine elektronische Übermittlung, bspw. per E-Mail, ausreichen. Ebenfalls nicht geregelt ist, *wer* die Garantien abgeben muss. Sinnvollerweise ist zu verlangen, dass die für das ausländische Verfahren zuständige Staatsanwältin oder Richterin die Erklärung abgibt. In gewissen Ländern werden die Ermittlungen eigenständig durch Polizei- oder Zollbehörden geführt, ohne dass Staatsanwaltschaft oder Gericht involviert wären. In diesen Fällen muss auch eine entsprechende Garantieerklärung einer Polizeioffizierin genügen. Massgebend ist nur, dass die Garantieerklärung die dannzumal zuständige ausländische Behörde (Staatsanwaltschaft oder Gericht) bindet. Dies ist im Sinne des Vertrauensgrundsatzes auch dann anzunehmen, wenn eine Polizeibehörde eine solche Erklärung abgibt.

645 Durch die vorzeitige Übermittlung, gegen welche die betroffene Person kein Rechtsmittel ergreifen kann, werden ihre Rechte eingeschränkt. Die Garantieerklärung bezweckt als Ausgleich dazu den Schutz der Verfahrensrechte der betroffenen Person.[557]

---

557 Botschaft 2018, 6495 f.

Wenn die ausländische Behörde auf entsprechende Einladung, die Garantieerklärung gemäss Abs. 4 abzugeben, nicht reagiert bzw. sich weigert, eine solche Erklärung abzugeben, dürfen die Informationen und Beweismittel nicht vorzeitig übermittelt werden. Wurde das Einholen der Garantieerklärung vergessen oder war es aus zeitlichen Gründen nicht möglich, eine solche vorgängig einzuholen, und fand die vorzeitige Übermittlung trotzdem statt, kann die Garantieerklärung ausnahmsweise auch noch im Nachhinein eingeholt werden. Es handelt sich bei dieser Bestimmung um eine Ordnungsvorschrift. 646

Wenn die ausländische Behörde, trotz Abgabe der Garantieerklärung gemäss Abs. 4, die ihr vorzeitig übermittelten Informationen oder Beweismittel entgegen den abgegebenen Garantien (Abs. 4 lit. a) verwendet, kann die betroffene Person dies im ausländischen Verfahren geltend machen. Es obliegt dann den ausländischen Gerichten, darüber zu entscheiden, ob die in Verletzung der abgegebenen Garantien verwendeten Beweismittel und Informationen im dortigen Verfahren verwendet bzw. verwertet werden dürfen. Die schweizerische Staatsanwaltschaft kann, wenn sie denn von einer garantiewidrigen Verwendung überhaupt erfährt, dies zwar monieren, sie hat aber keine Möglichkeit, die garantiekonforme Verwendung im Ausland durchzusetzen oder der ausländischen Behörde die gelieferten Informationen wieder zu entziehen. Das Bundesamt für Justiz kann über das ausländische Justizministerium gegen die garantiewidrige Verwendung protestieren und androhen, künftig keine solchen vorzeitigen Übermittlungen mehr zuzulassen; aber auch das Bundesamt kann im Ausland keine garantiekonforme Verwendung erzwingen. Dasselbe gilt, wenn die ausländische Behörde sich weigert, die vorzeitig übermittelten Beweismittel oder Informationen aus ihren Verfahrensakten zu entfernen, nachdem eine entsprechende Beschwerde in der Schweiz erfolgreich war. 647

Art. 80d^{bis} Abs. 5 IRSG hält fest, dass die (im ordentlichen Rechtshilfeverfahren gemäss Art. 80m IRSG zu erfolgende) *Mitteilung* an die betroffene Person *aufgeschoben* wird. Sie wird nicht unterlassen, sondern sie erfolgt zu einem späteren Zeitpunkt (nämlich 648 dann, wenn die ausländische Behörde gemäss Abs. 4 lit. b darüber informiert hat, dass die Mitteilung an die betroffene Person erfolgen darf). Dieser Absatz bildet den eigentlichen Kern der vorzeitigen Übermittlung. Ohne eine Verschiebung der Mitteilung würde es sich nämlich um eine normale rechtshilfeweise Übermittlung (nach den Regeln von Art. 80 ff. IRSG) handeln.

649 *Art. 80d^bis Abs. 6 IRSG* stellt klar, dass vor der vorzeitigen Übermittlung der Informationen und Beweismittel gemäss Abs. 1 eine *Zwischenverfügung* an das Bundesamt für Justiz zu erfolgen hat. Diese Zwischenverfügung selbst ist nicht anfechtbar. Anfechtbar ist alleine die *Schlussverfügung,* welche derjenigen des ordentlichen Verfahrens entspricht. Die *Beschwerde* ist innert 30 Tagen (Art. 80k IRSG) an die Beschwerdekammer des Bundesstrafgerichts zu richten (Art. 80e Abs. 1 IRSG). Beschwerdeberechtigt sind gemäss Art. 80h IRSG die betroffenen Personen und das Bundesamt für Justiz. Ist die Beschwerde erfolgreich, sind die vorzeitig übermittelten Informationen und Beweismittel aus den ausländischen Verfahrensakten zu entfernen (gemäss Garantieerklärung in Abs. 4 lit. c).[558]

650 Art. 80d^bis IRSG weist sicher die richtige Stossrichtung auf und wird die Rechtshilfe wohl auch tatsächlich ein wenig erleichtern, obschon die Bestimmung im Wesentlichen die bereits bestehende Rechtsprechung kodifiziert.[559] Der grosse Wurf ist auch hier nicht gelungen, zu stark ist auch diese Bestimmung, wie das ganze IRSG, von einem Misstrauen gegenüber ausländischen Justizsystemen und einem übersteigerten Schutzbedürfnis von in der Schweiz wohnhaften bzw. vertretenen Beschuldigten geprägt. Im Bereich der Gefahrenabwehr ist die Regelung gar überflüssig, hat aber immerhin einen gewissen Symbolcharakter. So jedenfalls sieht dynamische Rechtshilfe nicht aus.

---

558 Dazu Botschaft 2018, 6497.
559 BGE 143 IV 186, E. 2.1; BStGer RR.2015.10, v. 10.7.2015, E. 7.3.

B. Gemeinsame Ermittlungsgruppen (Art. 80d$^{\text{ter-duodecies}}$ IRSG)

Mit der vorliegenden Revision wurde in Art. 80d^{ter} – 80d^{duodecies} IRSG die Gemeinsame Ermittlungsgruppe (GEG) geregelt. Bereits vor der Revision waren solche gemeinsamen Ermittlungsgruppen (meist unter dem Begriff Joint Investigation Team, JIT) gestützt auf Art. 20 des Zweiten Zusatzprotokolls zum Europäischen Übereinkommen über die Rechtshilfe in Strafsachen (ZP II EUeR)[560] auch für schweizerische Strafverfolgungsbehörden möglich.[561]

651

Mit dem Einsatz von GEG erhofft man sich ein rasches gemeinsames Handeln und eine wirksame Zusammenarbeit mit ausländischen Strafverfolgungsbehörden, namentlich im Bereich der Prävention und Bekämpfung von Terrorismus und Organisierter Kriminalität. Eine solche Zusammenarbeit könne v.a. «aufgrund der Komplexität, der Schwierigkeit und des grenzübergreifenden Charakters eines Falls erforderlich sein oder aufgrund der Tatsache, dass mehrere Staaten gemeinsam agieren müssen».[562]

652

Art. 80d^{ter} IRSG regelt die Einsetzung einer GEG und stellt in *Abs. 1* fest, dass eine schweizerische Rechtshilfebehörde (also v.a. eine Staatsanwaltschaft) eine solche zur Verfolgung eines bestimmten Zwecks und in Absprache mit der ausländischen Behörde einsetzen kann. Die GEG führt in einem der teilnehmenden Staaten eine Strafuntersuchung durch oder unterstützt eine solche. Auch wenn nur von einer ausländischen Justizbehörde die Rede ist, werden GEG doch in aller Regel zwischen *mehreren* Ländern vereinbart. Die GEG wird nicht einfach so eingesetzt, sondern sie hat einem *bestimmten Zweck* zu dienen, der im Einsetzungsakt aufzuführen ist (Art. 80d^{duodecies} Abs. 1 lit. a IRSG). Missverständlich ist die Formulierung, dass die GEG die *Strafuntersuchung durchführt*. Dies würde bedeuten, dass es die GEG ist, welche die Rolle der Verfah-

653

---

560 SR 0.351.12.
561 Vgl. etwa BGE 143 IV 186, E. 2.3.
562 Botschaft 2018, 6498.

rensleitung einnimmt, also die nötigen Entscheidungen trifft, Verfügungen erlässt etc., was allerdings unpraktikabel und schwerfällig wäre. Art. 80d^{quinquies} IRSG stellt klar, dass für die einzelnen Untersuchungshandlungen der Vertreter des Staates zuständig ist, auf dessen Hoheitsgebiet die Handlung vorgenommen werden soll. Alternativ kann die GEG nur zur *Unterstützung* einer Strafuntersuchung eingesetzt werden, wobei die eigentliche Verfahrensleitung bei den jeweiligen nationalen Staatsanwaltschaften verbleibt.

654 *Art. 80d^{ter} Abs. 2 IRSG* bestimmt den *Einsatzbereich* einer GEG. Es handelt sich um Strafuntersuchungen, die insbesondere schwierig oder komplex sind, die einen anderen oder mehrere andere Staaten betreffen und erhebliche Mittel sowie koordiniertes und konzertiertes Handeln erfordern. Die Formulierung «insbesondere» zeigt, dass die aufgeführten Kriterien nicht zwingend und schon gar nicht kumulativ erfüllt sein müssen. Es ist klar, dass es sich nicht lohnt, eine GEG für einen einfachen, kleinen Fall einzusetzen.

655 *Art. 80d^{ter} Abs. 3 IRSG* stellt fest, dass eine GEG zwingend ein *Rechtshilfeersuchen* voraussetzt. Dieses Ersuchen kann von der schweizerischen oder von der ausländischen Behörde ausgehen und muss die Einsetzung einer GEG explizit vorschlagen bzw. darum ersuchen.

656 *Art. 80d^{ter} Abs. 4 IRSG* sieht vor, dass eine GEG *zeitlich zu befristen* ist, wobei diese Dauer *verlängert* werden kann. Diese Bestimmung soll verhindern, dass GEG (aus Versehen) auf unbestimmte Dauer angelegt werden. Klar ist, dass eine GEG dann beendet ist, wenn ihr Zweck erfüllt, insbesondere, wenn die zugrunde liegende Strafuntersuchung abgeschlossen ist. Das Gesetz sieht keine Mindest- oder Höchstfrist für eine GEG vor, die Dauer kann daher frei gewählt werden. Aus Art. 80d^{duodecies} Abs. 1 lit. f IRSG geht hervor, dass die Dauer mit einem Datum anzugeben ist und nicht etwa mit einer Umschreibung (bspw. «bis zum rechtskräftigen Abschluss der

Strafuntersuchung»). Typischerweise werden GEG für eine Dauer von ein bis zwei Jahren eingesetzt.[563]

Nicht ausdrücklich geregelt ist, *wie* die GEG zu verlängern ist, wenn die zunächst festgesetzte Dauer abläuft. Aufgrund von Art. 80d^{duodecies} Abs. 2 IRSG ist davon auszugehen, dass die Verlängerung durch eine Anpassung des Einsetzungsaktes vorzunehmen ist. Dafür muss nicht ein neuer Einsetzungsakt erlassen werden. Vielmehr kann dies bspw. durch eine entsprechende Ergänzung, etwa in Form eines Schreibens aller beteiligten Länder oder eines Zirkularbeschlusses, geschehen. 657

Unklar ist auch, welche *Wirkungen* der Ablauf der Befristung zeitigt, insbesondere wenn vergessen wird, eine Verlängerung vorzunehmen. Wenn die GEG faktisch weiter eingesetzt ist, ist von einem Willen der Teilnehmer auf Verlängerung der GEG auszugehen, weshalb in solchen Fällen eine fehlende Verlängerung keine Wirkung entfaltet und auch im Nachhinein noch formalisiert werden kann. Läuft die Frist hingegen ab und die Teilnehmer sind sich darüber einig, dass die GEG enden soll, besteht wieder der gleiche Zustand wie vor Einsetzung der GEG. Den Teilnehmern ist es unbenommen, nach Ablauf einer GEG eine neue GEG (evtl. mit anderen Teilnehmern oder anderem Zweck) einzusetzen. 658

Obschon dies im Gesetz nicht vorgesehen ist, muss eine GEG auch vor Ablauf der Befristung durch Beschluss aller Teilnehmer aufgelöst werden können. Ebenso muss jeder Teilnehmer vor Ablauf der Befristung die Teilnahme seiner Behörde an der GEG kündigen können. Es besteht nämlich keine Möglichkeit, einen ausländischen Staat zu irgendeiner Art von Kooperation zu zwingen, weshalb das erzwungene Verbleiben eines Teilnehmers in einer GEG mangels Durchsetzbarkeit nutzlos wäre. 659

---

563 Vgl. <https://www.eurojust.europa.eu/judicial-cooperation/eurojust-role-facilitating-judicial-cooperation-instruments/joint-investigation-teams> (besucht am 8.1.2022).

660 *Art. 80d^{ter} Abs. 5 IRSG* sieht vor, dass die zuständige Behörde für ihren Staat den Verantwortlichen und die Mitglieder der GEG festlegt. Als Mitglieder sind alle Personen aufzuführen, die an der Strafuntersuchung im Rahmen der GEG teilnehmen. Dazu gehören sicher die Teilnehmer der Staatsanwaltschaft und ggf. solche des Bundesamts für Justiz. Fraglich ist, ob auch die polizeilichen Ermittler aufgeführt werden sollen. Dies ist zu empfehlen, da besonders bei heiklen Untersuchungen mit hohem Geheimhaltungsinteresse gewisse Staaten darauf bestehen könnten, nur die im Einsetzungsakt aufgeführten Personen zu Besprechungen oder Untersuchungshandlungen zuzulassen. Dies kann auch im Hinblick auf die Vermeidung möglicher Formfehler (Polizist hat an Untersuchungshandlung im Ausland teilgenommen, obschon er nicht als Mitglied aufgeführt ist) relevant werden. Für jedes Land ist zudem ein Verantwortlicher zu bestimmen, was i.d.R. die fallführende Staatsanwältin sein dürfte. Diese Personen sind im Einsetzungsakt gemäss Art. 80d^{duodecies} Abs. 1 lit. c IRSG namentlich aufzuführen. Bei Bedarf kann die GEG auch Nichtmitglieder als Experten (bspw. Sachverständige) oder Hilfspersonen (bspw. Sekretariat) beiziehen. Auch diese sind im Einsetzungsakt namentlich aufzuführen (Art. 80d^{duodecies} Abs. 1 lit. g IRSG).

661 *Art. 80d^{ter} Abs. 6 IRSG* bestimmt, dass der Einsetzungsakt (vgl. zum Inhalt Art. 80d^{duodecies} IRSG) schriftlich verfasst und dem Bundesamt für Justiz zwecks Ausübung seiner Aufsichtsfunktion zugestellt wird. Das Gesetz sieht allerdings nicht vor, dass das Bundesamt für Justiz den Einsetzungsakt genehmigen muss oder dass es formell gegen den Einsetzungsakt einschreiten könnte.

662 *Art. 80d^{quater} IRSG* regelt das auf die Tätigkeit der GEG *anwendbare Recht*. Anwendbar ist das Recht des Staates, in dem die Untersuchung durchgeführt wird. Diese Regelung erscheint etwas merkwürdig, zumal «die Untersuchung» typischerweise in mehreren Staaten gleichzeitig geführt wird. Sinnvoll wäre in solchen Fällen die Regelung, dass jeweils das Recht des Staates anwendbar ist, in dem eine konkrete *Untersuchungshandlung* (bspw. eine Hausdurchsuchung) durchgeführt wird. Die vorliegende Regelung geht

auf Art. 20 Ziff. 3 lit. b ZP II EUeR zurück, wonach die GEG ihren Einsatz nach dem Recht der Vertragspartei durchführt, in deren Hoheitsgebiet ihr Einsatz erfolgt. Mit «Einsatz» ist wohl eher eine Untersuchungshandlung oder eine Vielzahl von solchen gemeint und nicht die Strafuntersuchung als solche. Gemäss Botschaft sollen mit der vorliegenden Regelung Missverständnisse vermieden werden, «in Situationen, wo das innerstaatliche Recht anderer Staaten stark vom schweizerischen abweicht und Besonderheiten aufweist, die im Falle von Ermittlungen in der Schweiz nicht erwünscht sind»[564]. Mit anderen Worten soll diese Regelung sicherstellen, dass Untersuchungshandlungen in der Schweiz (Einvernahmen, Überwachungen, Hausdurchsuchungen, Editionen etc.) nach Schweizer Recht durchgeführt werden.

Art. 80d^{quinquies} IRSG weist die *Verantwortung für einzelne Untersuchungshandlungen* dem Vertreter der Strafbehörde zu, in deren Staat die Untersuchungshandlung durchgeführt wird. In der Schweiz ist dies die fallführende Staatsanwaltschaft.[565] Mit «Vertreter» ist wohl der Verantwortliche gemäss Art. 80d^{ter} Abs. 5 IRSG gemeint. Was diese Verantwortung genau umfasst, ist unklar. Es ist anzunehmen, dass damit gemeint ist, dass dieser Vertreter dafür verantwortlich ist, die Untersuchungshandlung nach den im jeweiligen Land geltenden Vorschriften korrekt anzuordnen bzw. genehmigen zu lassen und sie durchzuführen bzw. durchführen zu lassen (i.d.R. durch die Polizei).

663

Art. 80d^{sexies} IRSG klärt die *strafrechtliche und die haftungsrechtliche Stellung* der Teilnehmer der GEG und legt fest, dass die ausländischen Teilnehmer sowie Experten und Hilfspersonen während eines Einsatzes in der Schweiz den schweizerischen sowohl straf- als auch haftungsrechtlich gleichgestellt sind. Werden also während eines solchen Einsatzes Straftaten an diesen ausländischen Personen oder durch diese verübt, gelten die gleichen Regeln, wie wenn es sich um schweizerische Teilnehmer gehandelt hätte. Verursachen

664

---

564 Botschaft 2018, 6499.
565 Botschaft 2018, 6499.

die ausländischen Teilnehmer während eines solchen Einsatzes einen Schaden, haftet grundsätzlich der Schweizer Staat dafür, nimmt dann aber auf den betreffenden ausländischen Staat Regress.[566]

665 In *Art. 80d^septies IRSG* wird der *Zugang* der GEG-Teilnehmer *zu Unterlagen, Informationen und Beweismitteln* geregelt. Aus Schweizer Sicht geht es um die Frage, welche Verfahrensakten und Informationen der schweizerischen Staatsanwaltschaft die ausländischen Teilnehmer einsehen dürfen. Die Regel *(Abs. 1)* lautet, dass ausländische Verantwortliche und Mitglieder der GEG Unterlagen und Informationen, die mit der Strafuntersuchung zusammenhängen, sowie Beweismittel, die im Rahmen der Strafuntersuchung erhoben wurden, einsehen und nutzen dürfen. Die jeweilige schweizerische Verantwortliche der GEG kann natürlich nur Zugang zu Unterlagen etc. verschaffen, zu denen sie selbst Zugang hat, also namentlich zu den eigenen Verfahrensakten oder zu fremden, die sie beizieht. Die Verantwortliche der GEG sowie diejenigen einer Straf- oder Rechtshilfebehörde können dieses Zugangsrecht jedoch nach ihrem Ermessen (insbesondere, wenn Staatsgeheimnisse betroffen sind)[567] *einschränken (Abs. 2)*. Ebenso muss es möglich sein, dass der Zugang auf weitere Unterlagen etc. *ausgedehnt* wird, wenn es dem Zweck der GEG dienlich ist.[568] Ausländische Experten und Hilfspersonen haben von vornherein nur Zugang zu Unterlagen, Informationen und Beweismitteln, die für die Erfüllung ihrer Aufgaben notwendig sind *(Abs. 3)*.

666 *Art. 80d^octies IRSG* verweist für die *vorzeitige* Übermittlung von Unterlagen, Informationen und Beweismitteln auf die auch hier anwendbare Regelung von Art. 80d^bis IRSG. Die Regel wird hier noch einmal explizit aufgeführt, damit die Rechtshilferegeln nicht im Rahmen der Zusammenarbeit in der GEG umgangen werden.[569]

---

566 Botschaft 2018, 6499.
567 Botschaft 2018, 6500.
568 So auch Botschaft 2018, 6500.
569 Botschaft 2018, 6500.

Art. 80d^novies IRSG ist mit «Vertraulichkeit und Datenschutz» übertitelt und schreibt vor, dass die Vertraulichkeit der Informationen, einschliesslich des Untersuchungsgeheimnisses, gewahrt sein muss (Abs. 1). Dies gilt ganz allgemein, auch für Informationen und Verfahren, die nicht gemäss Einsetzungsakt Gegenstand der GEG sind.[570] Dabei richte sich der Schutz von Personendaten nach dem Recht des Staates, in dem die Untersuchungshandlung durchgeführt wird (Abs. 2). Gemäss Botschaft bezieht sich dies auf die Gewährleistung der datenschutzrechtlichen Vorgaben, bspw. in Fällen von geheimen Überwachungsmassnahmen.[571] Es ist darauf hinzuweisen, dass das Datenschutzrecht in laufenden Strafverfahren nicht anwendbar ist (Art. 2 Abs. 2 lit. c DSG). Während der Dauer des Strafverfahrens, insbesondere bei laufenden Überwachungsmassnahmen, gilt aber auch im Rahmen von GEG selbstverständlich das Untersuchungsgeheimnis (Art. 73 StPO) und das Amtsgeheimnis (Art. 320 StGB), wobei der Grundsatz gilt, dass entsprechende Geheimnisse allen Personen offenbart werden dürfen, die mit der gleichen Sache befasst sind.[572]

667

Art. 80d^decies IRSG regelt den Umgang mit Medien und gibt vor, dass sich die betroffenen Justizbehörden der Schweiz und der übrigen Länder vorgängig über den Inhalt von Mitteilungen absprechen sollen. Der Titel «Medienkontakte» lässt darauf schliessen, dass damit alle Medienformate (bspw. in Printmedien, TV, Radio, Social Media) sowie jede Art von Veröffentlichung (Medienmitteilungen, Pressekonferenzen, Interviews, Hintergrundberichte etc.) gemeint sind und nicht bloss «Mitteilungen» im klassischen Sinn. Andere Länder pflegen zuweilen einen stark von den schweizerischen Gepflogenheiten abweichenden Umgang mit Veröffentlichungen und publizieren bspw. direkt nach einem erfolgten Zugriff bereits Details aus den Untersuchungsakten (z.B. Haftbefehle) und geben oft auch die Namen der Verhafteten öffentlich bekannt. Insofern er-

668

---

570 Botschaft 2018, 6501.
571 Botschaft 2018, 6501.
572 Vgl. BGer 6B_511/2014, v. 23.10.2014, E. 3.3.

scheint eine vorgängige Absprache über die geplanten Publikationen durchaus sinnvoll.

669 *Art. 80d^{undecies} IRSG* ist Art. 5 ZP II EUeR nachgebildet und regelt die «*Kostentragung*». Die Kosten der Untersuchungshandlungen (bspw. geheime Überwachungsmassnahmen, Hausdurchsuchungen, Erstellen von Fotodokumentationen) trägt der Staat, auf dessen Hoheitsgebiet die Handlung stattfindet (Abs. 1). Die Kosten für Reisen, Unterkunft und Aufenthalt (Verpflegung etc.) der Teilnehmer der GEG trägt der jeweilige Herkunftsstaat der Teilnehmer (Abs. 2). Die Räumlichkeiten und technischen Mittel zur Durchführung der Untersuchungshandlung, wie Büros, Kommunikationsmittel oder besondere Gerätschaften, werden von dem Staat zur Verfügung gestellt, auf dessen Gebiet die jeweilige Handlung stattfindet (Abs. 3). Ergänzend zu diesen Regeln ist darauf hinzuweisen, dass *Eurojust* die Arbeit von GEG (Joint Investigation Teams, JIT) auch finanziell unterstützt und gewisse Kosten trägt (etwa für Reisen, Übernachtungen, Übersetzungen), Geräte und Know-how zur Verfügung stellt etc.[573]

670 *Art. 80d^{duodecies} IRSG* regelt den *Einsetzungsakt* und hält in *Abs. 1* fest, was dieser beinhalten muss. Über diesen Mindestinhalt hinaus können die Teilnehmer einer GEG weitere Aspekte der Zusammenarbeit in ihrem Einsetzungsakt regeln, so etwa die Benützung persönlicher Fahrzeuge oder das Mitführen von Waffen.[574] Als zentrales Element ist zunächst der Zweck der GEG festzulegen *(lit. a)*, welcher i.d.R. darin bestehen wird, verschiedene Strafverfahren aus mehreren Ländern zu koordinieren und zu fördern, namentlich durch den Austausch von Informationen und Beweismitteln und gemeinsame Untersuchungshandlungen. Sodann sind die schweizerischen und ausländischen Straf- oder Rechtshilfebehörden, die am GEG beteiligt sind, aufzuführen *(lit. b)* und ebenso –

---

573 Vgl. <https://www.eurojust.europa.eu/judicial-cooperation/eurojust-role-facilitating-judicial-cooperation-instruments/joint-investigation-teams> und <https://www.eurojust.europa.eu/sites/default/files/assets/2020_06_jits_factsheet_en.pdf> (besucht am 8.1.2022).

574 Botschaft 2018, 6501.

für jeden Teilnehmerstaat – die Namen und Funktionen der Verantwortlichen und der übrigen Mitglieder *(lit. c)*. Weiter müssen auch die Namen von beigezogenen Experten und Hilfspersonen *(lit. g)* genannt werden. Gemäss *lit. d* ist sodann die Strafuntersuchung aufzuführen (mit der Angabe einer Untersuchungsnummer und den Personen, gegen die sie sich richtet) sowie die Sachverhalte (d.h. eine kurze Darstellung des Lebenssachverhalts, unter Angabe von Ort und Zeit), die Gegenstand der GEG bilden, und die verfolgten Straftaten (also die konkreten Straftatbestände). Weiter sind die Staaten aufzuführen, auf deren Gebiet die GEG ermittelt *(lit. e)*, und die Dauer der GEG, unter Angabe des (vorläufigen) Enddatums *(lit. f)*. Gemäss *lit. h* sind die Vereinbarungen betreffend Medienkontakte (Art. 80d^{decies} IRSG) aufzuführen und gemäss *lit. i* und *lit. j* diejenigen betreffend Kostentragung. Schliesslich sind die technischen Mittel, die zur Durchführung der Einsätze erforderlich sind, aufzuführen *(lit. k)*.

Art. 80d^{duodecies} Abs. 2 IRSG sieht vor, dass der Einsetzungsakt nachträglich angepasst werden kann, wenn die Ermittlungen dies erfordern. Insbesondere können weitere Mitglieder hinzugefügt oder solche entfernt werden oder die Einsetzungsdauer der GEG kann verlängert oder verkürzt werden. Zu solchen Abänderungen sind nur die betreffenden Staatsanwaltschaften, nach Absprache mit den ausländischen Partnern, ermächtigt.[575]

671

Der Einsetzungsakt muss *schriftlich* verfasst und von den Verantwortlichen unterzeichnet werden. Ein Exemplar (bzw. eine Kopie oder ein Scan) sind dem *Bundesamt für Justiz* zur Kenntnis zuzustellen (Art. 80d^{ter} Abs. 6 IRSG). Gegen den Einsetzungsakt kann kein Rechtsmittel ergriffen werden (auch nicht durch das Bundesamt). Hingegen kann die Schlussverfügung, mit der das Rechtshilfeverfahren abgeschlossen wird (Art. 80d IRSG), mit *Beschwerde* an die Beschwerdekammer des Bundesstrafgerichts angefochten werden (Art. 80e ff. IRSG).

672

---

575 Botschaft 2018, 6501.

673 GEG ersetzen Rechtshilfeersuchen nicht, sondern sie sind Rechtshilfemassnahmen, die auf Rechtshilfeersuchen basieren. Die zugrunde liegenden Rechtshilfeersuchen sind nach den ordentlichen Regeln von Art. 80 ff. IRSG durchzuführen, d.h. insbesondere, dass schweizerische Behörden bei der Übermittlung von Beweismitteln aus der Schweiz ins Ausland den hier wohnhaften oder vertretenen (mit Zustellungsdomizil) Personen (Art. 80m Abs. 1 IRSG) vollen Rechtsschutz zu gewähren haben. Bei vorzeitigen Übermittlungen, die auch im Rahmen von GEG üblich und sinnvoll sind, sind die Regeln von Art. 80d^{bis} IRSG anwendbar (Art. 80d^{octies} IRSG). So gesehen *erleichtern* GEG die internationale *Zusammenarbeit nicht wesentlich*, da sie nichts ermöglichen, was nicht auch mit einfachen Rechtshilfeersuchen erreicht werden kann. GEG sind v.a. für ausländische Teilnehmer untereinander interessant, da diese i.d.R. weitere Rechtshilfeersuchen entbehrlich machen. Zudem können die (finanziellen) Unterstützungen von Eurojust – gerade für finanzschwache Strafverfolgungsbehörden – ein Vorteil sein.

674 Zu beachten ist, dass Art. 80d^{ter} ff. IRSG nur Gültigkeit in der Schweiz haben und daher auch nur die schweizerischen Behörden direkt binden. Für die *ausländischen* Teilnehmer der GEG sind diese Regeln *nicht verbindlich* (möglicherweise aber diejenigen von Art. 20 ZP II EUeR) und sicherlich auch nicht durchsetzbar. Die hiesigen Regeln dienen aber dazu, die Themen festzulegen, über die sich die Teilnehmer einer GEG zu einigen haben, und geben auch – aus schweizerischer Sicht – die Stossrichtung vor.

675 Die Regelungen über die GEG lassen auch Fragen offen, bspw. wie vorzugehen ist, wenn sich eine Untersuchungshandlung in *mehreren* Staaten abspielt, bspw. wenn eine Person observiert wird, während sie Ländergrenzen überquert, oder wenn mehrere Server eines Netzwerks, die sich in verschiedenen Ländern befinden, überwacht werden (gemäss Art. 80d^{quater} IRSG ist das Recht des Staates massgebend, in dem die Untersuchungshandlung durchgeführt wird). Ebenso stellt sich die Frage, wie vorzugehen ist, wenn sich verschiedene Teilnehmer einer GEG *nicht einig* sind. Infrage käme grundsätzlich, dass ein Mehrheitsentscheid gefällt wird. Auf-

grund der Souveränität der eizelnen Staaten bzw. ihrer Strafverfolgungs- und Rechtshilfebehörden ist dies aber kaum richtig. Die GEG bzw. der Einsetzungsakt sind weitgehend als Absichtserklärungen zu verstehen, die im Ernstfall aber nicht durchsetzbar wären. Insofern besteht keine Möglichkeit, einen Teilnehmer bzw. einen Staat zu einem bestimmten Verhalten zu verpflichten oder gar zu zwingen. Weiter stellt sich die Frage, ob der Einsetzungsakt eine *konstitutive* oder bloss *deklaratorische* Wirkung entfaltet. Dies ist namentlich für die Frage bedeutsam, ob Handlungen, die vor Abschluss des Einsetzungsaktes vorgenommen wurden, gültig bzw. ob entsprechende Beweismittel verwertbar sind, bspw. wenn ausländische Ermittler in der Schweiz eine Person befragt haben. Da die Zusammenarbeit im Rahmen einer GEG auf Rechtshilfeersuchen beruht, ist deren Inhalt massgebend: Bestand ein Rechtshilfeersuchen, das die entsprechende Beweiserhebung (bspw. Einvernahme durch ausländische Ermittler) vorsah, ist diese grundsätzlich gültig, unabhängig davon, wann die GEG formell eingesetzt wurde. Insofern kommt dem Einsetzungsakt bloss deklaratorische Wirkung zu.

VIII. Strafverfolgung, Polizeiermittlung, Nachrichtendienst

A. OK- und Terror-Ermittlungen

676 Ermittlungen im Bereich von Organisierter Kriminalität und Terrorismus setzen nicht nur regelmässig den Einsatz von geheimen Überwachungsmassnahmen voraus, sondern auch vorausgehende Ermittlungen durch die *Polizei* (Vorermittlungen) und teilweise auch Informationsbeschaffungen durch den *Nachrichtendienst*. Strafverfolgungen in diesem Deliktsbereich gehören i.d.R. in das Gebiet der *Holkriminalität*, d.h., sie werden nur in seltenen Fällen durch eine Anzeige initialisiert, sondern durch polizeiliche Vorermittlungen oder Informationsbeschaffungen des Nachrichtendienstes. Im Rahmen dieser Vorermittlungen werden bspw. Informanten und Vertrauenspersonen eingesetzt oder bereits Überwachungsmassnahmen durchgeführt. Eine weitere Eigenheit solcher Verfahren, die sie von herkömmlichen Strafverfahren unterscheiden, liegt darin, dass sie nicht (ausschliesslich) auf die Aufklärung einer bereits in der Vergangenheit verübten Straftat abzielen, sondern auf die Ermittlung eines *laufenden Delinquierens* (bspw. gewerbsmässiger Betäubungsmittelhandel), also ein andauerndes Verhalten, das sich grösstenteils in der Zukunft abspielt.

677 Bevor ein Strafverfahren eröffnet ist bzw. bevor ein Tatverdacht besteht, richtet sich die polizeiliche Ermittlungsarbeit nach dem jeweiligen kantonalen Polizeigesetz und diejenige des Nachrichtendienstes nach dem Bundesgesetz über den Nachrichtendienst (NDG).[576] Sobald diese Massnahmen einen Anfangsverdacht hervorbringen, gelten für das weitere Strafverfahren die Regeln der Strafprozessordnung.[577] Die Abgrenzung zwischen den Tätigkei-

---

576 Vgl. dazu ZH-StPO³-LANDSHUT/BOSSHARD, Art. 299 N 13.
577 Für das Polizeirecht vgl. LENTJES MEILI/RHYNER, Vorbem. zu §§ 32–32g N 18. Für den nachrichtendienstlichen Bereich: Art. 60 Abs. 4 NDG.

ten nach den Polizeigesetzen, dem Nachrichtendienstgesetz und der Strafprozessordnung sind fliessend.

B. Polizeiliche und nachrichtendienstliche Informationsbeschaffung

Die *polizeilichen Vormittlungen* zielen darauf ab festzustellen, ob Straftaten vorgefallen, noch im Gange oder zu erwarten sind.[578] In dieser Phase besteht (noch) kein Tatverdacht.[579] Die Polizei handelt in diesem Stadium also *verdachtsunabhängig,* aber mit dem Ziel, Straftaten zu erkennen und ggf. zu verhindern oder aufzuklären.[580] Die polizeiliche Tätigkeit stützt sich in der Vorermittlungsphase alleine auf das kantonale *Polizeigesetz*.[581] Die einzelnen Polizeigesetze unterscheiden sich zwar, es dürften aber alle Ermittlungs-Massnahmen vorsehen, welche die Polizei in diesem Verfahrensstadium unter bestimmten Voraussetzungen anwenden darf. Dazu zählt insbesondere der Einsatz von vertraulichen Quellen (Informanten und Vertrauenspersonen)[582] sowie gewisse Überwachungsmassnahmen, namentlich Observation (z.T. mit Unterstützung durch technische Geräte, bspw. GPS-Sender), sowie eine Form von verdeckter Fahndung oder verdeckter Ermittlung.[583]

678

---

[578] Exemplarisch § 4 Abs. 1 PolG ZH: «Ausgehend von Hinweisen oder eigenen Wahrnehmungen, tätigt die Polizei Vorermittlungen, um festzustellen, ob strafbare Handlungen zu verhindern oder strafbare Handlungen aufzuklären sind».

[579] LENTJES MEILI/RHYNER, § 4 N 3.

[580] Zum dualen Zweck der Vorermittlungen: LENTJES MEILI/RHYNER, § 4 N 1 f.

[581] § 4 Abs. 2 PolG ZH.

[582] Dazu ZH-StPO³-HANSJAKOB/PAJAROLA, Art. 285a N 13 ff.

[583] Das PolG ZH sieht u.a. folgende Überwachungsmassnahmen vor: § 32 (Observation, mit technischen Überwachungsgeräten), § 32a (Audio- und Videoüberwachung im öffentlichen Raum), § 32d (Kontaktnahme, die sich an den Regeln der verdeckten Fahndung gemäss Art. 298a ff. StPO orientiert), § 32e (verdeckte Vorermittlung, welche sich an den Regeln der verdeckten Ermittlung gemäss Art. 285a ff. StPO orientiert) sowie § 32g (verdeckte Registrierung). Zu den einzelnen Massnahmen vgl. LENTJES MEILI/RHYNER, § 32 ff.

VIII. Strafverfolgung, Polizeiermittlung, Nachrichtendienst

679 Der *Nachrichtendienst des Bundes* (NDB) dient dem Schutz wichtiger Landesinteressen, namentlich der Sicherung der demokratischen und rechtsstaatlichen Grundlagen der Schweiz, dem Schutz der Freiheitsrechte und der Sicherheit der Bevölkerung (Art. 2 f. NDG). Zur Erfüllung dieser Aufgaben muss der NDB Informationen aus öffentlichen und nichtöffentlichen Quellen beschaffen (Art. 5 NDG), wobei er sich verschiedener Beschaffungsmethoden bedient, namentlich solcher, die keine Genehmigung erfordern (Art. 13 ff. NDG), und solchen, die einer Genehmigung bedürfen (Art. 26 ff. NDG). Mit den beschafften Informationen soll der NDB u.a. frühzeitig Bedrohungen der inneren und äusseren Sicherheit der Schweiz (etwa durch Terrorismus, Spionage, gewalttätigen Extremismus, Angriffe auf kritische Infrastruktur oder NBC-Proliferation) erkennen und verhindern (Art. 6 Abs. 1 lit. a NDG). Der NDB arbeitet mit verschiedenen Behörden zusammen, u.a. mit den Vollzugsbehörden der Kantone (i.d.R. die Kantonspolizei), der Armee sowie ausländischen Nachrichtendiensten und Sicherheitsbehörden (Art. 10 ff. NDG).

680 Unter die genehmigungs*freien* Beschaffungsmassnahmen fällt bspw. der Einsatz menschlicher Quellen, also Personen, die dem NDB Informationen liefern oder ihn bei der Beschaffung solcher unterstützen (Art. 15 NDG)[584]. Genehmigungs*pflichtig* sind gemäss Art. 26 NDG hingegen Beschaffungsmassnahmen, welche weitgehend den geheimen Überwachungsmassnahmen gemäss Art. 269 ff. StPO entsprechen, teilweise aber auch über diese hinausgehen, also die Überwachung des Post- und Fernmeldeverkehrs (einschliesslich durch IMSI-Catcher), der Einsatz von Ortungsgeräten (namentlich GPS-Sender), der Einsatz von technischen Überwachungsgeräten (v.a. Kameras und Mikrofone), das Eindringen in Computersysteme und -netzwerke sowie geheime Durchsuchungen. Die Voraussetzungen für den Einsatz der genehmigungspflichtigen Massnahmen gemäss Art. 27 NDG orientiert sich ebenfalls an den Voraussetzungen von Art. 269 Abs. 1 StPO, mit dem Unterschied,

---

584 Vgl. dazu die Erläuterungen in der Botschaft: BBl 2014, 2151 ff.

dass das Handeln des NDB natürlich keinen (dringenden) Tatverdacht voraussetzt, zumal der NDB auch keine Strafverfolgungsbehörde ist.[585] An die Stelle des Tatverdachts tritt im NDG jedoch das Vorliegen einer konkreten Bedrohung der inneren oder äusseren Sicherheit gemäss Art. 19 Abs. 2 lit. a–d NDG (u.a. durch terroristische Aktivitäten, Spionage, NBC-Proliferation, Angriff auf kritische Infrastruktur; zur Bekämpfung von Gewaltextremismus sind diese Massnahmen hingegen nicht zulässig[586]).

C. Verwendung polizeilicher Erkenntnisse im Strafverfahren

Sowohl bei der polizeilichen Vorermittlung als auch bei der nachrichtendienstlichen Informationsbeschaffung können etwa durch den Einsatz vertraulicher Quellen oder durch Überwachungsmassnahmen Informationen anfallen, die für die Bekämpfung von Organisierter Kriminalität und Terrorismus bedeutsam sind, namentlich können Hinweise auf die Begehung von Straftaten, mithin ein *Tatverdacht,* erlangt werden. Im Falle polizeilicher Vorermittlungen liegt gerade darin der Zweck (oder zumindest einer der Zwecke) der eingesetzten Massnahmen,[587] was bereits aus Art. 309 Abs. 1 lit. a und Abs. 2 StPO hervorgeht. Im Falle der nachrichtendienstlichen Informationsbeschaffung haben solche Erkenntnisse eher den Charakter von Zufallsfunden (dazu sogleich). Beiden Bereichen ist 681

---

585 Vgl. dazu BBl 2014, 2120: «Wichtig ist auch, zu unterscheiden, dass der Nachrichtendienst keine Hilfspolizei oder kein primärer Zulieferant der Strafverfolgungsbehörden ist, sondern mit dem Fokus auf die Früherkennung von Bedrohungen eine eigenständige, sicherheitspolitische und nicht strafrechtliche Aufgabe erfüllt. Seine Berichterstattung ist deshalb auf die Verhinderung von Bedrohungen ausgerichtet und nicht auf die Verfolgung bereits geschehener Delikte».
586 Vgl. dazu BBl 2014, 2112 f.
587 Vgl. dazu Lentjes Meili/Rhyner, § 4 N 19.

aber gemeinsam, dass Beweise, die rechtskonform erlangt wurden, auch im Strafprozess grundsätzlich *verwertbar* sind.[588]

682 Der polizeirechtliche Teil eines Verfahrens lässt sich nicht trennscharf vom strafprozessualen Teil abgrenzen. Die beiden Bereiche können ineinanderfliessen bzw. sich überlappen, «etwa wenn ein Polizist in Ausübung einer rein polizeilichen Tätigkeit, die keinen Tatverdacht voraussetzt, auf strafrechtlich relevante Sachverhalte trifft und entsprechende Massnahmen mit Blick auf die Strafverfolgung vorkehrt»[589]. Das entscheidende *Abgrenzungskriterium* für die Anwendbarkeit der StPO ist der strafprozessuale *Anfangsverdacht*.[590] Wann ein solcher vorliegt, lässt sich allerdings genauso wenig präzise bestimmen. Nach gängiger Definition besteht ein Anfangsverdacht, wenn konkrete Anhaltspunkte vorliegen, aufgrund derer eine gewisse Wahrscheinlichkeit besteht, dass eine Straftat begangen wurde.[591]

683 Obschon die Unterscheidung zwischen dem Anwendungsbereich des Polizeirechts und demjenigen der Strafprozessordnung grundsätzlich sehr bedeutsam ist, zumal in diesen beiden Bereichen unterschiedliche Zuständigkeiten und Massnahmen vorgesehen sein können, sind die Abgrenzungskriterien sehr unscharf. Soweit Polizeirecht und Strafprozessordnung hingegen die *gleichen Zuständigkeiten und Anordnungsvoraussetzungen* für eine bestimmte Massnahme vorsehen, spielt die Unterscheidung für die Verwertbarkeit der dadurch erlangten Beweise *keine* Rolle.[592]

---

588 Vgl. für den nachrichtendienstlichen Bereich: BGer 6B_57/2015, v. 27.1.2016, E. 3.1; für den polizeirechtlichen Bereich: BGE 142 IV 289, E. 3.1 und 3.3; BGE 143 IV 27, E. 3.2; LENTJES MEILI/RHYNER, § 4 N 19 (m.w.H.); ZH-StPO[3]-HANSJAKOB/PAJAROLA, Art. 285a N 25.
589 BGE 140 I 353, E. 5.2.
590 Vgl. BGer 6B_1143/2015, v. 6.6.2016, E. 1.3.1; BGE 143 IV 27, E. 2.5.
591 Vgl. ZH-StPO[3]-WOHLERS, Art. 7 N 5.
592 Vgl. etwa BGE 143 IV 27, E. 3.2, in Bezug auf die polizeirechtlichen Massnahmen der Kontaktnahme (§ 32d PolG ZH) und der verdeckten Vorermittlung (§ 32e PolG ZH) im Vergleich zu den strafprozessualen Massnahmen der verdeckten Fahndung (Art. 298a ff. StPO) und der verdeckten Ermittlung (Art. 285a ff. StPO).

D. Verwendung nachrichtendienstlicher Erkenntnisse im Strafverfahren

Art. 60 Abs. 2 NDG sieht vor, dass der NDB seine Erkenntnisse, die der Strafverfolgung, der Verhinderung von schweren Straftaten oder der Aufrechterhaltung der öffentlichen Ordnung dienen, u.a. an Strafverfolgungsbehörden zustellt. Erkenntnisse, die der Strafverfolgung dienen, sind namentlich Hinweise, dass Straftaten begangen wurden, mithin ein Tatverdacht, aber bspw. auch Erkenntnisse, die zur Identifikation oder Lokalisation einer Beschuldigten oder zum Auffinden von Beweismitteln oder Vermögenswerten dienen. Diese «Erkenntnisse des NDB» umfassen Informationen aus *allen* Quellen, die dem NDB zugänglich sind, namentlich solche aus (genehmigungsfreien und genehmigungspflichtigen) Beschaffungsmassnahmen, aber auch solche, die im Ausland beschafft wurden (Art. 36 ff. NDG) sowie solche aus der Kabelaufklärung (Art. 39 ff. NDG). 684

Es handelt sich bei Art. 60 Abs. 2 NDG nicht um eine Kann-Vorschrift. Daraus folgt, dass der NDB, sobald er Hinweise auf Straftaten erlangt, diese an die dafür zuständige Staatsanwaltschaft bzw. Polizei weiterleiten *muss*. Der NDB muss solche Erkenntnisse also auch *unaufgefordert* an Strafverfolgungsbehörden weiterleiten, wie die zitierte Bestimmung auch ausdrücklich festhält. Ebenfalls klar ist, dass der NDB nicht nur einen Hinweis an die Strafverfolgungsbehörden machen muss, sondern seine Erkenntnisse, die er beschafft hat, weiterleiten muss. Der NDB wahrt bei der Übermittlung dieser Daten zwar den *Quellenschutz* (Art. 60 Abs. 2 NDG), er hat aber die *Herkunft* der Daten anzugeben (Art. 60 Abs. 4 NDG).[593] Das heisst, der NDB teilt mit, aus welcher Beschaffungsmassnahme die Erkenntnisse stammen, hält aber die konkrete Quelle (bspw. den ausländischen Dienst oder die Informantin) geheim. 685

Gemäss *Abs. 3* dieser Bestimmung gilt dieser Grundsatz auch, wenn die Erkenntnisse des NDB, die konkrete Anhaltspunkte für 686

---

593 Vgl. dazu hinten N 695.

eine Straftat (also einen Tatverdacht oder Hinweise auf die Identität oder den Aufenthaltsort von Personen etc.) beinhalten, aus *genehmigungspflichtigen* Informationsbeschaffungen stammen. Der NDB hat in diesen Fällen also die Daten, d.h. die beschafften Erkenntnisse und Beweismittel (bspw. die Aufzeichnung eines überwachten Gesprächs), an die Strafverfolgungsbehörden zu übermitteln. Dies allerdings nur unter der Voraussetzung, dass die Strafverfolgungsbehörde zur Verfolgung der jeweiligen Straftat eine vergleichbare Massnahme anordnen dürfte. Die Schranke bilden also die Voraussetzungen der jeweiligen strafprozessualen Massnahmen.

687 Wie vorne dargestellt, entsprechen die genehmigungspflichtigen Beschaffungsmassnahmen gemäss Art. 26 NDG weitgehend den *geheimen Überwachungsmassnahmen* gemäss Art. 269 ff. StPO. Hat der NDB seine Erkenntnisse aus einer solchen Massnahme, bspw. aus der Kommunikationsüberwachung, gewonnen, ist zu prüfen, ob die Staatsanwaltschaft für das betreffende Delikt, auf welches der Tatverdacht hinweist, eine vergleichbare Massnahme, bspw. eine Fernmeldeüberwachung gemäss Art. 269 StPO, anordnen dürfte. Massgebend dafür ist v.a., ob sich die Erkenntnisse auf eine Katalogtat gemäss Art. 269 Abs. 2 StPO beziehen.[594]

688 Zumindest explizit regelt die Strafprozessordnung zwei Massnahmen nicht, welche gemäss Art. 26 NDG unter die genehmigungspflichtigen Beschaffungsmassnahmen fallen: Eindringen in Computersysteme und -netzwerke sowie geheime Durchsuchungen. Die Vorschrift von Art. 60 NDG setzt jedoch nicht voraus, dass in der Strafprozessordnung eine genau gleiche Vorschrift besteht, sondern es reicht aus, wenn eine «*vergleichbare*» Massnahme vorgesehen ist. Ein geheimes *Eindringen in Computersysteme bzw. -netzwerke* kann auch im Rahmen von Strafuntersuchungen erfolgen und zwar gestützt auf Art. 246 ff. StPO (Durchsuchung mit Fernzugriff)[595] so-

---

594 Vgl. dazu ZH-StPO³-HANSJAKOB/PAJAROLA, Art. 278 N 45 ff.
595 Vgl. dazu BGE 143 IV 270, E. 7.10; ZH-StPO³-HANSJAKOB/PAJAROLA, Art. 269 N 18.

wie auf Art. 269ter StPO (Einsatz von GovWare)[596]. Sind also die Voraussetzungen einer dieser StPO-Massnahmen erfüllt, können die Erkenntnisse aus dem genehmigungspflichtigen Eindringen in ein Computersystem im Strafverfahren verwertet werden.

Die Strafprozessordnung sieht ausdrücklich nur offene Durchsuchungen vor (Art. 241 ff. StPO), nicht jedoch verdeckte oder *geheime Durchsuchungen,* solche sind jedoch im Rahmen von Strafverfahren trotzdem zulässig. Im Wesentlichen unterscheiden sie sich von offenen Durchsuchungen nur dadurch, dass Erstere ohne Wissen des Betroffenen durchgeführt und diesem entsprechend erst im Nachhinein mitgeteilt werden. Das *Bundesgericht* hat solche verdeckten Durchsuchungen unter der Voraussetzung als zulässig erachtet, dass ansonsten ein Beweisverlust drohen würde, weil zu befürchten ist, dass der Betroffene Beweise vernichten oder verstecken könnte, wenn ihm die Durchsuchung sofort eröffnet würde bzw. eine Aufforderung zur Edition den Zweck der Massnahme vereiteln würde.[597] Verdeckte Durchsuchungen werden etwa in Fällen von schwerem Drogenhandel eingesetzt, wenn bspw. aus Überwachungsmassnahmen bekannt wird, dass ein Drogenbunker besteht und überprüft werden muss, ob sich darin tatsächlich Drogen befinden und ggf. welche und in welcher Menge bzw. Reinheit. Dem Betroffenen drohen dadurch keine wesentlichen Nachteile, zumal ihm die Massnahme, sobald es das Verfahren erlaubt, nachträglich eröffnet wird und er dann dagegen Rechtsmittel ergreifen kann. 689

In der Strafprozessordnung finden sich des Weiteren auch keine Bestimmungen, die eine *Informationsbeschaffung im Ausland* (Art. 36 ff. NDG) oder eine *Kabelaufklärung* (Art. 39 ff. NDG) vorsehen. Auch Strafverfolgungsbehörden können Informationen im Ausland beschaffen, insbesondere auch aus Überwachungsmassnahmen, die im Ausland stattfinden, wenn sie dies über den Weg der Rechtshilfe tun. Auch für diesen Fall besteht also ein strafprozessuales Pendant zum nachrichtendienstlichen Instrument. Die Kabel- 690

---

596 Vgl. dazu ZH-StPO³-HANSJAKOB/PAJAROLA, Art. 269ter N 4 und 36.
597 BGer 1B_29/2017, v. 24.5.2017, E. 7.4 f.

aufklärung ist zwar nicht im 4. Abschnitt (Genehmigungspflichtige Beschaffungsmassnahmen) des NDG geregelt, sie stellt materiell jedoch ebenfalls eine solche dar, zumal sie der Informationsbeschaffung dient (Art. 39 Abs. 1 NDG) und einer Genehmigung (Art. 40 f. NDG) bedarf. Mit der Kabelaufklärung werden grenzüberschreitende Signale aus leitungsgebundenen Netzen (bspw. Internetverkehr) erfasst. Sie darf nur für bestimmte Zwecke eingesetzt werden (Art. 25 NDV), namentlich im Bereich der Terrorbekämpfung zur Erkennung von Aktivitäten, Verbindungen und Strukturen von terroristischen Gruppierungen und Netzwerken sowie zur Erkennung von Aktivitäten und Verbindungen von Einzeltäterinnen und Einzeltätern (lit. a). Diese Erkenntnisse können auch für die Strafverfolgung bedeutsam sein. Das strafprozessuale Pendant sind bspw. Serverüberwachungen, die – wenn sie einen Auslandsbezug aufweisen – rechtshilfeweise durchgeführt werden können. Demnach fallen auch Erkenntnisse des NDB, die im Ausland oder mittels Kabelaufklärung beschafft wurden, unter die Regelung von Art. 60 NDG und müssen unter den dort geregelten Voraussetzungen an Strafverfolgungsbehörden übermittelt werden.

691 Auch Art. 60 Abs. 3 NDG ist eine *zwingende* Vorschrift. Eine Bekanntgabe von Daten aus genehmigungspflichtigen Beschaffungsmassnahmen steht also nicht im Ermessen des NDB, sondern hat bei Vorliegen der Voraussetzungen immer zu erfolgen, wie es in der zitierten Bestimmung auch ausdrücklich vorgesehen ist. Es stellt sich allerdings die Frage, *wer* verbindlich feststellt, ob die *Voraussetzungen* von Art. 60 Abs. 3 NDG im Einzelfall erfüllt sind. Erstens kann faktisch nur der NDB feststellen, dass aus einer genehmigungspflichtigen Massnahme konkrete Anhaltspunkte für eine Straftat hervorgehen, da zunächst nur er Zugang zu diesen Informationen hat. Dies setzt allerdings voraus, dass den Mitarbeitenden des NDB, welche die Erkenntnisse wahrnehmen, überhaupt bewusst ist, welche Hinweise für ein Strafverfahren relevant sind. Zweitens muss geprüft werden, ob die Strafverfolgungsbehörde zur Verfolgung dieser Straftaten eine vergleichbare strafprozessuale Massnahme anordnen dürfte. Diese Frage kann vom NDB höchs-

tens prima facie beurteilt werden, setzt ihre Prüfung doch vertiefte Kenntnisse der Strafprozessordnung voraus. Abschliessend kann diese Frage wohl nur von einem Zwangsmassnahmengericht beurteilt werden, wobei einschränkend anzumerken ist, dass einerseits nicht alle Massnahmen tatsächlich einer Genehmigung durch das Zwangsmassnahmengericht bedürfen (etwa eine Observation, der Einsatz von vertraulichen Quellen oder verdeckter Fahnder sowie verdeckte Durchsuchungen) und andererseits muss – zumindest gemäss Art. 60 Abs. 3 NDG – eine solche Genehmigung auch nicht tatsächlich eingeholt werden, sondern es genügt, dass die Strafbehörde eine vergleichbare Massnahme anordnen «dürfte».

Da der NDB nicht abschliessend beurteilen kann, ob die Voraussetzungen für eine Datenübermittlung gemäss Art. 60 Abs. 3 NDG gegeben sind, da letztlich nur ein Gericht dazu in der Lage ist, sollte der NDB sich darauf beschränken, eine *vorläufige* Einschätzung vorzunehmen, ob Informationen vorliegen, die im Rahmen einer Strafverfolgung bedeutsam sein können. Dabei soll *kein allzu strenger Massstab* angesetzt werden. Mit der Verwertbarkeit dieser Daten, d.h. mit der Frage, ob eine vergleichbare strafprozessuale Massnahme existiert, sollte der NDB sich mangels Fachkenntnis gar nicht befassen, sondern dies den Strafverfolgungsbehörden überlassen. Im Zweifel soll der NDB die zuständige Staatsanwaltschaft kontaktieren und mit ihr die Frage einer Datenübermittlung diskutieren. 692

Aus strafprozessualer Sicht stellen Erkenntnisse, die der NDB mit einer genehmigungspflichtigen Beschaffungsmassnahme erlangt hat, in den meisten Fällen eine Art *Zufallsfund* (vgl. Art. 278 StPO) dar. Ihre Verwertung im Strafprozess setzt demnach eine Genehmigung durch den fallführenden Staatsanwalt (analog zu Art. 243 StPO) bzw. durch das zuständige Zwangsmassnahmengericht (analog zu Art. 278 Abs. 3 StPO i.V.m. Art. 274 StPO) voraus.[598] Vom Zwangsmassnahmengericht sind Zufallsfunde i.S.v. Art. 278 StPO bzw. Art. 296 StPO allerdings nur zu genehmigen, wenn sie aus ei- 693

---

598 Vgl. dazu ZH-StPO[3]-HANSJAKOB/PAJAROLA, Art. 278 N 130 ff.

ner genehmigungspflichtigen Überwachungsmassnahme stammen, also aus solchen gemäss Art. 269 ff. StPO (Post- und Fernmeldeüberwachung), Art. 280 f. (Überwachung mit technischen Überwachungsgeräten) und Art. 285a ff. StPO (verdeckte Ermittlung). Zufallsfunde aus anderen Überwachungsmassnahmen (z.B. Observation) oder Untersuchungshandlungen (z.B. Edition, Durchsuchung) können verwertet werden, wenn die zuständige Staatsanwaltschaft deren Verwertung genehmigt hat (so ausdrücklich Art. 243 StPO).[599]

694 Dies gilt auch im vorliegenden Kontext: Hat der NDB Erkenntnisse aus Beschaffungsmassnahmen gewonnen, deren strafprozessuale Pendants durch das Zwangsmassnahmengericht zu genehmigen sind (bspw. Kommunikationsüberwachung), muss auch der Zufallsfund durch das *Zwangsmassnahmengericht* genehmigt werden. Geht es um Erkenntnisse, die der NDB durch Beschaffungsmassnahmen erlangt hat, deren strafprozessuales Pendant nicht durch das Zwangsmassnahmengericht genehmigt werden muss (bspw. verdeckte Durchsuchungen), müssen auch entsprechende Zufallsfunde nicht durch das Zwangsmassnahmengericht, sondern bloss durch die fallführende *Staatsanwaltschaft* genehmigt werden. Lehnt der Staatsanwalt oder das Zwangsmassnahmengericht die Genehmigung des Zufallsfundes ab, sind die entsprechenden Daten (analog zu Art. 278 Abs. 4 StPO) gesondert aufzubewahren und nach Abschluss des Verfahrens zu vernichten.[600]

695 Für die Genehmigung des Zufallsfunds ist die *Staatsanwaltschaft* verantwortlich, die sachlich und örtlich zur Führung des Verfahrens, das sich aus dem Zufallsfund ergibt, zuständig ist, nicht der

---

599 Die Zufallsfund-Regelungen betr. Observation (Art. 282 f. StPO), Banküberwachung (Art. 284 f. StPO) und verdeckte Fahndung (Art. 298a ff. StPO) sind analog zu Art. 243 StPO: ZH-StPO³-Hansjakob/Pajarola, Art. 282 N 42, Art. 284 N 15 und Art. 298c N 15.

600 Vgl. zu dieser Regelung und den damit verbundenen Problemen: ZH-StPO³-Hansjakob/Pajarola, Art. 278 N 102 ff.

NDB.[601] Der NDB hat demnach einen *Bericht* (Art. 34 NDV) an diese Staatsanwaltschaft zu richten, in dem die Sachlage dargestellt ist, also namentlich, dass aus einer genehmigungspflichtigen Beschaffungsmassnahme konkrete Anhaltspunkte für eine Straftat hervorgegangen sind. Im Bericht ist auch die *Herkunft* der Daten aufzuführen (Art. 60 Abs. 4 NDG), wobei insbesondere anzugeben ist, aus welcher Beschaffungsmassnahme gegen welche (bekannte oder unbekannte) Person (bzw. welche Telefonnummer etc.) die Daten in welchem Zeitraum erhoben wurden. Zudem sind Angaben über die *Rechtmässigkeit* der Beschaffungsmassnahme zu machen, namentlich, welche Behörde die Beschaffungsmassnahme wann und auf welcher Rechtsgrundlage genehmigt hat; am besten unter Beilage des entsprechenden Entscheids (allenfalls auszugsweise). Diese Angaben sollen es der Staatsanwaltschaft ermöglichen, die entsprechenden Erkenntnisse zu verifizieren und ggf. selbst eine neue Überwachungsmassnahme anzuordnen. Die *Daten,* welche die Anhaltspunkte für die Straftat enthalten (bspw. die aufgezeichneten Gespräche, die Bilder aus einer Observation, der Einsatzbericht über eine eingesetzte menschliche Quelle) sind diesem Bericht beizulegen.

Bei diesem Vorgehen ist zu berücksichtigen, dass der NDB möglicherweise selbst noch ein laufendes Verfahren in der gleichen Sache hat, welches ebenfalls geheim und schützenswert ist. Daher stellt sich die Frage, wie die *Interessen des NDB* (Schutz der inneren und äusseren Sicherheit) einerseits und diejenigen der *Staatsanwaltschaft* (Strafverfolgung) andererseits optimal gewahrt werden können. Die grundlegende Abwägung zwischen diesen Interessen hat der Gesetzgeber mit *Art. 60 NDG* zwar bereits getroffen, indem er zwingend – und ohne eine Interessenabwägung – vorschreibt, dass der NDB die entsprechenden Erkenntnisse an die Strafverfolgungsbehörden übermitteln und dabei auch die Herkunft der Daten angeben muss. Damit ist klar, dass die *Strafverfolgung im Zweifelsfall* 696

---

601 Dieses Vorgehen hat sich auch bei der Frage um die Zuständigkeit unter Staatsanwaltschaften verschiedener Kantone etabliert (vgl. ZH-StPO[3]-Hansjakob/Pajarola, Art. 278 N 90).

Vorrang hat. Dies ist etwa dann bedeutsam, wenn die Staatsanwaltschaft aufgrund der Erkenntnisse des NDB ein Strafverfahren eröffnet und der Beschuldigten dann im Laufe des Verfahrens die Akten offenlegt, aus denen auch die durch den NDB übermittelten nachrichtendienstlichen Informationen hervorgehen. Durch diese Information kann die weitere nachrichtendienstliche Arbeit im Umfeld dieser Beschuldigten erschwert oder gar verunmöglicht werden. Dies hat der Gesetzgeber aber offensichtlich in Kauf genommen.

697 Faktisch könnte dies dazu führen, dass der NDB seiner Mitteilungspflicht gemäss Art. 60 Abs. 2 und 3 NDG in laufenden Fällen nicht nachkommt oder solche Mitteilungen an die Strafverfolgungsbehörden erst macht, nachdem sein eigenes Verfahren abgeschlossen oder zumindest nicht mehr in einer heiklen Phase ist. Das Gesetz schreibt *keine Frist* vor, innert welcher der NDB die Mitteilungen an die Strafverfolgung vornehmen muss. Aber natürlich ist es für die Strafverfolgung nicht förderlich, wenn solche Mitteilungen erst viel später erfolgen, nachdem die damals erkannten Verhältnisse (bspw. die verwendeten Telefonnummern oder Wohnorte) sich verändert haben. Dies gilt in verstärktem Ausmass, wenn es darum geht, drohende Straftaten zu verhindern oder Gefahren abzuwehren. Im Ergebnis ist es daher ratsam, dass sich NDB und Staatsanwaltschaft im Einzelfall über das geeignete Vorgehen absprechen.

IX. Organisationsverbot (Art. 74 NDG)

Mit der vorliegenden Revision wurde auch Art. 74 NDG angepasst. Konkret wurden Abs. 2 (Grundlage des Verbots), Abs. 4 (Straftatbestand), Abs. 4bis (Strafmilderung bei Kooperation), Abs. 6 (Bundesgerichtsbarkeit) und Abs. 7 (Mitteilungspflicht) geändert.

Art. 74 Abs. 1 NDG sieht vor, dass der Bundesrat Gruppierungen oder Organisationen verbieten kann, welche mittelbar oder unmittelbar terroristische oder gewalttätig-extremistische Aktivitäten propagieren, unterstützen oder in anderer Weise fördern und damit die innere oder äussere Sicherheit konkret bedrohen.

Was unter Gruppierungen und Organisationen zu verstehen ist, geht weder aus dem Gesetz noch aus der Botschaft hervor. Unter *Gruppierungen* sind einfachere Zusammenschlüsse von mindestens drei Personen zu verstehen, während *Organisationen* einen höheren Strukturierungsgrad aufweisen, der allerdings nicht so weit gehen muss, dass alle Voraussetzungen gemäss Art. 260ter StGB erfüllt sein müssten. Beide müssen aber auf Dauer angelegt sein. Bestimmte Organisationsformen (pyramidenförmig, netzwerkartig etc.) sind nicht vorausgesetzt.

Die genannten Gruppierungen und Organisationen können nur verboten werden, wenn sie mittelbar oder unmittelbar terroristische oder gewalttätig-extremistische Aktivitäten propagieren, unterstützen oder anderweitig fördern. Der Begriff der *terroristischen Aktivitäten* orientiert sich an demjenigen der terroristischen Straftaten gemäss Art. 260^{quinquies} StGB, Art. 260^{sexies} StGB sowie EÜT und ZP EÜT.[602] Allerdings ist der Begriff der Aktivitäten weiter gefasst als derjenige der Straftat, indem er auch legales Verhalten umfasst (bspw. das Gründen eines Vereins, mit dem Geld für eine Terrorgruppe gesammelt werden soll). Gemäss Art. 19 Abs. 2 lit. a

---

602 Vgl. dazu vorne N 10 ff., 164.

NDG (sowie E-Art. 23e Abs. 2 BWIS[603]) umfasst der Begriff «Bestrebungen zur Beeinflussung oder Veränderung der staatlichen Ordnung, die durch die Begehung oder Androhung von schweren Straftaten oder mit der Verbreitung von Furcht und Schrecken verwirklicht oder begünstigt werden sollen».

702 Als *gewalttätig-extremistische Aktivitäten* gelten gemäss Art. 19 Abs. 2 lit. e NDG «Bestrebungen von Organisationen, welche die demokratischen und rechtsstaatlichen Grundlagen ablehnen und zum Erreichen ihrer Ziele Gewalttaten verüben, fördern oder befürworten». Gemäss Botschaft ist gewalttätiger Extremismus «näher an politisch-ideologischen Bewegungen angesiedelt» und wird teilweise als Vorstufe zu Terrorismus verstanden.[604] Der Bundesrat bestimmt gemäss Art. 70 Abs. 1 lit. c NDG jährlich die Gruppierungen, die als gewalttätig-extremistisch einzustufen sind. Erkenntnisse über entsprechende Gruppierungen und Personen werden gemäss Art. 50 NDG in einer speziellen Datenbank (IASA-GEX NDB) erfasst. Unter Gewaltextremismus können bspw. gewalttätige Gruppierungen aus dem Bereich des Links- oder Rechtsextremismus fallen.

703 Eine Gruppierung oder Organisation kann nur verboten werden, wenn sie die genannten Aktivitäten *propagiert, unterstützt oder anderweitig fördert*. Diese drei Verhaltensweisen sind bewusst breit gefasst und sollen alle Verhaltensweisen umfassen, mit denen die genannten Aktivitäten der Gruppierungen oder Organisationen in *irgendeiner Weise gefördert* werden, auch wenn dies nur durch Propaganda[605] geschieht. Sinngemäss kann hier auf die Ausführungen zu den Unterstützungshandlungen i.S.v. Art. 260ter StGB (Stärkung des Potenzials einer Organisation) verwiesen werden.[606]

---

603 Diese Bestimmung wurde durch Annahme des Bundesgesetzes über polizeiliche Massnahmen zur Bekämpfung von Terrorismus (PMT) geschaffen (vgl. BBl 2020, 7741 ff.), der Zeitpunkt ihres Inkrafttretens steht allerdings noch nicht fest.
604 BBl 2014, 2167 und 2189.
605 Zum Begriff vgl. vorne N 221.
606 Vgl. dazu vorne N 219 ff., 234.

Diese Förderhandlungen können durch die Gruppierung bzw. Organisation entweder unmittelbar oder mittelbar vorgenommen werden. Eine *unmittelbare* Förderung liegt vor, wenn das jeweilige Verhalten direkt dazu führt, dass die terroristische bzw. gewaltextremistische Aktivität der Gruppierung erleichtert, intensiviert oder verbessert wird, etwa indem Propaganda für diese Aktivitäten betrieben wird, indem Geld für solche Aktivitäten gesammelt wird oder Personen dafür rekrutiert werden. Eine *mittelbare* Förderung liegt vor, wenn die Gruppierung oder Organisation indirekt zu den terroristischen oder gewaltextremistischen Aktivitäten beiträgt, etwa durch die Schaffung einer Internet-Plattform, auf welcher (durch andere Personen) Propaganda betrieben wird, durch den Aufbau eines Firmen- bzw. Kontenkonstrukts, mit dem die Geldbeschaffung (durch andere Personen) erleichtert wird, oder durch Herstellen einer Trojaner-Software, mit welcher (durch andere Personen) kritische Infrastruktur angegriffen wird. 704

Mit den genannten Förderhandlungen muss die Gruppierung oder Organisation die *innere oder äussere Sicherheit* konkret bedrohen. Hierzu ist Art. 6 Abs. 1 lit. a NDG zu beachten, der zur Definition der Aufgaben des NDB die Bedrohungen der inneren und äusseren Sicherheit v.a. auf Terrorismus, Spionage, NBC-Proliferation, Angriffe auf kritische Infrastruktur sowie Gewaltextremismus bezieht. Eine bloss theoretische Bedrohung der Sicherheit genügt nicht, sondern diese muss *konkret* bestehen. Dieser Begriff ist im Sinne von Art. 19 Abs. 1 NDG zu verstehen, gemäss welchem eine konkrete Bedrohung besteht, wenn ein bedeutendes Rechtsgut, wie Leib und Leben oder die Freiheit von Personen oder der Bestand und das Funktionieren des Staates, betroffen ist und die Bedrohung von einem der oben aufgeführten Faktoren (gemäss Art. 6 NDG) ausgeht. 705

Gemäss *Art. 74 Abs. 2 NDG* kann der Bundesrat allerdings nicht jede beliebige Gruppierung verbieten, welche die Kriterien gemäss Abs. 1 erfüllt, sondern die bundesrätliche Verfügung setzt einen Beschluss der Vereinten Nationen voraus, mit dem die betreffende Gruppierung oder Organisation verboten oder sanktioniert 706 wird.⁶⁰⁷ Zudem muss der Bundesrat die für die Sicherheitspolitik zuständigen Kommissionen des Parlaments konsultieren. Der Bundesrat entscheidet selbständig, die Kommissionen müssen aber zumindest angehört werden und ein Abweichen von ihren Empfehlungen muss der Bundesrat begründen können. Das bedeutet im Ergebnis, dass nur Gruppierungen und Organisationen verboten werden können, die zuvor von der UNO zumindest schon sanktioniert wurden.⁶⁰⁸ Für alleine in der Schweiz agierende Gruppierungen (dies könnte insbesondere gewaltextremistische Gruppierungen betreffen) kommt ein solches Verbot also kaum infrage. Umgekehrt ist der Bundesrat nicht gezwungen, eine Gruppierung oder Organisation zu verbieten, nur weil sie bereits durch die UNO verboten oder sanktioniert wurde.⁶⁰⁹

707 Gemäss *Art. 74 Abs. 3 NDG* muss das bundesrätliche Verbot auf *höchstens fünf Jahre* befristet werden, wobei *Verlängerungen* möglich sind. Gemäss Art. 41 NDV prüft das antragstellende Departement vor Ablauf der Frist, ob die Voraussetzungen für ein Verbot immer noch erfüllt sind, und stellt dem Bundesrat ggf. einen Verlängerungsantrag.

708 Die durch *Art. 74 Abs. 4 NDG* erfassten Tathandlungen entsprechen denjenigen gemäss *Art. 2 BG AQ/IS.* ⁶¹⁰ Damit sollen *alle* Aktivitäten dieser Gruppierungen erfasst sein, egal, ob sie im Ausland oder in der Schweiz stattfinden.⁶¹¹

---

607 Dazu Botschaft 2018, 6489 f.
608 Vgl. dazu etwa die Diskussionen in der sicherheitspolitischen Kommission des Nationalrats zu einem allfälligen Verbot der Hamas sowie des IZRS (<https://www.parlament.ch/press-releases/Pages/mm-sik-n-2021-10-12.aspx>) sowie die abschlägige Antwort des Bundesrates auf den parlamentarischen Vorstoss, die türkische Gruppierung «Graue Wölfe» verbieten zu lassen (<https://www.parlament.ch/de/ratsbetrieb/suche-curia-vista/geschaeft?AffairId=20204354>) (beide besucht am 16.1.2022).
609 Botschaft 2018, 6490.
610 So auch Botschaft 2018, 6487.
611 BGer 6B_948/2016, v. 22.2.2017, E. 4.1: «sollen sämtliche Aktivitäten dieser Gruppierungen in der Schweiz und im Ausland unter Strafe gestellt bleiben,

Die *Beteiligung* entspricht dem gleichlautenden Begriff gemäss 709
Art. 260^(ter) Abs. 1 lit. a StGB.[612] Die *Unterstützung* entspricht grundsätzlich ebenfalls der durch Art. 260^(ter) Abs. 1 lit. b StGB erfassten Tathandlung, wobei Art. 74 Abs. 4 NDG ausdrücklich nur die personelle und materielle Unterstützung unter Strafe stellt. Eine *personelle Unterstützung* liegt vor, wenn das personelle Potenzial[613] der Gruppierung oder Organisation gestärkt wird, etwa indem Personen neu rekrutiert, ausgebildet, ausgerüstet oder (weiter) radikalisiert werden. Eine *materielle Unterstützung* liegt zunächst vor, wenn die Gruppierung oder Organisation mit Material versorgt wird, handle es sich dabei um legales (Nahrungsmittel, Medizin, Kleider, Computer) oder illegales Material (Waffen, Sprengstoffe, chemische oder biologische Kampfstoffe, Computerviren etc.). Ebenfalls darunter fallen ferner finanzielle Unterstützungen, sei es durch die Beschaffung von Vermögenswerten, deren Verwaltung oder Vermehrung. Dies schliesst auch den Auf- oder Ausbau der finanziellen Infrastruktur (bspw. Gründen von Gesellschaften, Eröffnen von Bankkonten oder Wallets, Beschaffen von virtual assets) ein.

Als *Propagieren* gilt, wenn für die Gruppierung bzw. Organisation 710
oder deren Ziele Propagandaaktionen organisiert werden. Das kann sich gemäss Bundesgericht insbesondere in einer «aggressiven Propaganda, die Personen in der Schweiz zur Verübung von Anschlägen oder zum Anschluss an andere terroristische Organisationen verleitet»[614], manifestieren.

Das *Anwerben* entspricht dem gleichlautenden Begriff gemäss 711
Art. 260^(sexies) Abs. 1 lit. a StGB.[615]

Eine *anderweitige Förderung* ist als Auffangtatbestand gedacht und 712
erfasst alle anderen Arten der Förderung der Aktivitäten der Grup-

---

ebenso wie alle Handlungen, die darauf abzielen, diese materiell oder personell zu unterstützen».
612 Vgl. dazu vorne N 209 ff.
613 Vgl. dazu vorne N 219 ff., 234.
614 BGer 6B_169/2019, v. 26.2.2020, E. 2.1; BGer 6B_948/2016, v. 22.2.2017, E. 4.1; BGer 6B_169/2019, v. 26.2.2020, E. 2.1.
615 Vgl. vorne N 25 ff., 433 ff.

pierung bzw. Organisation. Die Bedenken in Bezug auf das *Bestimmtheitsgebot* lassen sich dadurch entschärfen, dass eine gewisse Nähe des Verhaltens zur *verbrecherischen* Aktivität der Gruppierung bzw. Organisation vorauszusetzen ist.[616] Die Förderung kann durchaus auch an sich legale Tätigkeiten umfassen, solange diese einen Bezug zur verbrecherischen Tätigkeit der Gruppierung haben (bspw. das Gründen von Gesellschaften, mit denen Terrorfinanzierung betrieben werden soll).

713   Gemäss *Art. 74 Abs. 4*[bis] *NDG* kann das Gericht die Strafe gemäss Art. 48a StGB mildern, wenn der Täter sich bemüht, die weitere Tätigkeit der Organisation oder Gruppierung zu verhindern. Die Formulierung entspricht derjenigen in Art. 260ter Abs. 4 StGB und ist entsprechend analog auszulegen.[617]

714   Gemäss *Art. 74 Abs. 5 NDG* ist auch strafbar, wer eine der Tathandlungen gemäss Abs. 4 im *Ausland* begeht, wenn er in der Schweiz verhaftet und nicht (an den Tatortstaat) ausgeliefert wird. Damit besteht also auch für Auslandstaten schweizerische Gerichtsbarkeit. Dabei sind Art. 7 Abs. 4 und 5 StGB anwendbar. Im Unterschied zur Regelung in Art. 260[sexies] Abs. 3 StGB, ist Art. 74 Abs. 5 NDG dem Wortlaut nach nur auf Täterinnen anwendbar, die in der Schweiz verhaftet wurden, offenbar also nicht auf solche, die sich freiwillig in der Schweiz aufhalten (und nicht verhaftet werden). Eine unterschiedliche Behandlung von verhafteten und sich freiwillig hier aufhaltenden Personen macht in diesem Zusammenhang allerdings keinen Sinn.

715   *Art. 74 Abs. 6 NDG* sieht für die Straftaten nach Art. 74 Abs. 4 und 5 NDG *Bundesgerichtsbarkeit* vor. Die Botschaft begründet dies folgendermassen: «Die spezialisierten Behörden des Bundes haben im Rahmen der Strafverfolgung komplexer Kriminalitätsformen entsprechende Erfahrungen gesammelt und sind, gerade auch im Zusammenhang mit der Verfolgung von terroristischen Organisationen und Personen, die diese unterstützen, in der Lage, erfolgreich

---

616   So BGer 6B_948/2016, v. 22.2.2017, E. 4.2.1; Botschaft 2018, 6489.
617   Vgl. auch Botschaft 2018, 6490.

und effizient entsprechende Strafverfahren zu führen.» Und weiter: «Es scheint in fachlicher Hinsicht und punkto Ressourcen durchaus sinnvoll und naheliegend, dass spezifische, im Zusammenhang mit terroristischen oder gewaltextremistischen Organisationen und Gruppierungen stehende Delinquenz nicht durch eine Vielzahl von Behörden, wie es bei kantonaler Zuständigkeit der Fall sein könnte, verfolgt und beurteilt wird. Stattdessen sollen, in bewährter Form und unter Konzentration der Kräfte, die Bundeskriminalpolizei und die Bundesanwaltschaft die entsprechenden Fälle verfolgen und das Bundesstrafgericht die Beurteilung vornehmen.»[618] Diese Zuschreibung einer besonderen Eignung der Bundesbehörden aufgrund ihrer fachlichen Überlegenheit und grösserer Ressourcen entspringt der althergebrachten und unzutreffenden *Klischeevorstellung,* die noch aus der Zeit vor der eidgenössischen Strafprozessordnung stammt, und muss bei realistischer Betrachtung der heute herrschenden Verhältnisse ernsthaft infrage gestellt werden.[619]

Art. 74 Abs. 7 NDG statuiert eine *Mitteilungspflicht,* wonach die Strafverfolgungsbehörden dem NDB sämtliche Urteile, Strafbescheide und Einstellungsbeschlüsse unverzüglich, unentgeltlich und in vollständiger Ausfertigung mitzuteilen haben. Das betrifft die für die Verfolgung von Verstössen gegen Art. 74 Abs. 4 NDG zuständigen Bundesbehörden, soweit sie Verfahren wegen Art. 74 NDG führen. 716

Art. 74 Abs. 4 NDG sieht eine *Freiheitsstrafe von bis zu fünf Jahren* oder eine Geldstrafe vor und ist damit als Verbrechen i.S.v. Art. 10 Abs. 2 StGB zu qualifizieren. Die Strafdrohung entspricht derjenigen von Art. 2 BG AQ/IS sowie denjenigen gemäss Art. 260^{quinquies} StGB und Art. 260^{sexies} StGB. Gemäss Botschaft dürften v.a. die Tatformen der Beteiligung, Unterstützung und Anwerbung den vollen Strafrahmen ausschöpfen, während blosse Propaganda oder anderweitige Förderung im Bereich bis zu drei Jahren Freiheitsstrafe zu 717

---

618 Botschaft 2018, 6488.
619 Zur Kritik an dieser Vorstellung vgl. vorne N 578 ff.

liegen kommen soll.[620] Eine starre Auslegung in diesem Sinne ist jedoch abzulehnen, da im Einzelfall auch eine anderweitige Förderung oder Propagandaaktion sehr schwerwiegend und daher strafwürdiger sein kann als bspw. eine finanzielle Unterstützung in einem geringen Umfang.

718 Da Art. 74 Abs. 4 NDG ein Verbrechen darstellt, taugt dieser Tatbestand grundsätzlich als *Vortat für Geldwäscherei* gemäss Art. 305bis StGB.[621] Werden durch Tathandlungen gemäss Art. 74 Abs. 4 NDG Vermögenswerte erlangt, sind diese taugliches Tatobjekt der Geldwäscherei. Dies kann namentlich vorkommen, wenn die Förderung der verbotenen Gruppierung oder Organisation Vermögenswerte hervorbringt, bspw. weil der Handelnde von der Gruppierung bzw. Organisation für sein Verhalten bezahlt wird (bspw. für das Organisieren von Propagandaaktionen) oder wenn Geld für eine solche Organisation oder Gruppierung durch legale (bspw. Spendensammlung) oder illegale Handlungen (bspw. Verkauf von Waffen) generiert wird. Werden in Bezug auf solche Vermögenswerte Verschleierungshandlungen vorgenommen, die geeignet sind, die Einziehung zu vereiteln, ist der Tatbestand von Art. 305bis StGB erfüllt.

719 Gemäss *Art. 66a Abs. 1 lit. p StGB* ist *obligatorisch des Landes zu verweisen,* wer eine Straftat gemäss Art. 74 Abs. 4 NDG begeht. Die Dauer der Landesverweisung beträgt zwischen fünf und fünfzehn Jahren.

720 Besteht ein dringender Tatverdacht wegen Art. 74 Abs. 4 NDG, können sämtliche *Zwangsmassnahmen* der Strafprozessordnung, namentlich die *geheimen Überwachungsmassnahmen* (Art. 269 Abs. 2 lit. n StPO und Art. 286 Abs. 2 lit. l StPO), angewendet werden.

721 Art. 74 NDG hebt den *Quellenschutz* von Medienschaffenden – im Gegensatz u.a. zu Art. 260ter StGB, Art. 260^{quinquies} StGB und Art. 260^{sexies} StGB – gemäss Art. 28a StGB bzw. Art. 172 Abs. 2 lit. b StPO *nicht* auf.

---

620 Botschaft 2018, 6489.
621 So auch Botschaft 2018, 6488 f.

Das *BG AQ/IS* soll Ende 2022 *aufgehoben* werden. Bis dahin muss 722
der Bundesrat eine Verfügung gemäss Art. 74 Abs. 1 NDG erlassen,
um die Organisationen IS und Al-Qaida zu verbieten.[622] Dies hat er
bis zum heutigen Datum nicht getan.

Der Anwendungsbereich von Art. 74 NDG kann sich mit demje- 723
nigen anderer Straftatbestände überschneiden, weshalb die Frage
der *Konkurrenzen* zu klären ist: Erfüllt ein Verhalten sowohl die
Voraussetzungen von Art. 74 Abs. 4 NDG als auch diejenigen gemäss *Art. 260ter StGB*, geht letztere Strafbestimmung aufgrund ihrer höheren Strafdrohung grundsätzlich vor. Sind neben den Voraussetzungen von Art. 74 NDG auch diejenigen von *Art. 260^{quinquies} StGB* oder *Art. 260^{sexies} StGB* erfüllt, besteht grundsätzlich unechte
Konkurrenz, wobei diejenige Bestimmung Vorrang hat, welche den
Sachverhalt treffender erfasst, bei finanzieller Unterstützung also
grundsätzlich Art. 260^{quinquies} StGB, bei Reisetätigkeiten oder Ausbildungen Art. 260^{sexies} StGB und bei Propagandaaktionen Art. 74
NDG. Im Verhältnis zu *Art. 2 BG AQ/IS* besteht ebenfalls unechte
Konkurrenz, wobei Art. 74 NDG das BG AQ/IS ablösen soll und
daher – bei gleicher Strafdrohung – als das jüngere Gesetz (lex posterior) Vorrang hat. Im Verhältnis zu Straftatbeständen des *Kernstrafrechts* (bspw. Delikte gegen Leib und Leben oder das Vermögen,
Betäubungsmittelhandel, Waffenhandel, Geldwäscherei) besteht
grundsätzlich echte Konkurrenz, da diese Straftatbestände andere
Rechtsgüter schützen als Art. 74 NDG.[623]

---

[622] Vgl. <https://www.bj.admin.ch/bj/de/home/aktuell/mm.msg-id-82906.html> (besucht am 16.1.2022); Botschaft 2018, 6487.
[623] So sinngemäss auch Botschaft 2018, 6489.

Sachregister

A

Aktivitäten
- gewalttätig-extremistische N 699 ff.

Anfangsverdacht N 682

Anleiten
- für eine terroristische Straftat N 442 ff.

ANOM N 616

Anonymisierung
- von Geldströmen N 533 ff.
- von Verfahrensbeteiligten N 312

Anstiftung N 45 ff.

Anwerben
- für eine terroristische Straftat N 433 ff.

Aufbau N 96 ff.

Ausbilden
- für eine terroristische Straftat *siehe Anleiten*

Auslandsbezug
- betr. Art. 260^{sexies} StGB N 469 ff.
- betr. Art. 260ter StGB N 320 ff.

B

Bargeld N 516 ff., 552 ff.

Barmittelverkehr
- grenzüberschreitender N 517

Befehlskultur N 112

Bereicherungsverbrechen N 148 ff.

Beschaffungsmassnahmen
- genehmigungsfreie N 680
- genehmigungspflichtige N 680

Blockchain N 533 ff.

Bundesanwaltschaft N 560 ff., 579 ff., 715

Bundesgerichtsbarkeit *siehe Gerichtsbarkeit*

C

Cloud N 612

coins N 533 ff.

crime as a service N 98

Cyber Bunker N 616

D

Darknet N 549, 613, 616
Dauerhaftigkeit N 103 ff.
decentralised finance (DeFi) N 533
decentralized autonomous organization (DAO) N 542
distributed ledger N 533
distributed ledger technology (DLT) N 546
Durchsetzungsmechanismen N 112
Durchsuchung
– geheime N 689
– verdeckte N 689

E

Effizienz N 99 ff.
Eindringen
– in Computersysteme oder -netzwerke N 688
Einfluss
– bestimmender N 283 ff.
Einflussnahme
– auf Wirtschaft, Politik, Staat etc. N 113 ff.
Einschüchterungsabsicht N 168 ff.
Einsetzungsakt N 660 f.

Einziehung
– von Vermögenswerten N 496
EncroChat N 616
Ermittlungszwecke N 641
Europäische Staatsanwaltschaft (EUStA) N 695
Extremismus N 679 f.
– Gewalt- N 702

F

Fernziel
– der Organisation N 144
Finanzierung
– des Terrorismus *siehe Terrorfinanzierung*
Flexibilität N 106 f.

G

GameFi N 540
Garantieerklärung N 640 ff.
Gefahrenabwehr N 635
Gefährlichkeit
– der Organisation N 87 ff.
Geheimhaltung N 137 ff.
Gehilfenschaft
– betr. Art. 260[sexies] StGB N 441
– betr. Art. 9 EÜT N 32
Geldtransfer N 520 ff.

Geldwäscher
- professionelle N 506 ff.

Geldwäscherei
- Art. 260^{sexies} StGB als Vortat für N 485
- Art. 260ter StGB als Vortat für N 414 ff.
- Art. 74 NDG als Vortat für N 718
- Bekämpfung N 550
- Beweisanforderungen an Vortat N 511
- professionelle N 506 ff.
- Steuerstraftaten als Vortat für N 153

Geldwäschereigesetz (GwG) N 556 ff.

Gemeinsame Ermittlungsgruppe (GEG) N 651 ff.

Gerichtsbarkeit N 469 ff., 559, 561 ff., 715
- des Bundes N 195
- Schweizer N 320 ff.

Gewaltverbrechen N 155 ff.

Government Software (GovWare) N 609, 614, 688

GovWare *siehe Government Software*

Grossverfahren N 598 ff.

H

Händler N 518, 558
Hawala N 527 ff., 550 ff.
Holkriminalität N 676
humanitäre Dienste N 265 ff.
humanitäre Organisation N 265 ff.

I

IMSI-Catcher N 609, 680
Indikatoren
- für Gefährlichkeit N 87 ff.

Informanten N 314, 676 ff.
Informationsbeschaffung N 676 ff.
- im Ausland N 690

Infrastruktur
- kritische N 679 f.

initial coin offering (ICO) N 536 f.

Intransparenz N 108 ff.

J

Jammer N 610 ff.
joint investigation team (JIT) N 593, 651, 669
Jugendanwaltschaft N 568
Jugendliche N 568

K

Kabelaufklärung N 690
Kassageschäft N 519, 535, 548
Kollusionsgefahr N 607, 627, 633
Konfliktverteidigung N 605 ff.
Konfrontationsrecht N 599 ff.
Konkurrenzen
- betr. Art. 260^{sexies} StGB N 479 ff.
- betr. Art. 260ter StGB N 358 ff.
- betr. Art. 74 NDG N 723

Kronzeugenregelung N 304
Kryptowährung N 533 ff.

L

Landesverweisung N 494 f.

M

Metaverse N 538
mixer N 533 ff.
Moneytransmitter N 521 f.

N

Nachrichtendienst N 676 ff.
Nachrichtendienst des Bundes (NDB) N 679
Need-to-know-Prinzip N 100
Nichtlokalität N 612 ff.
nodes N 533
non-fungible token (NFT) N 538
Nötigungsabsicht N 177 ff.
Nötigungsnotstand N 247, 263

O

Organisation
- Abgrenzung nach Zwecken N 189 ff.
- kriminelle N 76 ff.
- terroristische N 76 ff.
- verbotene N 200 ff.

Organisationsgrad N 96 ff.
Organisationsverbot *siehe Organisation, verbotene*
Organisierte Kriminalität N 418 ff.

P

pentiti N 300
Play-to-Earn N 540
Professionalität N 99 ff.
Proliferation N 679 f.
Propaganda N 221, 241, 387 ff., 703 ff.
Propagieren *siehe Propaganda*
public key N 535

Q

Quellenschutz N 488 ff.

R

Ransomware N 310, 424, 549

Rechtfertigungsgründe N 262 f.

Rechtshilfe N 621 ff.
- dynamische N 626 ff.
- spontane N 624

Rechtsmissbrauch N 606 ff.

Reichtum
- unerklärlicher N 131 f.

Reisen
- für eine terroristische Straftat N 454 ff.

S

Sanktionsliste N 121 ff.

Schläfer N 213

Schuldausschlussgründe N 262 f.

Sich-anleiten-Lassen
- für eine terroristische Straftat N 442 ff.

Sich-ausbilden-Lassen *siehe Sich-anleiten-Lassen*

SkyECC N 616

smart contract N 541 f.

Spionage N 679 f.

stablecoin N 536

Störsender N 610 ff.

Strafe
- betr. Art. 260ter StGB N 349 ff.

Strafmilderung N 297 ff.
- betr. Art. 74 NDG N 713

Straftat
- terroristische *siehe Terrorakt*

Struktur N 96 ff.

Subjektiver Tatbestand
- betr. Art. 260ter StGB N 257 ff.

Subsidiarität
- von Art. 260ter StGB N 360 ff.

Sympathiebekundung N 242 f.

Sympathisant N 215, 242

T

Tarnidentität N 497

Teilnahme N 409 ff., 486
- betr. Art. 260^{sexies} StGB N 441
- betr. Art. 260ter StGB N 264

Teilnahmerecht N 599 ff.

Terrorakt N 161 ff., 426, 430

Terrorfinanzierung N 530, 551 ff.
- Bekämpfung N 555

Terrorliste N 121 ff.

token N 540 ff.

travel rule N 535, 548

tumbler N 533

U

Übermittlung
- unaufgeforderte N 624
- vorzeitige N 626 ff.

Überwachungsstaat N 619

underground banking N 520 ff., 550

V

verdeckte Ermittlung N 609

verdeckte Fahndung N 253, 609

Verfahrenseinheit N 567, 597

Verjährung
- betr. Art. 260ter StGB N 403 ff.

Verschlüsselung N 611 ff.

Versuch N 409 ff., 486
- betr. Art. 260^{sexies} StGB N 441
- betr. Art. 260ter StGB N 264

Vertrauenspersonen N 314, 676 ff.

vertrauliche Quellen N 314, 678 ff.

Vertraulichkeit N 667
- von Strafverfahren N 634

virtual asset N 533 ff.

virtual asset service provider N 534

Vorermittlungen N 676 ff.

Vorverlagerung N 438 f.
- der Strafbarkeit N 14 ff.

W

Wallet N 533 ff.
- multi-signature N 547

Wandelbarkeit N 106 f.

Wirtschaftsmacht N 128 ff.

Z

Zeugenschutz N 312 f.

Zufallsfund N 693 ff.

Zuständigkeit
- Delegation N 567
- örtliche N 597
- sachliche N 560 ff.

Zweck
- der Organisation N 140 ff.